普通高等教育集成电路领域新形态教材

集成电路测试技术与实践

刘晋东 张 弘 娄永乐 管 连
王 军 李世杰 寇 镇　编著

机 械 工 业 出 版 社

本书聚焦集成电路测试领域，系统且全面地阐述了相关理论、技术与实践应用，为集成电路相关专业学生及从业者提供了极具价值的知识体系。本书将理论知识与丰富的实际案例相结合，紧跟行业前沿技术，为读者提供了集成电路测试领域从基础到前沿、从理论到实践的全方位指导，是一本助力读者掌握集成电路测试技术、解决实际问题的实用教材。

全书共 6 章，分别是绪论、集成电路测试技术基础、数字集成电路测试技术与实践、模拟集成电路测试技术与实践、数模混合集成电路测试技术与实践，以及其他典型电路测试技术与实践。本书内容具有较强的实践性，理论学习与实践相结合，在实践过程中，注重观察和思考，将理论知识应用到实际测试中，从而加深读者对知识的理解和记忆。

本书可作为普通高等学校集成电路设计、集成电路技术、微电子技术、电子科学与技术等相关专业的实践课程教材，也可作为从事集成电路相关工作工程技术人员的参考书籍。

本书配有二维码视频，读者可直接扫码观看。此外，本书还提供电子课件等电子资源，有需要的教师可登录 www.cmpedu.com 免费注册，审核通过后可下载，或联系编辑索取（微信：18515977506，电话：010-88379753）。

图书在版编目（CIP）数据

集成电路测试技术与实践 / 刘晋东等编著． -- 北京：机械工业出版社，2025.7． --（普通高等教育集成电路领域新形态教材）． -- ISBN 978-7-111-78745-7

Ⅰ．TN407

中国国家版本馆 CIP 数据核字第 2025DP1937 号

机械工业出版社（北京市百万庄大街 22 号　邮政编码 100037）
策划编辑：秦　菲　管　娜　　　　责任编辑：秦　菲　管　娜
责任校对：甘慧彤　王小童　景　飞　封面设计：王　旭
责任印制：李　昂
涿州市京南印刷厂印刷
2025 年 9 月第 1 版第 1 次印刷
184mm×260mm · 14.5 印张 · 356 千字
标准书号：ISBN 978-7-111-78745-7
定价：59.00 元

电话服务	网络服务
客服电话：010-88361066	机 工 官 网：www.cmpbook.com
010-88379833	机 工 官 博：weibo.com/cmp1952
010-68326294	金　书　网：www.golden-book.com
封底无防伪标均为盗版	机工教育服务网：www.cmpedu.com

前 言

集成电路是现代科技发展的基石与核心驱动力，自20世纪中叶集成电路诞生以来，它以前所未有的速度推动着各个领域的变革。集成电路测试处于集成电路产业链的关键位置，是确保产品质量与性能的核心环节，集成电路制造过程极为复杂，涉及光刻、刻蚀、离子注入等数十道甚至上百道精密工序，在如此复杂的制造流程中，即使采用最先进的生产技术和严格的质量控制体系，也难免会出现各种缺陷。集成电路测试的主要目的在于检测这些潜在的缺陷，确保符合质量标准的产品进入市场，功能测试是其中的重要环节，它验证集成电路是否能够按照设计要求执行各种逻辑功能，而参数测试则专注于测量集成电路的电气参数，如工作电压范围、电流消耗、信号传输延迟等，确保芯片在规定的电气条件下能够稳定工作。

本书编写的主要目的是为集成电路相关专业的学生、从事集成电路测试工作的工程技术人员以及对该领域感兴趣的人士，提供一套全面、系统且具有实践指导意义的集成电路测试知识体系。通过学习本书，读者将深入理解集成电路测试的基本原理、掌握各类测试技术与方法、熟悉常用的测试设备与流程，并能够运用所学知识解决实际工作中的测试问题。同时，本书也希望激发读者对集成电路测试领域的进一步探索和创新，为推动我国集成电路产业的发展贡献力量。

本 书 特 色

本书从集成电路测试的基础理论出发，逐步深入到各类测试技术、测试设备、测试流程以及测试数据分析等方面，构建了一个完整的知识体系。

在学习测试基础理论的同时，本书特别注重实践应用。书中配备了大量来自实际工程的实践项目，这些实践项目涵盖了不同类型的集成电路和测试场景，帮助读者将理论知识与实际操作紧密结合。每个章节包括行业测试技术实践项目，每个项目包括三个任务，三个任务之间有一定的顺序性和渐进性，从芯片测试基础知识，到芯片测试的深入理解，再到芯片的自动化测试，这是一个不断递进的学习过程，读者通过完成任务，可以加深对知识的理解和掌握。

考虑到读者在知识背景和专业水平上的差异，本书在语言表达上力求通俗易懂，避免使用过于晦涩的专业术语。对于复杂的概念和技术，通过生动的比喻、丰富的图表和实例给出深入浅出的解释，确保读者能够轻松理解和掌握核心内容。

教 学 建 议

作为教材，本书适合安排48学时，我们充分考虑了高校不同层次、不同学科的教学需求，教师可根据院校的实际需求组织教学，灵活选用相关内容，读者可根据需要自主学习。

我们衷心希望这本教材能够满足广大学生和教师的需求，为培养高素质创新型的集成电路测试行业专业人才做出贡献。

本书的构思、统稿和审核工作由刘晋东主持，第 1 章由张弘、管连编写；第 2 章由张弘、娄永乐编写；第 3 章由张弘、王军编写；第 4 章由娄永乐、李世杰编写；第 5 章由张弘、寇镇编写；第 6 章由娄永乐、寇镇编写。

本书在编写与出版过程中得到了教育部高等学校电子信息类专业教学指导委员会集成电路类专业课程及教材研究与建设课题项目的大力支持，以及众多领导、专家、学生的热情鼓励和帮助，在此特向他们致以衷心的感谢。

由于编者水平有限，书中疏漏之处在所难免，恳请读者不吝指正！

编　者

目 录

前言
第1章 绪论 ……………………………… 1
1.1 集成电路测试技术与实践教学的重要性 ……………………… 1
1.1.1 我国集成电路产业发展需要更多的集成电路测试人才 …… 1
1.1.2 集成电路测试人才的知识和技能需要通过实践教学培养 … 1
1.2 集成电路测试技术与实践课程体系 …………………………… 2
1.2.1 集成电路测试技术与实践教学的目标 ………………………… 2
1.2.2 集成电路测试技术与实践课程内容架构 ……………………… 3
1.3 本集成电路测试实践教程的特色 …………………………… 4
1.3.1 适合作为集成电路测试技术初学者的入门教材 …………… 4
1.3.2 兼顾研发测试和量产测试的教学内容设计 …………………… 4
1.3.3 匹配工程教育专业认证标准 …… 6
1.3.4 利用数字化和智能化技术手段赋能实践教学 ……………… 7
1.4 IECUBE-3839集成电路研发及量产测试通用平台 …………… 9
1.4.1 当前集成电路测试实训室建设的痛点 ………………………… 9
1.4.2 IECUBE-3839使用场景及功能特色 ……………………………… 9
1.4.3 IECUBE-3839数智化能力介绍 ………………………………… 9
1.5 IECUBE Online数智化平台 …… 12
1.5.1 IECUBE Online研发背景及功能概览 ……………………… 12
1.5.2 IECUBE Online过程性实验和实践教学数据记录与评价 … 13

第2章 集成电路测试技术基础 … 16
2.1 集成电路测试的基本概念 …… 17
2.1.1 集成电路测试的定义 ………… 17
2.1.2 集成电路测试的基本原理 …… 17
2.1.3 集成电路测试的意义与作用 … 18
2.2 集成电路测试的主要环节 …… 18
2.2.1 制定测试方案 ………………… 19
2.2.2 设计测试接口板 ……………… 19
2.2.3 开发测试程序 ………………… 20
2.2.4 分析测试数据 ………………… 20
2.3 集成电路测试的分类、行业现状及发展趋势 ………………… 20
2.3.1 集成电路测试的分类 ………… 20
2.3.2 集成电路测试行业现状及发展趋势 ………………………… 21
2.4 集成电路测试面临的挑战 …… 22
2.4.1 行业发展挑战 ………………… 22
2.4.2 测试技术挑战 ………………… 22
2.5 集成电路测试技术基础实践项目：74系列芯片测试 ……… 23
2.5.1 74系列芯片测试技术概述 …… 23
2.5.2 实践项目概述 ………………… 24
2.5.3 任务1：理解74系列芯片测试参数及测试原理 ………… 26
2.5.4 任务2：74系列芯片手动测试实践 ………………………… 44
2.5.5 任务3：74系列芯片自动化测试实践 …………………… 50

第3章 数字集成电路测试技术与实践 ………………………… 60

3.1 数字集成电路测试技术概述 …… 61
  3.1.1 数字集成电路测试中常见的芯片类型 …………………… 61
  3.1.2 数字集成电路测试参数类型 …… 61
  3.1.3 数字集成电路测试仪器 ……… 62
3.2 数字集成电路测试技术实践项目：存储器芯片测试………… 63
  3.2.1 实践项目概述 ……………… 63
  3.2.2 任务1：理解存储器测试参数及测试原理 …………………… 65
  3.2.3 任务2：存储器手动测试实践 ……………………… 89
  3.2.4 任务3：存储器自动化测试实践 ……………………… 95

第4章 模拟集成电路测试技术与实践 …………………………… 104

4.1 模拟集成电路测试技术概述 … 105
  4.1.1 模拟集成电路测试中常见的芯片类型 …………………… 105
  4.1.2 模拟集成电路测试参数类型 … 106
  4.1.3 模拟集成电路测试仪器 ……… 107
4.2 模拟集成电路测试技术实践项目：集成运算放大器芯片测试 …………………………… 108
  4.2.1 实践项目概述 ……………… 108
  4.2.2 任务1：理解运算放大器测试参数及测试原理 …………… 110
  4.2.3 任务2：运算放大器手动测试实践 ……………………… 128
  4.2.4 任务3：运算放大器自动化测试实践 …………………… 134

第5章 数模混合集成电路测试技术与实践 ……………………… 145

5.1 数模混合集成电路测试技术概述 …………………………… 146
  5.1.1 数模混合集成电路测试中常见的芯片类型 ………………… 146
  5.1.2 数模混合集成电路测试主要参数 ……………………… 146
  5.1.3 数模混合集成电路测试仪器 … 148
5.2 数模混合集成电路测试技术实践项目：ADC芯片测试 …… 148
  5.2.1 实践项目概述 ……………… 148
  5.2.2 任务1：理解ADC芯片测试参数及测试原理 ……………… 151
  5.2.3 任务2：ADC芯片手动测试实践 ……………………… 174
  5.2.4 任务3：ADC芯片自动化测试实践 …………………… 180

第6章 其他典型电路测试技术与实践 …………………………… 193

6.1 SoC测试技术概述及实践项目 …………………………… 194
  6.1.1 SoC芯片测试技术概述 …… 194
  6.1.2 SoC芯片测试 …………… 197
6.2 MEMS测试技术概述及实践项目 …………………………… 202
  6.2.1 MEMS芯片测试技术概述 … 202
  6.2.2 MEMS测试 …………… 203
6.3 专用芯片测试技术概述及实践项目 …………………………… 208
  6.3.1 专用芯片测试技术概述 …… 208
  6.3.2 电力专用计量芯片测试 …… 209
6.4 RFIC芯片测试技术概述及实践项目 …………………………… 213
  6.4.1 RFIC芯片测试技术概述 …… 213
  6.4.2 RFIC芯片测试 …………… 215

附录 ………………………………… 219
  附录A 实验报告及成绩考评要求 ……………………… 219
  附录B IECUBE-3839测试接口板接口定义 ………………… 221
  附录C IECUBE-3839外接分选机、探针台等外设扩展接口定义 ……………………… 222

参考文献 ……………………………… 223

第 1 章 绪 论

1.1 集成电路测试技术与实践教学的重要性

1.1.1 我国集成电路产业发展需要更多的集成电路测试人才

集成电路测试技术伴随着集成电路产业的飞速发展同步演进,成为推动其技术进步与广泛应用的关键支撑。在集成电路研制、生产、应用等各个阶段都要进行反复多次的检验、测试来确保产品质量,从而研制开发出符合系统要求的电路。集成电路测试目前已成为集成电路产业链中一个不可或缺的独立行业,这个行业的人才需求量正在增加。

从集成电路测试人才供需方面来分析,在人才需求侧,我国集成电路测试行业从业者数量尚无官方统计数据,但可以通过行业报告、企业调研和教育数据等多维度进行估算和分析。根据《中国集成电路产业人才发展报告(2022—2023 年版)》的数据,中国集成电路产业从业人员总数约为 70 万人,其中设计、制造、封测三大环节占比分别为 40%、30%、30%;封测环节从业人员总数约为 21 万人,测试工程师占封测从业者的 30%~40%,由此估算 2023 年我国集成电路测试行业的从业者为 6~8 万人。而随着国产芯片产能扩张,测试人才需求年均增长率预计为 15%~20%,2025 年集成电路测试行业从业者需求达到 8~12 万人。在人才供给侧,目前国内开设微电子、集成电路相关专业的高校约 200 所,每年毕业生约 3 万人,其中 10%~15%(3000~4500 人)进入测试领域。除此之外,通过工业和信息化部"集成电路测试工程师"认证、企业内训等渠道,每年新增测试人才 2000~3000 人。由此可见,目前我国集成电路测试人才的供给还存在较大的缺口。

从集成电路产业发展来分析,随着芯片工艺向 3 nm、2 nm 迈进,以及 Chiplet(芯粒)、3D 封装等技术的普及,集成电路测试面临物理极限突破与异构集成复杂性的双重压力;另外,芯片测试成本占制造成本的 30%~50%,其中高端领域(如车规芯片)要求缺陷率低于 1 ppm(百万分之一),这对测试策略提出了更严苛的要求,这些挑战都需要集成电路测试工程师从先进工艺测试、异构集成测试、测试经济学、可靠性工程、测试算法与数据分析等方面来应对解决。另外,我国在高端测试设备(如 ATE)、EDA 工具等领域仍受制于人,急需测试人才推动国产化替代。

综上所述,我国集成电路产业发展需要更多集成电路测试人才,亟须高校通过增设集成电路测试相关的专业或者课程来加速扩大集成电路测试人才的基数。

1.1.2 集成电路测试人才的知识和技能需要通过实践教学培养

集成电路测试作为连接芯片设计与量产应用的关键环节,其人才培养具有极强的实践导向性。仅靠课堂理论教学难以培养出符合产业需求的高素质测试人才,必须通过实践教学将知识转化为能力。

在知识巩固方面，实践教学能够将抽象的集成电路测试理论知识具象化。例如在学习数字电路测试时，学生在实践中通过对逻辑门电路的实际测试，观察输入/输出信号的变化，能更深刻地理解逻辑运算规则、时序关系等理论知识，比单纯从书本上学习更直观、更透彻。集成电路测试涉及多学科知识，如电子电路、计算机科学、信号处理等。在实践教学中，学生通过实际项目，将这些分散的知识进行整合运用。比如在进行系统级芯片测试时，需要综合运用各学科知识来分析和解决问题，从而建立起完整的知识体系。

在技能培养方面，集成电路测试需要熟练使用各种专业仪器设备，只有通过实践教学，学生才能亲自动手操作这些仪器，掌握正确的操作方法、参数设置和数据读取分析技巧，熟悉仪器的性能和适用范围。实践教学提供了真实的测试场景，让学生能够亲身体验从测试方案制定、测试用例设计到测试结果分析的完整流程，学会根据不同的芯片类型和测试需求，选择合适的测试方法和技术，如功能测试、性能测试、可靠性测试等，并能运用相关工具进行实际操作。在实践中，学生必然会遇到各种测试问题和故障，如芯片功能异常、测试数据异常等。通过对这些问题的分析和解决，学生能够积累故障诊断经验，学会运用各种调试工具和方法，逐步定位问题所在，并提出有效的解决方案，提高实际动手能力和问题解决能力。

在素养提升方面，实践教学为学生提供了创新的平台，学生可以在实践中尝试新的测试思路、方法和技术，对现有的测试流程和方案进行改进和优化。例如，学生可能会提出一种新的测试算法或组合不同的测试方法，以提高测试效率或准确性，从而培养创新思维和创新能力。实践教学通常会模拟企业的实际工作环境和项目流程，让学生在实践中养成良好的职业素养。学生能够了解到行业的规范和标准，学会遵守工作流程和规章制度，培养严谨的工作态度、责任心和团队协作精神，提前适应未来的职业角色。集成电路测试技术发展迅速，新的测试需求和挑战不断涌现。通过实践教学，学生能够感受到技术的不断变化，认识到自己知识和技能的不足，从而激发自主学习的动力，培养持续学习的能力，以便在未来的工作中能够不断更新知识，跟上技术发展的步伐。

1.2 集成电路测试技术与实践课程体系

1.2.1 集成电路测试技术与实践教学的目标

课程目标1：了解集成电路测试技术的发展现状和发展趋势，明确集成电路测试在集成电路产业中的重要性。

课程目标2：熟练理解和掌握集成电路测试的基本概念、工作原理、测试方法、测试流程及测试系统的组成及功能，并能够对测试过程中获取的数据进行收集、整理、分析和解释，从而得到合理有效的结论。

课程目标3：通过对经典芯片的电学参数和功能的测试，并结合实际电路进行分析，强化对学生定义问题、分析问题和解决问题能力的培养。

课程目标4：通过项目制实践课程的学习，培养学生独立分析与解决复杂工程问题的能力和创新能力，并培育学生的科学精神、创新精神和工匠精神，以及增加对产业经济知识的了解等。

本课程的课程目标与毕业要求的对应关系见表1-1。

表 1-1 本课程的课程目标与毕业要求对应关系

毕业要求	对应的毕业要求指标点	课程目标
1. 工程知识：掌握本专业所需的数学、自然科学、工程基础和电子信息工程的专业知识，能将上述知识用于解决集成电路测试领域的复杂工程问题	指标点 1-2：能够运用恰当的数学、物理模型对集成电路测试复杂工程问题进行建模，保证故障模型的有效性，满足工程计算的实际要求	课程目标 3. 通过对经典芯片的电学参数和功能的测试，并结合实际电路进行分析，强化对学生定义问题、分析问题和解决问题能力的培养
3. 设计/开发解决方案：能够针对集成电路测试复杂工程问题提出解决方案，设计满足特定需求的测试方案，并能够在实践环节中体现创新意识；能够有效优化提升测试效率	指标点 3-2：能够针对特定需求完成系统、模块的软件设计和硬件设计	课程目标 4. 通过项目制实践课程的学习，培养学生独立分析与解决复杂工程问题的能力和创新能力，并培育学生的科学精神、创新精神和工匠精神，以及增加对产业经济知识的了解等
4. 研究：能够基于科学原理并采用科学方法，对集成电路工艺、设计与制造或工程领域复杂工程问题进行研究，包括设计实验、分析与解释数据、并通过信息综合得到合理有效的结论	指标点 4-2：能够对实验数据进行收集、整理、分析和解释，运用统计学方法和专业知识得出可靠的研究结论，并能够撰写规范的学术论文或研究报告，展示研究成果和创新点	课程目标 2. 熟练理解和掌握集成电路测试的基本概念、工作原理、测试方法、测试流程及测试系统的组成及功能，并能够对测试过程中获取的数据进行收集、整理、分析和解释，从而得到合理有效的结论

1.2.2 集成电路测试技术与实践课程内容架构

集成电路测试技术与实践课程的内容架构一共分为 5 个部分，分别是集成电路测试技术基础、数字集成电路测试技术与实践、模拟集成电路测试技术与实践、数模混合集成电路测试技术与实践以及其他典型集成电路测试技术与实践，每个部分包含技术概述和对应的实践项目实例。在集成电路测试技术基础部分，配套了 74 系列芯片测试实践项目实例；在数字集成电路测试技术与实践部分，配套了存储器芯片测试实践项目实例；在模拟集成电路测试技术与实践部分，配套了集成运算放大器芯片测试实践项目实例；在数模混合集成电路测试技术与实践部分，配套了 ADC 芯片测试实践项目实例；在其他典型集成电路测试技术与实践部分，配套了 SoC、MEMS、RFIC 和专用芯片测试实践项目实例。综上所述，集成电路测试技术与实践课程整体内容架构如图 1-1 所示。

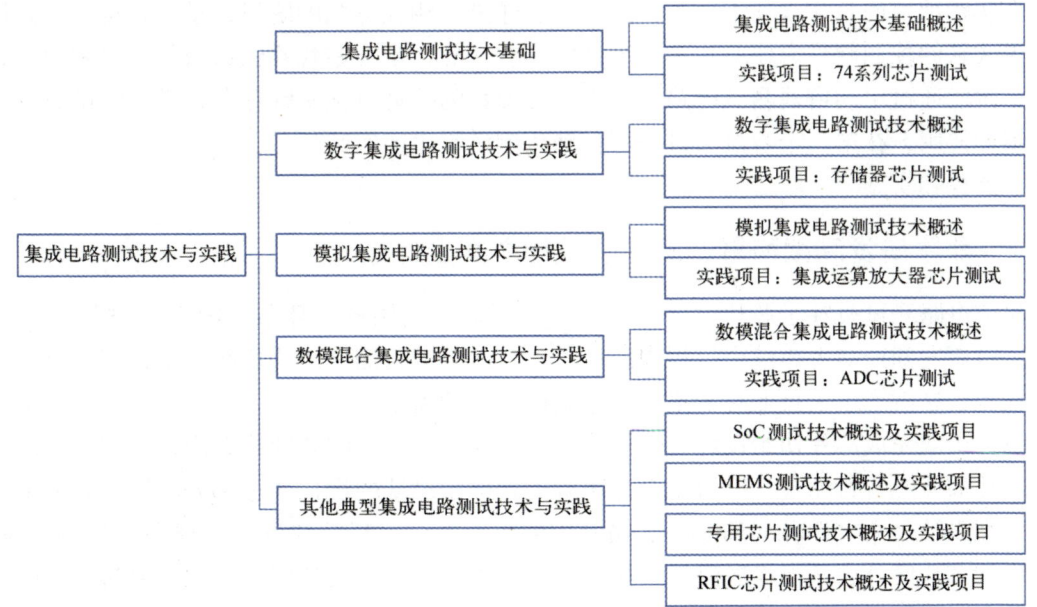

图 1-1 集成电路测试技术与实践课程内容架构

1.3 本集成电路测试实践教程的特色

1.3.1 适合作为集成电路测试技术初学者的入门教材

目前市面上关于集成电路测试技术的书籍有很多，一类是由行业专家撰写的专著，技术内容十分专业，它默认读者已经具备了基本的集成电路测试技术认知，更适合有经验的集成电路测试从业者阅读；另一类是集成电路测试设备厂家撰写的教材，内容大多是基于自家设备的技术培训资料，由于这些培训资料的目的是培训其客户尽快地基于自家设备完成测试工作，所以缺乏对于集成电路技术知识体系的梳理，更适合使用其设备的客户阅读；这些都不太适合集成电路测试技术的初学者。本书是一本适合集成电路测试技术初学者的入门教材，期望通过本教材的学习让初学者掌握最基本、最核心的集成电路测试技术的概念和方法，为后续从事集成电路测试相关工作和研究打下坚实基础。

在内容设置上，考虑到要循序渐进地帮助学生构建集成电路测试的概念，逐步掌握各类典型集成电路芯片的测试方法，并了解针对特殊芯片的测试方案设计思路。对于集成电路测试技术基础的学习，选取 74 系列芯片这一相对简单的芯片作为测试对象设计实践教学项目，让学生通过完成 74 系列芯片的测试，掌握基本的集成电路测试概念和方法，为后续测试其他更为复杂的典型芯片做好铺垫。针对数字、模拟和数模混合信号类典型芯片测试方法的学习，分别选取存储器芯片、集成运算放大器芯片和 ADC 芯片为测试对象设计实践教学项目，让学生通过完成对这些芯片的测试，掌握针对对应类型芯片的测试方法。针对更多芯片的测试方法扩展学习，给出了针对 SoC、MEMS、RFIC 及一些专用芯片的测试项目方案作为参考学习资料，让学生通过了解这些芯片的测试方案，构建更为全面的集成电路测试技术知识体系。

在实践项目的教学设计上，分为三个层层递进、相互关联的阶段，学生在第一个阶段通过配置式软件控制硬件完成芯片参数测试的实践任务，学习芯片测试参数的意义和原理，在第二个阶段通过手动搭建测试电路并完成芯片参数的手动测试实践任务，学习测试方法和测试仪器的使用，在第三个阶段通过编写自动化测试程序的实践任务，学习自动化测试方案的制定、流程和实施。

1.3.2 兼顾研发测试和量产测试的教学内容设计

集成电路测试贯穿了芯片设计研发、生产制造和应用各个环节，图 1-2 描述了一颗芯片从设计研发到产品上市整个过程中的哪些环节需要进行测试，这些测试工作需要测试工程师来完成，这就产生了行业对于集成电路测试人才的需求。

设计团队完成芯片初始设计后进行第一次流片，流片后的晶圆或者经过封装后的芯片需要对芯片的性能进行测量，以帮助设计团队更新推动设计的优化，这部分的设计验证工作通常发生在设计公司（Design House），由其中的研发测试工程师和设计工程师一起协同完成；优化后的芯片设计会进行再次流片，如果芯片经过测试满足设计要求，则需要为芯片的量产测试制定测试方案，开发量产测试系统和程序，这部分的量产测试开发工作通常发生在测试

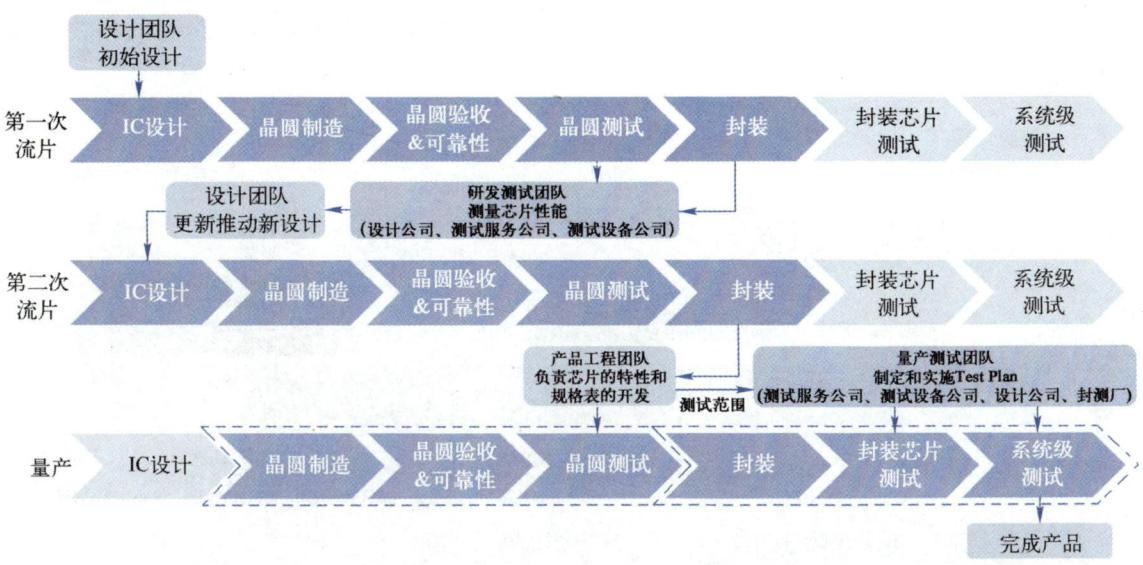

图 1-2 集成电路产业链中的研发测试和量产测试工作

服务公司（Testing House）、测试设备公司或者设计公司，由其中的量产测试工程师牵头完成；芯片正式量产后，开发好的量产测试程序被部署到封测厂的产线，由其中的量产测试工程师负责操作和维护。由此可以看到，设计公司、测试服务公司、测试设备公司和封测厂都需要集成电路测试工程师，而非只有封测厂才需要，图 1-3 为研发测试工程师和量产测试工程师的典型工作场景。

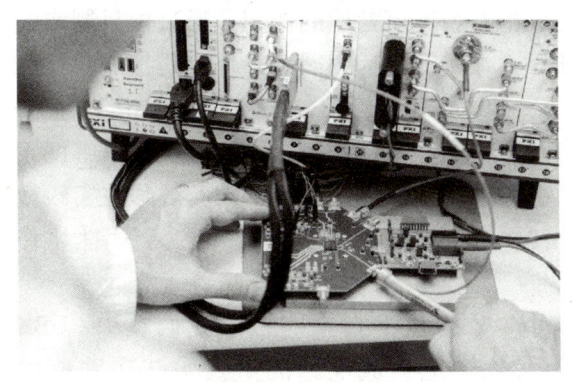
研发测试工程师工作场景
（摄于某设计公司研发测试实验室）

量产测试工程师工作场景
（摄于某封测厂测试产线）

图 1-3 集成电路研发和量产测试工程师工作场景

查阅行业招聘集成电路研发测试工程师和量产测试工程师的岗位描述和要求便可以总结出集成电路测试人才所需的核心知识和技能，如图 1-4 所示。在知识层面，集成电路测试人才需要核心掌握测试对象的测试参数意义及其测试方法等知识；在技能层面，集成电路测试人才需要核心掌握测试电路开发、测试仪器使用、测试开发流程和测试程序开发等技能。本书的教学内容设计兼顾集成电路研发测试和量产测试，旨在培养学生集成电路研发测试和量产测试的核心通用技能和知识，这是学生未来从事集成电路测试相关工作和研究的基础。

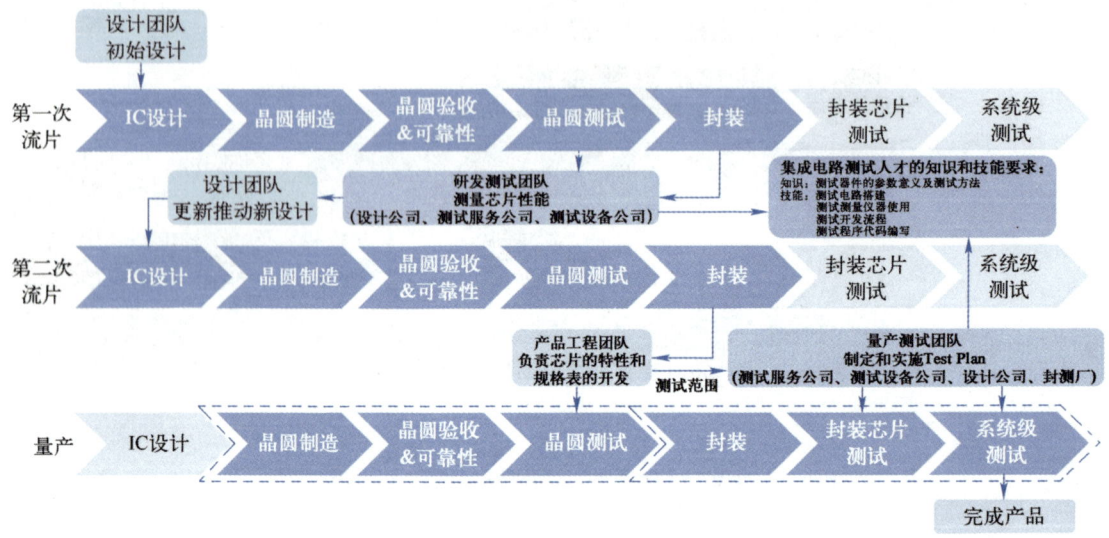

图 1-4　集成电路研发测试和量产测试人才通用技能和知识需求

1.3.3　匹配工程教育专业认证标准

实践教学在工程教育认证中占据核心地位，是培养高素质工程人才、保障工程教育质量的关键环节，对学生个人成长和工程教育整体发展都有着不可替代的作用。通过项目制实践教学环节，学生可将理论知识应用到实际工程项目，在实践过程中锻炼工程实践技能，提高实践能力与创新能力，提升解决实际问题的能力。实践教学目标不仅仅局限于知识和能力，还应注重素质目标，尤其是工程意识、工程能力和工程素养的培养。完整的实践教学有助于学生形成全面的工程思维和职业素养，为未来的工程职业生涯奠定坚实基础。教师在实践教学中还需要有意识地引导学生自主探索、解决问题，提高学生的自主学习能力和团队协作能力。

本书对应的实践教学可以借助 IECUBE Online 数智化平台来完成。我们在 IECUBE Online 数智化平台上建立了科学合理的评价指标体系，把集成电路测试技术与实践课程的课程目标进行分解，为其设定相应的监测点并为每一个监测点给出量化的评价标准参考。

例如，本课程的课程目标 2 设定为熟练理解和掌握集成电路测试的基本概念、工作原理、测试方法、测试流程及测试系统的组成和功能，并能够对测试过程中获取的数据进行收集、整理、分析和解释，从而得到合理有效的结论。我们在 IECUBE Online 数智化平台上为课程目标 2 设定了三个监测点，每一个监测点包含多个子检测项，基于对应的子检测项的数据采集结果给出每一个监测点打分标准，见表 1-2。

表 1-2 针对本课程的课程目标 2 的评价体系参考

监测点	监测内容	90~100	80~90	70~80	60~70	不及格
监测点 1	学生对于集成电路测试的基本概念、工作原理、测试方法、测试流程的理解和掌握程度	通过学生的线上问题解答、实验过程和实验结果的分析,学生对于集成电路测试的基本概念、工作原理、测试方法、测试流程的理解正确,并会在实践环节中采用最优的测试方法和测试流程完成预定任务的同时考虑经济性因素	通过学生的线上问题解答、实验过程和实验结果的分析,学生对于集成电路测试的基本概念、工作原理、测试方法、测试流程的理解没有明显的知识和概念上的错误。在实践环节中完成所有的预定任务	学生对于集成电路测试的基本概念、工作原理、测试方法、测试流程的理解上存在部分知识和概念上的错误。在实践环节中部分任务的执行上存在不合理性	学生对于集成电路测试的基本概念、工作原理、测试方法、测试流程的理解上存在明显的错误。可以完成整个实践工作环节,部分任务的执行存在问题	没有实践教学任务,并且存在多处明显的概念性错误
监测点 2	检测学生对于测试系统的组成及功能的理解和掌握程度	对于给定的芯片可以根据需要选择最优的测试系统,完成测试系统的搭建,完成测试过程。实践报告清晰、正确	对于给定的芯片可以根据需要选择合适的测试系统,完成测试系统的搭建,完成测试过程。实践报告清晰、正确	对于给定的芯片可以根据需要选择合适的测试系统,完成大部分测试系统的搭建,完成大部分测试过程。实践报告中有明显的不足	对于给定的芯片可以根据需要选择合适的测试系统,完成部分测试系统的搭建,基本完成测试过程。实践报告中有明显的错误和遗漏	没有选定正确或者合适的测试系统,没有完成测试过程
监测点 3	能够对测试过程中获取的数据进行收集、整理、分析和解释,从而得到合理有效的结论	能够对测试过程中获取的数据进行收集、整理、分析和解释,从而得到合理有效的结论。整个分析过程逻辑清晰,结论正确	能够对测试过程中获取的数据进行收集、整理、分析和解释,从而得到合理有效的结论。数据收集和分析过程中有不完善之处,结论基本正确	数据收集和分析过程中有不完善之处,部分概念不清晰,结论基本正确	数据收集和分析过程中有明显的错误,重要的概念存在误解,结论存在明显的问题	整个数据收集整理、分析和解释过程存在重大错误,从而没有得到合理有效的结论

IECUBE Online 数智化平台会自动在后台采集这三个监测点的所有子观测的数据,并基于表 1-2 的得分标准给出每一个监测点的得分,再根据预定公式:课程目标 2 监测点的成绩=(监测点 1 得分+监测点 2 得分+监测点 3 得分)/3,得到单独学生个体的课程目标 2 的成绩。

1.3.4 利用数字化和智能化技术手段赋能实践教学

在当前人工智能、大数据、云计算和物联网等新一代信息技术迅猛发展的背景下,国家和教育部正在着力推进教育数智化的改革,此举不仅重塑了师生教与学的新型范式,更为教育生态的创新发展注入强劲动能。对于学生,教育数智化改革可以帮助提升学生的个性化学习体验,根据学生的个体差异,如学习风格、知识掌握程度和兴趣爱好等,为他们提供量身定制的学习路径;有助于学生学习兴趣和积极性的提高,通过虚拟现实、增强现实等沉浸式技术以及互动式的在线学习平台,可以使学习过程变得更加有趣;与此同时,在数智化的学习环境中,学生需要使用各种数字工具和平台,这有助于他们培养数字素养。对于教师,可以利用数智化平台更高效地准备课程内容；可以利用数智化工具获取学生的详细学习数据，从而更精准地了解学生的学习情况，有针对性地调整教学策略。

"集成电路测试技术与实践"作为一门集成电路专业重要的工程实践课程，非常有必要进行数智化改革。本实践教程基于 IECUBE-3839 集成电路研发及量产测试通用平台完成，包含了数字化教辅资源、学生实验过程性数据自动记录、互联网远程交互控制等数智化功能，为集成电路测试技术与实践数智化改革提供了数智化基座实验设备的能力。再结合 IECUBE Online 数智化平台，可以实现数字化教辅资源推送、交互式教学指导、实验过程性数据记录和评价等功能，为集成电路测试技术与实践数智化改革提供了数智化云端教学内容承载和教学数据分析的能力，如图 1-5 所示。

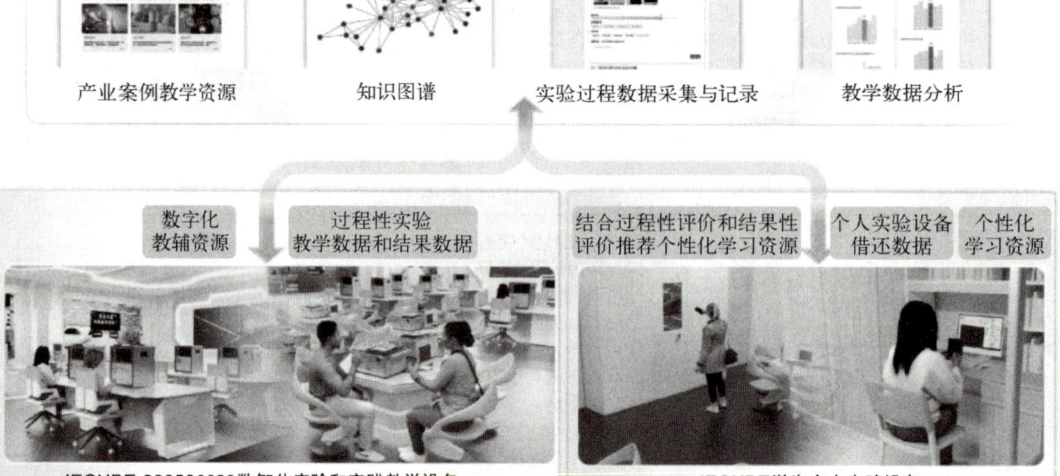

图 1-5　IECUBE Online 与 IECUBE-3839 结合开展数智化教学

在课内环节，师生通过 IECUBE-3839 集成电路研发及量产测试通用平台开展工程实践教学、数字化教辅资源通过 IECUBE Online 数智化平台推送到数智化设备终端、学生实验和实践教学过程性数据和结果数据被数智化设备自动采集记录并上传云端分析。在课外环节，云端根据学生过程性教学数据和结果数据进行教学质量和学生个体学习效果的评价，基于知识图谱和人工智能技术进行智能分析，针对学生学习过程中暴露出来的难点和遗漏点，给学生推送个性化的学习计划和学习资源，学生根据推送的学习资源从智能柜借用需要的个人实验设备。学生基于定制化的学习计划，利用云端资源和个人实验设备完成个人能力的查遗补缺，实现学习活动的闭环，从而更好地达成教学目标。

1.4 IECUBE-3839 集成电路研发及量产测试通用平台

1.4.1 当前集成电路测试实训室建设的痛点

由于集成电路测试是一项软硬结合且实践性很强的技术，需要通过实践设备来培养对应能力，而市场上却很难找到合适的实践设备。行业中用的集成电路测试设备对于教学而言存在成本高、自动化程度过高、缺乏配套教学资源等不足，并不是最优的实践设备选择。最优的集成电路测试实践教学设备，应该具备能够贴近行业设备工作场景和技术架构、充分考虑教学需求、配套完整教学资源、成本适中等优势。IECUBE-3839 集成电路研发及量产测试通用平台就是在这样的背景和需求下诞生的，全面匹配集成电路测试相关岗位能力培养需求的革命性产品，如图 1-6 所示。

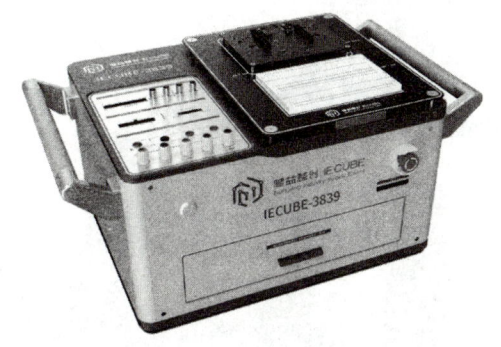

图 1-6　IECUBE-3839 集成电路研发及量产测试通用平台

1.4.2 IECUBE-3839 使用场景及功能特色

IECUBE-3839 集成电路研发及量产测试通用平台基于先进的模块化仪器技术优势，将各种集成电路测试所需的仪器、程控计算机和软件集成于一体，形成一台多功能仪器设备。IECUBE-3839 集成电路研发及量产测试通用平台内部一共集成了 6 种测量仪器，分别为任意波形发生器、示波器、Digital Pattern、数字万用表、可编程直流电源和逻辑分析仪，搭配IECUBE-3839 集成电路测试专用软件和 IDE 编程环境使用，兼具互联网数智化功能，可用于支撑集成电路测试课程的开设，如图 1-7 所示。

IECUBE-3839 集成电路研发及量产测试通用平台贴近集成电路研发测试和量产测试的工作场景和技术架构，如图 1-8 所示。

IECUBE-3839 充分考虑集成电路测试教学需求，如图 1-9 所示。

1.4.3 IECUBE-3839 数智化能力介绍

IECUBE-3839 在数智化能力方面，包含了数字化教辅资源、学生实验过程性数据自动记录、互联网远程交互控制等数智化功能，结合 IECUBE Online 数智化平台，可以实现数字化教辅资源推送、交互式教学指导、实验过程性数据记录和评价等功能，为集成电路测试课程数智化改革提供了数智化云端教学内容承载和教学数据分析的能力。

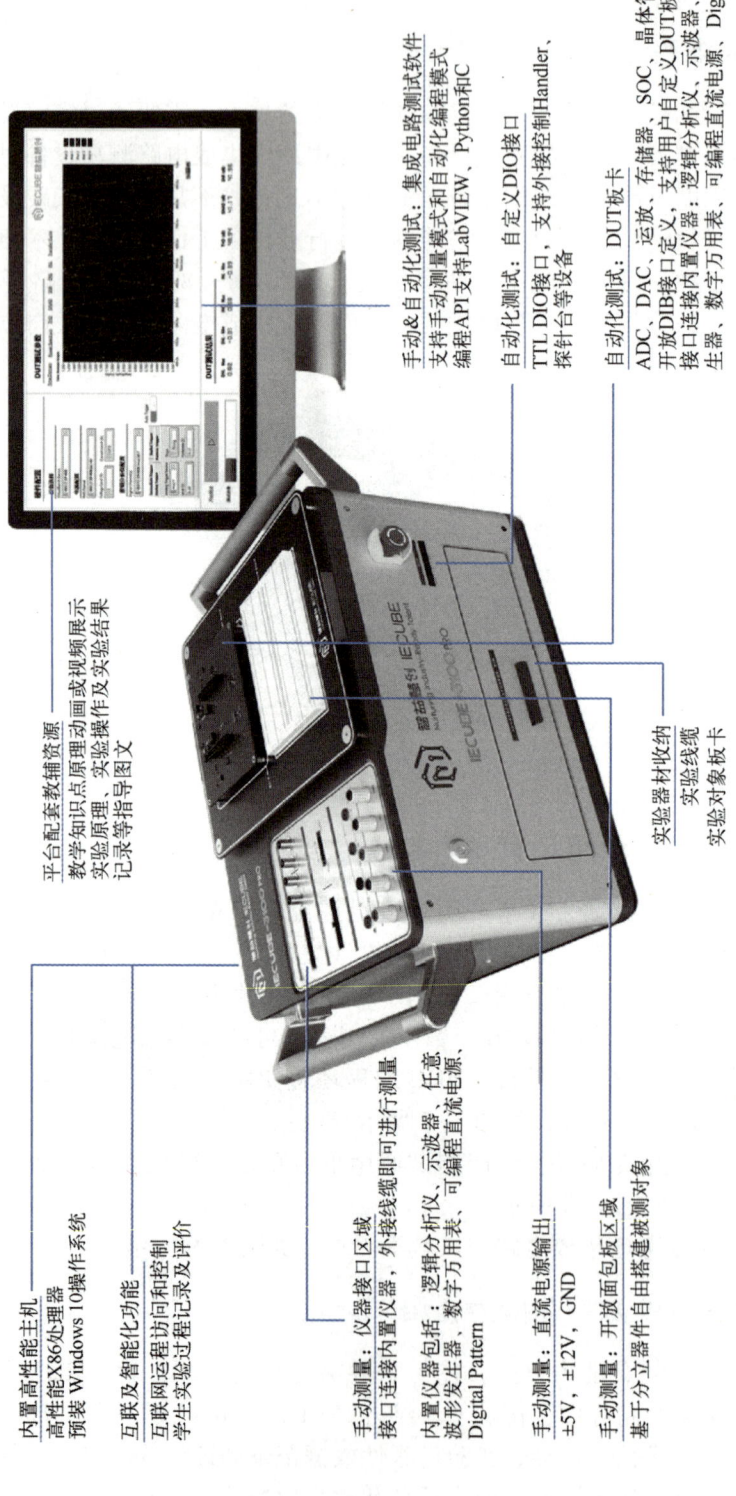

图1-7 IECUBE-3839集成电路研发及量产测试通用平台功能概览

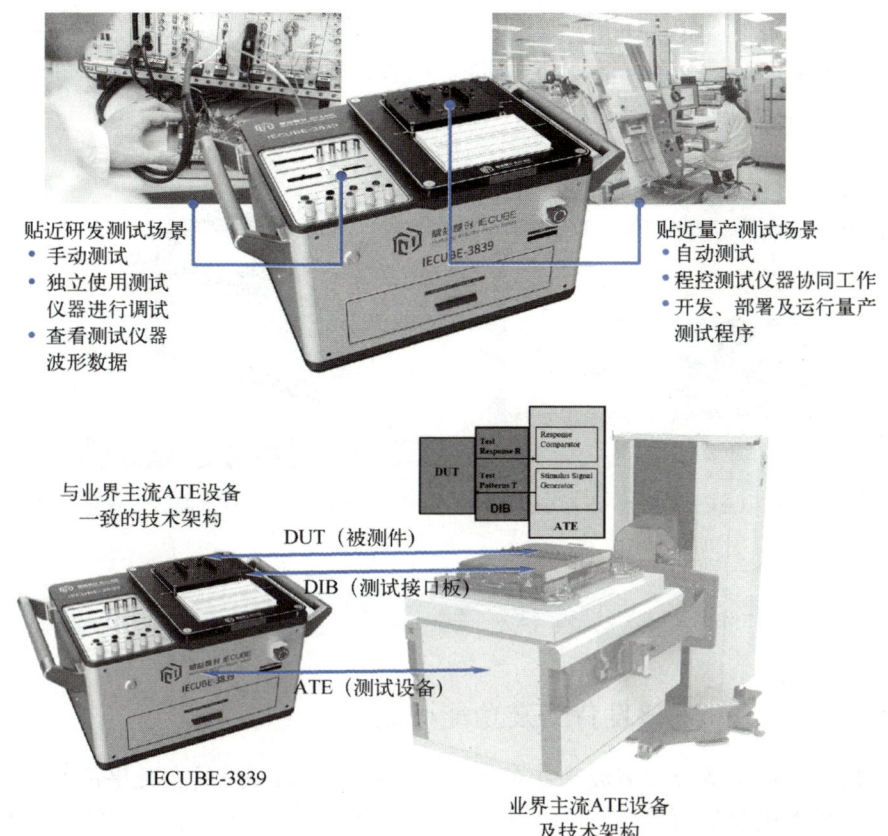

图 1-8 IECUBE-3839 贴近集成电路研发测试和量产测试的工作场景和技术架构

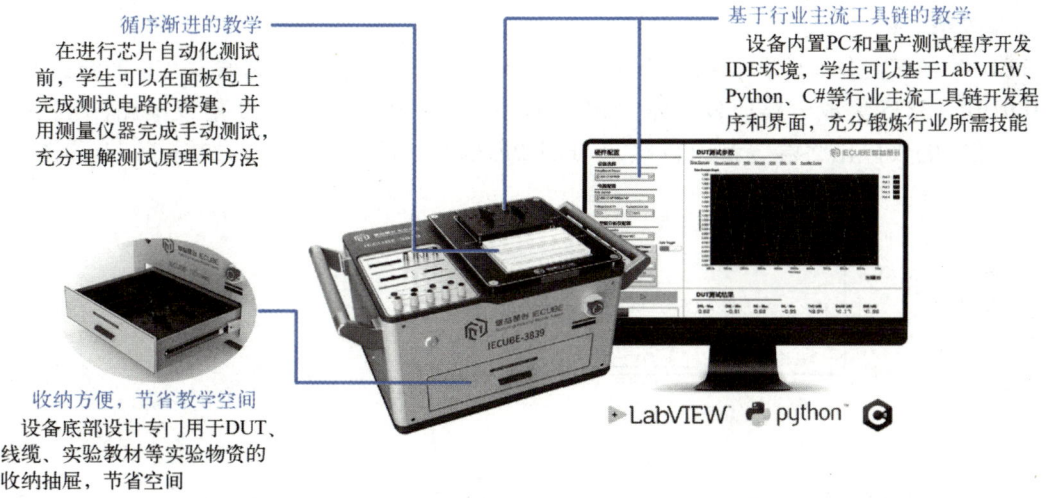

图 1-9 IECUBE-3839 充分考虑集成电路测试教学需求

过去的实践课往往缺乏对于学生实践的"过程性"评价数据，这样实践课程在工程教育专业认证改革的背景下面临改革压力。IECUBE-3839 由于采用了一体化的仪器硬件架构和统一的操作软件，具备了采集学生实验"过程性"数据的天然优势，IECUBE-3839 仪器软件面板在学生做实验的过程中可以自动无感地把学生的实践用时、仪器具体操作和次数等信息记录下来并上传 IECUBE Online 数智化平台,最终给出学生实践的"过程性"评价数据,帮助高校实践课程形成大数据的全量化、智能性的教育教学评价体系,如图 1-10 所示。

图 1-10　IECUBE-3839 结合 IECUBE Online 数智化平台的使用实现数智化能力支撑

1.5　IECUBE Online 数智化平台

1.5.1　IECUBE Online 研发背景及功能概览

当前的教育数智化平台大多数是针对理论课程的教学而开发的,几乎没有专门针对实验和实践教学的数智化改革的平台。IECUBE Online 数智化平台是一个专门针对实验和实践教学数智化改革而开发的互联网平台,除了教学内容、教学管理等通用功能以外,还突出过程性实验和实践数据记录和评价的功能实现,助力实验和实践课程更好地支撑工程教育专业认证和专业改革。

IECUBE 的智能化实验和实践教学设备,如 IECUBE-3839 集成电路研发及量产测试通用平台、IECUBE-3835 集成电路研发及量产测试通用平台、IECUBE-3100 集成电路测试平台和 IECUBE 兼容的数智化终端等都可以接入 IECUBE Online 数智化平台,如图 1-11 和图 1-12 所示。

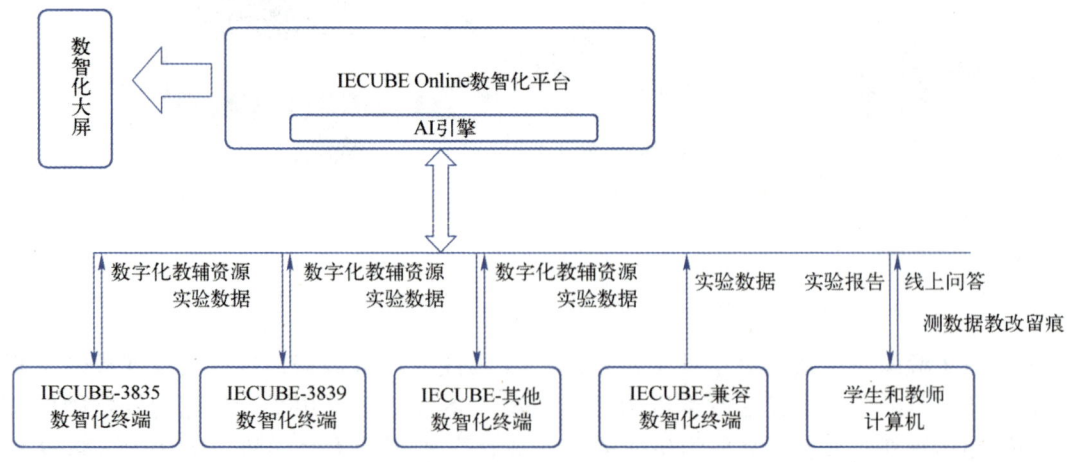

图 1-11　IECUBE Online 数智化教学环境示意图

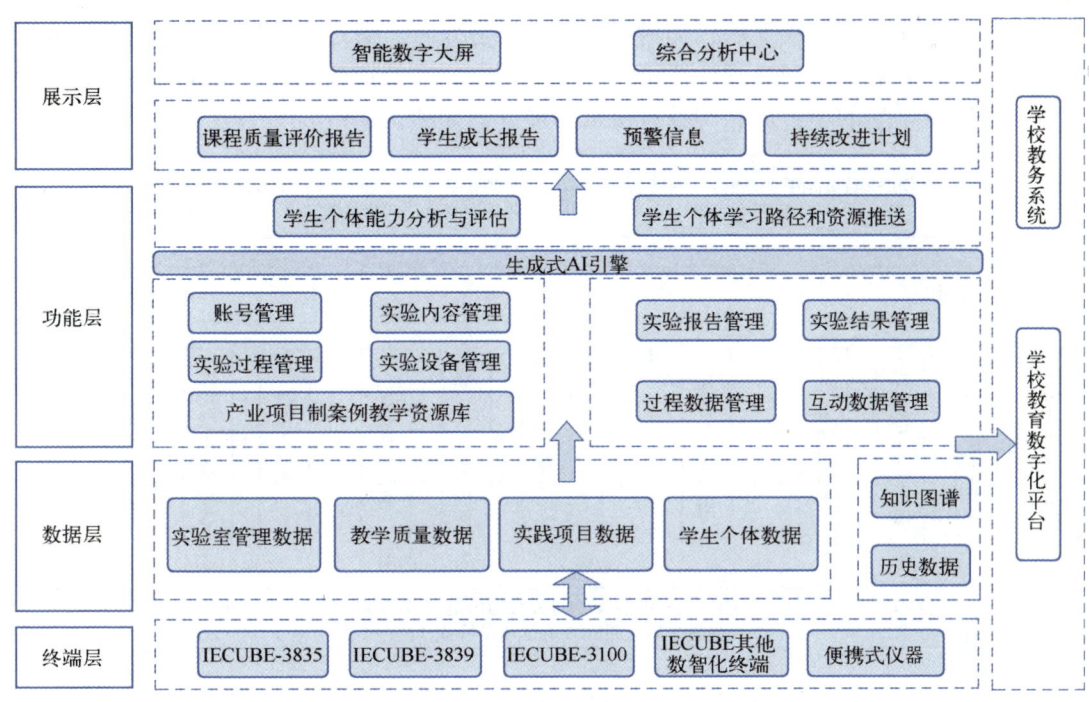

图 1-12 IECUBE Online 数智化平台功能框架图

1.5.2 IECUBE Online 过程性实验和实践教学数据记录与评价

1. 支撑过程性评价

利用 IECUBE Online 数智化平台记录学生的学习行为数据，如登录频率、学习时长、课程资源浏览次数、参与讨论的活跃度等。利用在线作业与测验系统除了可以获得自动批改得出的成绩外，还能收集学生答题的时间、修改答案的次数、不同题型的得分分布等数据。平台可以帮助老师设计简单的课堂观察量表，对学生的眼神交流、主动发言的质量、对他人观点的回应等方面进行量化打分或定性描述。教师可以将这些数据上传到平台作为学生过程性评价的数据。

IECUBE Online 数智化平台可以将从各种途径收集到的数据整合到每个学生的专属学习档案中，以时间线或学习模块为分类依据，清晰呈现学生在整个学习过程中的表现轨迹和得分，从而实现描述性统计分析和相关性分析，并将分析的结果及时反馈给学生，调整教学策略，促进学生自我管理。调整教学策略即教师依据学生的过程性评价数据，发现教学过程中存在的问题并及时调整教学方法和进度。如果大部分学生在某个知识点的作业错误率较高，教师可以重新设计教学活动，增加针对性的讲解和练习环节。促进学生自我管理技能，通过让学生了解自己的学习过程数据，培养他们的自我反思和自我管理能力。

2. 支撑课程达成度评价

在课程与教学质量改进方面，通过对学生群体达成度评价结果的分析，发现课程设置、教学内容和教学方法等方面存在的问题，为课程与教学质量的持续改进提供反馈。例如，如果某专业课程的学生在某一核心技能指标上的达成度普遍较低，学校可以组织教师研讨，对课程内容进行优化调整,或开展教师培训以提升教学效果。通过系统地收集、整理、分析和应用数据,可以有效地实现过程性评价和达成度评价,为教育教学提供全面、客观、准确的评估信息,促进学生的学习成长和教育质量的提升,如图1-13所示。

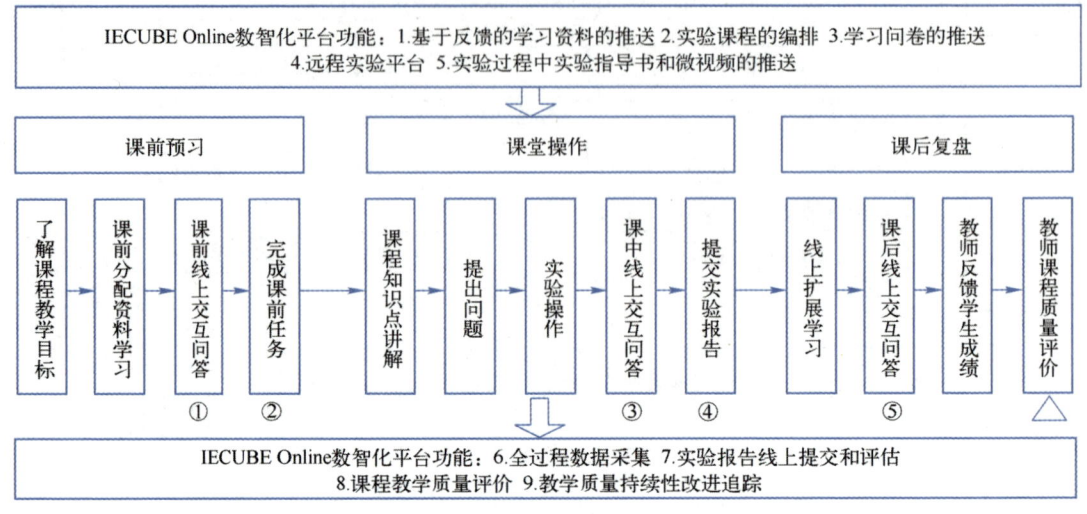

图1-13 过程性评价和达成度评价在一门课程目标达成度评价中的作用

3. 通过设定监测点评分标准逐步实现自动评分

我们在IECUBE Online数智化平台上为不同课程目标设定了多个监测点,并给出每一个监测点的打分标准,具体可参见1.3节中"匹配工程教育专业认证标准"的举例说明。IECUBE Online数智化平台会自动在后台采集各个监测点的数据,并基于得分标准给出每一个监测点的得分,再根据学生在课程目标监测点的成绩得到单独学生个体的课程目标成绩。在IECUBE Online数智化平台设置所有课程目标的检测点和评分标准,通过对整个实验前、实验中和实验后各个教学阶段的数据采集,包括过程性数据和结果性数据,平台会自动完成过程性评价和达成度评价。这些数据的采集和分析处理将会为后期教学质量的秩序改进、学生个性化评价、学生个性化学习资源推送等教学服务提供坚实的基石。

4. 支撑教学质量的持续改进

学生学习行为数据记录细致入微:IECUBE Online数智化平台能够详细记录学生的各种学习行为,精准把握学生对课程各部分内容的关注程度和投入时间,从而发现哪些内容可能更受学生关注,哪些部分学生容易忽视,精准定位学生学习的薄弱环节,进而有针对性地对课程相关教学内容进行强化或补充讲解,为后续改进课程内容的重点分布提供依据。

教师教学过程回顾与反思:IECUBE Online数智化平台可以记录整个教学过程,教师通过回顾这些内容,能够优化教学过程。借助平台提供的数据和分析功能,教学管理人员也可以从宏观角度分析课程的整体实施情况,比如不同班级学生的差异、各章节内容的学习效果对比等。利用平台提供的数据可以组织教师共同研讨,分析原因并改进课程的教学安排和方法,促进课程质量在整体层面上的提升。

教学过程和教学质量改进工作的留痕：传统的教学管理和教学质量改进工作中往往会出现数据收集不全面，数据、证据、相关的管理文件、教改材料、研讨会资料等零散存放，一方面不利于管理，常常出现要用的时候找不到，另一方面所有的素材没有被系统化管理和利用，也没有形成合力，教学质量的持续改进成为一句空话。通过 IECUBE Online 数智化平台可以将这些过程中形成的素材分类管理，随时可查可调用，并利用数智化平台在数据收集、教学反馈、资源整合、教学监控以及个性化推荐等多方面的优势，有力地推动课程质量朝着持续化改进的方向不断发展，更好地满足学生的学习需求和教育教学的发展要求。

5. 与人工智能相结合实现个性化教学

利用 IECUBE Online 数智化平台一方面将教育资源数字化，便于实训案例的研发和部署实施，为学生、教师和教育管理者提供高效便捷的教学管理和学习环境；另一方面采用软硬结合的设计方式记录学生在实验和实践过程中的留痕，并基于此做出过程性评价，与最终的结果性评价相结合，给出客观和翔实的考核记录。同时与人工智能技术相结合，基于采集的数据建模，构建个人的行为模式和学习画像，并基于此给出个性化的优化学习路径、学习建议和学习资源，推动因人施教和因材施教，实现由"粗放式和千人一式"到"精细化和个性化"培养模式的转变。

集成电路测试技术基础

第2章

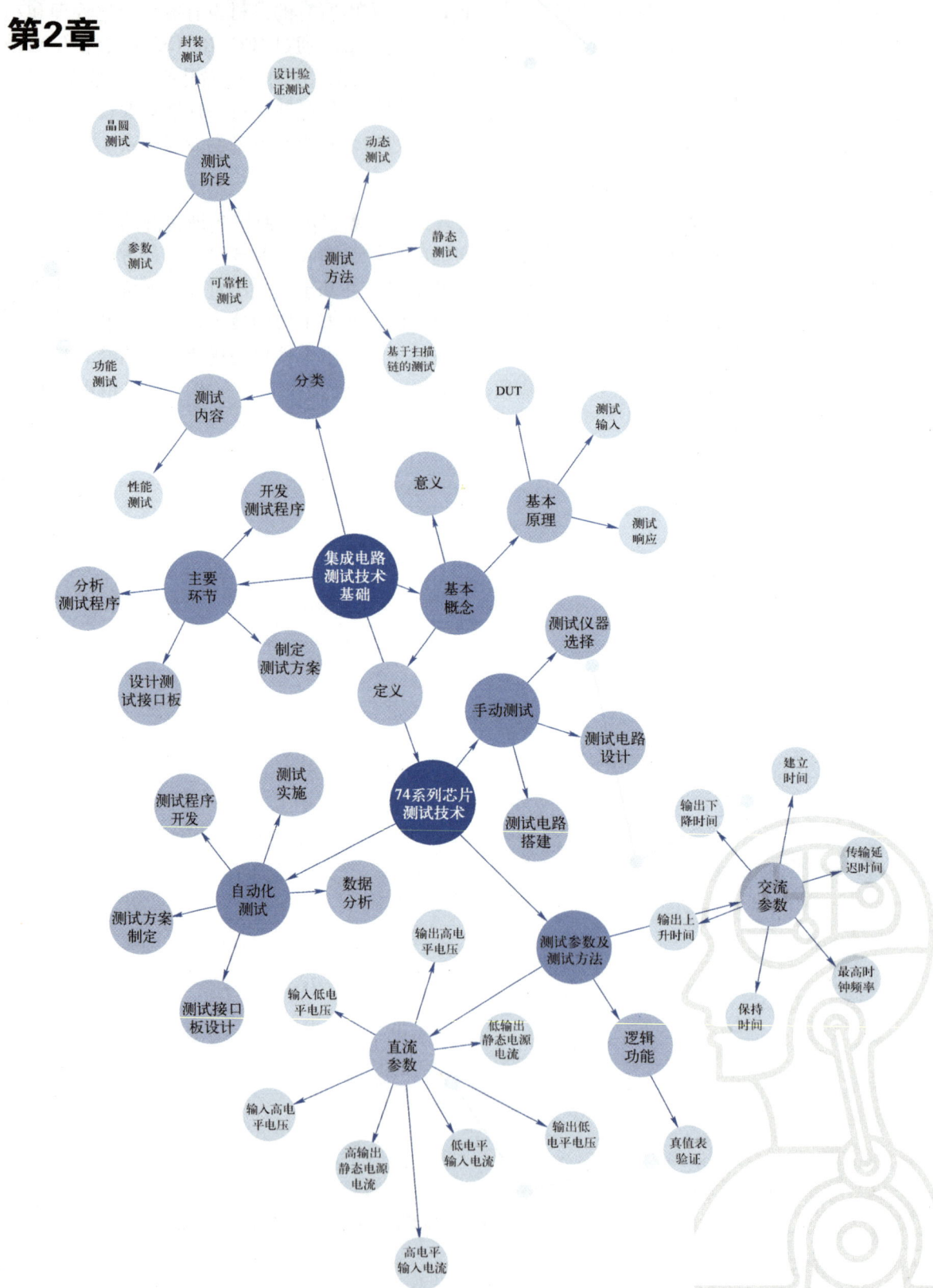

2.1 集成电路测试的基本概念

2.1.1 集成电路测试的定义

集成电路测试是验证芯片功能、性能参数及制造质量的关键技术过程，其核心目标是确保芯片在设计和制造环节中满足预设的技术规范，并识别潜在缺陷以保障可靠性。它是通过系统化的电气信号激励与响应分析，对芯片进行功能验证和缺陷检测的技术体系。

集成电路测试的技术目标包括：功能验证，确认芯片逻辑行为符合设计规范，如 CPU 指令集执行正确性等；参数测试，量化关键电性能指标，如工作电压范围、时序裕量、功耗特性等；缺陷定位，识别制造缺陷，如开路/短路、栅氧击穿、金属层错位等；可靠性评估，预测芯片寿命，如 ESD 防护能力、电迁移耐受度、高温老化特性等。

集成电路测试覆盖了芯片设计、制造、封装以及应用的全生命周期，如图 2-1 所示。在芯片流片之前，必须进行原型验证测试，以确保设计功能的正确性；流片完成后，在封装之前需要进行晶圆测试（中测），以筛选出不合格的芯片，避免不必要的封装成本；封装后的产品还需经过成品测试，这是芯片出厂前的最终质量把关环节。只有通过严格测试的芯片才能作为合格产品交付客户。测试工程师需要根据芯片的具体应用场景和使用环境，开展全面或专项测试（如筛选测试、二次筛选测试、失效分析测试等），以确保芯片的性能满足要求。

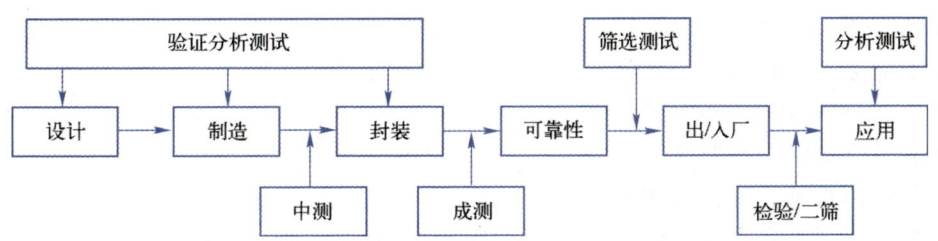

图 2-1 集成电路测试贯穿集成电路产业链

2.1.2 集成电路测试的基本原理

集成电路测试的基本模型如图 2-2 所示。

图 2-2 集成电路测试的基本模型

被测电路 DUT（Device Under Test）可作为一个已知功能的实体，测试过程基于原始输入 X 和网络功能集 $F(X)$，确定原始输出响应 Y，并分析 Y 是否反映了电路网络的实际输出。因此，测试的基本任务是生成测试输入，而测试系统的基本任务则是将测试输入应用于被测器件，并分析其输出的正确性。在测试过程中，测试系统首先生成输入定时波形信号，并将其施加到被测器件的原始输入引脚，然后从被测器件的原始输出引脚采样输出响应，最后经过分析处理得到测试结果。

2.1.3　集成电路测试的意义与作用

集成电路测试在保证产品质量、提高系统可靠性和降低生产成本方面都有重要的意义与作用。

在保证产品质量方面，集成电路测试可以筛选不合格产品，在集成电路制造过程中，由于工艺的复杂性，可能会出现各种缺陷。例如，在芯片制造的光刻环节，可能会因为光刻精度不够，导致电路图案的尺寸不符合设计要求，从而影响芯片的性能。通过测试，可以将这些有物理缺陷的芯片筛选出来。对于内存芯片，如果存储单元的晶体管出现短路或开路等情况，在测试过程中就可以发现并剔除，保证出厂的产品符合质量标准。另外，集成电路测试还可以确保性能指标达标，集成电路有各种性能指标，如工作频率、功耗、信号传输延迟等。以微处理器为例，其工作频率是一个关键指标。测试可以验证芯片是否能够在规定的频率下稳定工作。如果芯片的实际工作频率低于设计要求，可能会导致整个计算机系统的运行速度变慢。对于功耗指标，测试可以检查芯片在不同工作模式下的功耗是否在预期范围内，避免功耗过高的芯片进入市场，这对于移动设备等对功耗敏感的产品尤为重要。

在提高系统可靠性方面，集成电路测试可以减少系统故障风险，集成电路是各种电子系统的核心组件，如果一个集成电路在系统中出现故障，可能会导致整个系统瘫痪。例如，在汽车的电子控制系统中，发动机控制单元（Engine Control Unit，ECU）内部的集成电路如果出现故障，可能会使发动机无法正常工作。通过对集成电路进行全面测试，可以提前发现潜在的故障隐患，降低系统故障的风险，提高系统的可靠性和安全性。另外，集成电路测试还可以保障电子系统的长期稳定运行，许多电子设备需要长时间稳定运行，如服务器。服务器中的集成电路要经受长时间的高负载工作。通过老化测试等手段，可以模拟集成电路在长期工作环境下的性能变化，确保其在规定的使用寿命内能够稳定可靠地运行。例如，在老化测试中，让芯片在高温、高湿度等恶劣条件下持续工作一定时间，观察其性能是否下降或出现故障，这样可以保证芯片在实际使用环境中能够长期稳定地发挥作用。

在降低生产成本方面，集成电路测试可以避免不良品后续加工浪费，如果没有在集成电路生产的早期阶段进行测试，不良品可能会进入后续的封装等加工环节。封装过程需要消耗材料和人力成本，对于不良品来说，这些成本就是浪费。通过在芯片制造完成后及时测试，能够将不良品筛选出来，避免浪费封装等后续加工成本。例如，对于一个复杂的多芯片封装模块，如果其中一个芯片是不良品，在封装后才发现，那么整个封装模块可能就需要报废，而提前测试可以防止这种情况的发生。另外，集成电路测试还可以优化生产流程，测试过程中收集的数据可以反馈给生产环节。例如，通过对测试数据的分析，如果发现某一生产批次中某一类型的缺陷频繁出现，就可以追溯到生产工艺中的问题，如特定设备的参数设置不当或者原材料的质量问题。这样可以及时调整生产流程，提高生产效率，降低生产成本。同时，准确的测试结果还可以帮助确定产品的良品率，合理安排生产计划，避免过度生产不良品。

2.2　集成电路测试的主要环节

集成电路测试主要涵盖以下关键环节：制定测试方案、设计测试接口板（Device Interface Board，DIB）、开发测试程序以及分析测试数据，如图 2-3 所示。

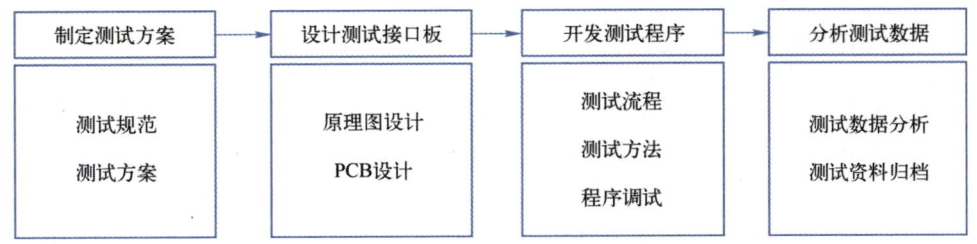

图 2-3　集成电路测试主要环节

2.2.1　制定测试方案

测试方案需要根据被测器件的测试规范来制定。测试规范主要包括如下内容。

1）功能与参数：测试条件、参数特性、功能特性、实现算法、输入/输出信号的特性、时钟频率等。

2）器件类型：数字电路（存储器、处理器等）、模拟电路（集成运算放大器等）、数模混合电路（ADC 等）等。

3）封装特性：封装形式、引脚定义。

4）工艺类别：可编程门电路、专用集成电路、标准单元等。

5）环境特性：工作温度范围、电压范围、湿度等。

6）可靠性：质量等级（商业级、工业级、军品级）、静电释放（ESD）能力、抗辐照能力等。

在明确测试规范后，即可着手制定测试方案。测试方案的核心内容包括：测试系统的选型、测试夹具的配置、测试接口板的设计、测试功能定义、参数项目列表以及测试计划的安排等。在选择测试系统时，需全面权衡多种关键因素，例如数据吞吐能力、时钟频率范围、时间测量精度、测试向量的深度、系统板卡的性能参数，以及实际需求和预算限制等。

2.2.2　设计测试接口板

测试接口板（DIB）是连接测试平台硬件资源与待测芯片的关键组件，测试平台通过它实现对芯片电学特性的测量。接口板上通常集成了测试夹具或探针、连接器以及必要的测试电路模块。如图 2-4 所示，测试接口板主要分为两类：一类用于成品测试（左图），另一类用于晶圆测试（中图及右图），分别对应芯片封装后和封装前的测试需求。

图 2-4　测试接口板

2.2.3 开发测试程序

需要进行自动化测试时，需要开发测试程序，即通过程序控制测试设备完成自动化测试，自动化测试在量产测试环节是必需的，在研发环节则视测试需要而定。集成电路测试程序的开发流程包括：引脚定义、通道设置、参数定义、电平设置、时序设置、测试向量、测试事件、测试流程等。其中，测试事件包含各种连接性测试、功能测试、直流和交流参数测试。

2.2.4 分析测试数据

测试数据分析是通过对测试结果进行统计处理、图形化展示、表格整理、数学模型拟合以及特征值计算等手段，深入挖掘数据背后的隐含信息，揭示其内在规律。这一过程不仅能够快速识别测试过程中出现的异常情况，为优化测试方案提供数据支持，同时还能发现芯片设计中可能存在的缺陷或工艺问题，从而为改进设计或提升制造工艺提供科学依据。

2.3 集成电路测试的分类、行业现状及发展趋势

2.3.1 集成电路测试的分类

集成电路测试可依据不同标准进行分类，常见分类方式如下。

（1）按测试阶段分类

1）设计验证测试：在集成电路设计阶段展开，旨在验证设计功能的正确性。通过对设计的电路模型进行模拟仿真，检查逻辑功能、时序关系等是否契合设计预期。比如设计一款微处理器，要验证其指令执行逻辑及数据处理流程是否准确。该测试能在设计早期发现并修正问题，避免错误进入后续制造环节，从而大幅降低成本与风险。

2）晶圆测试：针对制造完成但尚未切割分离的整片晶圆上的芯片进行。借助探针台与测试设备连接芯片引脚，检测各芯片的电气性能与功能。此阶段可筛选出不合格芯片，避免在后续封装环节浪费资源，提升生产效率与产品良率。

3）封装测试：芯片完成封装后进行，考量封装对芯片性能的影响。除检测芯片基本功能与性能，还关注封装相关参数，如引脚连接可靠性、封装后的电气特性变化等。例如手机中的集成电路需通过封装测试以确保实际应用中的稳定性。

（2）按测试内容分类

1）功能测试：检查集成电路是否能实现设计要求的功能。对数字集成电路，验证逻辑门、寄存器、计数器等逻辑功能；对模拟集成电路，检测放大、滤波、调制解调等功能。例如音频功率放大器，测试其能否对输入音频信号进行有效放大输出。

2）性能测试：评估集成电路的各项性能指标，如速度、功耗、精度、带宽等。以微控制器为例，测试其最高工作频率衡量运行速度；检测不同工作模式下电流消耗评估功耗。性能测试为集成电路在特定应用场景的适用性提供依据。

3）参数测试：测量集成电路的具体参数值，如晶体管的阈值电压、电阻电容值、电源电压范围等。这些参数影响芯片性能与稳定性，通过精确测量确保芯片符合设计规格与应用

要求。

4）可靠性测试：考查集成电路在不同环境条件和长时间工作下的可靠性与稳定性，包括高温存储测试、温度循环测试、湿度测试、振动测试等。如汽车电子中的集成电路，需经严格可靠性测试，确保其在高温、低温、潮湿及振动等恶劣环境下能够长期稳定工作。

（3）按测试方法分类

1）静态测试：在电路处于稳定状态下进行检测，如测量静态工作点的电压、电流值，判断电路直流特性是否正常。优点是测试简单、易于实现；缺点是无法检测电路动态特性。

2）动态测试：给电路施加动态激励信号，观察电路在信号变化过程中的响应。对数字电路，输入不同频率和码型的脉冲信号，检测输出信号的时序和逻辑关系；对模拟电路，输入不同频率和幅度的交流信号，测试增益、带宽等动态性能指标。该测试能更全面反映电路实际工作性能，但测试设备与方法相对复杂。

3）基于扫描链的测试：在集成电路设计时嵌入扫描链结构，通过扫描链将测试数据输入内部节点，读取内部状态，检测电路逻辑故障。该测试能显著提升测试的可控性与可观测性，降低测试成本与难度，广泛应用于大规模数字集成电路测试。

2.3.2 集成电路测试行业现状及发展趋势

集成电路测试作为芯片全生命周期质量管控的核心环节，近年来伴随全球半导体产业的快速发展，市场规模持续扩张。据行业统计，2023 年全球集成电路测试市场规模已达 150 亿美元，年复合增长率维持在 8%~10%。中国作为全球最大的芯片消费市场，测试产业增速显著高于全球平均水平，2023 年国内市场规模已突破 45 亿美元。国际巨头泰瑞达（Teradyne）和爱德万（Advantest）凭借技术优势占据高端测试设备市场主导地位，而国产厂商如华峰测控、长川科技在模拟与数字测试领域逐步实现突破，市占率提升至 15%，但 7 nm 以下先进工艺测试仍依赖进口设备。区域布局上，长三角与珠三角集聚了国内 60% 的测试产能，中西部地区依托政策扶持加速崛起，形成多极化产业格局。

当前集成电路测试行业面临多重挑战。一方面，3D 集成、Chiplet 等新技术催生跨工艺协同测试需求，车规芯片功能安全测试（如 ISO 26262 标准）复杂度陡增；另一方面，高端测试设备成本高昂，测试时间占比达芯片总成本的 30%~50%，叠加复合型测试人才缺口超 3 万人，制约产业高质量发展。

技术创新、国产替代与新兴应用驱动成为未来 10 年行业发展的三大主线。

在技术智能化与高精度化方面，人工智能深度融入测试流程，机器学习算法通过预测失效分布优化测试向量，可将测试时间缩短 20% 以上；数字孪生技术构建虚拟测试环境，实现方案预验证。同时，毫米波射频测试、亚纳米级参数测量等技术持续突破，以满足 5G、AI 芯片的高频与高精度需求。

在国产化生态构建方面，在政策与资本的双轮驱动下，国产测试设备向 5 nm 以下工艺迈进，测试 EDA 工具链逐步覆盖设计到分析全流程。中国电子标准化研究院牵头制定 Chiplet 互连测试标准，推动本土技术标准国际化。

在新兴场景应用深化方面，车规芯片测试需求爆发，AEC-Q100 认证与功能安全测试（ASIL-D）成为刚需；AI 芯片算力密度测试、第三代半导体（GaN/SiC）高压高温测试方案加速成熟。此外，系统级测试（SLT）与云计算结合，推动分布式测试资源调度模式落地。

产业链协同模式亦不断创新，"设计-测试协同优化（DTCO）"通过数据反馈提升芯片设计效率，已被台积电等企业纳入开放创新平台；第三方"测试即服务（TaaS）"模式降低了中小企业门槛，云测试平台逐步普及。

至 2025 年，国产测试设备市占率有望提升至 25%，突破 7 nm 工艺测试瓶颈；全球市场规模预计突破 200 亿美元，中国占比超 35%。长期来看，智能化测试（AI 与量子计算融合）将主导产业变革，测试成本降低 50% 以上，中国或将在 Chiplet、光子芯片等前沿领域掌握标准话语权。

集成电路测试行业正从"质量检测者"向"技术赋能者"转型，其发展不仅关乎芯片产品可靠性，更是中国半导体产业实现自主可控、参与全球竞争的战略支点。在政策支持、技术创新与市场需求共振下，集成电路测试行业将持续为产业升级注入动能。

2.4 集成电路测试面临的挑战

2.4.1 行业发展挑战

集成电路测试在行业发展方面面临市场竞争激烈、高端人才短缺、融资难度较大、资源利用低效和行业透明度低等挑战。

1）市场竞争激烈：全球集成电路测试市场竞争激烈，中国台湾地区拥有众多规模大、技术领先的第三方测试企业，在市场份额上占据优势。中国大陆的集成电路测试行业虽然发展迅速，但与中国台湾地区以及国际先进水平相比仍存在差距，在高端市场面临较大竞争压力。

2）高端人才短缺：集成电路测试涉及多学科知识和复杂技术，对人才要求高。但该领域人才培养难度大、周期长，导致行业高端人才匮乏。缺乏高端人才会制约技术创新和企业发展，使企业在技术研发、项目管理和市场开拓等方面面临困难。

3）融资难度较大：集成电路测试行业具有前期研发投入大、资金回收周期长的特点。企业需要大量资金用于购置先进的测试设备、开展技术研发以及建设专业的测试实验室等。然而，由于行业风险较高，投资回报不确定性大，一些企业在融资方面面临困难，这在一定程度上限制了企业的发展规模和技术升级速度。

4）资源利用低效：集成电路测试行业内部分企业在设备、人力等资源的配置和利用上不够合理，存在设备闲置、人员工作效率不高等问题，导致资源浪费，增加了企业的运营成本，降低了行业的整体竞争力。

5）行业透明度低：集成电路测试行业的信息披露和交流机制不够完善，企业之间在技术、市场等方面的信息共享程度较低，这不利于行业内企业之间的合作与协同发展，也使得市场对行业的了解不够深入，影响了行业的整体形象和投资吸引力。

2.4.2 测试技术挑战

集成电路测试在测试技术方面面临精度与速度提升困难、测试成本高昂和复杂芯片测试难度大等挑战。

1）精度与速度提升困难：随着集成电路的集成度和复杂度不断提高，对测试精度和速度的要求也日益严苛。例如，在高速高精度 ADC 测试中，高精度 ADC 静态参数和动态参数的测试对测试条件提出了较高的要求，ADC 本身速度越高，对测试系统的信号带宽、数据传输速率也提出了更高的要求。

2）测试成本高昂：一方面，先进的测试设备价格昂贵，企业需要投入大量资金购买和更新设备；另一方面，随着芯片复杂度增加，测试流程愈发复杂，测试时间延长，导致人力成本、设备折旧等成本上升。例如，对于一些高功耗芯片的 HTOL（高温运行寿命测试），不仅需要专门的高温环境设备，而且测试时间长，成本较高。

3）复杂芯片测试难度大：系统级封装芯片、异构集成芯片等复杂芯片不断涌现，其内部结构和信号传输方式复杂，传统测试方法和设备难以满足需求。例如，汽车智能化中的智能座舱 SOC 与 ADAS（高级驾驶辅助系统）芯片通常采用异构芯片架构设计，数据交互复杂，对其进行全面准确的测试面临诸多挑战。

2.5 集成电路测试技术基础实践项目：74 系列芯片测试

2.5.1 74 系列芯片测试技术概述

74 系列芯片是一种广泛使用的数字集成电路芯片，20 世纪 60 年代中期，最初的 7400 系列集成电路由德州仪器推出，前缀为"SN"，从而产生了名称"SN74xx"。由于这些芯片很受欢迎，其他芯片制造商发布了引脚对引脚（Pin-to-Pin）兼容的芯片，并保留了 7400 序列号，以帮助识别兼容部件。只不过，不同制造商在其部件编号上使用不同的前缀和后缀。最初的 74 系列采用 TTL 技术，随着技术的发展，又出现了 CMOS 工艺的 74 系列芯片。TTL 版本的 74 系列在早期计算机和数字系统中发挥了关键作用，在计算机主板上大量使用 74 系列的 TTL 芯片来构建地址译码电路、数据缓冲电路等，而 CMOS 版本则以其低功耗等优势在后来的各种场景中得到广泛应用。

74 系列芯片有不同的工艺和功能，按工艺划分，可分为 Bipolar、CMOS、BiCMOS 等工艺；按功能划分，有基本逻辑门电路，如与门、或门、非门、与非门、或非门、异或门等。此外还有触发器，如 D 触发器、JK 触发器等，以及计数器、寄存器、多路复用器、译码器、编码器、算术逻辑单元等。

74 系列芯片在电子电路中广泛应用，其性能和可靠性直接影响到整个电子系统的正常运行。通过对 74 系列芯片进行测试，可以及时发现芯片中的故障和缺陷，避免在实际应用中出现问题，从而提高电子系统的稳定性和可靠性。此外，芯片测试还可以为芯片的设计和生产提供反馈，帮助改进芯片的性能和质量。74 系列芯片测试基本原理如图 2-5 所示。

74 系列芯片测试通过特定的设备，向芯片的输入引脚施加一组特定的电信号，用来刺激芯片的各个功能单元，检测其响应和输出。这些测试激励可以是模拟信号、数字信号或混合信号，具体选择取决于被测芯片的类型和应用。引入测试激励的方

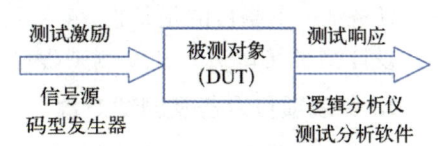

图 2-5　74 系列芯片测试基本原理

式可以通过电极针、芯片的引脚或者 DUT 板接口。测试响应为输出信号，通过逻辑分析仪及测试分析软件显示出测试结果。

2.5.2 实践项目概述

74 系列芯片的逻辑功能基础且明确，芯片结构相对简单，测试方法主要运用集成电路测试基本方法，测试设备基于易于操作的集成电路常用基本设备，因此 74 系列芯片的测试往往作为集成电路测试学习的入门内容。本实践项目选用 74 系列芯片作为被测对象，对其主要参数进行测试。

本实践项目主要包括三个任务。任务 1：理解 74 系列芯片测试参数及测试原理。任务 2：74 系列芯片手动测试实践。任务 3：74 系列芯片自动化测试实践。三个任务之间有一定的顺序性和渐进性，从 74 系列芯片测试基础知识，到 74 系列芯片测试的深入理解，再到 74 系列芯片自动化测试，这是一个不断递进的过程。芯片测试涉及多个领域的知识和技术，通过实践项目的锻炼，读者能够直接面对实际的芯片测试项目，掌握芯片测试人才具备的专业技能，提高实践能力和就业竞争力。

1. 实践项目教学目标

74 系列芯片测试实践项目从 74 系列芯片测试基础理论、仪器操作、方案制定、数据分析、工程素养等多方面培养芯片测试人才。任务名称、教学目标以及各任务所需的知识技能结构如图 2-6 所示。

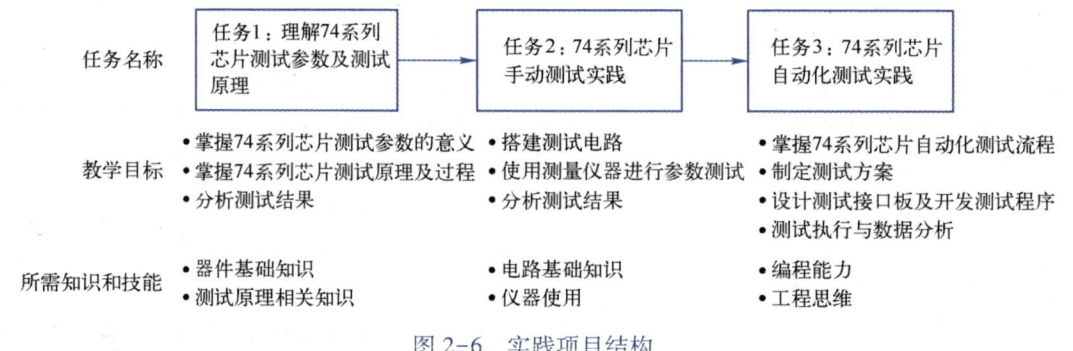

图 2-6 实践项目结构

任务 1：主要目的是深刻理解 74 系列芯片主要测试参数的定义，并能对这些参数进行理论分析和计算，同时，掌握参数测试的原理和测试方法，并对测试结果进行简单计算和分析。

任务 2：主要目的是设计 74 系列芯片测试电路并在面包板上搭建电路，熟练使用仪器测量 74 系列芯片的主要参数，使用数据处理软件分析数据。

任务 3：主要目的是掌握 74 系列芯片自动化测试流程，包括制定完整、合理的测试方案，设计测试接口板，开发测试程序，执行测试方案，分析测试结果。

2. 实践项目设备及测试对象

实践项目设备采用 IECUBE-3839 集成电路测试实验平台，每个任务有不同的测试对象及测试软件，具体测试设备及测试对象见表 2-1。

表 2-1　实践项目软硬件及测试对象

任务名称	测试设备	测试对象	测试软件
任务 1：理解 74 系列芯片测试参数及测试原理	IECUBE-3839 集成电路测试实验平台	74LS00 芯片	IECUBE-3839 集成电路参数测试软件
任务 2：74 系列芯片手动测试实践	IECUBE-3839 集成电路测试实验平台	基于面包板搭建的 74 系列芯片测试电路	IECUBE-3839 测试仪器软面板
任务 3：74 系列芯片自动化测试实践	IECUBE-3839 集成电路测试实验平台	74 系列芯片 DUT 测试板卡	LabVIEW 软件开发环境

3. 实践项目教学设计

74 系列芯片测试实践项目分为三个任务，每个任务的主要教学内容、教学方法、建议学时分配见表 2-2。

表 2-2　教学设计

任务名称	教学内容	教学方法	建议学时分配
任务 1：理解 74 系列芯片测试参数及测试原理	1. 实践项目介绍	课堂讲授	0.5
	2. 74 系列芯片测试参数	课堂讲授	0.5
	3. 74 系列芯片参数测试方法及测试过程	课堂讲授	1
	4. 74 系列芯片参数测试	实践教学	2
任务 2：74 系列芯片手动测试实践	1. 测试电路设计与搭建	实践教学	2
	2. 手动测试及结果分析	实践教学	2
任务 3：74 系列芯片自动化测试实践	1. 测试方案制定、测试接口板设计与测试程序开发	实践教学	3

2.5.3 任务1：理解74系列芯片测试参数及测试原理

74 任务1-参数测试

任务1旨在理解74系列芯片测试参数的意义，熟悉74系列芯片参数测试系统的结构，使用IECUBE-3839集成电路参数测试软件获取测试结果，通过分析和计算，进一步理解74系列芯片的参数性能指标。通过完成该任务可以加深理解74系列芯片测试相关的基础知识。

1. 74系列芯片测试系统及测试参数概述

（1）测试系统

典型的74系列芯片测试系统框架主要由测试激励、被测对象和测试响应三部分组成，如图2-7所示。测试激励部分包括生成测试激励信号的测试设备和由它生成的测试激励信号，在74系列芯片测试中，测试激励信号指的是各种如电平信号、脉冲信号等输入信号，根据不同的测试条件选取不同的测试激励信号。被测对象是指74系列芯片，实际中为了74系列芯片能够正常工作，需要其他辅助电路，比如电源电路等。测试响应部分包括采集输出信号的测试设备、测试结果分析软件等。

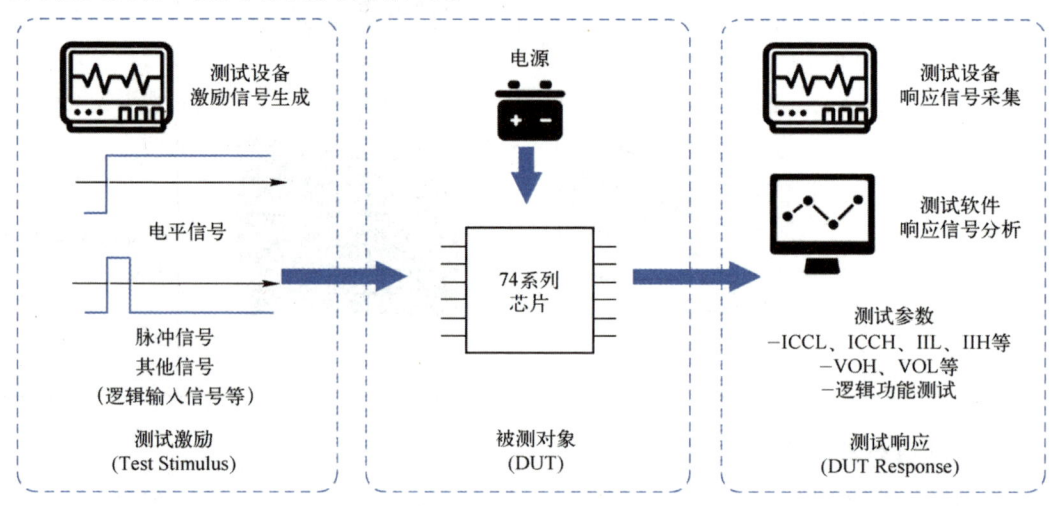

图2-7 典型的74系列芯片测试系统框架

此实践项目中测试设备为IECUBE-3839集成电路测试实验平台，平台上的函数发生器能够提供测试激励，按照测试条件产生电平信号、脉冲信号或者其他信号；被测对象为74系列芯片以及能够使被测对象正常工作的电源，电源由IECUBE-3839集成电路测试实验平台提供；响应信号通过IECUBE-3839集成电路测试实验平台的示波器、数字万用表或者逻辑分析仪数字接口等采集，并通过测试软件进行响应信号分析。实践项目使用的74系列芯片测试系统示意图如图2-8所示。

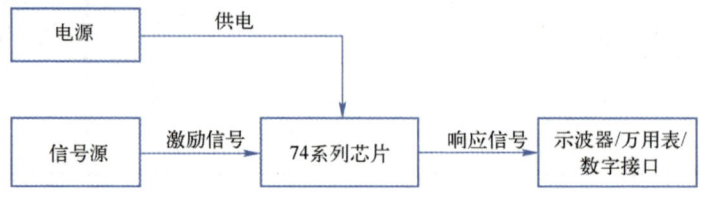

图2-8 74系列芯片测试系统示意图

在本实践项目中，选用74LS00与非门74系列芯片作为测试对象。74LS00芯片的功能和指标可以从其数据手册中查看，它的封装形式和各引脚定义如图2-9所示。

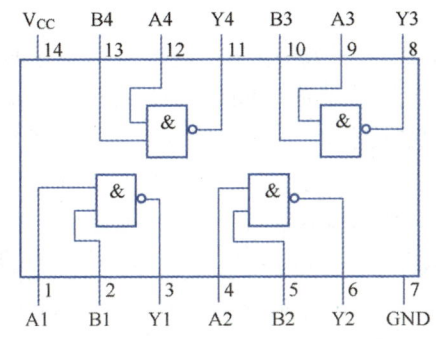

图2-9　74LS00封装形式和引脚定义

（2）测试参数

74系列芯片的主要测试参数包括直流参数、交流参数和逻辑功能参数等，具体如下。

1）直流参数

① 低输出静态电源电流（Low-Level Output Supply Current，I_{CCL}，与图2-14中的ICCL对应）：当芯片输出为低电平时，从电源流入芯片的电流。

② 高输出静态电源电流（High-Level Output Supply Current，I_{CCH}，与图2-17中的ICCH对应）：当芯片输出为高电平时，从电源流入芯片的电流。

③ 低电平输入电流（Low-Level Input Current，I_{IL}，与图2-21中的IIL对应）：输入端在施加规定的低电平电压V_{IL}时流出芯片的电流。这个测试参数的目的是检查芯片的输入负载特性。

④ 高电平输入电流（High-Level Input Current，I_{IH}，与图2-24中的IIH对应）：输入端在施加规定的高电平电压V_{IH}时流入芯片的电流。这个测试参数的目的是检查芯片的输入负载特性。

⑤ 输入高电平电压（High-Level Input Voltage，V_{IH}）：芯片能够正确识别为高电平的最小输入电压值。

⑥ 输入低电平电压（Low-Level Input Voltage，V_{IL}）：芯片能够正确识别为低电平的最大输入电压值。

⑦ 输出高电平电压（High-Level Output，V_{OH}，与图2-28中的VOH对应）：输入端在施加规定的电平下，使输出端为逻辑高电平时的电压。这个测试参数的目的是检查芯片在指定电压条件下输出电流的能力。

⑧ 输出低电平电压（Low-Level Output，V_{OL}，与图2-31中的VOL对应）：输入端在施加规定的电平下，使输出端为逻辑低电平时的电压。这个测试参数的目的是检查芯片在指定电压条件下输出电流的能力。

2）交流参数

① 输出上升时间（Output Rise Time，t_r）：芯片输出端的数字信号从低电平变为高电平过程中，信号幅度从10%上升到90%所需的时间。它反映了芯片输出信号从低电平到高电平转换的速度。

② 输出下降时间（Output Fall Time，t_f）：芯片输出端的数字信号从高电平变为低电平过程中，信号幅度从 90% 下降到 10% 所需的时间。它体现了芯片输出信号从高电平到低电平转换的速度。

③ 传输延迟时间：包括从输入信号变化到输出信号相应变化的上升沿延迟时间（Propagation Delay Time from Low-to-High，t_{PLH}）和下降沿延迟时间（Propagation Delay Time from High-to-Low，t_{PHL}）。它反映了芯片的信号传输速度，对于高速数字电路设计尤为重要。

④ 最高时钟频率（Maximum Clock Frequency，f_{max}）：输出逻辑电平按规定临界转换前，在时钟输入端施加的最高脉冲电压频率。这是芯片能够正常工作的最高时钟频率。

⑤ 建立时间（Setup Time，t_{set}）：数据输入信号应比触发信号（参考信号）提前施加于器件输入端的最小时间。这个参数对于时序逻辑电路的正确运行至关重要，若不满足，可能导致芯片输出错误。

⑥ 保持时间（Hold Time，t_H）：数据输入脉冲电压在触发输入脉冲电压过后应保持的时间。这个参数对于时序逻辑电路的正确运行至关重要，若不满足，可能导致芯片输出错误。

（3）逻辑功能参数

真值表验证：通过输入不同的逻辑电平组合，检查芯片输出是否与芯片手册中的真值表一致，以此验证芯片内各个逻辑单元是否按设计要求正确执行运算和处理任务。

74 系列芯片测试参数如图 2-10 所示。

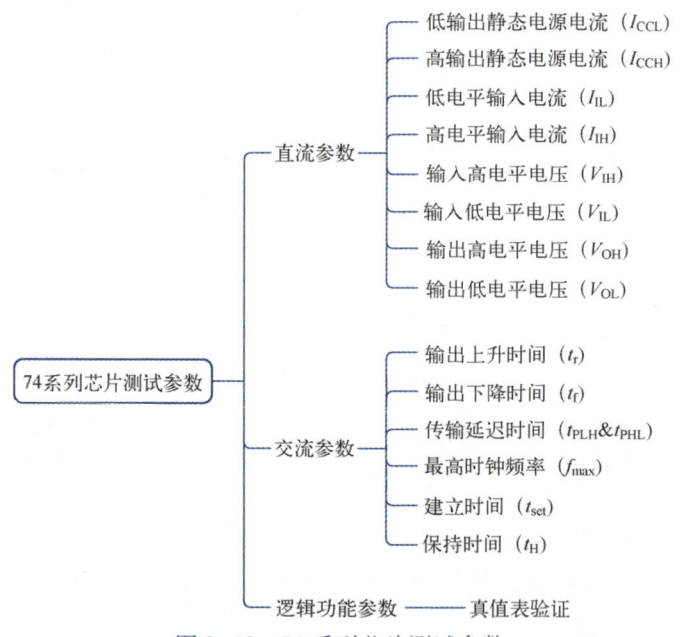

图 2-10　74 系列芯片测试参数

在本实践项目中，针对 74LS00 与非门 74 系芯片测试参数中较为典型的参数进行教学，帮助读者快速构建对于集成电路测试技术的概念。

2. 低输出静态电源电流和高输出静态电源电流

（1）测试参数定义

低输出静态电源电流（I_{CCL}）：当芯片输出为低时，从电源流入芯片的电流，这一参数对于评估芯片在输出低电平时的功耗 P_{CCL} 情况很重要。高输出静态电源电流（I_{CCH}）：当芯片输出为高时,从电源流入芯片的电流,这一参数对于评估芯片在输出高电平时的功耗 P_{CCH} 情况很重要。

$$P_{CCL} = I_{CCL} V_{CC} \tag{2-1}$$

$$P_{CCH} = I_{CCH} V_{CC} \tag{2-2}$$

静态导通电流修改为低输出静态电源电流,静态截止电源电流修改为高输出静态电源电流,静态导通功耗修改为输出低电平时的功耗,静态截止功耗修改为输出高电平时的功耗。

(2)测试方法

测量导通电源电流 I_{CCL} 和截止电源电流 I_{CCH} 的原理图如图 2-11 所示。

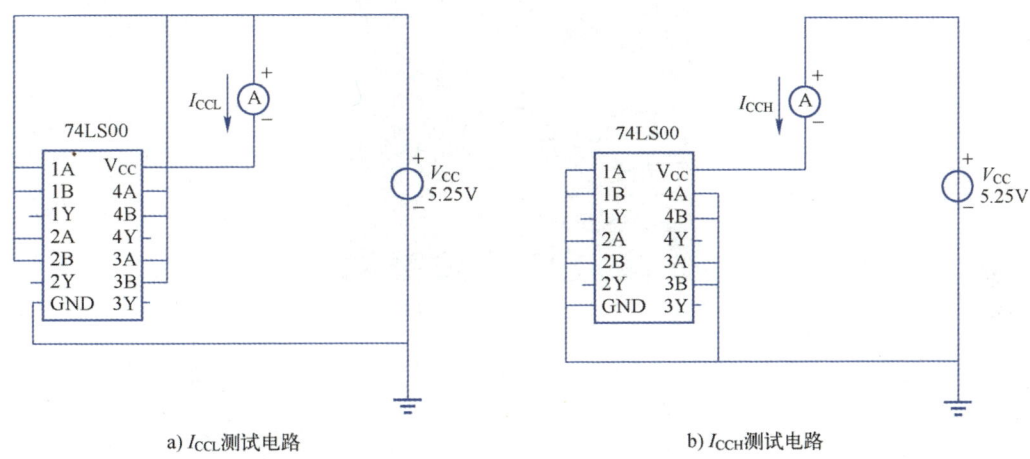

a) I_{CCL} 测试电路   b) I_{CCH} 测试电路

图 2-11　静态导通电源电流和静态截止电源电流测试电路

(3)测试步骤

1)将 IECUBE-3839 集成电路测试实验平台通过 HDMI 线缆连接至显示屏。

2)母板 2×25 Pin 双排线插座上放入 74 系列芯片 DUT 测试板卡,并打开测试平台电源。

3)打开 IECUBE-3839 集成电路参数测试软件,单击"74 系列芯片参数测试"按钮,选择"低输出静态电源电流",74 系列芯片参数测试选择面板如图 2-12 所示。

图 2-12　I_{CCL} 测试参数选择面板

4) 机台选择当前连接设备；电源选择"+6 V"通道，设置为"5.25 V"；电流限制设置为"0.05 A"；万用表测量模式选择"DC Current"。详细设置如图 2-13 所示。

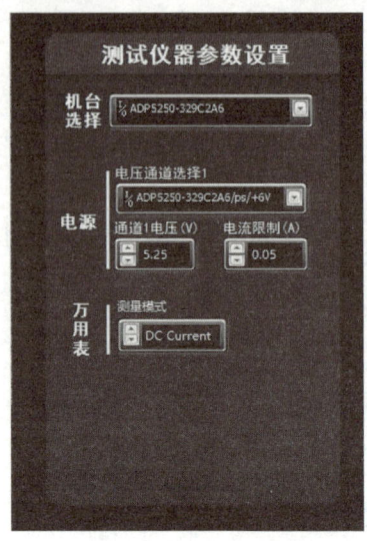

图 2-13　I_{CCL} 测试仪器面板设置

5) 单击仪器面板"START"按钮，获取 I_{CCL}（mA）的测试结果。测试结果如图 2-14 所示。

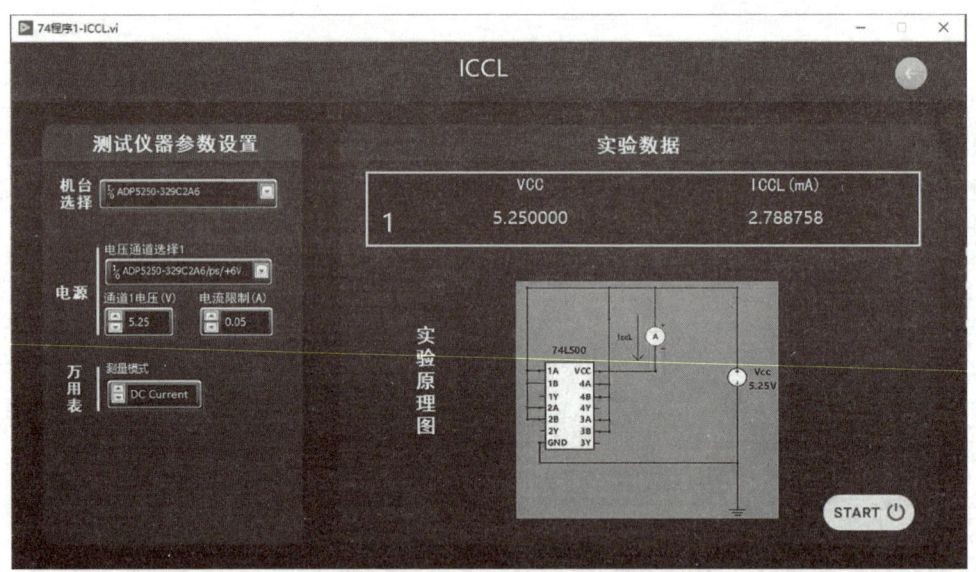

图 2-14　I_{CCL} 测试结果

6) 单击右上角的返回按钮，然后选择"高输出静态电源电流"，打开实验面板，如图 2-15 所示。

7) 机台选择当前连接设备；电源选择"+6 V"通道，设置为"5.25 V"；电流限制设置为"0.05 A"；万用表测量模式选择"DC Current"。详细设置如图 2-16 所示。

8) 单击仪器面板"START"按钮，获取 I_{CCH}（mA）的测试结果。测试结果如图 2-17 所示。

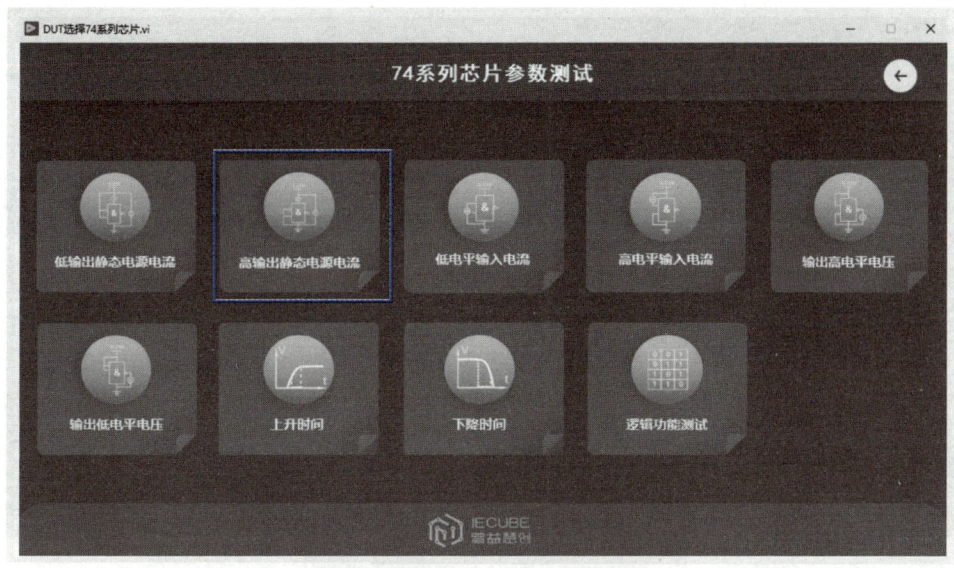

图 2-15 I_{CCH} 测试参数选择面板

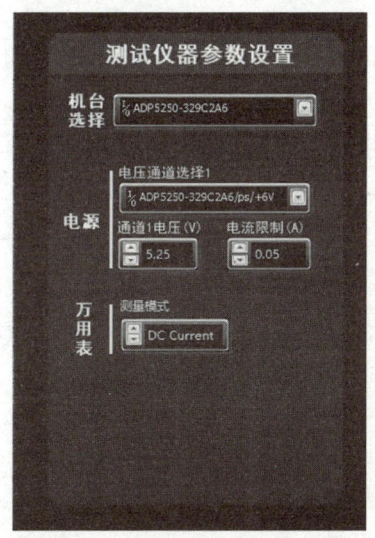

图 2-16 I_{CCH} 测试仪器面板设置

9）使用式（2-1）和式（2-2）计算静态导通功耗 P_{CCL} 和静态截止功耗 P_{CCH}。

3. 低电平输入电流和高电平输入电流

（1）测试参数定义

低电平输入电流 I_{IL} 是芯片输入端在施加规定的低电平电压 V_{IL} 时流出芯片的电流。在多级门电路中，I_{IL} 相当于前级门输出低电平时，后级向前级门灌入的电流，它关系到前级门的灌电流负载能力，即直接影响前级门电路带负载的个数，因此希望 I_{IL} 大些。高电平输入电流 I_{IH} 是芯片输入端在施加规定的高电平电压 V_{IH} 时流出芯片的电流。在多级门电路中，它相当于前级门输出高电平时，前级门的拉电流负载，其大小关系到前级门的拉电流负载能力，希望 I_{IH} 小些。由于 I_{IH} 较小，难以测量，一般免于测试。这个测试参数的目的是检查芯片的输入负载特性。

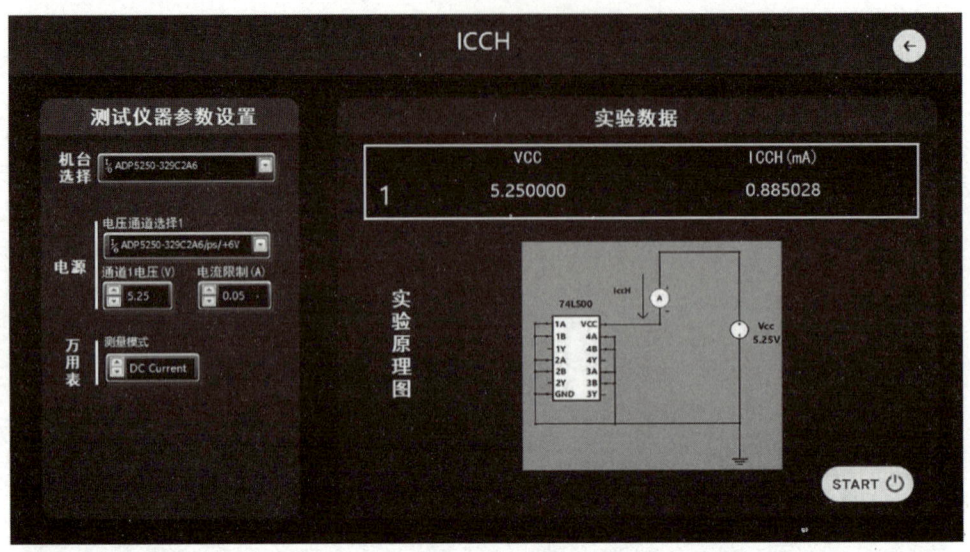

图 2-17　I_{CCH} 测试结果

（2）测试方法

测量低电平输入电流 I_{IL} 和高电平输入电流 I_{IH} 的原理图如图 2-18 所示。阅读 74LS00 的芯片资料，从电特性表知 I_{IL} 测试条件为 V_{CC} = 最大值，V_{IL} = 0.4 V，从推荐工作条件表知 V_{CC} 最大值为 5.25 V。I_{IL} 测试电路的搭建可以使用滑动变阻器进行调整，使得电压表的读数是 0.4 V，0.4 V 亦可以用可编程电源提供，记录此时电流表读数即为 I_{IL}。

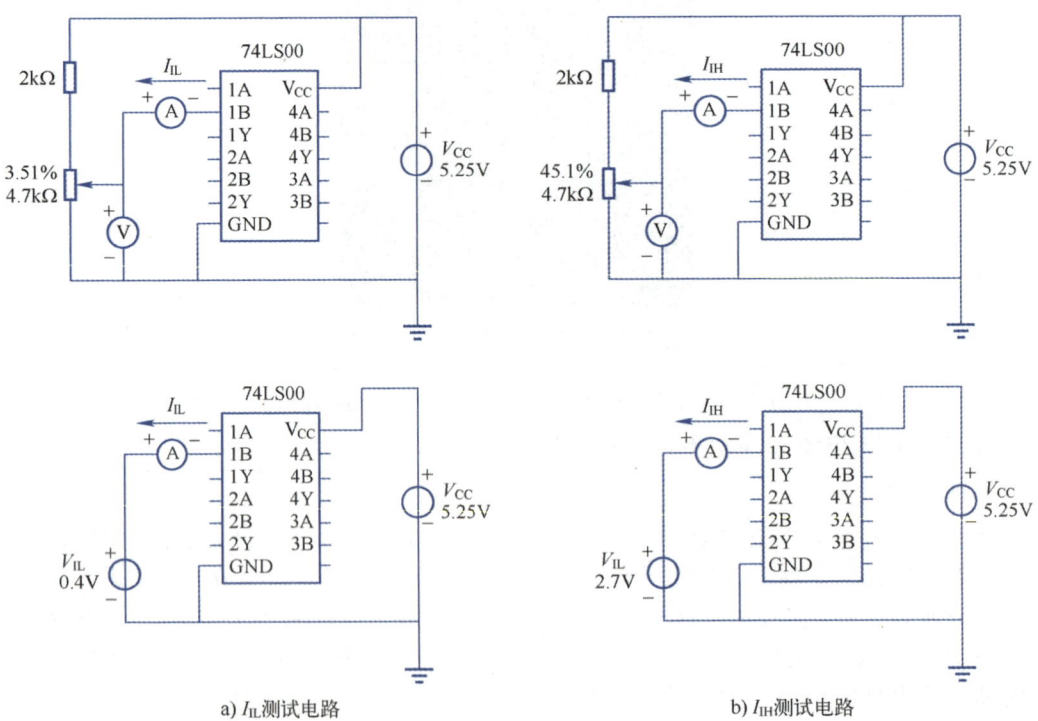

a) I_{IL} 测试电路　　　　　　　　　　b) I_{IH} 测试电路

图 2-18　低电平输入电流和高电平输入电流测试电路

阅读 74LS00 的芯片资料,从电特性表知 I_{IH} 测试条件为 V_{CC} = 最大值, V_{IH} = 2.7 V,从推荐工作条件表知 V_{CC} 最大值为 5.25 V。I_{IH} 测试电路的搭建可以使用滑动变阻器进行调整,使得电压表的读数是 2.7 V,2.7 V 亦可以用可编程电源提供,记录此时电流表读数即为 I_{IH},在本实验中 0.4 V 和 2.7 V 都使用电源提供。

(3)测试步骤

1)打开 IECUBE-3839 集成电路参数测试软件,单击"74 系列芯片参数测试"按钮,选择"低电平输入电流",74 系列芯片参数测试选择面板如图 2-19 所示。

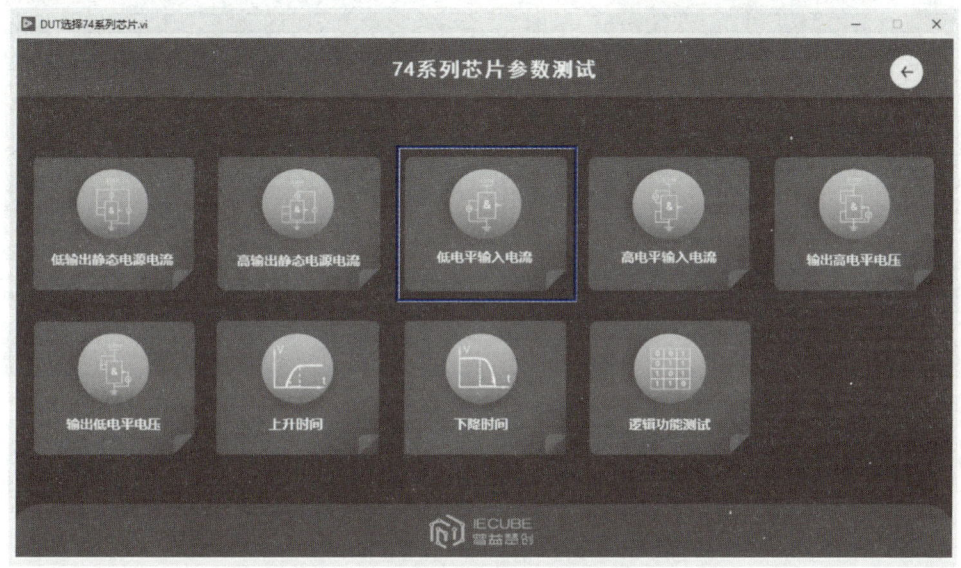

图 2-19　I_{IL} 测试参数选择面板

2)设置电源电压通道 1 为所对应仪器的"+6 V"通道,电压为"5.25 V",电流限制为"0.05 A";设置电源电压通道 2 为所对应仪器的"+25 V"通道,电压为"0.4 V",电流限制为"0.05 A"。万用表测量模式选择"DC Current"。详细设置如图 2-20 所示。

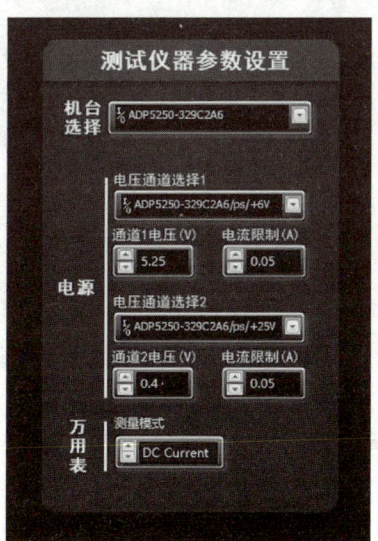

图 2-20　I_{IL} 测试仪器面板设置

3）单击仪器面板"START"按钮，获取 I_{IL}（mA）的测试结果。测试结果如图 2-21 所示。

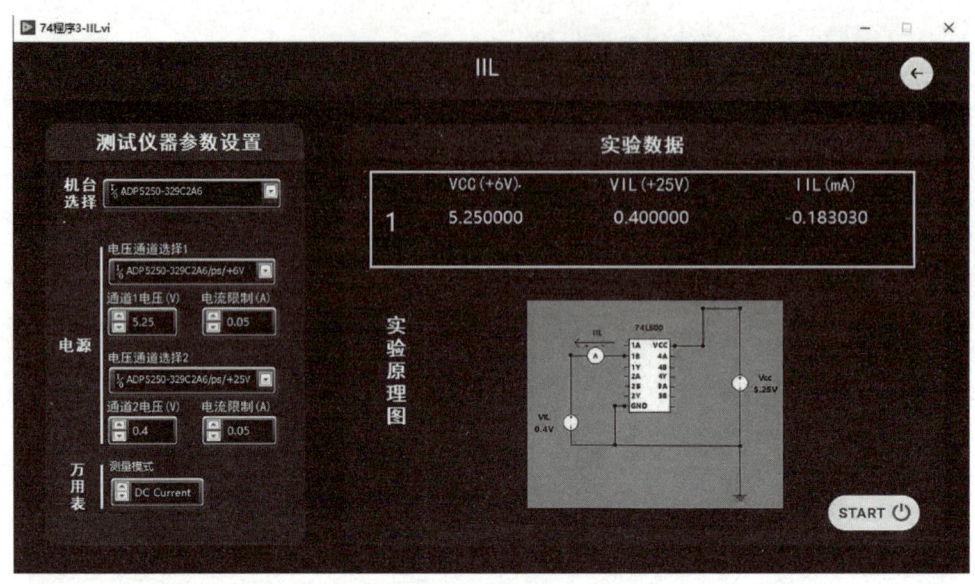

图 2-21　I_{IL} 测试结果

4）单击右上角的返回按钮，然后选择"高电平输入电流"，打开实验面板，如图 2-22 所示。

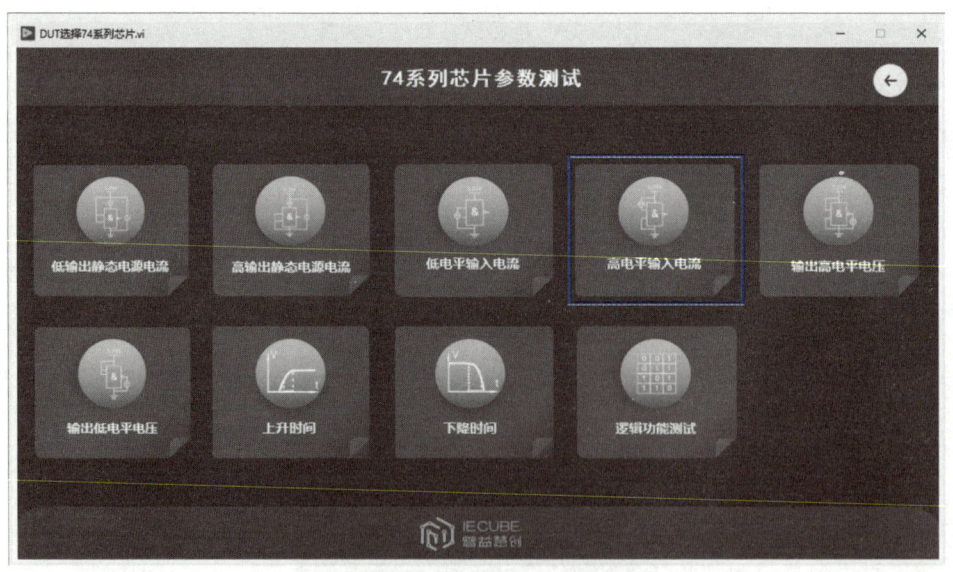

图 2-22　I_{IH} 测试参数选择面板

5）设置电源电压通道 1 为所对应仪器的"+6 V"通道，电压为"5.25 V"；电流限制为"0.05 A"；万用表测量模式选择"DC Current"；设置电源电压通道 2 为所对应仪器的"+25 V"通道，电压为"2.7 V"，电流限制为"0.05 A"。详细设置如图 2-23 所示。

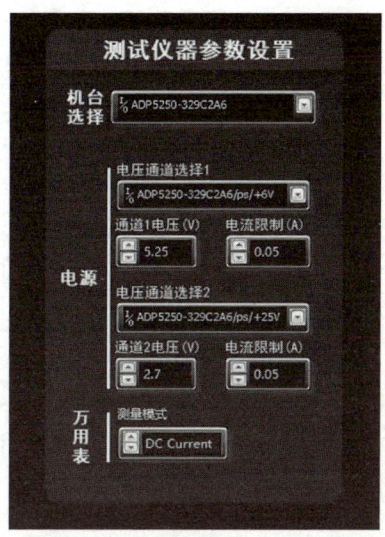

图 2-23 I_{IH} 测试仪器面板设置

6) 单击仪器面板 "START" 按钮,获取 I_{IH}（μA）的测试结果。测试结果如图 2-24 所示。

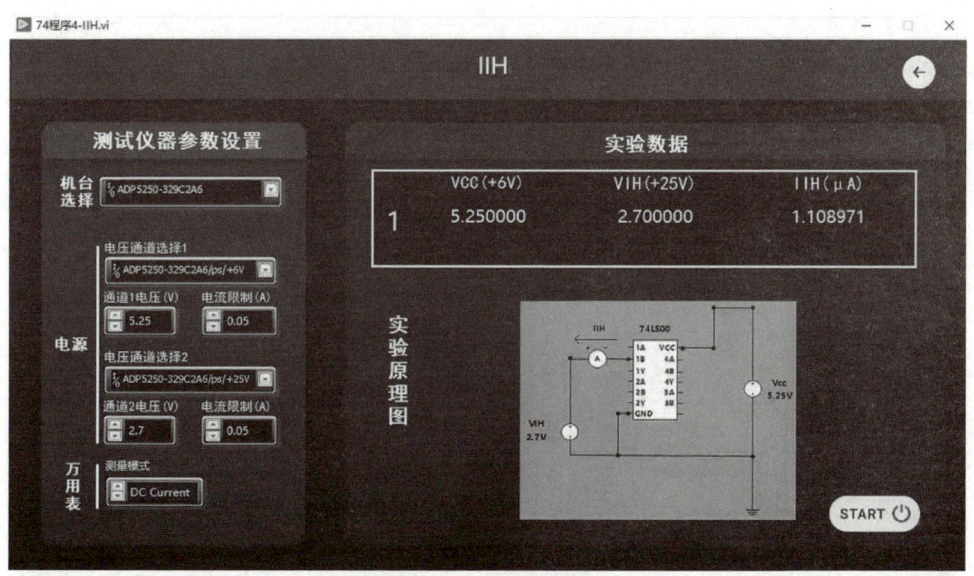

图 2-24 I_{IH} 测试结果

4. 输出高电平电压和输出低电平电压

(1) 测试参数定义

输出高电平电压 V_{OH} 是芯片输入端在施加规定的电平下,使输出端为逻辑高电平时的电压。输出低电平电压 V_{OL} 是芯片输入端在施加规定的电平下,使输出端为逻辑低电平时的电压。这两个测试参数的目的是检查芯片在指定电压条件下输出电流的能力。

（2）测试方法

测量输出高电平电压 V_{OH} 和输出低电平电压 V_{OL} 的原理图如图 2-25 所示。V_{OH} 测试电路可以使用滑动变阻器进行调整，使得电流为 400 μA，测试条件：$V_{CC} = 4.75\ V$，$V_{IL} = 0.8\ V$，$I_{OH} = -400\ \mu A$ 时输出端电压。

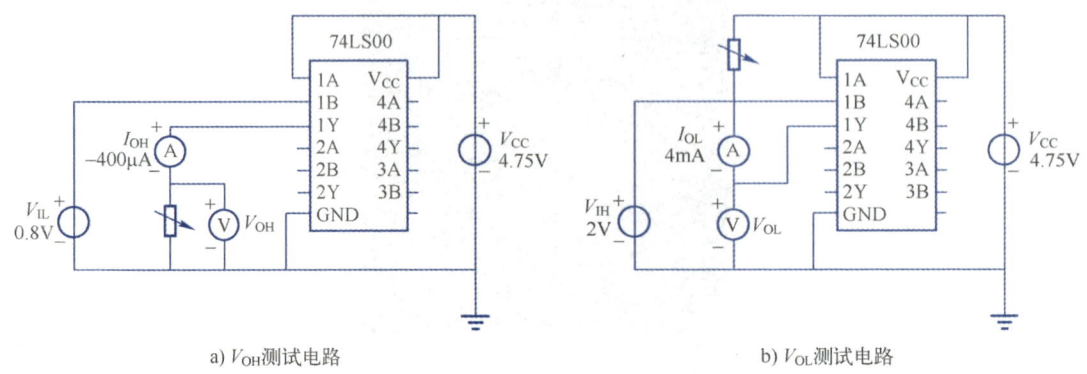

图 2-25 输出高电平电压和输出低电平电压测试电路

V_{OL} 测试电路可以使用滑动变阻器调整使得电流为 4 mA，测试条件：$V_{CC} = 4.75\ V$，$V_{IH} = 2\ V$，$I_{OL} = 4\ mA$ 时输出端电压。

（3）测试步骤

1）打开 IECUBE-3839 集成电路参数测试软件，单击"74 系列芯片参数测试"按钮，选择"输出高电平电压"。74 系列芯片参数测试选择面板如图 2-26 所示。

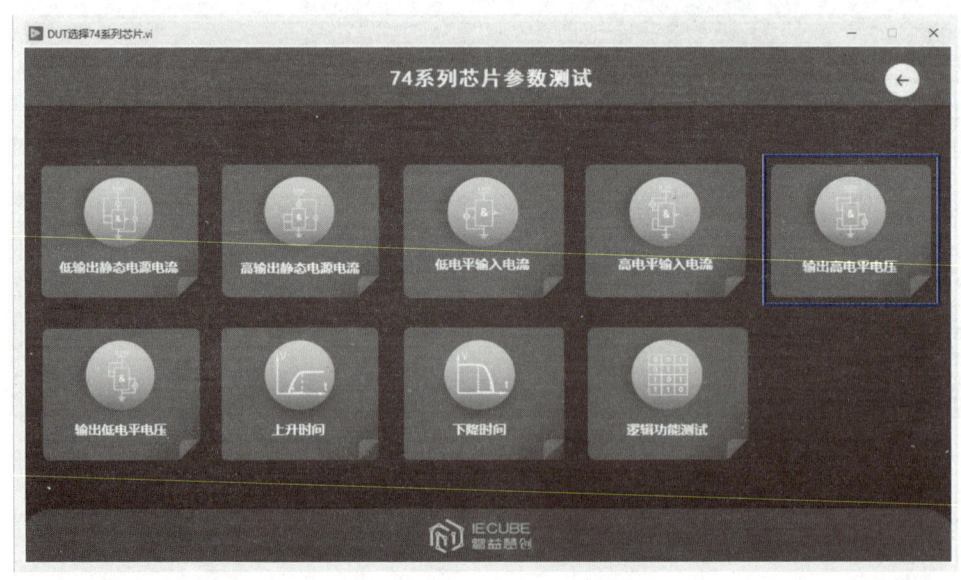

图 2-26 V_{OH} 测试参数选择面板

2）设置电源电压通道 1 为所对应仪器的"+6 V"通道，电压为"4.75 V"，电流限制为"0.05 A"；设置电源电压通道 2 为所对应仪器的"+25 V"通道，电压为"0.8 V"，电流限制为"0.05 A"。万用表测量模式选择"DC Current"。详细设置如图 2-27 所示。

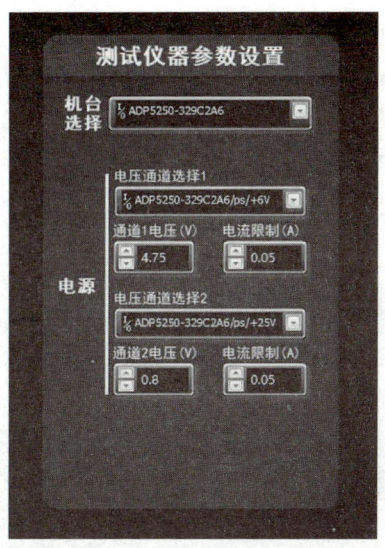

图 2-27 V_{OH} 测试仪器面板设置

3)单击仪器面板"START"按钮,获取 I_{OH} 的测试结果,调整 DUT 板上的电阻使电流 I_{OH} 约为 $-400\ \mu A$,记录 I_{OH} 的值,此时的 V_{OH} 即为输出高电平电压。测试结果如图 2-28 所示。

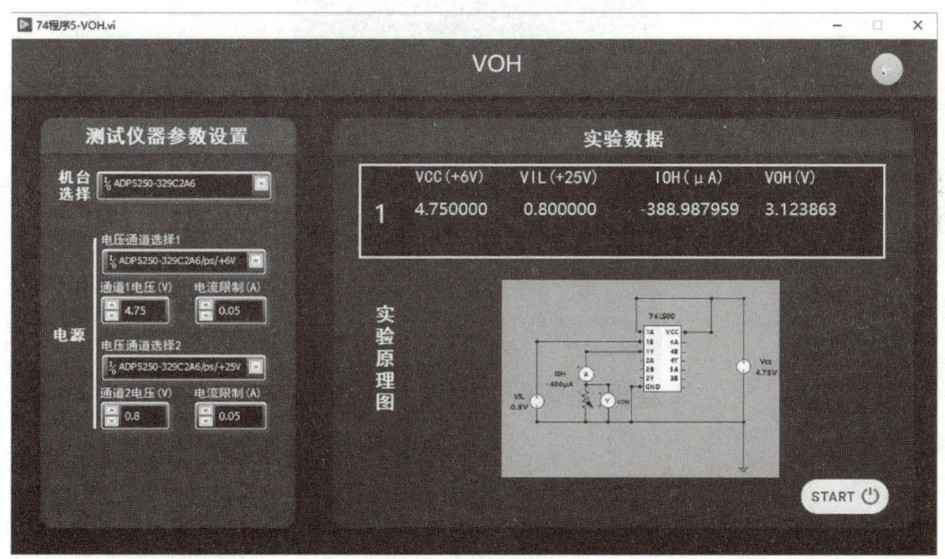

图 2-28 V_{OH} 测试结果

4)单击右上角的返回按钮,然后选择"输出低电平电压",打开实验面板,如图 2-29 所示。

5)设置电源电压通道 1 为所对应仪器的"+6 V"通道,电压为"4.75 V",电流限制为"0.05 A";设置电源电压通道 2 为所对应仪器的"+25 V"通道,电压为"2 V",电流限制为"0.05 A"。万用表测量模式选择"DC Current"。详细设置如图 2-30 所示。

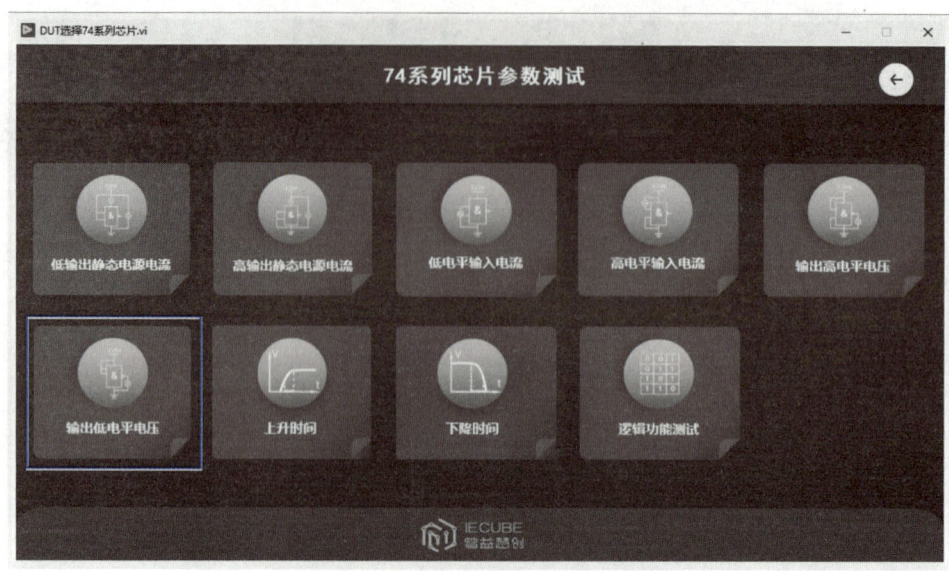

图 2-29 V_{OL} 测试参数选择面板

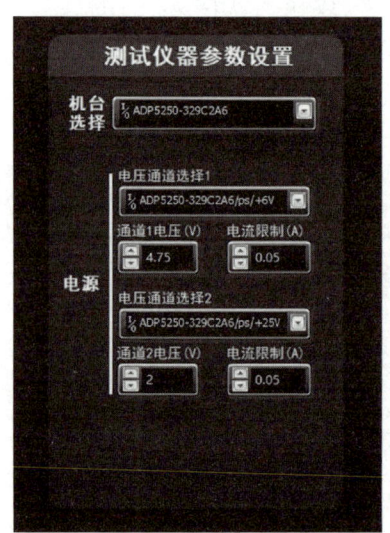

图 2-30 V_{OL} 测试仪器面板设置

6）单击仪器面板 "START" 按钮，获取 I_{OL} 的测试结果，调整 DUT 板上的电阻使电流 I_{OL} 约为 4 mA，记录 I_{OL} 的值，此时的 V_{OL} 即为输出低电平电压。测试结果如图 2-31 所示。

5. 输出上升时间和输出下降时间

（1）测试参数定义

输出上升时间 t_r 指芯片输出端的数字信号从低电平变为高电平过程中，信号幅度从 10% 上升到 90% 所需的时间。它反映了芯片输出信号从低电平到高电平转换的速度。输出下降时间 t_f 指芯片输出端的数字信号从高电平变为低电平过程中，信号幅度从 90% 下降到 10% 所需的时间。它体现了芯片输出信号从高电平到低电平转换的速度。

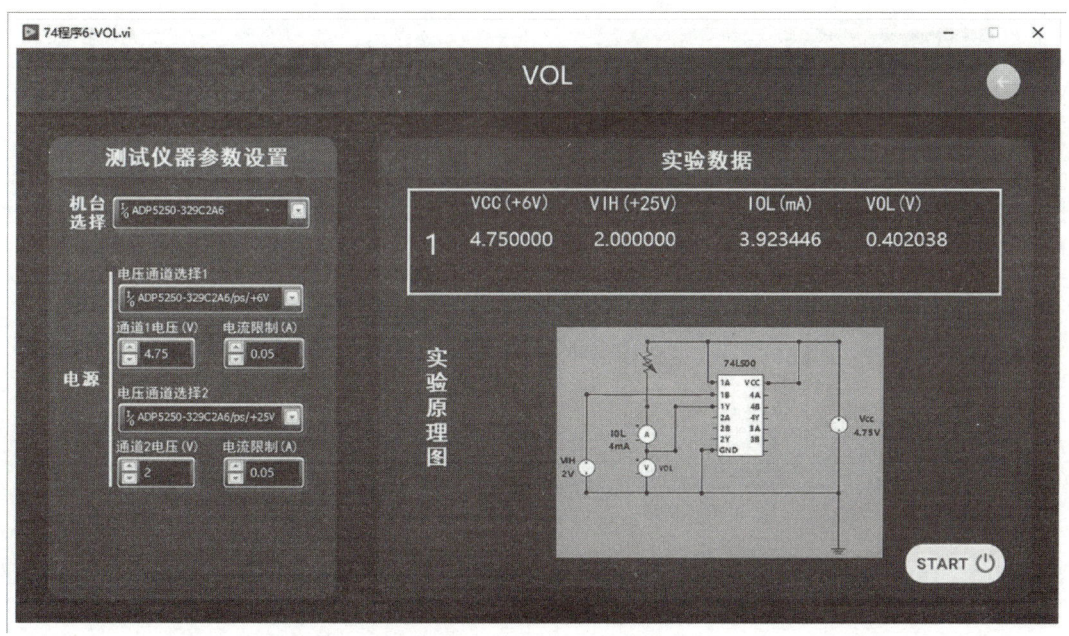

图 2-31 V_{OL} 测试结果

（2）测试方法

测量输出上升时间 t_r 和输出下降时间 t_f 的原理图如图 2-32 所示，给芯片施加合适的输入激励信号，使得被测芯片输出端口的信号发生从高电平到低电平的转换，以及从低电平到高电平的转换，在输出端采用示波器测量，将芯片的数字信号输出端连接到示波器，通过示波器抓取输出端信号的变化时刻来测试出 t_r 和 t_f。

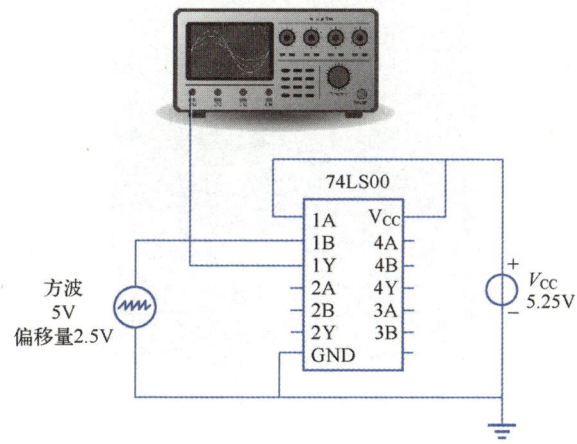

图 2-32 输出上升时间和输出下降时间测试电路

（3）测试步骤

1）打开 IECUBE-3839 集成电路参数测试软件，单击"74 系列芯片参数测试"按钮，选择"上升时间"。74 系列芯片参数测试选择面板如图 2-33 所示。

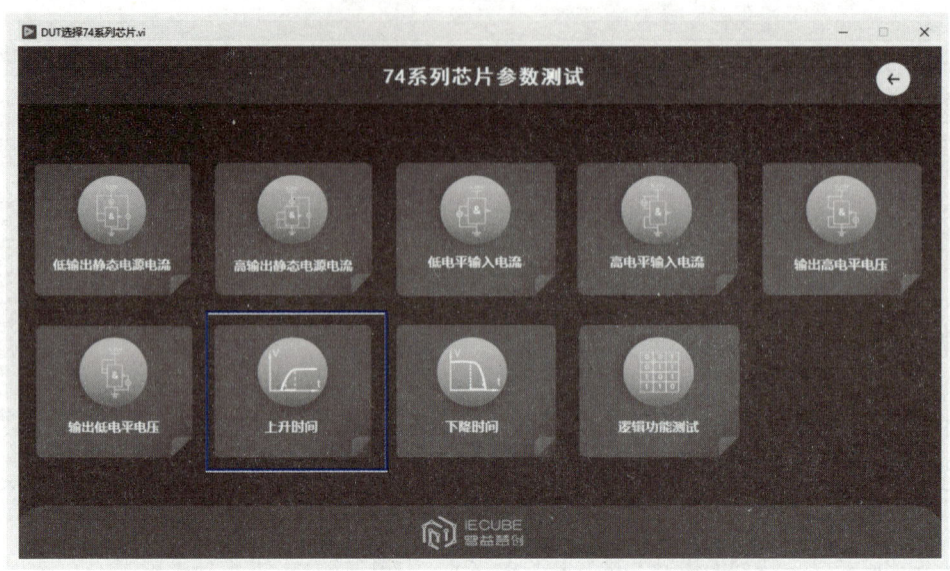

图 2-33 t_r 测试参数选择面板

2) 设置电源电压通道 1 为所对应仪器的"+6 V"通道，电压为"5.25 V"，电流限制为"0.05 A"；设置信号源激励类型为"Square"，频率为"100 Hz"，幅值为"5 V"，偏移电压为"2.5 V"。详细设置如图 2-34 所示。

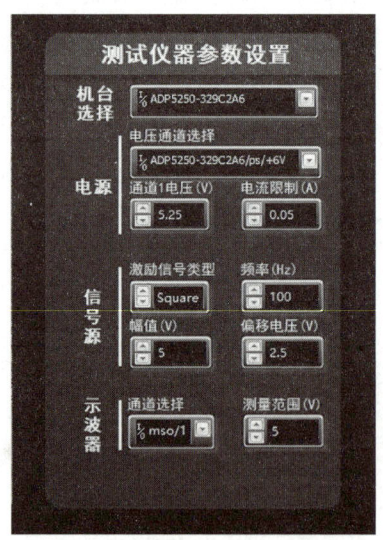

图 2-34 t_r 测试仪器面板设置

3) 单击仪器面板"START"按钮，获取 t_r 测试数据。测试结果如图 2-35 所示。
4) 单击右上角的返回按钮，然后选择"下降时间"，打开实验面板，如图 2-36 所示。
5) 设置电源电压通道 1 为所对应仪器的"+6 V"通道，电压为"5.25 V"，电流限制为"0.05 A"；设置信号源激励类型为"Square"，频率为"100 Hz"，幅值为"5 V"，偏移电压为"2.5 V"。详细设置如图 2-37 所示。

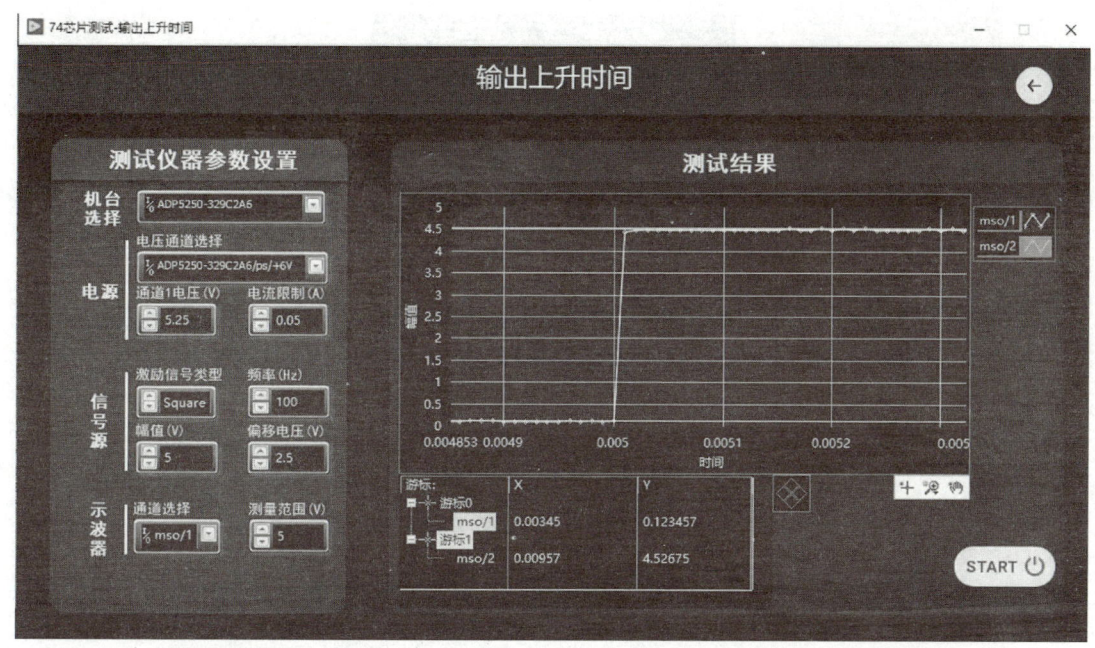

图 2-35 t_r 测试结果

图 2-36 t_f 测试参数选择面板

6）单击仪器面板"START"按钮，获取 t_f 测试数据。测试结果如图 2-38 所示。

6. 逻辑功能测试

（1）测试参数定义

逻辑功能测试主要指芯片的真值表验证，通过输入不同的逻辑电平组合，检查芯片输出是否与芯片手册中的真值表一致，以此验证芯片内各个逻辑单元是否按设计要求正确执行运算和处理任务。

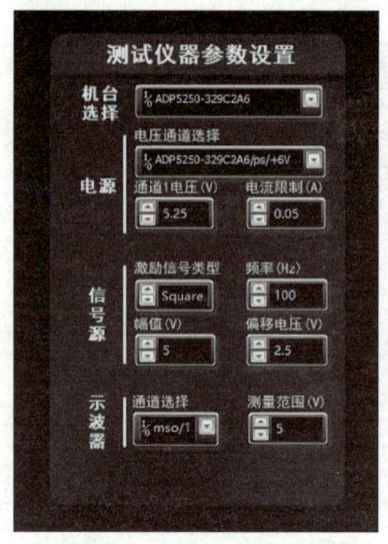

图 2-37 t_f 测试仪器面板设置

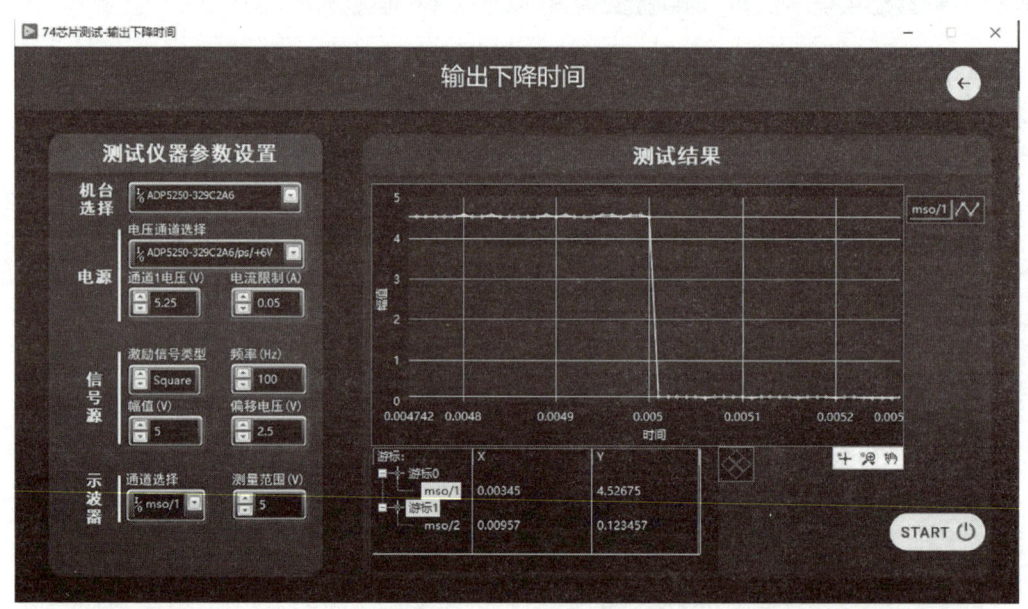

图 2-38 t_f 测试结果

(2) 测试方法

通过对控制 74 系列芯片的 1A、1B 输入引脚施加不同的逻辑电平组合，查看输出引脚 1Y 的逻辑电平，即可得到该芯片的逻辑功能表。在本测试中，+25 V 控制 1A，FGEN 控制 1B，如图 2-39 所示。

(3) 测试步骤

1) 打开 IECUBE-3839 集成电路参数测试软件，单击"74 系列芯片参数测试"按钮，选择"逻辑功能测试"，74 系列芯片参数测试选择面板如图 2-40 所示。

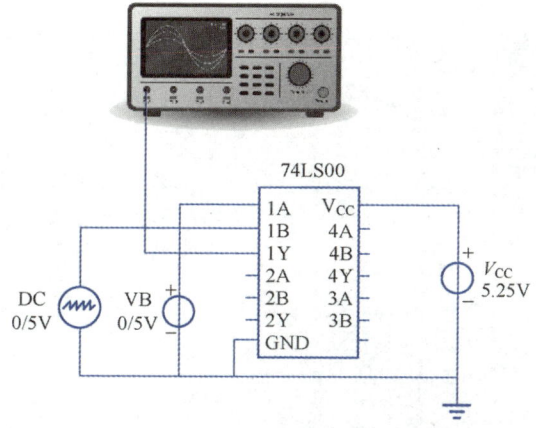

图 2-39　逻辑功能测试电路

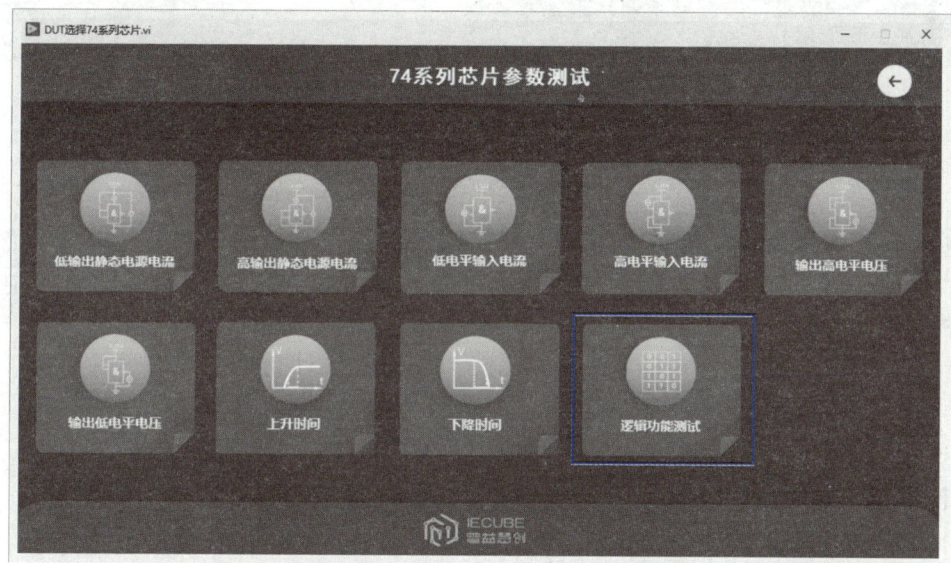

图 2-40　逻辑功能测试参数选择面板

2）设置电源电压通道 1 为所对应仪器的"+6 V"通道，电压为"5 V"，电流限制为"0.05 A"；设置电源电压通道 2 为所对应仪器的"+25 V"通道，电压为"5 V"，电流限制为"0.05 A"。信号源激励信号类型选择"DC"，幅值设置为"5 V"；示波器通道选择"mso/1"，测量范围键入"5 V"。详细设置如图 2-41 所示。

3）单击仪器面板"START"按钮，即可看到引脚 1Y 输出的逻辑电平，改变"+25 V"通道和 FGEN 的电压，得到完整的逻辑功能表。测试结果如图 2-42 所示。

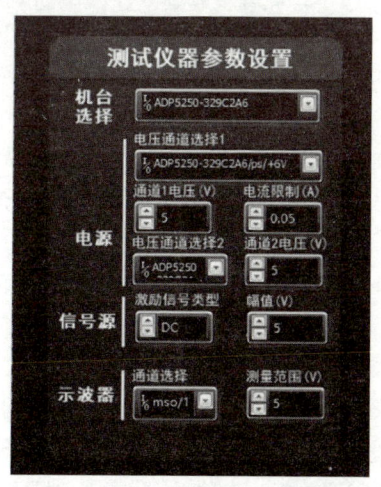

图 2-41　逻辑功能测试仪器面板设置

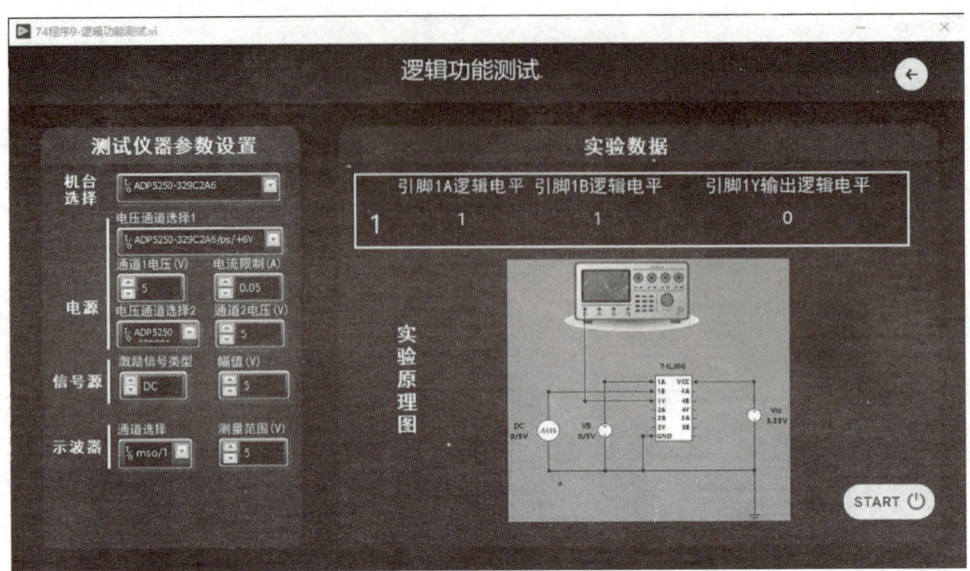

图 2-42 逻辑功能测试结果

2.5.4 任务 2：74 系列芯片手动测试实践

74 任务 2-手动测试

任务 2 在不依赖自动化测试设备和软件的情况下，通过手动搭建电路和操作仪器，对 74 系列芯片的各项性能参数进行测试。此任务在提高动手实践能力的同时，对 74 系列芯片测试原理及相关测试电路会有深入了解，同步提升仪器的操作技能、数据分析能力、实验设计与优化能力等。手动测试实践在测试条件和测试方法上具有较高的灵活性，测试人员可以根据测试的经验和结果，制定更加科学合理的测试方案，为自动化测试奠定基础。

1. 测试电路与测试仪器

在进行 74 系列芯片的手动测试时，测试电路的设计至关重要。一个优化的电路设计能有效地获取芯片的性能数据，帮助评估其各项指标。除了要选择合适的电源、信号源和测量仪器外，还需要考虑负载特性、环境温湿度等外部因素，这些都会直接影响测试结果的稳定性和准确性。因此，无论是手动测试还是自动化测试，确保电路设计的合理性和全面性都是至关重要的。

（1）测试电路设计

参考 74 系列芯片测试系统框架，整个系统可分为三个主要部分：测试激励、被测对象和辅助电路，以及测试响应。测试激励和测试响应通常由专业测试设备提供，用于产生输入信号和捕捉输出信号。而被测对象及辅助电路的设计则需要依据芯片的性能参数、测试激励和测试响应来进行优化。辅助电路的作用是确保测试过程中信号的稳定性和准确性，并根据芯片特性调整电路配置，以便获得有效的测试数据。这种系统化的设计能够全面评估 74 系列芯片的各项性能指标。

本实践项目中 74 系列芯片型号为 74LS00，74LS00 芯片功能及引脚如图 2-9 所示。

通过阅读芯片数据手册，74LS00 芯片供电电压为 4.75～5.25 V，所以供电电压可选 "5.25 V"，V_{CC} 为供电引脚，引脚 GND 为接地端，1A、1B、1Y 为一组与非门，同理 2A、

2B、2Y 为另一组与非门，74LS00 一共有四组与非门，在本次手动测试实践中，将按照 74 系列芯片手动测试电路（见图 2-43）完成 74LS00 的两个参数测试。

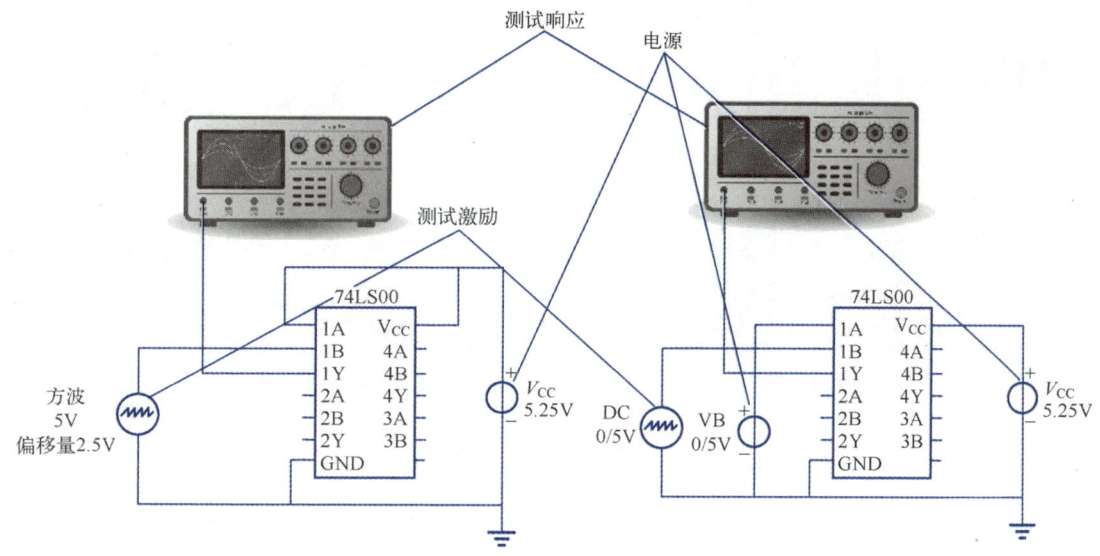

图 2-43　手动测试电路

通过图 2-43 所示的设计电路，可以看出电路结构与 74 系列芯片测试系统框架相一致，由测试激励、被测对象及电源、测试响应组成。特别注意：电源电路根据 74 系列芯片的数据手册要求，选择合适电源电压，电源电压波动在允许范围内。

电路的工作原理：手动测试电路中 V_{CC} 提供给 74LS00 芯片电压使其可以正常工作，再用其他电源提供给输入引脚高电平或者低电平，通过测试仪器面板采集输出端的数据进行分析。

（2）测试仪器的选择

1）函数发生器：用于产生模拟输入信号。输出电压范围要满足 74 系列芯片测试的要求。

2）示波器：用于观察 74 系列芯片输出的高低电平信号，能够准确地显示信号的波形和时序。

3）电源：为 74 系列芯片提供稳定的电源和输入高低电平，根据 74 系列芯片的工作电压要求，选择合适的电源电压。

2. 手动测试实施与数据分析

（1）测试电路搭建

参考图 2-43 所示的电路原理图，在面包板上搭建电路，电路效果图如图 2-44 所示。

（2）测试步骤

1）打开 IECUBE-3839 电源开关，如图 2-45 所示。

2）先进行输出上升/下降时间的测试，将+6 V 通道和+6 V GND 接到面包板上，使用该通道给 74LS00 芯片 V_{CC} 引脚和 1A 引脚提供稳定电压，使用 FGEN 给 1B 引脚提供高低电平，使用示波器查看 1Y 引脚的输出，得到输出波形的上升时间和下降时间，连接示意图如图 2-46 所示。

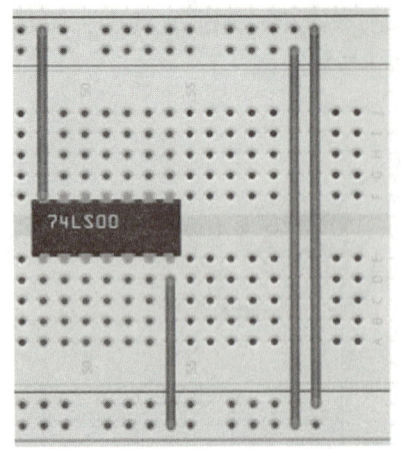

图 2-44 电路效果图

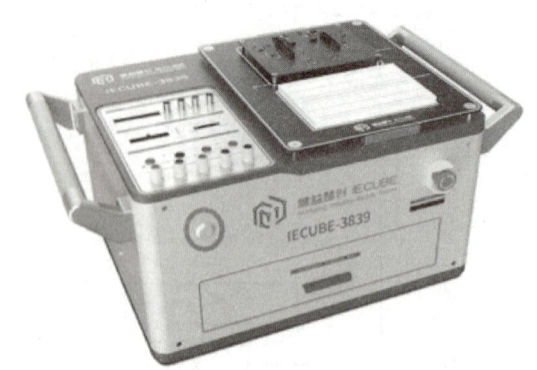

图 2-45 打开电源

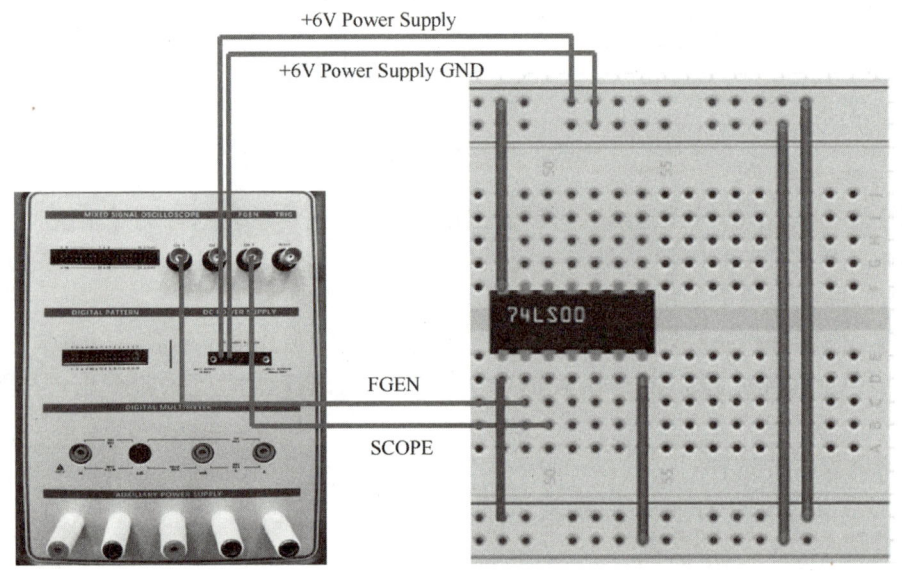

图 2-46 连接示意图

3）打开 IECUBE-3839 测试仪器软面板，选择"函数发生器"，信号类型设置为方波信号，设置频率为"10 kHz"，幅度为"2 V"，DC 偏置为"2 V"，单击"开始"按钮；打开电源面板，设置"+6 V"通道电压值为"5.25 V"，电流限制为"100 mA"，具体设置如图 2-47 所示。

4）选择示波器通道 1，选用合适的量程范围和时基，查看输出波形，读取波形的上升沿和下降沿使用的时间即输出上升/下降时间，输出波形和游标使用方法如图 2-48 所示。

5）接下来进行逻辑功能的手动测试，在此测试中，会对控制 74LS00 芯片的 1A、1B 输入引脚施加不同的逻辑电平组合，查看输出引脚 1Y 的逻辑电平，即得到该芯片的逻辑功能表。将+6 V 通道和+6 V GND 接到面包板上，使用该通道给 74LS00 芯片 VCC 引脚供电，将 DIO0-2 分别接到 1A、1B 和 1Y 引脚上，使用 DIO0-1 给 1A 和 1B 引脚输入不同的信号，读取 1Y 的逻辑。连接示意图如图 2-49 所示。

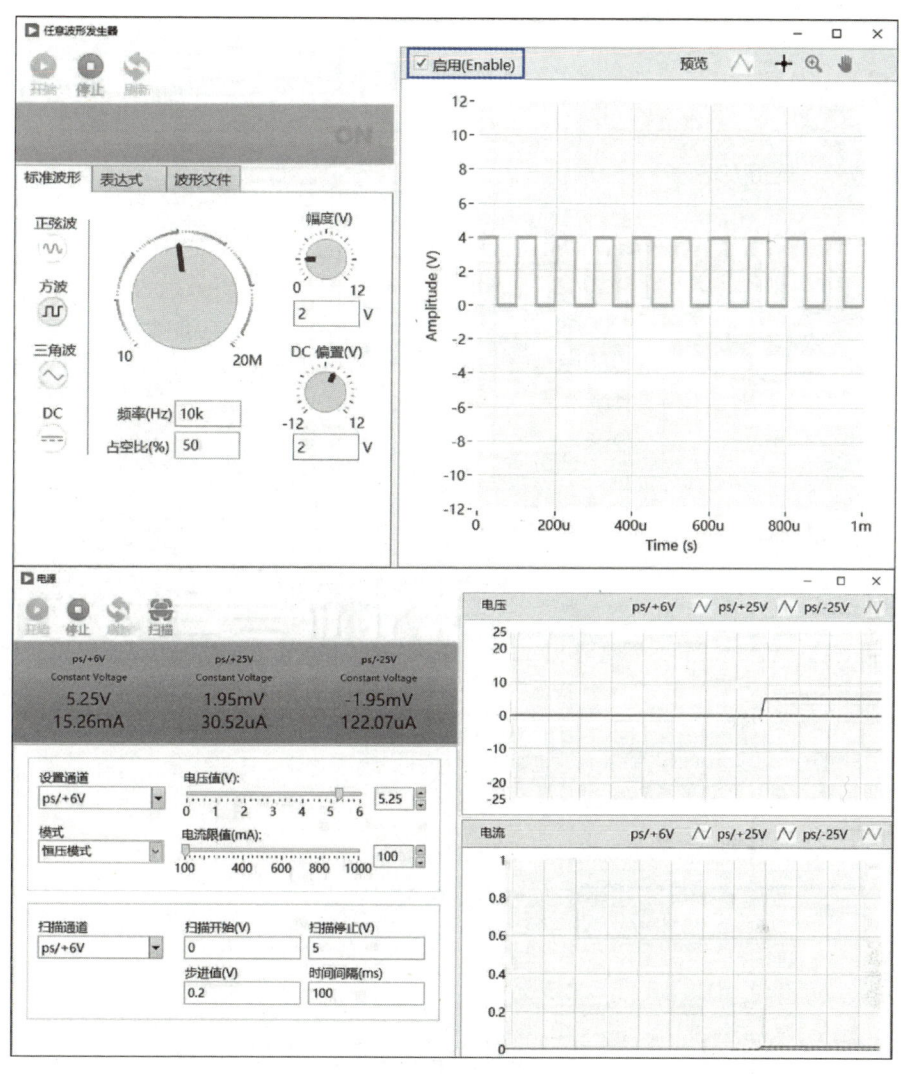

图 2-47 函数发生器&电源设置

6) 打开 IECUBE-3839 测试仪器软面板,设置 DIO0-1 为输出,DIO2 为读取输入,具体设置方式如图 2-50 所示。

7) 选择电源,"+6 V"通道设置为"5.25 V"并启用,电源设置如图 2-51 所示。

8) 控制 DIO0、DIO1 通道,使其输出 0 或 1,读取 DIO2 的值,如图 2-52 所示。

(3) 数据分析

1) 通过测试,可以看到上升时间和下降时间的测试结果分别是 0.3 ms 和 0.2 ms,这说明该芯片的输出上升/下降时间是满足要求的,上升时间和下降时间直接反映了 74LS00 逻辑门切换状态的速度。较短的上升时间和下降时间意味着芯片可以更快速地响应输入信号的变化,从而更高效地工作。

2) 可以从逻辑功能手动测试的过程中得出 74LS00 的逻辑功能表,从这个测试验证了与非门(NAND)逻辑,输出 Y = A NAND B,也就是说,只有当两个输入都为 1 时,输出才为 0;在其他情况下,输出为 1,见表 2-3。

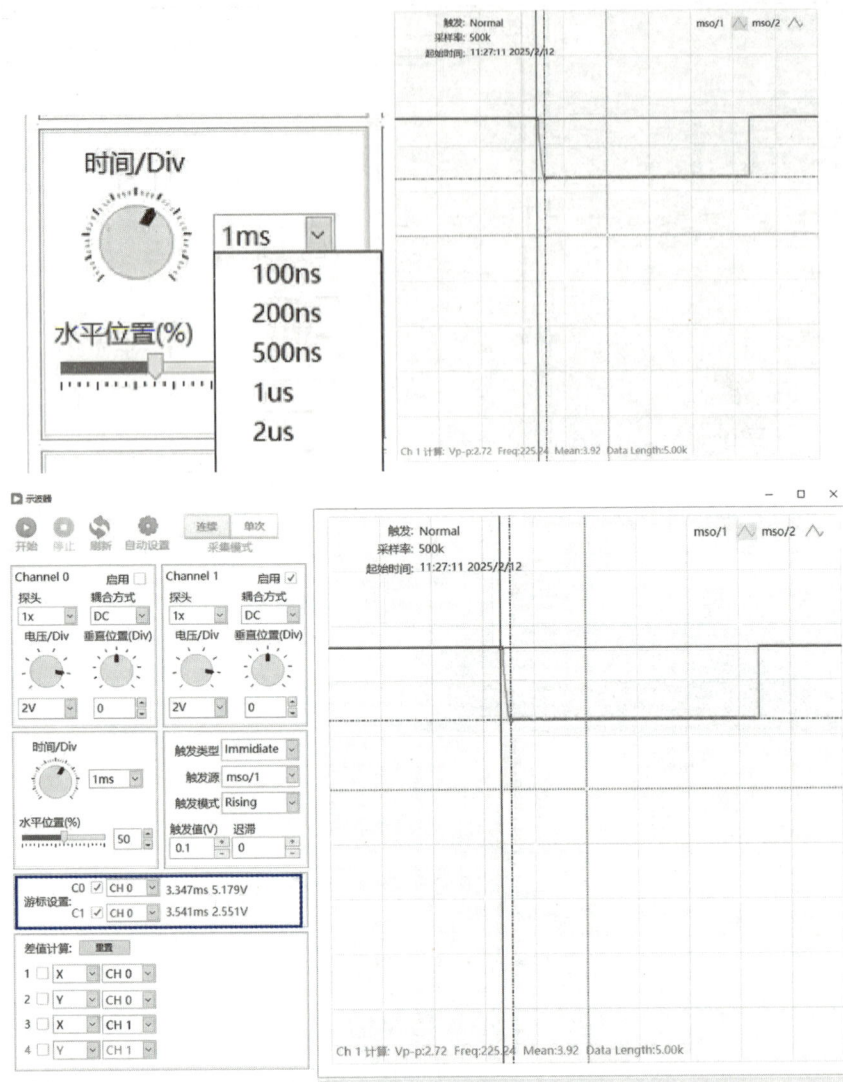

图 2-48　输出波形

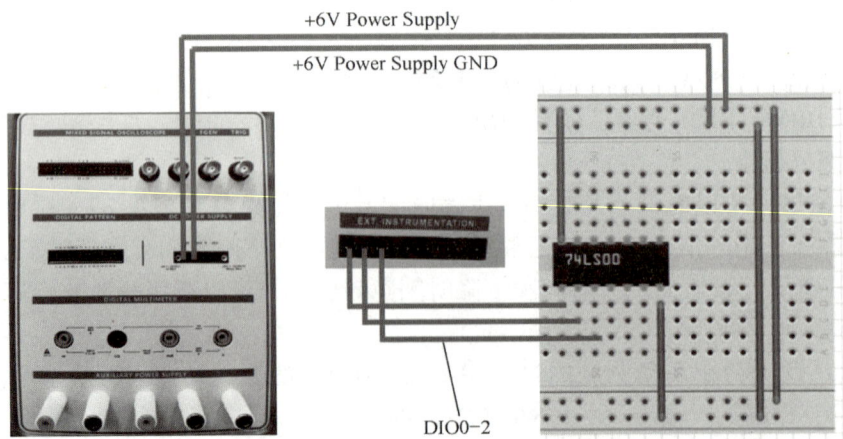

图 2-49　连接示意图

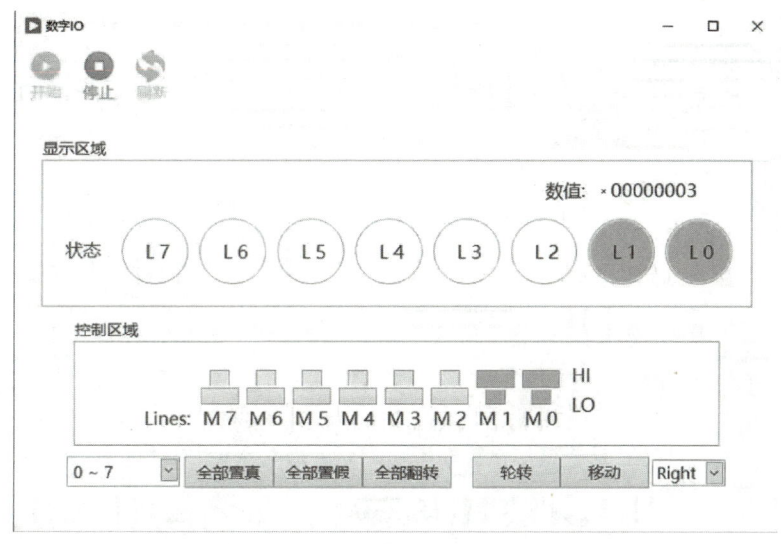

图 2-50　数字 I/O 设置

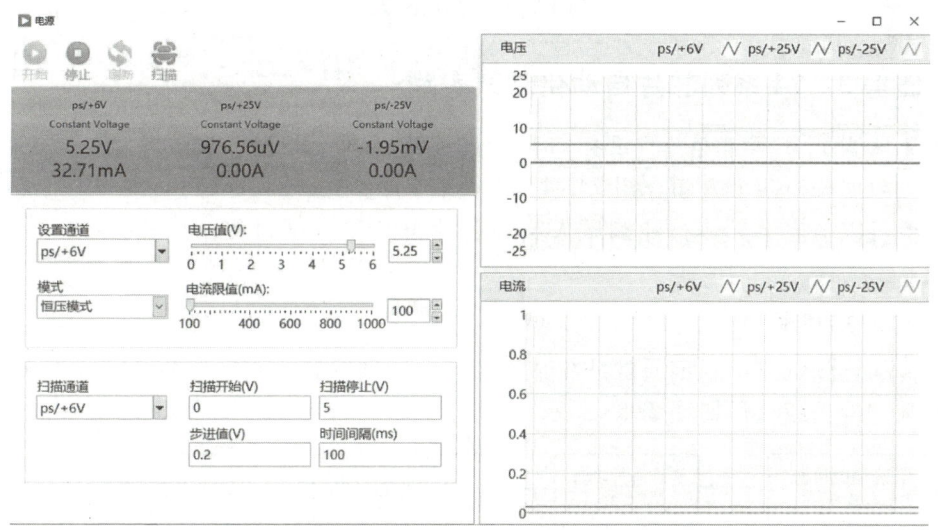

图 2-51　电源设置

表 2-3　逻辑功能表

输　　入		输　　出
A	B	Y
0	0	1
0	1	1
1	0	1
1	1	0

通过任务 2 的学习，学生已经掌握了手动搭建测试电路并使用仪器进行测试，动手能力增加的同时，更能深入体会 74 系列芯片测试的重要性。

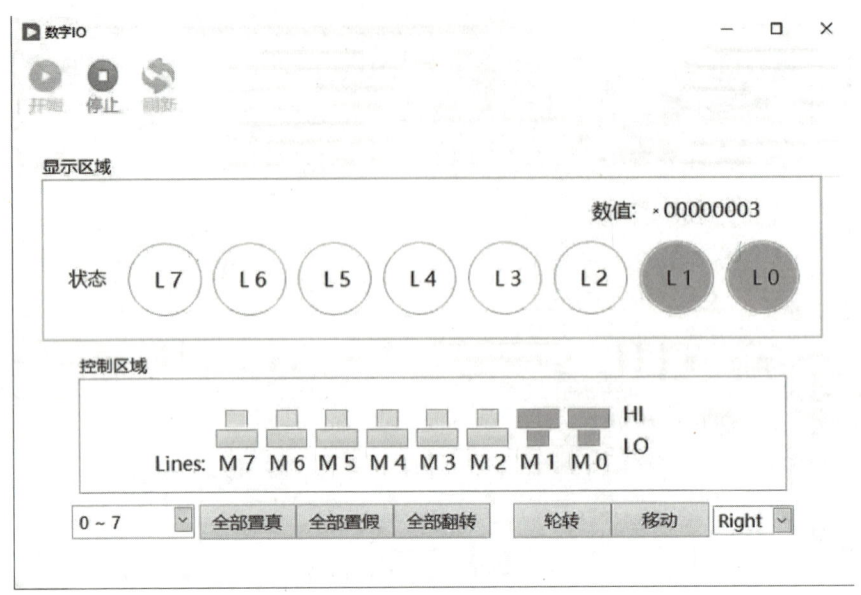

图 2-52　测试结果

2.5.5　任务 3：74 系列芯片自动化测试实践

74 任务 3-
自动化测试

任务 3 从测试方案制定、测试接口板设计、测试程序开发、自动化测试实施与数据分析四个方面介绍 74 系列芯片自动化测试流程。通过此任务，读者可以掌握半导体行业测试人员在芯片自动化测试过程中所需要的技能。

1. 测试方案制定

芯片自动化测试方案制定通常是在芯片量产环节确保芯片质量与性能符合要求的关键环节，方案制定的一般流程如图 2-53 所示。

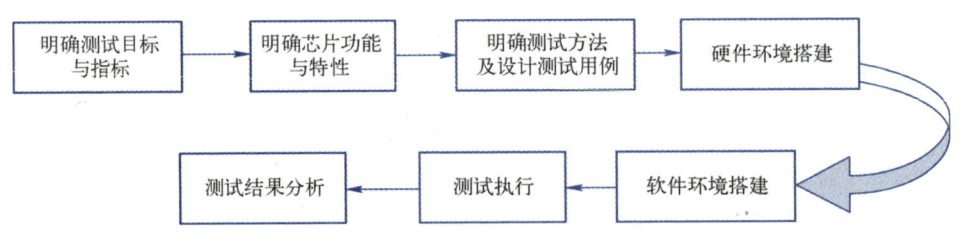

图 2-53　自动化测试方案制定流程

（1）明确测试目标与指标

列出需要重点测试的性能指标，主要包括以下内容。

① 74 系列芯片的直流参数：I_{CCL} 和 I_{CCH}、I_{IL} 和 I_{IH}、V_{OH} 和 V_{OL}。

② 74 系列芯片的交流参数：t_r 和 t_f。

③ 74 系列芯片的逻辑功能。

（2）明确芯片功能与特性

分析技术规格，阅读 74 系列芯片 74LS00 的技术规格书，了解其电压工作范围、测试条件等关键参数,这些参数将直接影响测试方案的设计,主要参数见表2-4。

表2-4　74LS00主要参数

主要参数	取　值	主要参数	取　值
工作电压	4.75~5.25 V	V_{OL}	0.5 V
工作温度	0~70℃	I_{IH}	20 μA
V_{IH}	2 V	I_{IL}	−0.36 mA
V_{IL}	0.8 V	I_{CCH}	1.6 mA
V_{OH}	3.4 V	I_{CCL}	4.4 mA

(3) 明确测试方法及设计测试用例

根据芯片类型和功能,确定合适的测试方法;而基于测试方法,可以设计测试用例,包括输入、输出及测试步骤等。

(4) 硬件环境搭建

根据测试系统框架及测试硬件平台,搭建自动化测试系统。详细内容见测试接口板设计。

(5) 软件环境搭建

开发或选择合适的测试软件工具,如自动化测试脚本编写工具、测试数据生成软件、测试结果分析软件等,本实践任务中选择LabVIEW作为自动化测试软件开发工具。详细内容见测试程序开发。

(6) 测试执行

根据测试用例,启用自动化测试程序,依次执行。在测试过程中,实时监控测试设备的运行状态、芯片的工作状态以及测试软件的执行情况。详见自动化测试实施与数据分析。

(7) 测试结果分析

对测试数据进行深入分析,将实际测试结果与预期结果进行比对。计算各种测试指标的实际值,并与测试目标中设定的指标进行对比评估。详见自动化测试实施与数据分析。

2. 测试接口板设计

测试接口板是为74系列芯片自动化测试提供一个稳定、可靠且高效的连接平台,实现测试系统与74系列芯片之间的信号传输、电源分配以及必要的控制功能,确保能够准确地对74系列芯片的各项性能指标进行测试。

参考74系列芯片测试系统框架,将74系列芯片、电源接口、DIO控制接口、测试激励接口、测试响应接口按照电路规则制成统一接口的板卡,即为测试接口板。74系列芯片测试接口板示意图如图2-54所示。

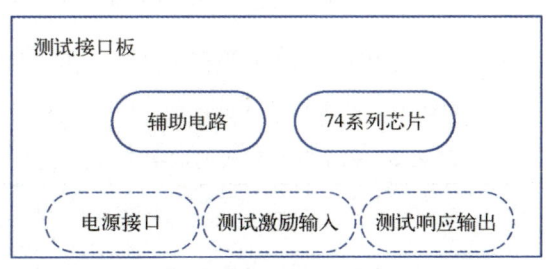

图2-54　74系列芯片测试接口板示意图

IECUBE-3839 集成电路测试实验平台使用的接口为 2×25 Pin 插座,如图 2-55 所示。从任务 1 中学习到 74 系列芯片参数的各种测量方法和电路图,可以发现大部分参数的测试电路都是不同的。测试电路板使用了控制芯片、继电器以及数字 I/O 实现不同电路的切换,设计测试接口板如图 2-56 所示。

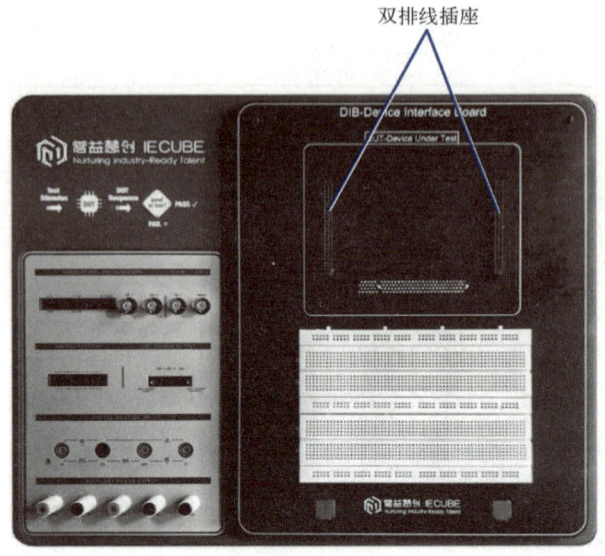

图 2-55　双排线插座

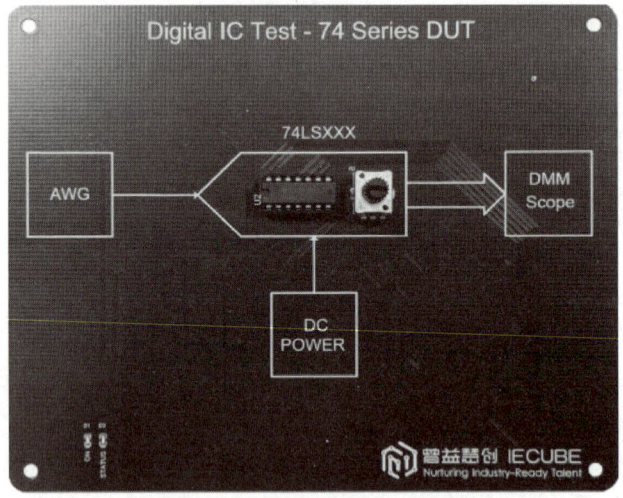

图 2-56　74 系列芯片测试接口板

测试接口板使用 2×25 Pin 双排线接口,此实践任务中用到的引脚及资源可参考附录 A。开关控制电路如图 2-57 所示,每个参数对应的数字 I/O 见表 2-5。

表 2-5　每个参数对应的数字 I/O

测试参数	数字 I/O（DIO0-5）
I_{CCL}	000XX0
I_{CCH}	101XX0

(续)

测试参数	数字 I/O (DIO0-5)
I_{IL}	000XX1
I_{IH}	101XX1
V_{OH}	010XX1
V_{OL}	011XX1
t_r	100XX1
t_f	100XX1

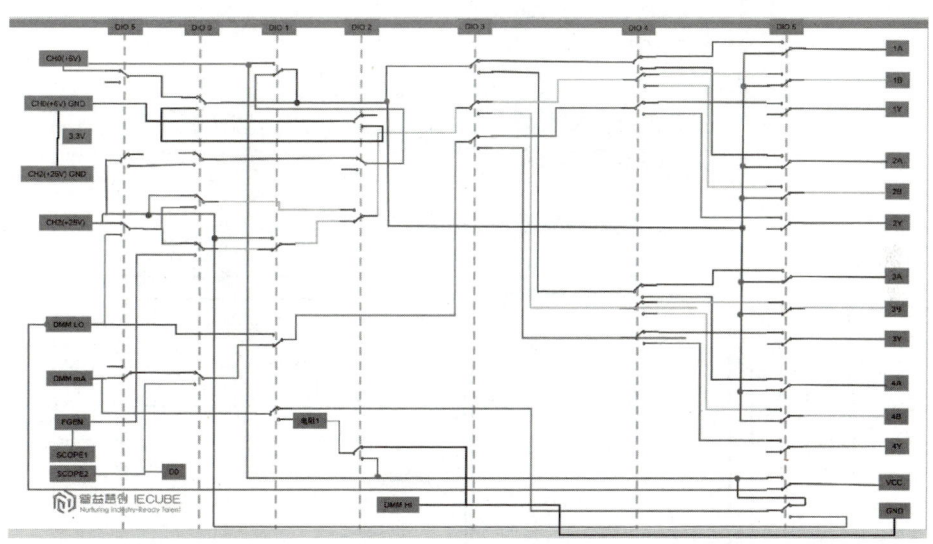

图 2-57 开关控制电路

3. 测试程序开发

在自动化测试领域，测试程序的架构设计是确保测试流程高效、准确的关键。图 2-58 所示的是一个 74 系列芯片通用测试程序架构图，接下来将探讨 74 系列芯片测试方案中测试程序的开发流程，从测试程序的整体框架出发，逐步解析其核心组件和功能。

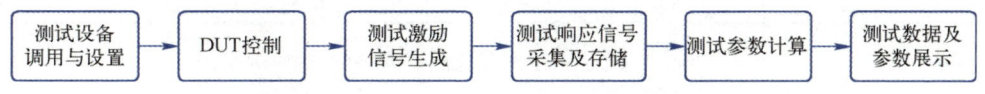

图 2-58 74 系列芯片通用测试程序架构图

基于 74 系列芯片通用测试程序架构图，使用 LabVIEW 构建了一个 74 系列芯片参数自动化测试的代码框架，其中包含了完整的 74 系列参数测试流程，程序中空缺了几个关键的部分，这些部分在代码中通过绿色高亮的注释进行了标注。

1）从"74 Chip Test System Exercise"文件夹中打开"74 Chip Test System"工程文件，打开"0-74 Chip Test System Main"VI，会出现如图 2-59 所示的前面板界面，前面板中包含了硬件配置、DUT 测试参数图集、DUT 测试结果、开始测试按钮和测试进度等内容。

前面板在 LabVIEW 中是和用户交互的界面，而代码的实现都是在程序框图中，打开测试程序的程序框图，它与 74 系列芯片通用测试程序架构的对应关系如图 2-60 所示。

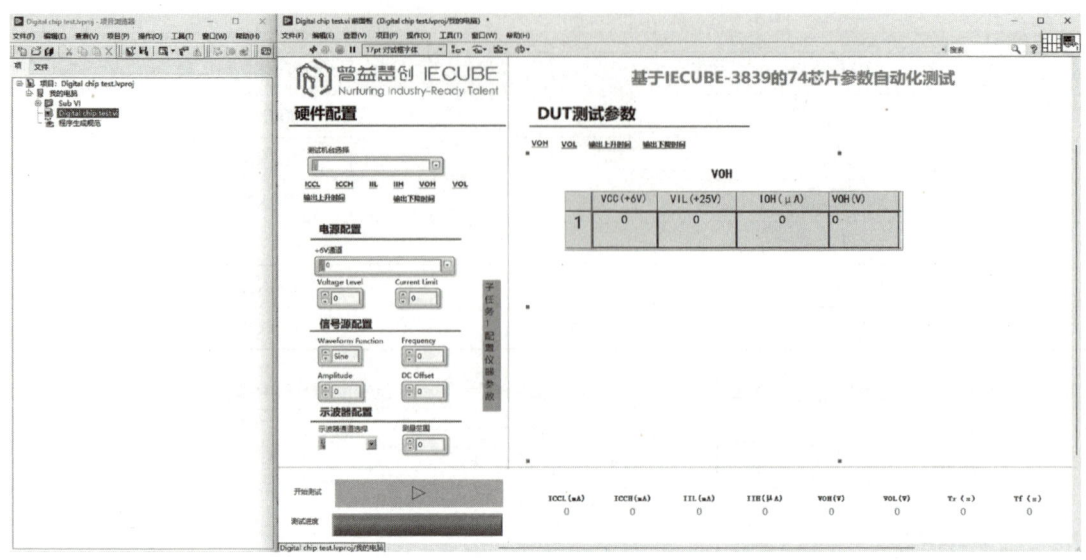

图 2-59　74 系列芯片测试程序前面板

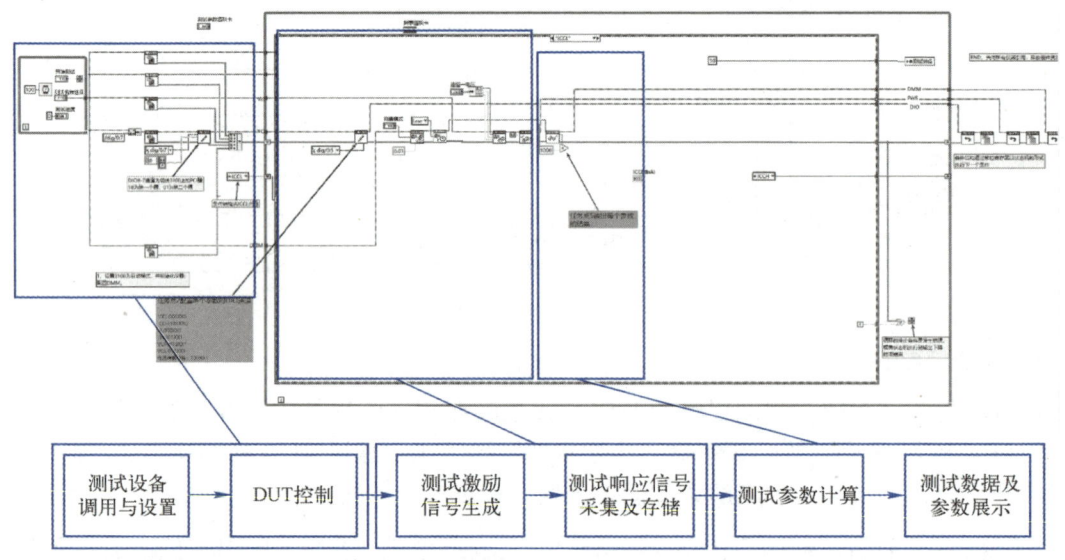

图 2-60　74 系列芯片测试程序框图

2）为了实现高效、灵活且模块化的测试流程，测试系统使用了 LabVIEW 状态机的编程方式，这种编程方式能够顺序且有序地执行每个测试任务，并提供可扩展的架构来管理复杂的测试操作。状态机架构通常通过 while 循环和状态机结构来控制程序的执行流程。每个"状态"代表程序的一个特定行为或操作，状态之间通过条件判断来转换，常见的结构是使用"枚举类型"来定义不同的状态，并通过一个 Case 结构根据当前状态执行相应的代码。枚举的选项如图 2-61 所示。

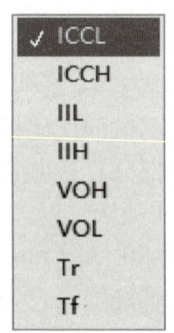

图 2-61　枚举选项

3）为了使该程序能够完成完整的 74 系列芯片参数自动化测试，

需要根据以下子任务要求完善这五个部分的程序。

子任务 1：在测试程序的主界面中，需要正确选择机台，完成设备通信，并根据任务 1 和任务 2 学习到的内容配置仪器参数，以确保测试过程顺利进行，如图 2-62 所示。

子任务 2：选择合适的通道并配置每个参数的 DIO 通道。打开测试程序的程序框图，按照表 2-5 配置每个参数的 DIO 通道，子任务点如图 2-63 所示。

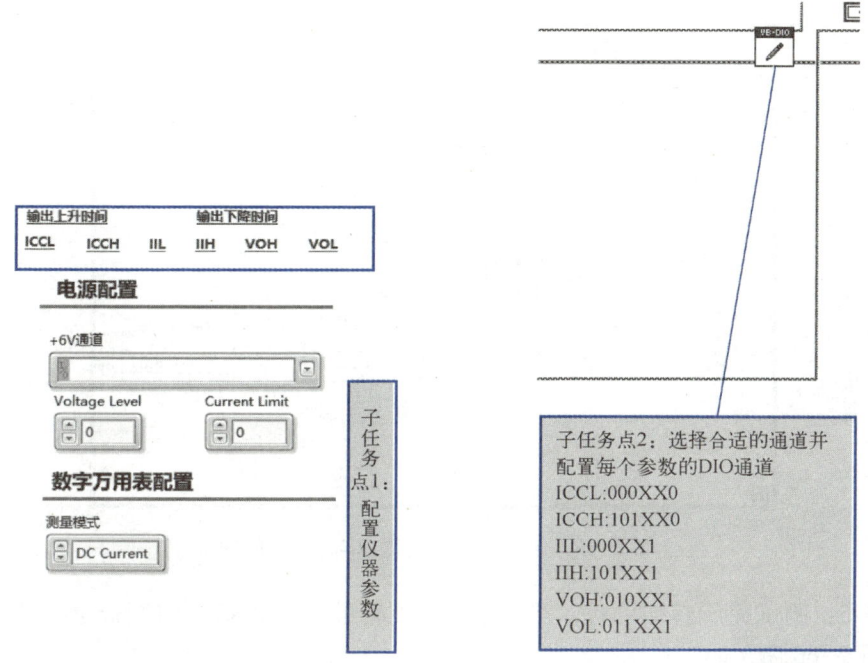

图 2-62　子任务 1 设备通信　　　　图 2-63　子任务 2 配置 DIO 通道

子任务 3：完成 Power Supply 的仪器调用程序。在程序框图中将条件结构选择器标签切换至"I_{CCL}/I_{CCH}"，子任务点如图 2-64 所示。

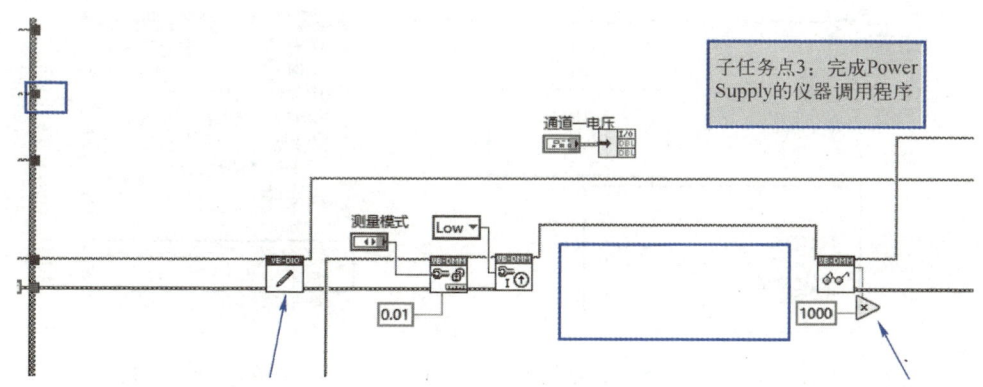

图 2-64　子任务 3 完成 Power Supply 的仪器调用程序

子任务 4：使用相关的原理知识以及板卡上的电位器，测到的 I_{OL} 必须在 $-0.42 \sim -0.38$ mA 间，循环才可以停止，I_{OH} 必须在 $3.8 \sim 4.2$ mA 间，循环才可以停止，得出 V_{OH}/V_{OL} 的值，子任务点如图 2-65 所示。

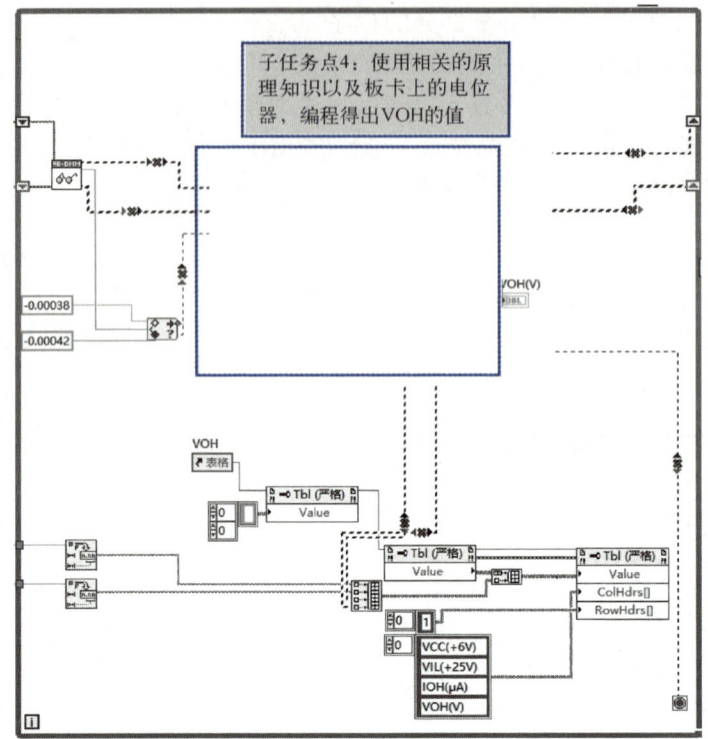

图 2-65　子任务 4 编程得出 V_{OH}/V_{OL} 的值

子任务 5：测试完所有结果后，需要把所有测得的数据更新到前面板上，补充该部分的代码，如图 2-66 所示。

4）在项目浏览器中使用菜单栏的"文件"按钮保存项目中所有子任务的改动，如图 2-67 所示。

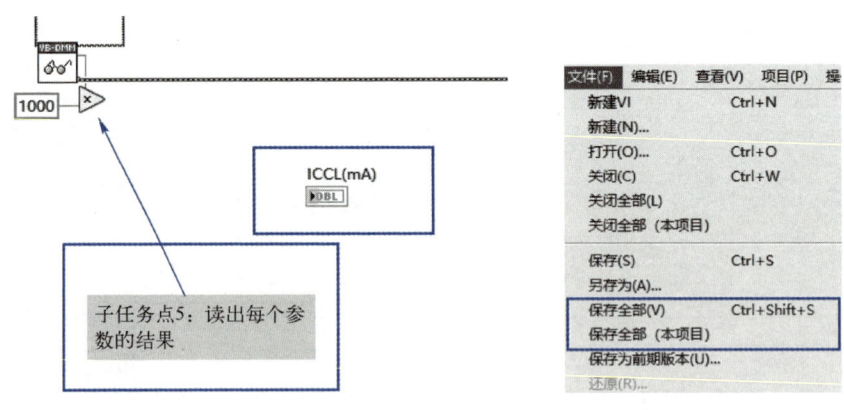

图 2-66　子任务 5 测试结果更新　　　　图 2-67　保存项目

4. 自动化测试实施与数据分析

（1）测试步骤

1）将 74 系列芯片 DUT 测试板卡插在 IECUBE-3839 顶部母板上的双排线插座上，如图 2-68 所示。

第 2 章 集成电路测试技术基础   57

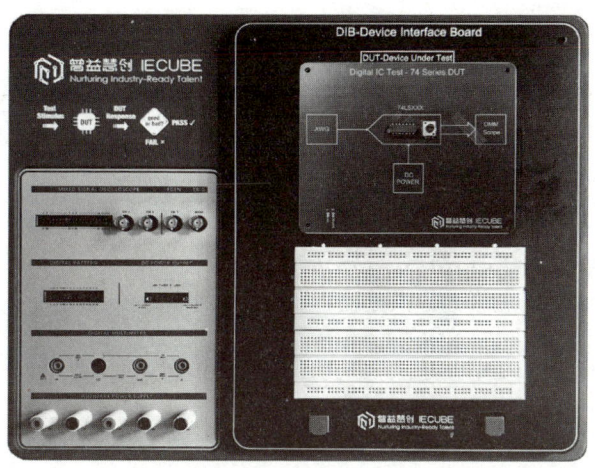

图 2-68　DUT 板放置

2) 打开 IECUBE-3839 电源开关按钮。

3) 单击"开始测试"按钮，程序会卡顿在 V_{OH} 处，需要通过扭动板卡上的滑动变阻器，使得 I_{OL} 变为 −400 μA 左右，才能测出 V_{OH} 的值，继续扭动滑动变阻器，使得 I_{OH} 变为 4 mA 左右，测出 V_{OL} 后程序才会继续进行，从而完成 74 系列芯片的参数自动化测试，运行结果如图 2-69 所示。

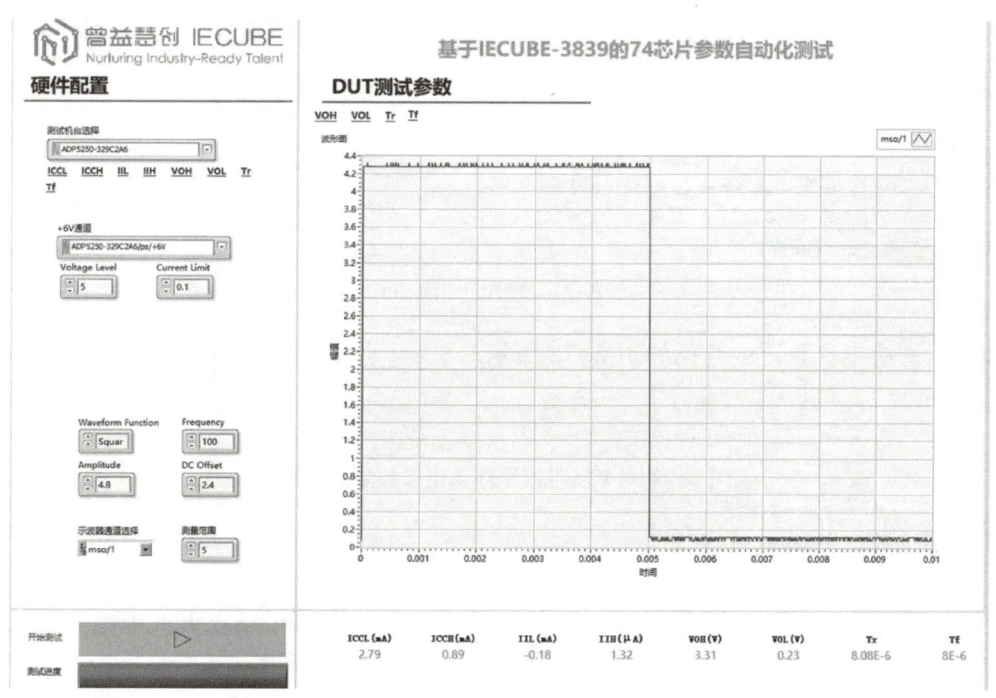

图 2-69　74 系列芯片测试运行结果

（2）测试结果

右侧 DUT 测试参数选项卡中有 V_{OH}/V_{OL} 的测试表格、输出上升时间/下降时间图像。例如 V_{OH} 如图 2-70 所示。

	V_{OH}			
	V_{CC}(+6V)	V_{IL}(+25V)	I_{OL}(μA)	V_{OH}(V)
1	4.750000	0.100000	−396.497267	3.266848

图 2-70　V_{OH} 测试表格

输出上升时间如图 2-71 所示。

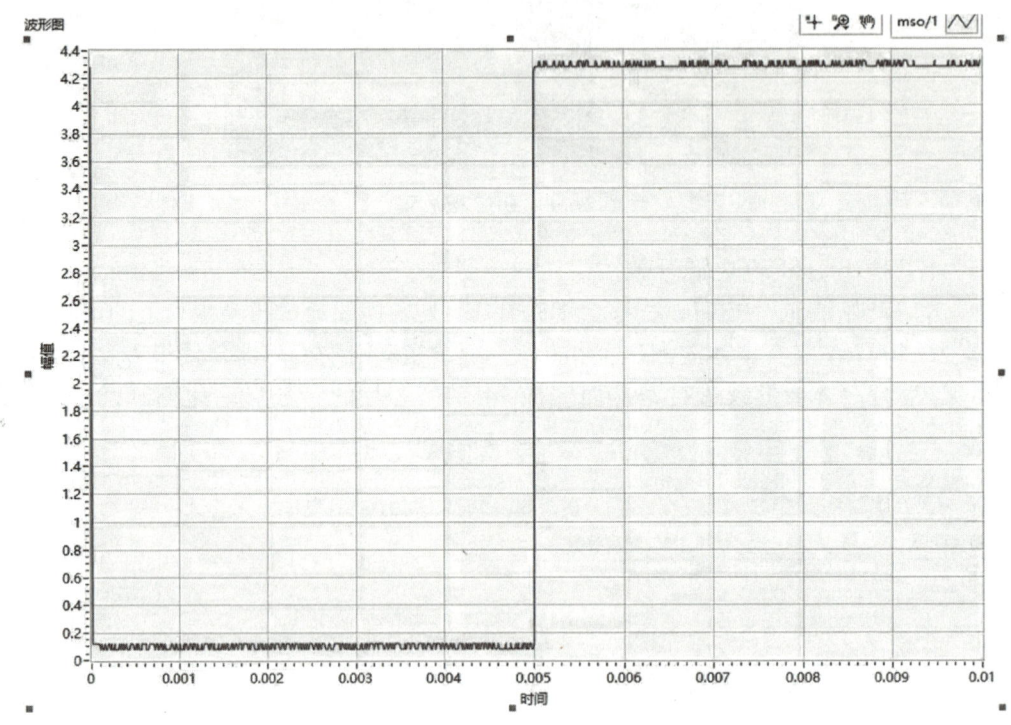

图 2-71　输出上升时间

DUT 的自动化参数测试结果如图 2-72 所示。

I_{CCL}(mA)	I_{CCH}(mA)	I_{IL}(mA)	I_{IH}(μA)	V_{OH}(V)	V_{OL}(V)	t_r(ns)	t_f(ns)
3.01	0.97	−0.2	1.78	3.27	0.4	0.31	0.32

图 2-72　74 系列芯片自动化参数测试结果

(3) 测试数据分析

以下是对测试结果的详细分析和说明。

DC 参数的测试方法是使用加流测压或加压测流的方式进行，从而得到不同的测试结果，AC 参数测试使用了波形发生器和示波器完成。

I_{CCL} = 3.01 mA 说明在低电平输入时，74LS00 的电源电流相对较大。74LS00 的典型 I_{CCL} 值通常在 2~4 mA 范围内，所以这个数值在正常范围内。I_{CCH} = 0.97 mA，这个值相对较低，表明 74LS00 在高电平输入时的电流消耗很小。这是一个典型的低功耗值，有利于降低整体功耗。

I_{IL} = −0.2 mA 表示输入端会吸收少量的电流。对于 74LS00 规格这个电流值是负值且非常小。$I_{IH}=1.78\ \mu A$ 表示高电平输入时，IC 对输入端的电流消耗极小，只有微安级别。这两个结果都符合低功耗电路设计的标准。

$V_{OH}=3.27\ V$ 表示在高电平输出时，IC 能够提供一个相对较高的输出。假设 V_{CC} 为 5 V（典型值），3.27 V 是合理的高电平输出值。$V_{OL}=0.4\ V$ 表示低电平输出电压很低，接近地电位，符合标准。74LS00 的 V_{OL} 值一般应小于 0.5 V，因此 0.4 V 在正常范围内。

$t_r=0.31\ ns$，表示上升时间非常短，符合 LS 系列逻辑门的高速特性。通常，LS 系列逻辑门的上升时间会在 0.2~1 ns 之间，因此 0.31 ns 是一个很好的表现。$t_f=0.32\ ns$，表示下降时间也非常短。与 t_r 类似，LS 系列的下降时间通常非常短，0.32 ns 也符合高速逻辑门的要求。

总体来看，测试结果表明 74LS00 芯片在正常工作状态下的性能良好，符合 LS 系列逻辑门的标准要求，具有低功耗、高速响应和合理的输出电压值。

通过任务 3 的学习，读者能够掌握 74 系列芯片自动化测试流程中各阶段的核心内容，了解接口板设计过程，独立开发测试软件并对测试结果进行分析，具备一定的行业测试技能。

数字集成电路测试技术与实践

第3章

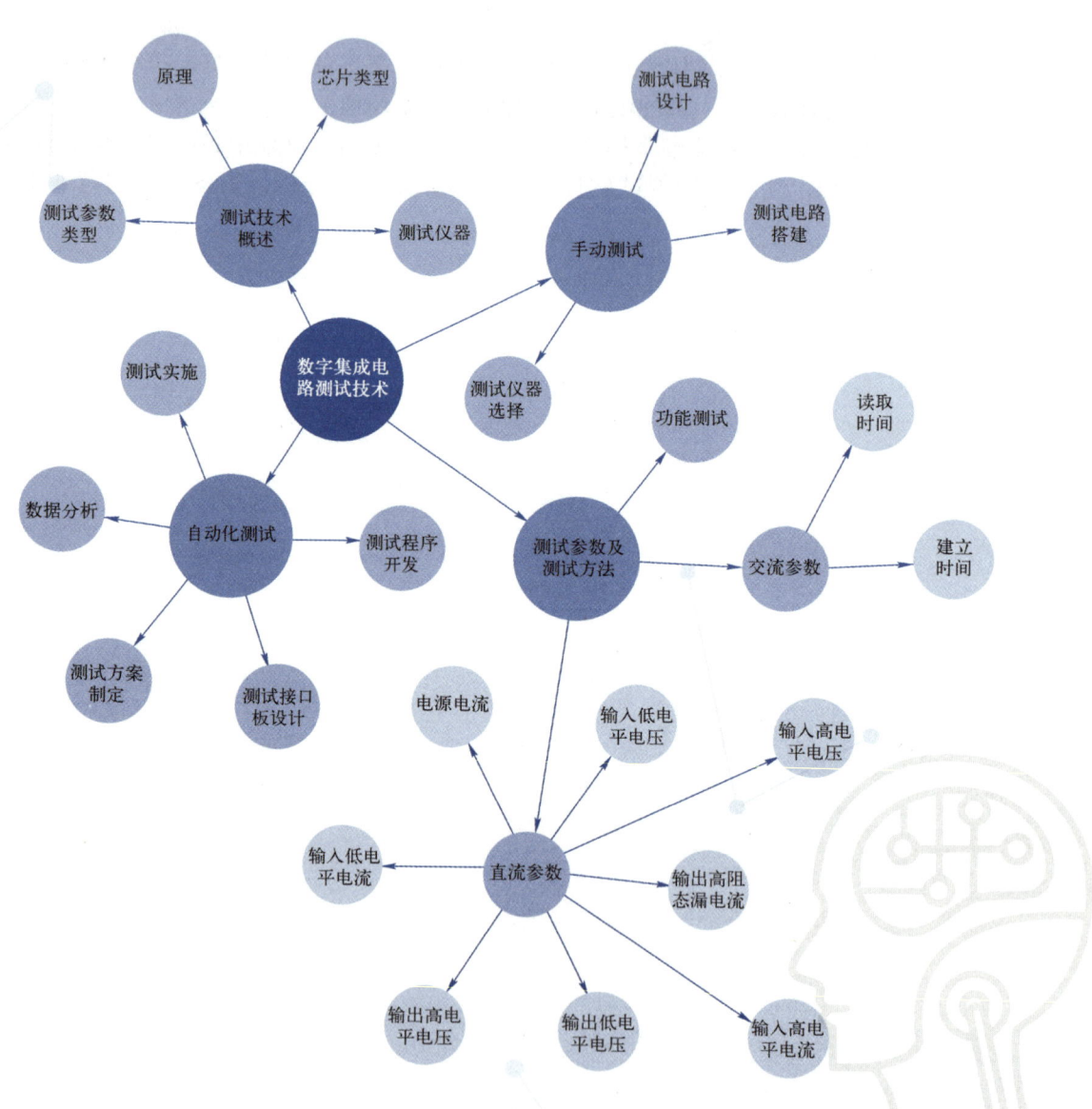

3.1 数字集成电路测试技术概述

数字集成电路是一种将大量的数字逻辑门、触发器、寄存器等数字电路元件,通过半导体制造工艺集成在一块微小的硅片上所形成的电路。在数字集成电路中,有各种各样的门电路和存储元件,电路的输入和输出需要满足特定的逻辑关系,最基本的逻辑关系是"与""或""非"。数字集成电路测试系统的测试对象是数字逻辑集成电路器件,可用于晶圆片的测试和封装后的器件测试及产品检验、分析、筛选等测试。数字集成电路测试的基本原理是依据被测器件(DUT)的特点和功能,给其提供测试激励,通过测量 DUT 输出响应并与期望输出做比较,从而判断 DUT 是否合格。其基本原理图如图 3-1 所示。

测试激励:施加于被测对象输入端的信号,通常为逻辑 0 和 1 信号的组合,也叫作测试向量,比如被测对象有 8 个初始输入,则最多有 2^8 个测试向量,如 11001010。

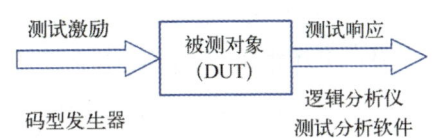

图 3-1 数字集成电路测试基本原理

测试响应:被测对象的输出信号。测试响应信号通过仪器捕获或者被测试分析软件进行数据处理,判断被测对象是否合格并将结果显示出来,如果实际输出与期望输出一致,则说明芯片功能正常。

被测对象:需要进行测试的数字集成电路芯片,它接收测试激励信号并进行相应的处理和运算,然后输出结果。

3.1.1 数字集成电路测试中常见的芯片类型

数字集成电路测试常见的芯片及主要测试参数如下。

(1)逻辑门芯片

常见的逻辑门芯片有与门芯片、或门芯片、非门芯片、触发器芯片、计数器芯片、寄存器芯片等。主要测试参数有输入高电平电压、输入低电平电压、输出高电平电压、输出低电平电压、传输延迟时间等。

(2)存储芯片

存储芯片主要有用于临时存储数据的 RAM、存储固定程序和数据的 ROM、存储大容量数据和程序的闪存等。主要测试参数有存储容量、读写速度、工作电压等。

(3)DSP 芯片

DSP 芯片是专门为快速处理数字信号而设计的微处理器芯片。主要测试参数有运算速度参数、存储容量、存储访问速度、数据位宽等。

(4)处理器芯片

处理器芯片负责执行指令和处理数据,实现算术运算、逻辑运算、控制流程等功能。主要测试参数有时钟频率、指令集、缓存大小、总线宽度、功耗、工作电压等。

3.1.2 数字集成电路测试参数类型

数字集成电路测试参数主要包括直流参数、交流参数、性能参数、功耗参数等。下面主要介绍直流参数和交流参数,其余参数读者可自行查阅。

1. 直流参数

1）输入高电平电压（V_{IH}）：确保数字电路输入引脚识别为逻辑高电平的最小电压值。

2）输入低电平电压（V_{IL}）：确保数字电路输入引脚识别为逻辑低电平的最大电压值。

3）输出高电平电压（V_{OH}）：数字电路输出引脚在输出逻辑高电平时的电压值。

4）输出低电平电压（V_{OL}）：数字电路输出引脚在输出逻辑低电平时的电压值。

5）输入高电平电流（I_{IH}）：当输入引脚处于高电平状态时，流入该引脚的电流。

6）输入低电平电流（I_{IL}）：当输入引脚处于低电平状态时，流出该引脚的电流。

7）输出高电平电流（I_{OH}）：当输出引脚输出高电平时，流出该引脚的负载电流。

8）输出低电平电流（I_{OL}）：当输出引脚输出低电平时，流入该引脚的负载电流。

9）静态电源电流（I_{DDQ}）：数字电路稳定逻辑状态下（无信号跳变）的静态电流。

10）电源电流（I_{DD}）：电路中从电源（V_{DD}）引脚流入的电流，用于衡量芯片在不同工作模式下的功耗特性。根据芯片状态可分为静态 I_{DD} 和动态 I_{DD}，以及 Gross I_{DD}。静态 I_{DD} 指芯片处于低功耗模式（如待机状态）下的电流，反映基础电流。动态 I_{DD} 指芯片全速运行（如执行高频指令）时的电流，表征工作功耗峰值。Gross I_{DD} 粗略测量电源引脚电流，无需复杂配置，用于快速检测短路/断路等明显缺陷。

11）输出高阻态漏电流（I_{OZH}/I_{OZL}）：输出高阻态时施加电压的漏电流。I_{OZH} 是被测输出引脚为高阻态时，施加高电平，从该引脚到 GND 通路上的漏电流；I_{OZL} 是当被测输出引脚为高阻态时，施加低电平，从该引脚到 V_{DD} 通路上的漏电流。

2. 交流参数

1）最高工作频率：数字电路能够正常工作的最高时钟频率。

2）上升沿时间（t_r）：信号从低电平上升到高电平所需的时间。

3）下降沿时间（t_f）：信号从高电平下降到低电平所需的时间。

4）传输延迟时间（t_{pd}）：信号从输入引脚传输到输出引脚所经历的时间延迟。

5）建立时间（t_{su}）：输入信号在时钟上升沿或下降沿之前必须保持不变的最短时间。

6）保持时间（t_h）：输入信号在时钟边沿之后必须保持不变的最短时间。

3.1.3 数字集成电路测试仪器

数字集成电路测试中主要用到以下三种仪器。

1）逻辑分析仪：逻辑分析仪是一种常用的数字信号测试仪器，主要用于分析数字电路的逻辑状态和时序关系。它可以同时采集多个数字信号，并以图形或列表的形式显示信号的变化情况，能够快速定位电路中的逻辑错误和时序问题。

2）示波器：示波器也是数字集成电路测试中常用的仪器之一，主要用于观察数字信号的波形和时序。它可以测量信号的电压幅度、上升时间、下降时间、脉冲宽度等参数，也可以掌握信号的质量和稳定性。

3）信号发生器：信号发生器用于产生各种数字信号，如时钟信号、脉冲信号、序列信号等，作为数字集成电路测试系统中被测对象的激励信号。它可以精确控制信号的频率、幅度、占空比等参数，满足不同测试需求。

3.2 数字集成电路测试技术实践项目：存储器芯片测试

3.2.1 实践项目概述

存储器芯片是一种用于存储数据和程序的集成电路芯片，是现代电子设备中不可或缺的重要组成部分，其质量和性能直接影响设备的稳定性与可靠性。存储器构造的特点是电路单元规律重复，这是存储器构造的一个显著特点，有利于大规模集成制造。以 DRAM 为例，它由大量由一个晶体管和一个电容组成的存储单元按行、列整齐排列，形成存储阵列，这种规律重复的结构便于通过统一的工艺和设计进行生产，提高生产效率和良品率；引脚少，较于一些复杂的处理器或其他功能芯片，存储器芯片的引脚数量相对较少，一般主要包括电源引脚、接地引脚、地址引脚、数据引脚、读写控制引脚、片选引脚等，这些引脚各司其职，通过有限的引脚实现了与外部电路的连接和数据交互；生产量大，由于存储器在各类电子设备中应用广泛，如计算机、手机、服务器等都需要大量的存储器来存储数据和程序，所以市场需求巨大，促使其大规模生产以满足市场需求。

存储器的主要功能就是数据存储，因此测试的目的就是测试它的数据存储功能。测试方法简单来说，就是把数据写入，再读出并与原数据做比对；如果相同则功能通过，否则即失效。存储器测试主要有功能验证，即存储器芯片能正确执行读写等基本操作，数据写入后能准确读出，且存储内容不会出现错误或丢失，比如验证随机存取存储器（RAM）能否快速准确地存储和读取数据，以及只读存储器（ROM）中的数据是否能稳定读出；性能评估，即测量存储器芯片的读写速度、访问时间、数据传输率等性能指标，评估其是否满足产品设计要求和应用场景需求，例如，对于高速缓存芯片，需要确保其读写速度能与 CPU 的处理速度相匹配；可靠性检测，即检测芯片在不同工作条件下的稳定性和可靠性，如在高温、低温、高湿度等环境以及不同电压条件下，芯片是否能正常工作，是否会出现数据错误、丢失或芯片损坏等问题。

本实践项目主要包括三个任务。任务 1：理解存储器测试参数及测试原理。任务 2：存储器手动测试实践。任务 3：存储器自动化测试实践。

三个任务紧密相连，从学习存储器测试的基础知识，深入了解存储器测试的原理与常规方法，到进一步深化对存储器测试的理解，掌握其核心要点与关键技术，再到探索存储器自动化测试，构建智能化、高效化的测试体系，这一过程层层递进，不断推动知识与技能的提升。芯片测试是一个综合性极强的领域，融合多学科和多领域的知识与技术。通过参与实践项目，测试人员得以直面真实的芯片测试项目，在实际操作中积累经验，掌握芯片测试人才必备的专业技能，进而显著提升实践能力，增强自身在就业市场的竞争力，为未来投身相关行业筑牢坚实基础。

1. 实践项目教学目标

存储器参数测试实践项目从存储器测试基础理论知识、仪器操作、方案制定、数据分析、工程素养等多方面培养芯片测试人才。任务、教学目标以及各任务所需的知识技能结构图如图 3-2 所示。

任务 1：主要目的是深刻理解存储器主要测试参数的定义，并能对这些参数进行理论分析和计算，同时，掌握参数测试的原理和测试方法，并对测试结果进行简单计算和分析。

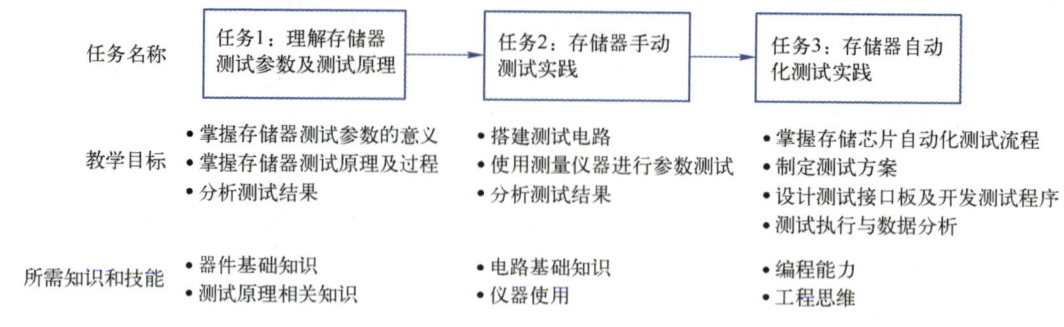

图 3-2 实践项目结构

任务 2：主要目的是设计存储器测试电路并在面包板上搭建电路，熟练使用仪器测量存储器的主要参数，使用数据处理软件分析数据。

任务 3：主要目的是掌握存储器自动化测试流程，包括制定完整、合理的测试方案，设计测试接口板，开发测试程序，执行测试方案，分析测试结果。

2. 实践项目设备及测试对象

实践项目设备采用 IECUBE-3839 集成电路测试实验平台，每个任务有不同的测试对象及测试软件，具体测试设备及测试对象见表 3-1。

表 3-1 实践项目软硬件及测试对象

任务名称	测试设备	测试对象	测试软件
任务 1：理解存储器测试参数及测试原理	IECUBE-3839 集成电路测试实验平台	HM6116 存储器	IECUBE-3839 集成电路参数测试软件
任务 2：存储器手动测试实践	IECUBE-3839 集成电路测试实验平台	基于面包板搭建的存储器测试电路	IECUBE-3839 测试仪器软面板

(续)

任务名称	测试设备	测试对象	测试软件
任务3：存储器自动化测试实践	IECUBE-3839集成电路测试实验平台	存储器DUT测试板卡	LabVIEW软件开发环境

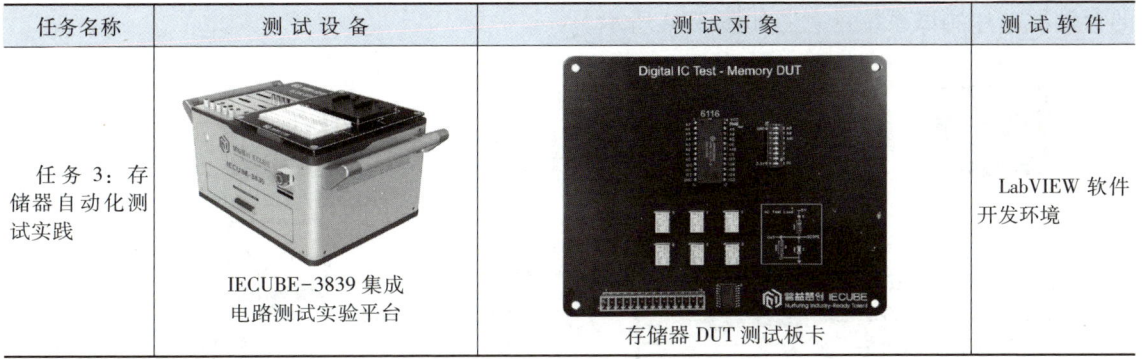

3. 实践项目教学设计

存储器参数测试实践项目分为三个任务，每个任务的主要教学内容、教学方法、建议学时分配见表3-2。

表3-2 教学设计

任务名称	教学内容	教学方法	建议学时分配
任务1：理解存储器测试参数及测试原理	1. 实践项目介绍	课堂讲授	0.5
	2. 存储器测试参数	课堂讲授	0.5
	3. 存储器参数测试方法及测试过程	课堂讲授	1
	4. 存储器参数测试	实践教学	2
任务2：存储器手动测试实践	1. 测试电路设计与搭建	实践教学	2
	2. 手动测试及结果分析	实践教学	2
任务3：存储器自动化测试实践	1. 测试方案制定、测试接口板设计与测试程序开发	实践教学	3
	2. 自动化测试及结果分析	实践教学	1

3.2.2 任务1：理解存储器测试参数及测试原理

存储器任务1-参数测试

任务1旨在理解存储器参数的意义，认识存储器参数测试系统的结构，使用IECUBE-3839集成电路参数测试软件获取测试结果，通过分析和计算，全面评估存储器参数性能指标。通过完成该任务可以加深理解存储器测试相关的基础知识。

1. 存储器芯片测试系统及测试参数概述

（1）测试系统

典型的存储器芯片测试系统框架主要由测试激励、被测对象和测试响应三部分组成，如图3-3所示。测试激励指的是输入信号，依据不同的测试需求选择不同的测试激励信号；被测对象是指存储器芯片，实际中为使存储器芯片正常工作，可能需要其他辅助电路；测试响应涵盖了输出信号的测试设备，以及测试结果分析软件等。

此实践项目中测试设备为IECUBE-3839集成电路测试实验平台，平台上的Digital Pattern仪器能够提供测试激励，按照测试条件产生Pattern；平台上的示波器可以采集响应信号，并通过测试软件进行响应信号分析；被测对象为存储器芯片以及能够使被测对象正常工作的电源及辅助电路，电源由 IECUBE-3839 集成电路测试实验平台提供。实践项目使用的存储器芯片测试系统示意图如图 3-4 所示。

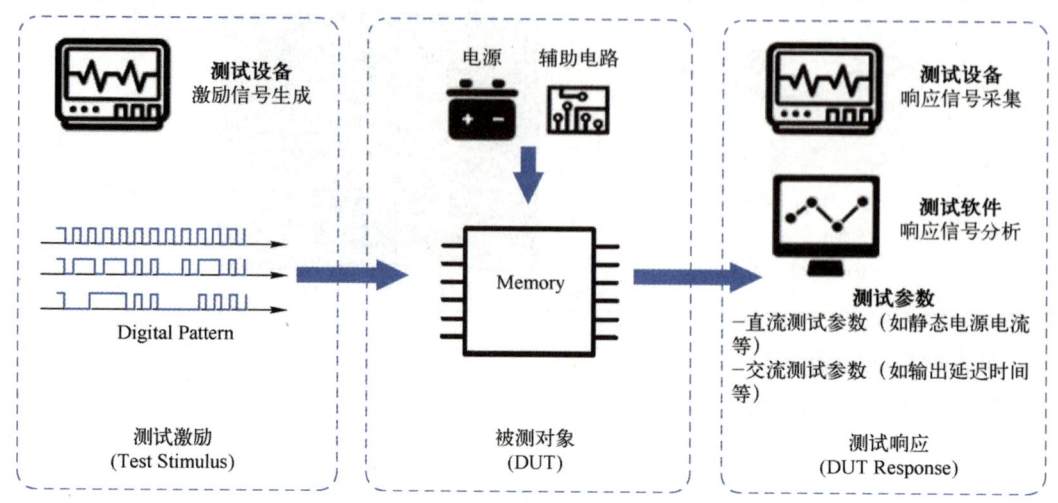

图 3-3　典型的存储器芯片测试系统框架

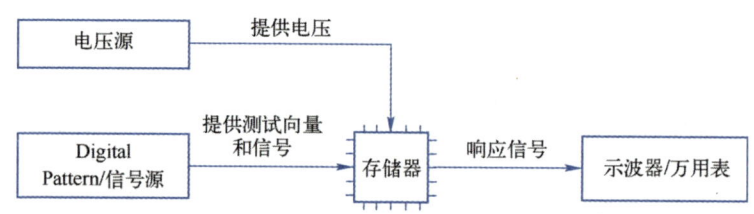

图 3-4　存储器芯片测试系统示意图

（2）测试参数

存储器的测试参数是评估其性能的重要指标，主要的测试参数包括直流参数、交流参数以及功能测试三个部分。直流参数反映了存储器在直流工作条件下的性能和特性等；交流参数反映了存储器在交流工作条件下，也就是动态运行过程中的性能和特性；功能测试是对存储器进行的一项关键测试，用于全面评估存储器在执行各种基本操作时的性能和可靠性。

1）直流参数。

① 电源电流（I_{CC}）：静态电源电流，是指存储器处于空闲或静止状态时所消耗的电流。

② 输入高电平电压（V_{IH}）：V_{IH} 是指存储器待测引脚能够可靠识别为逻辑高电平（通常表示为"1"）的最小电压值。也就是说，当输入到存储器引脚的电压大于或等于 V_{IH} 时，存储器将其解释为逻辑高电平信号。

③ 输入低电平电压（V_{IL}）：V_{IL} 是指存储器待测引脚能够可靠识别为逻辑低电平（通常表示为"0"）的最大电压值。这意味着，当输入到存储器引脚的电压小于或等于 V_{IL} 时，存储器将其解释为逻辑低电平信号。

④ 输入高电平电流（I_{IH}）：I_{IH} 是指当存储器待测引脚处于逻辑高电平状态时，流入该引脚的电流大小。在数字电路中，待测引脚为了维持在逻辑高电平状态，需要从外部电路获取一定的电流，这个电流就是 I_{IH}。

⑤ 输入低电平电流（I_{IL}）：I_{IL} 是指当存储器待测引脚处于逻辑低电平状态时，流出该引

脚的电流大小。与 I_{IH} 相反，在逻辑低电平状态下，电流从待测引脚流出到外部电路。

⑥ 输出高电平电压（V_{OH}）：V_{OH} 是指存储器在输出逻辑高电平时，其输出引脚所呈现的最小电压值。这意味着，当存储器输出高电平时，输出电压必须大于或等于 V_{OH}，才能被连接到该输出引脚的其他电路可靠地识别为逻辑高电平。

⑦ 输出低电平电压（V_{OL}）：V_{OL} 是指存储器在输出逻辑低电平时，其输出引脚所呈现的最大电压值。也就是说，当存储器输出低电平时，输出电压必须小于或等于 V_{OL}，才能被连接到该输出引脚的其他电路可靠地识别为逻辑低电平。

⑧ 输出高阻态漏电流（I_{OZH}/I_{OZL}）：存储器的输出处于高阻态时，理论上输出引脚与内部电路之间应呈现高阻抗，没有电流通过。然而由于半导体器件的物理特性，总会存在一定的微小漏电流，这个漏电流就是 I_{OZH}/I_{OZL}。I_{OZH} 是当被测输出引脚为高阻态时，施加高电平，从该引脚到 GND 通路上的漏电流；I_{OZL} 是当被测输出引脚为高阻态时，施加低电平，从该引脚到 V_{DD} 通路上的漏电流。

2）交流参数。

① 建立时间（Setup Time）：输入数据电平在锁存时钟之前必须稳定保持的时间间隔。

② 读取时间（Access Time）：通常是指在读使能，芯片被选中或地址改变到输出端输出新数据所需的时间。读取时间取决于存取单元排列次序。

3）功能测试。

功能测试是对存储器进行的一项关键测试，用于全面评估存储器在执行各种基本操作时的性能和可靠性。通过功能测试，可以全面了解存储器的性能和可靠性，及时发现潜在的问题，为存储器的设计、制造、质量控制以及系统集成提供重要的依据。

存储器测试参数中直流参数包括电源电流、输入高电平电压、输入低电平电压、输入高电平电流、输入低电平电流、输出高电平电压、输出低电平电压、输出高阻态漏电流；交流参数包括传输延迟时间；同时也包含了功能测试。存储器测试参数如图 3-5 所示。

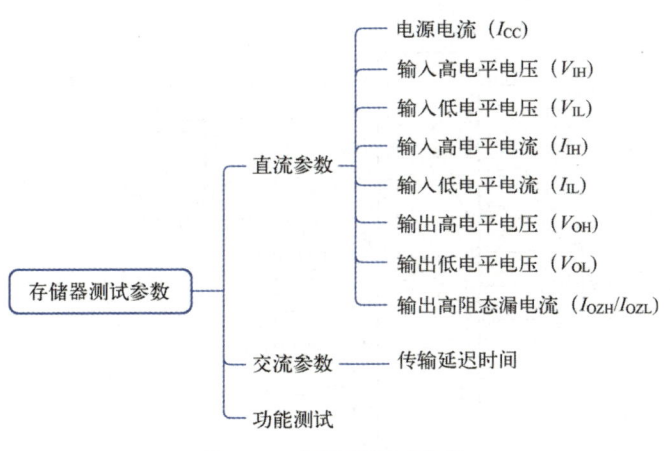

图 3-5 存储器测试参数

2. 功能测试

（1）测试参数定义及计算方法

存储器功能测试旨在全面验证存储器的各项基本功能是否正常，包括数据的写入、存储和读取等操作，通过功能测试可以得出的内容如下。

1) 地址译码正确性：确保存储器能够准确地将输入的地址信号转换为对应的存储单元选择信号。每个地址应该唯一地对应一个存储单元，并且在进行地址译码时不应出现错误，如地址重叠（多个地址对应到同一个存储单元）或地址译码失败（无法将地址正确转换为存储单元选择信号）等情况。

2) 数据写入准确性：验证存储器在接收到写入命令和数据后，能够准确无误地将数据存储到指定的地址单元中。在写入操作完成后，存储单元中的数据应该与写入的数据完全一致，不存在数据错误、丢失或写入到错误地址等问题。

3) 数据读取准确性：确认存储器在接收到读取命令后，能够从指定的地址单元中准确地读取存储的数据。读取到的数据应该与之前写入该地址单元的数据完全一致，不存在数据错误、丢失或读取到错误数据等问题。此外，在连续进行多次读取操作时，每次读取到的数据都应该保持一致且正确。

4) 数据保持能力：衡量存储器在掉电或其他异常情况下，能够保持存储数据完整性的能力。在正常工作状态下写入数据到存储器后，当发生掉电（电源供应中断）或其他可能影响存储器工作的异常情况时，存储器应能够在一定时间内保持存储的数据不丢失、不损坏。当电源恢复或异常情况解除后，再次读取存储器中的数据，应该与掉电或异常情况发生前写入的数据完全一致。

5) 读写操作时序正确性：确保存储器在进行数据读写操作时，能够按照正确的时序要求进行工作。这包括地址信号、数据信号、控制信号（如读写使能信号、片选信号等）之间的时间关系，以及这些信号在不同操作阶段（如地址建立、数据传输、操作结束等）的有效电平持续时间等。如果读写操作时序不正确，可能会导致数据传输错误、地址译码失败、存储器无法正确响应读写命令等问题，从而影响存储器的正常工作和系统的稳定性。

（2）测试方法

功能测试的原理图如图3-6所示。

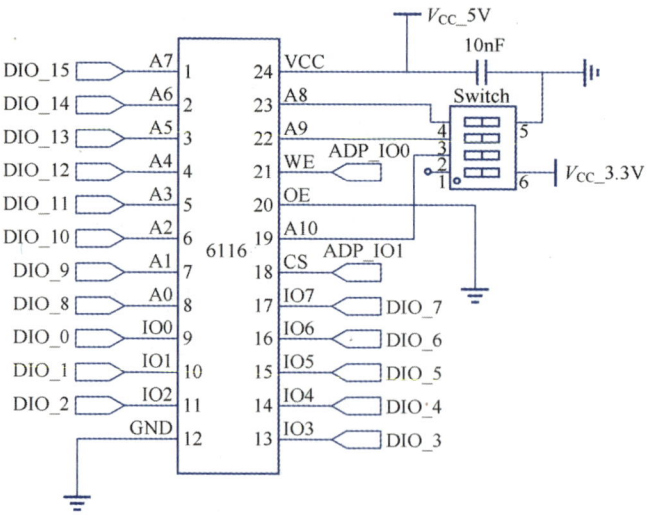

图3-6 功能测试电路

地址译码测试：使用Digital Pattern向存储器输入一系列不同的地址信号，并监测存储器内部地址译码电路的输出，检查每个地址是否能够正确地选中对应的存储单元。可以使用专门的测试设备,如逻辑分析仪,来捕获和分析地址译码电路的输出信号。此外,为了全面验证地址译码的正确性,需要测试地址空间的所有可能地址值,包括边界地址和特殊地址等情况。

数据写入和读取测试:采用循环写入和读取的方式,对存储器的每个存储单元进行测试。首先,向存储器的每个地址单元写入一组已知的数据模式(如全0、全1、递增序列、递减序列等)。在写入操作完成后,立即从每个地址单元中读取数据,并将读取到的数据与原始写入的数据进行比较。可以使用测试软件或编程语言来实现数据的写入、读取和比较操作,并记录测试结果。如果发现读取到的数据与写入的数据不一致,则说明该存储单元存在数据写入或读取错误,需要进一步检查和分析问题原因。为了提高测试的可靠性和准确性,可以对每个存储单元进行多次写入和读取测试,并在不同的测试条件下(如不同的工作电压、温度等)进行测试,以全面验证存储器的数据写入和读取功能是否正常。

(3)测试步骤

1)将 IECUBE-3839 集成电路测试实验平台通过 HDMI 线缆连接至显示屏。

2)母板 2x25Pin 双排线插座上放入 74 系列芯片 DUT 测试板卡并打开测试平台电源。

3)打开 IECUBE-3839 集成电路参数测试软件,单击"存储器芯片参数测试"按钮,选择"Func_Test",存储器芯片参数测试选择面板如图 3-7 所示。

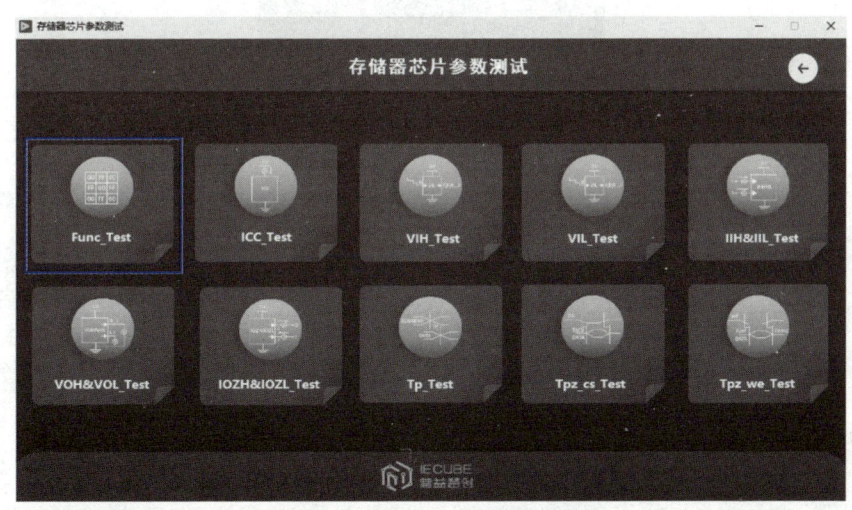

图 3-7　功能测试参数选择面板

4)机台选择当前连接设备。

5)功能选择中有不同的 Pattern,如图 3-8 所示,可以选择不同的 Pattern 验证存储器的读写功能。

	8位数据,55为01010101,AA为10101010,FF为11111111,00为00000000。
check1	棋盘格写读,第一行55,AA,55,…,第二行AA,55,AA,…,以此类推
check2	棋盘格写读,第一行AA,55,AA,…,第二行55,AA,55,…,以此类推
check3	棋盘格写读,第一行00,FF,00,…,第二行FF,00,FF,…,以此类推
check4	棋盘格写读,第一行FF,00,FF,…,第二行00,FF,00,…,以此类推
pattern_W0R0	全部单元读写00
pattern_W1R1	全部单元读写FF
pattern_W55R55	全部单元读写55
pattern_WAARAA	全部单元读写AA

图 3-8　Pattern

6）设置电源，默认选择"+6 V"电压通道，设置电压为"5 V"、电流限制为"0.05 A"，具体设置如图 3-9 所示。

图 3-9　功能测试仪器面板设置

7）单击"START"按钮，即可查看读取的 Pattern 值是否正确。测试结果如图 3-10 所示。

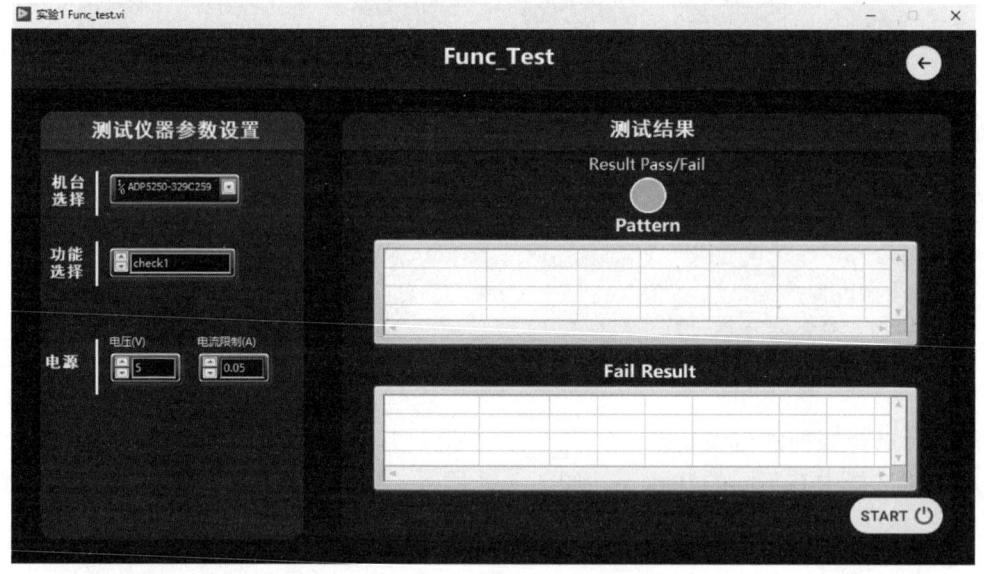

图 3-10　功能测试结果

3. 电源电流

静态电源电流（I_{CC}）：测试存储器在没有进行数据读写操作，处于待机状态时消耗的电流以及读写状态后，稳定状态下消耗的电流。

（1）测试方法

测量电源电流的原理图如图 3-11 所示。

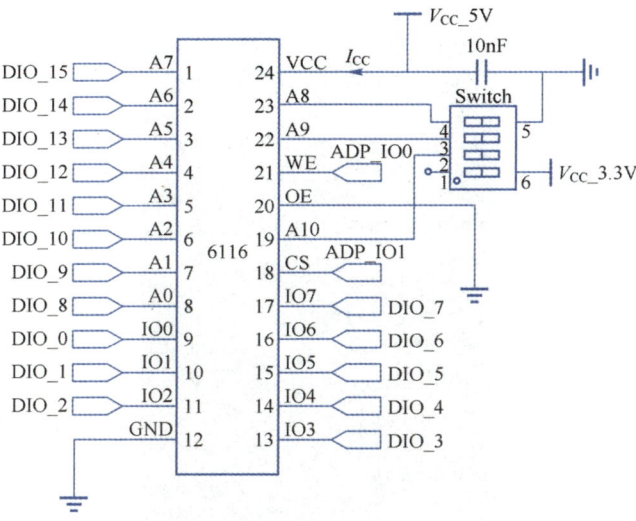

图 3-11 电源电流测试电路

首先，根据存储器的数据手册，设置合适的电源电压，然后给存储器上电。在存储器进入稳定的工作状态后，通过回读电流值记录存储器的电源电流值。对于静态电源电流的测试，在读取电流值之前，需要确保存储器处于稳定状态，没有进行任何数据读写操作。为了确保测试结果的准确性和可靠性，通常需要进行多次测试，并对测试数据进行统计分析，取平均值作为最终的测试结果。

（2）测试步骤

1）单击"ICC_Test"打开测试面板，如图 3-12 所示。

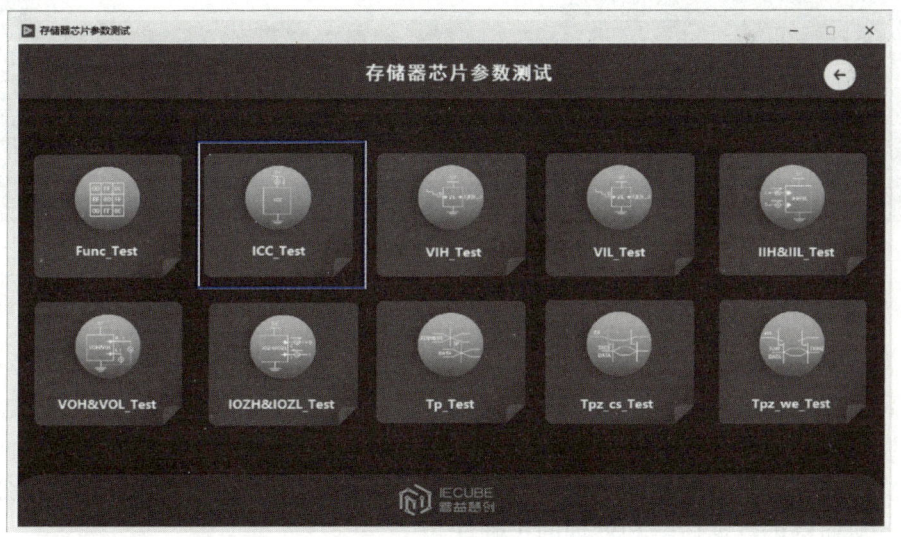

图 3-12 I_{CC} 测试参数选择面板

2）机台选择当前连接设备；设置电压为"5 V"，电流限制为"0.05 A"。详细设置如图 3-13 所示。

3）单击"START"按钮后将会测试 8 种不同使能状态下的 ICC 结果，测试结果如图 3-14 所示。

图 3-13 I_{CC} 测试仪器面板设置

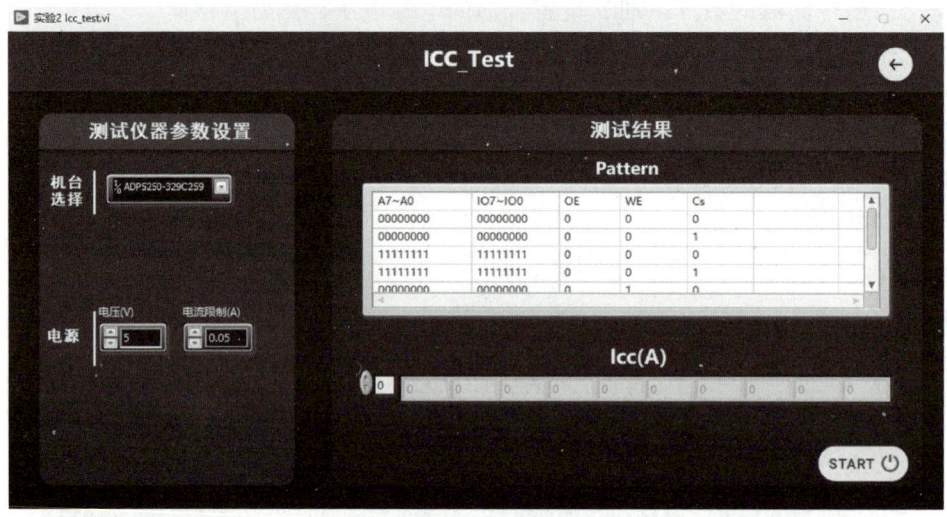

图 3-14 I_{CC} 测试结果

4. 输入高电平电压

（1）测试参数定义及计算方法

输入高电平电压（V_{IH}）：V_{IH} 是指存储器待测引脚能够被可靠识别为逻辑高电平的最小电压值。当输入存储器引脚的电压大于或等于 V_{IH} 时，存储器将其解释为逻辑高电平信号。这一参数确保了在不同的电路环境和信号传输条件下，存储器能够准确无误地识别输入的高电平信号，从而保证数据传输和处理的正确性。

（2）测试方法

测量输入高电平电压的电路图如图 3-15 所示。

根据存储器的数据手册，设置合适的电源电压，然后给存储器上电。

V_{IH} 测试：将直流电源或可编程数字 I/O 连接到存储器的待测引脚，用于改变输入电平。将逻辑分析仪或示波器连接到存储器的输出引脚，用于监测输出信号的逻辑电平变化。将待测引脚的输入初始电压设置为 0 V，确保输出为 FAIL（与期望值不符）。然后逐步增加存储器待测输入引脚的电压值。同时检测输出信号，当观察到存储器的输出检测结果从 FAIL 变为 PASS 时，停止增加输入电压，并记录当前输入电压值。即为存储器的输入高电平电压测量值。

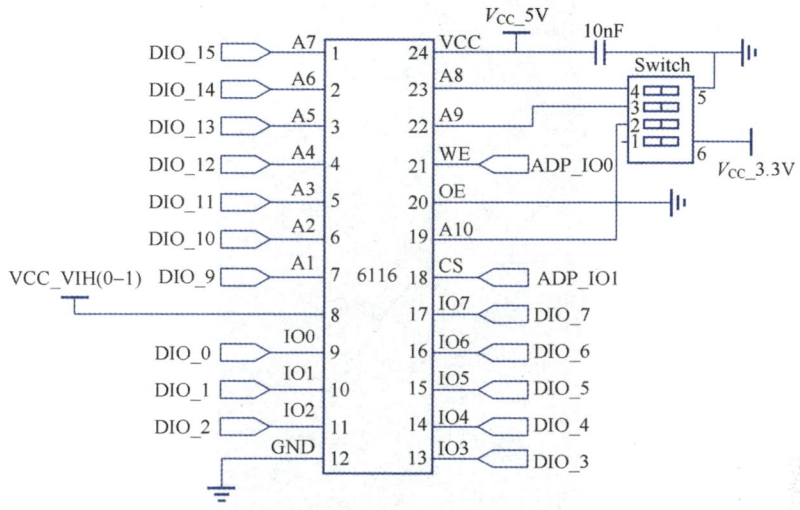

图 3-15 输入高电平电压测试电路

多次测试与数据处理：为了提高测试结果的准确性和可靠性，需要对同一存储器进行多次 V_{IH} 测试。每次测试前，将直流电源的输出电压重新设置为 0 V，以确保每次测试的初始条件相同。在完成多次测试后，对所有测量得到的 V_{IH} 值进行统计分析。可以计算这些测量值的平均值、标准差等统计参数，以评估测试结果的稳定性和一致性。最终，将多次测试得到的 V_{IH} 测量值的平均值作为该存储器的输入高电平电压（V_{IH}）的测试结果。

（3）测试步骤

1）单击"VIH_Test"打开测试面板，如图 3-16 所示。

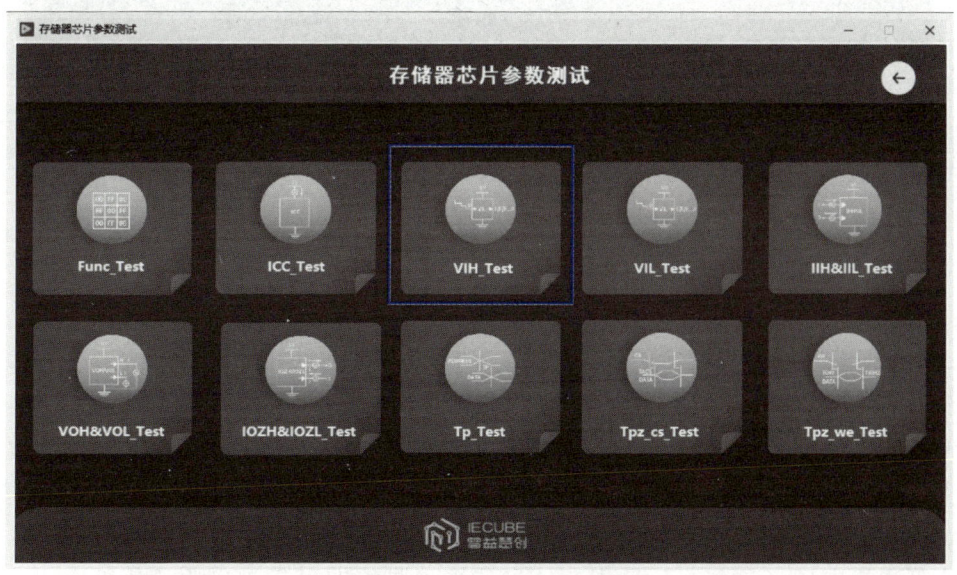

图 3-16 V_{IH} 测试参数选择面板

2）机台选择当前连接设备；设置电源电压为"5 V"，电流限制为"0.05 A"。详细设置如图 3-17 所示。

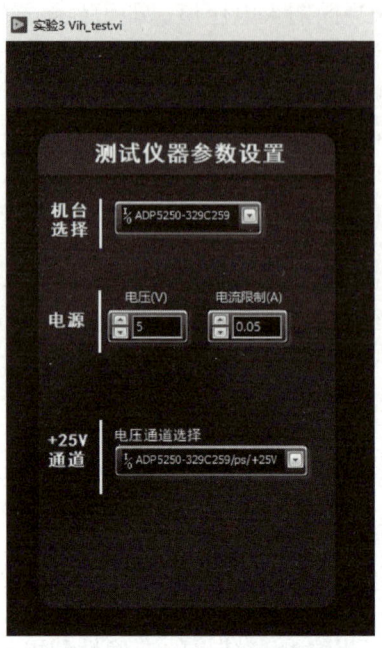

图 3-17　V_{IH} 测试仪器面板设置

3）选择仪器的"+25 V"通道，软件中已经设置了 0~5 V 递增电压，单击"START"按钮查看测试结果，如图 3-18 所示。

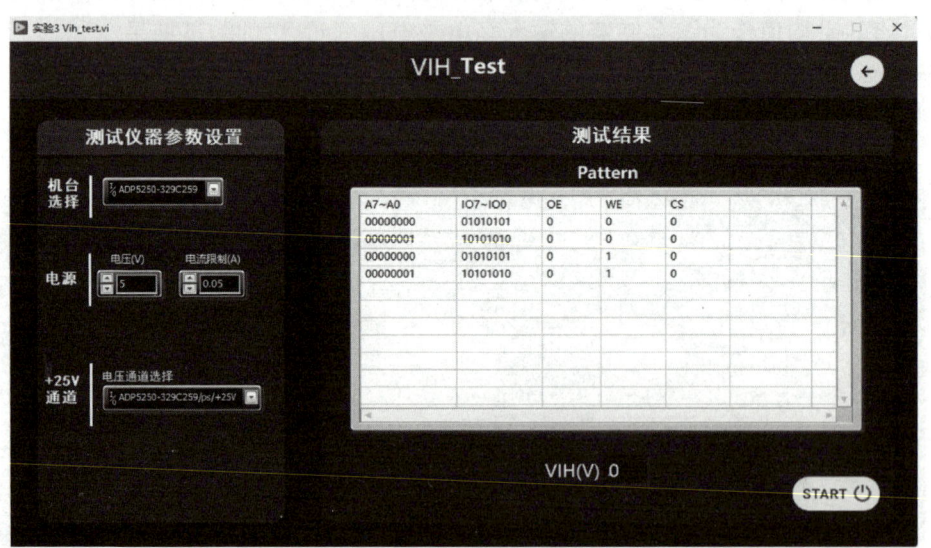

图 3-18　V_{IH} 测试结果

5. 输入低电平电压

（1）测试参数定义及计算方法

输入低电平电压（V_{IL}）：V_{IL} 是指存储器待测引脚能够可靠识别为逻辑低电平的最大电

压值。当输入存储器引脚的电压小于或等于 V_{IL} 时，存储器将其解释为逻辑低电平信号。与 V_{IH} 类似，V_{IL} 参数保证了存储器在各种情况下都能准确识别输入的低电平信号，进而确保数据在存储和传输过程中的准确性和可靠性。

（2）测试方法

测量输入低电平电压的电路图如图 3-19 所示。

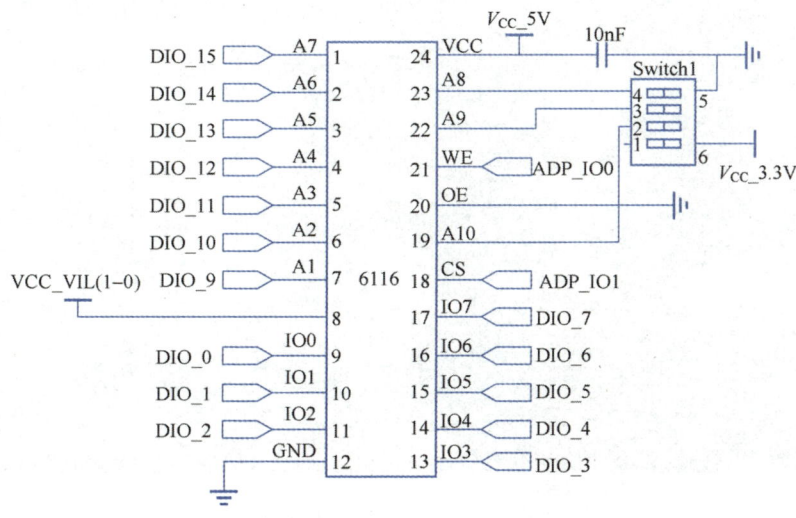

图 3-19　输入低电平电压测试电路

与 V_{IH} 测试类似，根据存储器的数据手册，设置合适的电源电压，然后给存储器上电。

V_{IL} 测试：将直流电源或可编程数字 I/O 连接到存储器的待测引脚，用于改变输入电平。将逻辑分析仪或示波器连接到存储器的输出引脚，用于监测输出信号的逻辑电平变化。将待测引脚的输入初始电压设置为 V_{CC}，确保输出为 FAIL（与期望值不符）。然后逐步减小存储器待测输入引脚的电压值。同时检测输出信号。当观察到存储器的输出检测结果从 FAIL 变为 PASS 时，停止增加输入电压，并记录当前输入电压值。即为存储器的输入低电平电压测量值。

多次测试与数据处理：与 V_{IH} 测试相同，为了提高测试结果的准确性和可靠性，需要对同一存储器进行多次 V_{IL} 测试。在完成多次测试后，对所有测量得到的 V_{IL} 值进行统计分析。计算这些测量值的平均值、标准差等统计参数，以评估测试结果的稳定性和一致性。最终，将多次测试得到的 V_{IL} 测量值的平均值作为该存储器的输入低电平电压的测试结果。

（3）测试步骤

1）单击 "VIL_Test" 打开测试面板，如图 3-20 所示。

2）机台选择当前连接设备；设置电源电压为 "5 V"，电流限制为 "0.05 A"。

3）选择仪器的 "+25 V" 通道，软件中已经设置了 5~0 V 递减电压，单击 "START" 按钮查看测试结果，如图 3-21 所示。

6. 输入高电平电流 & 输入低电平电流

（1）测试参数定义及计算方法

输入高电平电流（I_{IH}）：I_{IH} 指的是当存储器的待测引脚处于逻辑高电平状态时，流入该引脚的电流大小。在数字电路中，为了使待测引脚维持在逻辑高电平，需要从外部电路获取一定的电流，这个电流就是 I_{IH}。其电流方向通常是从外部电路流入存储器的待测引脚。该参数的大小直接影响着存储器在高电平输入状态下的功耗，同时也反映了存储器待测引脚对外部驱动电路的电流需求。

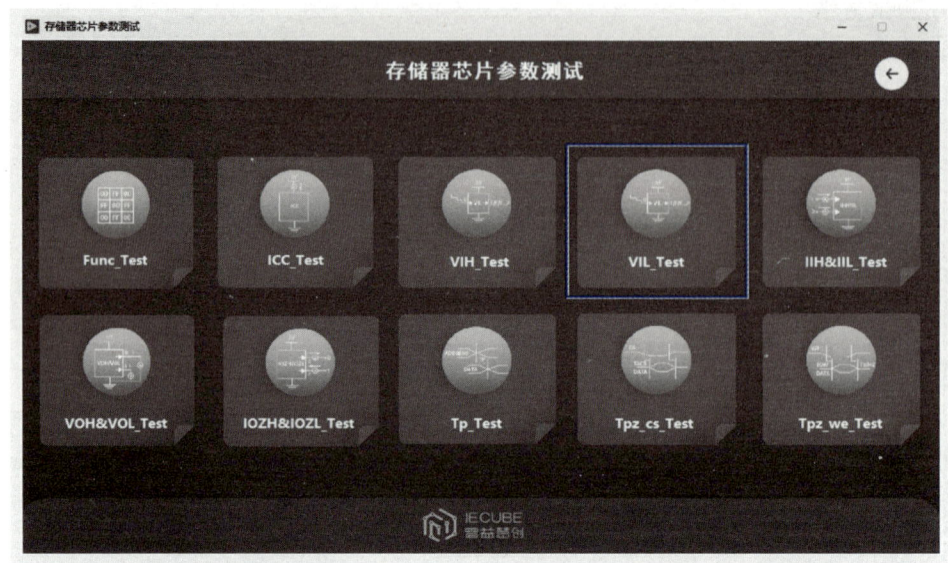

图 3-20　V_{IL} 测试参数选择面板

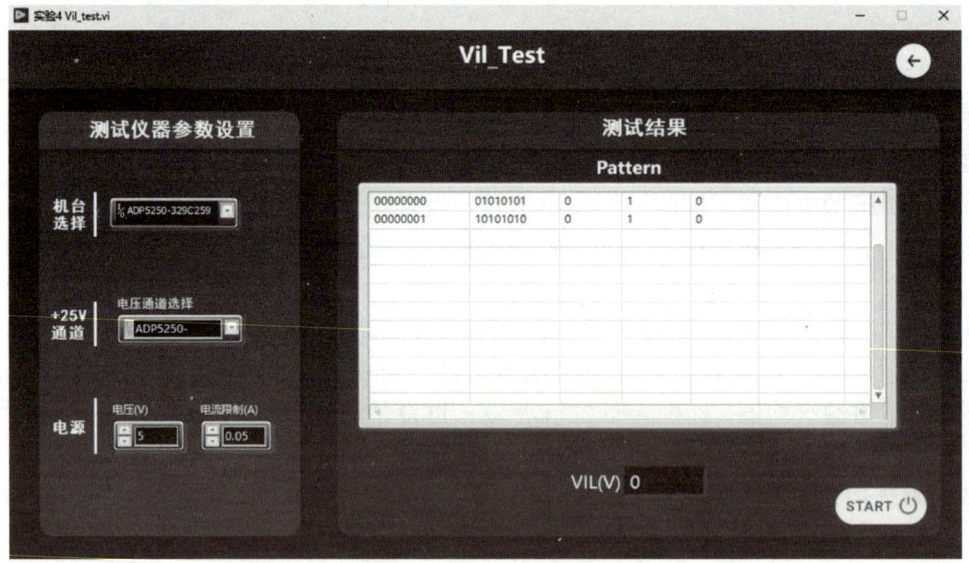

图 3-21　V_{IL} 测试结果

输入低电平电流（I_{IL}）：I_{IL} 是指当存储器的待测引脚处于逻辑低电平状态时，流出该引脚的电流大小。与 I_{IH} 相反，在逻辑低电平状态下，电流从待测引脚流出到外部电路。这是由于在数字电路中，当待测引脚为低电平时，内部电路的状态会使得电流通过特定的路径流出待测引脚。I_{IL} 的大小同样对存储器在低电平输入状态下的功耗有影响，并且反映了存储器待测引脚在低电平状态下对外部电路的电流输出能力。同时，该参数对于评估外部电路与存储器待测引脚之间的兼容性和负载匹配情况具有重要意义。

（2）测试方法

测量输入高电平电流 & 输入低电平电流的电路图如图 3-22 所示。

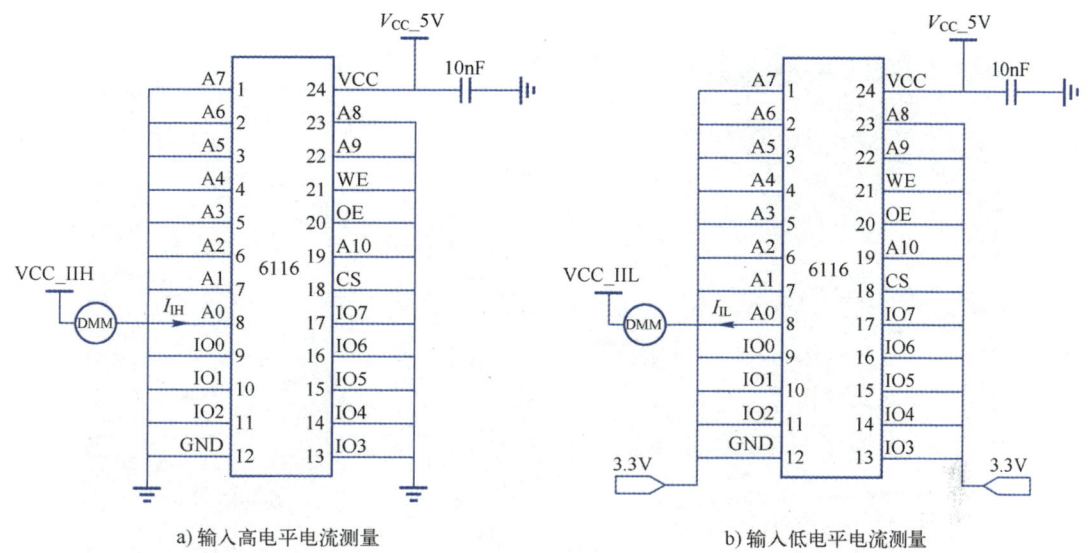

a) 输入高电平电流测量　　　　　　　　b) 输入低电平电流测量

图 3-22　输入高电平电流 & 输入低电平电流测试电路

将直流电源的输出连接到存储器的电源引脚，确保电源供应稳定且符合存储器的工作电压要求。

打开所有测试设备，包括直流电源通道和万用表，并进行相应的初始化设置。将直流电源+6 V 的输出电压设置为存储器的正常工作电压，确保存储器在测试开始前能够正常工作。同时，将用于调节输入存储器待测引脚电压的直流电源+25 V 通道的输出电压设置为 0 V，确保待测引脚在测试开始前处于低电平状态，其他引脚输入 0 V。

调节用于待测引脚电压的直流电源+25 V 通道，缓慢增加输入存储器待测引脚的电压，确保待测引脚电压逐渐升高到存储器数据手册中规定的输入高电平电压（V_{IH}）。在调节过程中，要注意调节速度适中，避免输入电压变化过快，影响测试结果的准确性。当待测引脚电压达到 V_{IH} 后，保持电压稳定。此时，可以通过万用表查看流入存储器待测引脚的电流值并记录，这个电流值即为存储器的输入高电平电流测量值。

与 I_{IH} 测试类似，打开所有测试设备并进行初始化设置。将直流电源+6 V 通道的输出电压设置为存储器的正常工作电压，确保存储器在测试开始前能够正常工作。同时，将用于调节输入存储器待测引脚电压的直流电源+25 V 通道的输出电压设置为高于存储器数据手册中规定的输入高电平电压（V_{IH}），确保待测引脚在测试开始前处于高电平状态，其他引脚输入 3.3 V。

通过调节用于待测引脚电压的直流电源+25 V 通道，缓慢降低输入存储器待测引脚的电压，同时密切观察电压表的显示，确保待测引脚电压逐渐降低到存储器数据手册中规定的输入低电平电压值。此时，可以通过万用表查看流入存储器待测引脚的电流值并记录，这个电流值即为存储器的输入低电平电流测量值。

为了提高测试结果的准确性和可靠性，需要对同一存储器进行多次 I_{IH}&I_{IL} 测试。在完成多次测试后，对所有测量得到的 I_{IH}&I_{IL} 值进行统计分析。计算这些测量值的平均值、标准差等统计参数,以评估测试结果的稳定性和一致性。

(3) 测试步骤

1) 单击"IIH&IIL_Test"打开测试面板,如图 3-23 所示。

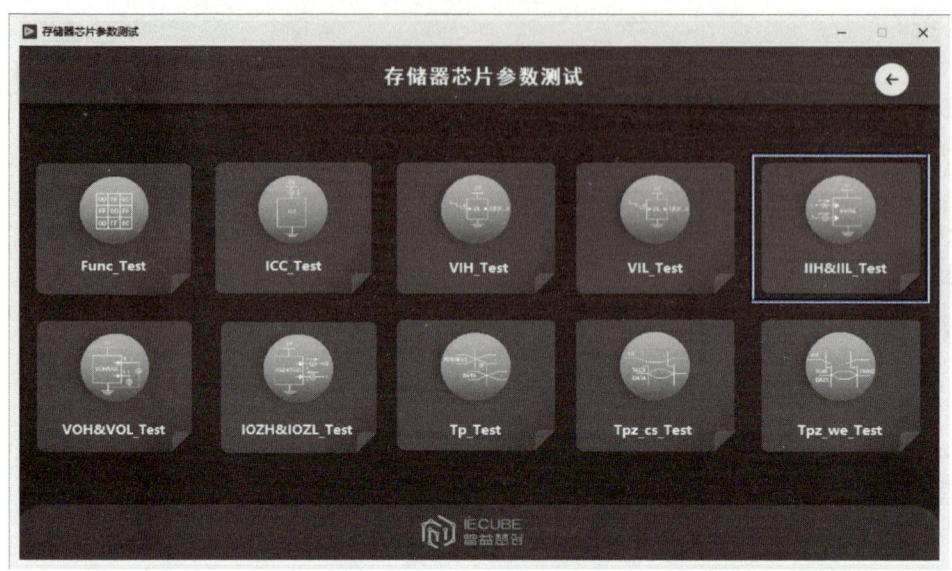

图 3-23 I_{IH}&I_{IL}测试参数选择面板

2) 机台选择当前连接设备;选择电源"+25 V"通道;设置I_{IH}输入电压为"5 V",电流限制为"0.05 A";I_{IL}输入电压为"0 V",电流限制为"0.05 A"。详细设置如图 3-24 所示。

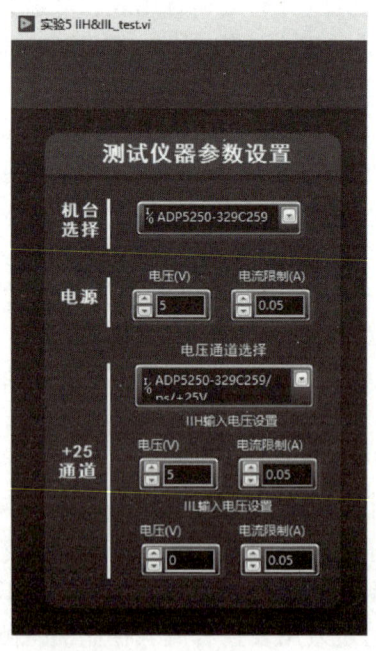

图 3-24 I_{IH}&I_{IL}测试仪器面板设置

3) 单击"START"按钮,得到I_{IH}&I_{IL},测试结果如图 3-25 所示。

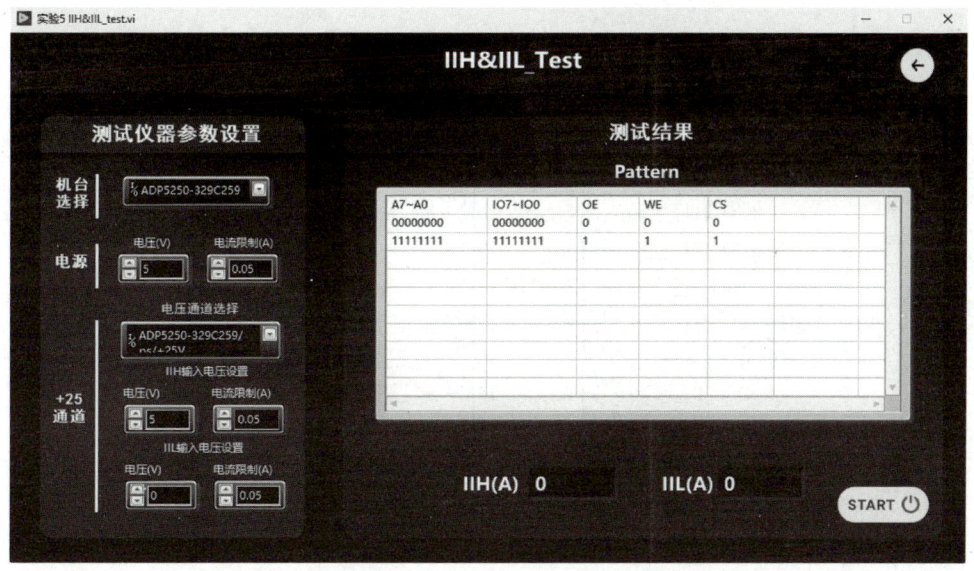

图 3-25　I_{IH}&I_{IL}测试结果

7. 输出高电平电压 & 输出低电平电压

（1）测试参数定义及计算方法

输出高电平电压（V_{OH}）：V_{OH}是指存储器在输出逻辑高电平时，其输出引脚所呈现的电压值。当存储器输出为高电平时，输出电压必须大于或等于后级电路的V_{IH}，才能被连接到该输出引脚的其他电路可靠地识别为逻辑高电平。此参数保证了在不同的电路环境和信号传输条件下，存储器输出的高电平信号能够被准确识别，从而确保数据传输和处理的正确性。

输出低电平电压（V_{OL}）：V_{OL}是指存储器在输出逻辑低电平时，其输出引脚所呈现的最大电压值。当存储器输出为低电平时，输出电压必须小于或等于后级电路的V_{IL}，才能被连接到该输出引脚的其他电路可靠地识别为逻辑低电平。与V_{OH}类似，V_{OL}参数确保了存储器在各种情况下都能准确输出低电平信号，进而保证数据在存储和传输过程中的准确性和可靠性。

（2）测试方法

测量输出高电平电压 & 输出低电平电压的电路图如图 3-26 所示。

打开所有测试设备，包括直流电源、逻辑分析仪或示波器，并进行相应的初始化设置。将直流电源的输出电压设置为存储器的正常工作电压，确保存储器在测试开始前能够正常工作。同时，通过逻辑分析仪或示波器观察存储器的输出信号，确保其初始状态为低电平。

根据存储器的控制信号要求，通过向存储器发送相应的命令或控制信号，使存储器的输出引脚切换到逻辑高电平状态。

当存储器的输出引脚稳定处于逻辑高电平状态后，进行加流测压测试，即向待测输出引脚施加指定电流（往外拉电流），测量输出电压。而本器件测试则采用加压测流的方法，即施加一指定电压，测试拉出电流。

与V_{OH}测试类似，打开所有测试设备并进行初始化设置。将直流电源的输出电压设置为存储器的正常工作电压，确保存储器在测试开始前能够正常工作。同时，通过逻辑分析仪或示波器观察存储器的输出信号，确保其初始状态为高电平。

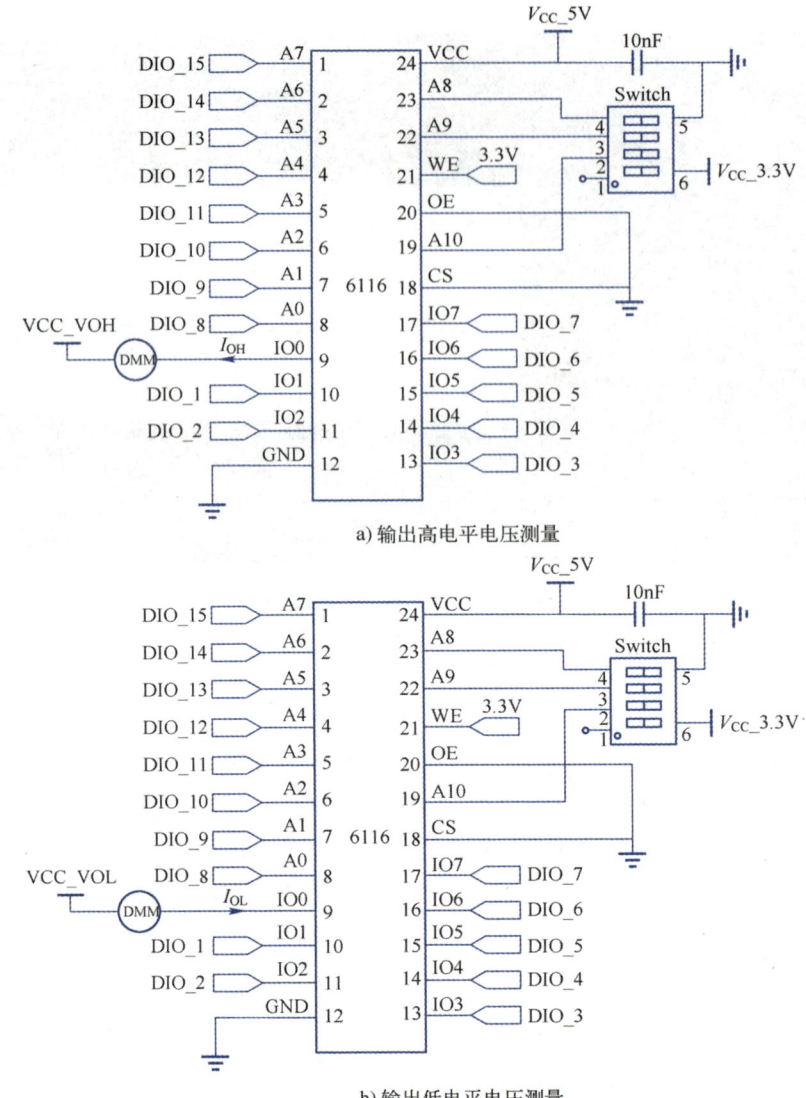

图 3-26 输出高电平电压 & 输出低电平电压测试电路

根据存储器的控制信号要求，通过向存储器发送相应的命令或控制信号，使存储器的输出引脚切换到逻辑低电平状态。

当存储器的输出引脚稳定处于逻辑低电平状态后，进行加流测压测试，即向待测输出引脚施加指定电流（往里灌电流），测试输出电压。而本器件测试则采用加压测流的方法，即施加一指定电压，测试灌入电流。

(3) 测试步骤

1) 单击 "VOH&VOL_Test" 打开测试面板，如图 3-27 所示。

2) 机台选择当前连接设备；选择电源 "+25 V" 通道；设置 V_{OH} 输入电压为 "5 V"，电流限制为 "0.05 A"；V_{OL} 输入电压为 "0 V"，电流限制为 "0.05 A"。详细设置如图 3-28 所示。

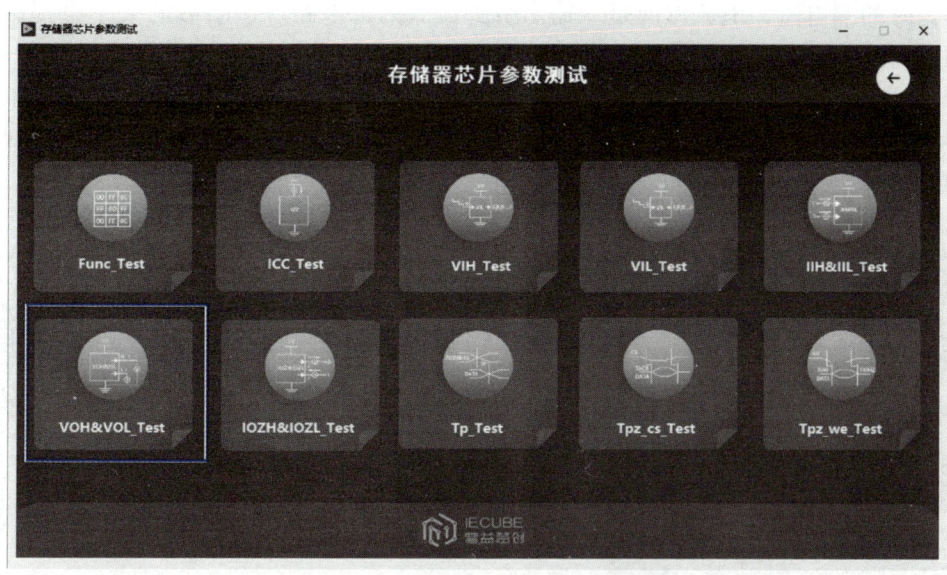

图 3-27　V_{OH}&V_{OL}测试参数选择面板

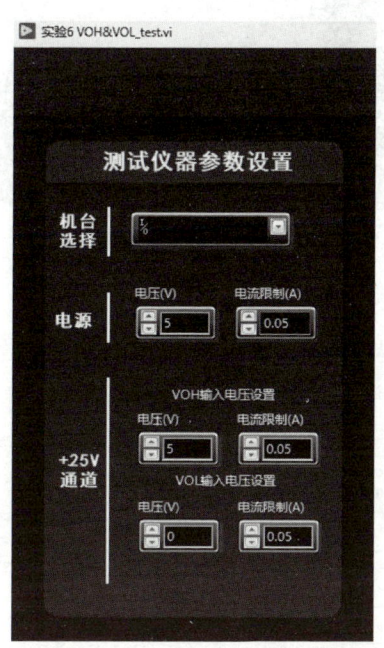

图 3-28　V_{OH}&V_{OL}测试仪器面板设置

3）单击"START"按钮，查看测试结果。测试结果如图 3-29 所示。

8. 输出高阻态漏电流

（1）测试参数定义及计算方法

输出高阻态漏电流是指当存储器的输出处于高阻态时，对输出引脚施加电压，理论上输出引脚与内部电路之间应呈现高阻抗，没有电流通过。然而，由于半导体器件的物理特性，总会存在一定的微小漏电流，这个漏电流就是输出高阻态漏电流。I_{OZH}为对输出引脚施加高

电平如 V_{CC} 时的漏电流，电流方向是从输出引脚流入内部电路。该参数的大小直接影响存储器在高阻态输出时的功耗，同时也反映了负载电路对存储器输出引脚的漏电影响程度。I_{OZL} 为对输出引脚施加低电平如 GND 时的漏电流，电流方向是从输出引脚流出到负载电路。该参数的大小直接影响存储器在高阻态输出时的功耗，同时也反映了存储器输出引脚对负载电路的漏电影响程度。

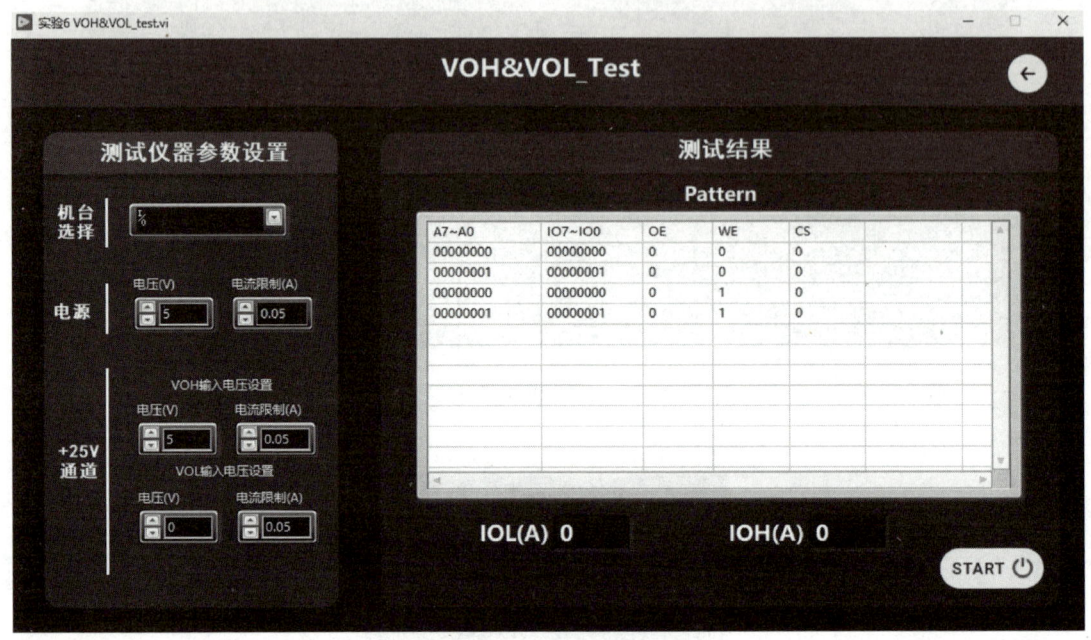

图 3-29　V_{OH}&V_{OL} 测试结果

（2）测试方法

测量输出高阻态漏电流 & 输出低阻态漏电流的电路图如图 3-30 所示。

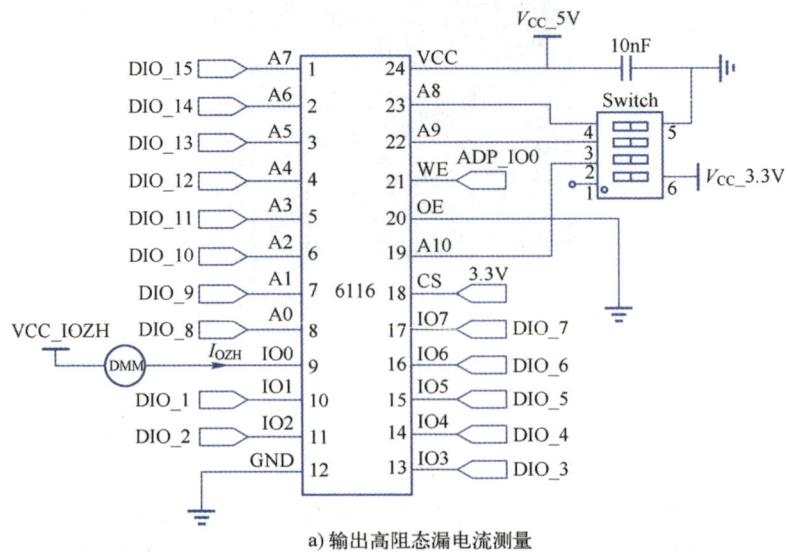

a) 输出高阻态漏电流测量

图 3-30　输出高阻态漏电流 & 输出低阻态漏电流测试电路

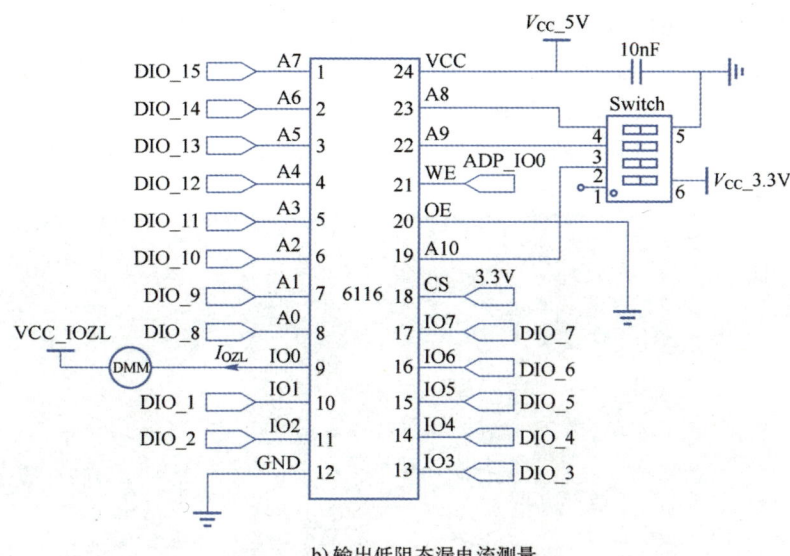

b) 输出低阻态漏电流测量

图 3-30 输出高阻态漏电流 & 输出低阻态漏电流测试电路（续）

将被测存储器连接到测试系统，确保电源供应稳定，设置电源电压为存储器的额定工作电压 V_{DD}。连接高精度电流表，以便测量微小电流，其量程应能满足测量需求，通常为微安（μA）甚至纳安（nA）级别。

设置高阻态：通过向存储器发送相应的控制信号，将需要测试的输出引脚设置为高阻态。可以使用逻辑分析仪或示波器来确认输出引脚是否已成功进入高阻态，此时输出电压应处于不稳定或悬浮状态。

I_{OZH} 测试：使用可变电源+25 V 引脚，在输出引脚处于高阻态的情况下，向该引脚施加高电压，通常为 V_{DD} 或接近 V_{DD}。等待一段时间，一般为几微秒，待电路稳定后，读取高精度电流表的示数，该示数即为输出高阻态漏电流（I_{OZH}）的测量值。为了提高测量的准确性，可多次读取电流表的示数，并取平均值作为最终的 I_{OZH} 测量结果。

I_{OZL} 测试：在完成 I_{OZH} 测试后，将施加在输出引脚上的高电压切换为低电压，通常为地电位或接近地电位的值。同样等待几微秒让电路稳定后，读取高精度电流表的示数，得到输出低阻态漏电流（I_{OZL}）的测量值。多次读取并取平均值以提高准确性。

（3）测试步骤

1）单击"IOZH&IOZL_Test"打开测试面板，如图 3-31 所示。

2）机台选择当前连接设备，选择电源"+25 V"通道；设置 I_{OZH} 输入电压为"5 V"，电流限制为"0.05 A"；I_{OZL} 输入电压为"0 V"，电流限制为"0.05 A"。详细设置如图 3-32 所示。

3）单击"START"按钮，查看测试结果。测试结果如图 3-33 所示。

9. 传输延迟

（1）测试参数定义及计算方法

传输延迟：指的是在数字电路（如存储器）中，当输入信号跳变时，从输入信号的有效触发沿（如下降沿）开始，到输出信号跳变到规定的电平之间所经历的时间间隔。这个参数用于量化数字电路在信号从高低电平转换过程中的延迟特性,反映了电路对输入信号响应的速度。数字系统中,T_{PHL} 与 T_{PLH} 一起确保系统的正常运行和数据的准确传输。本章存储器测试的传输延迟为地址跳变到数据输出跳变的读取延迟时间。T_{PLH} 为读取信号时,地址跳变到输出跳变到高的延迟时间,T_{PHL} 为读取信号时,地址跳变到输出跳变到低的延迟时间。

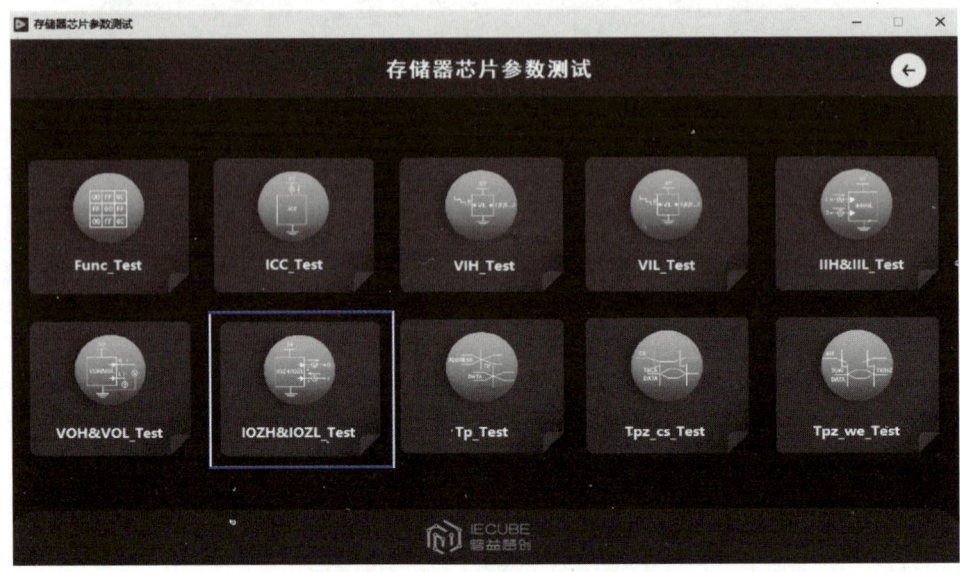

图 3-31 $I_{OZH}\&I_{OZL}$ 测试参数选择面板

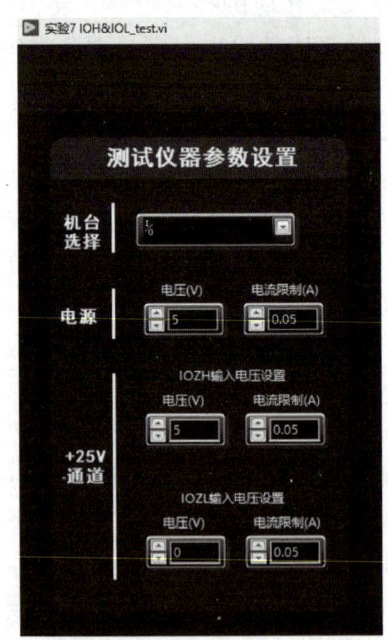

图 3-32 $I_{OZH}\&I_{OZL}$ 测试仪器面板设置

(2) 测试方法

测量传输延迟的电路图如图 3-34 所示。

打开所有测试设备,包括信号发生器、示波器,并进行相应的初始化操作。

第 3 章 数字集成电路测试技术与实践 ▶▶▶ 85

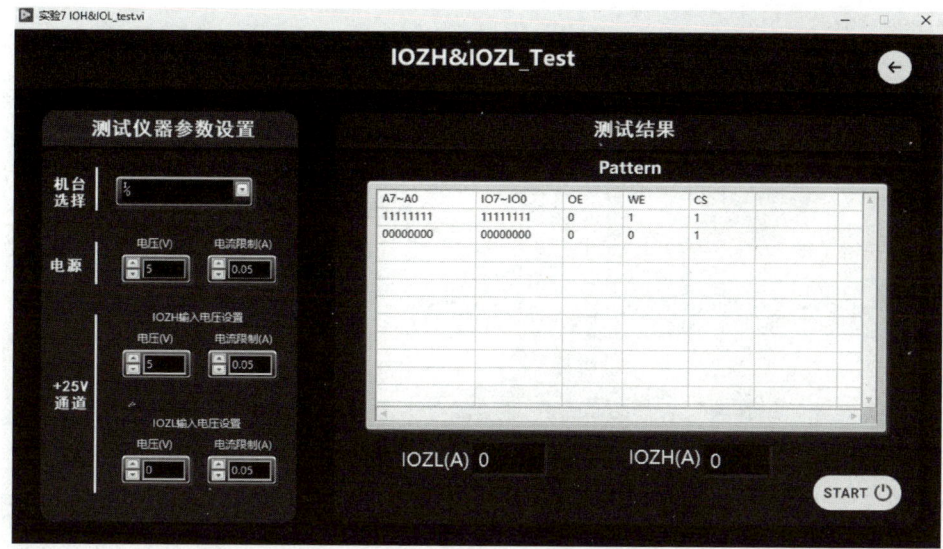

图 3-33 I_{OZH}&I_{OZL} 测试结果

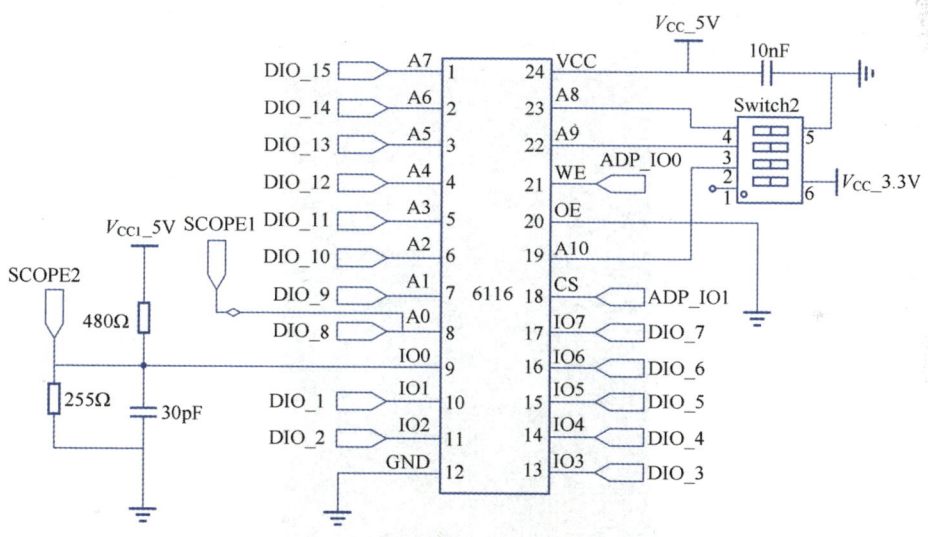

图 3-34 传输延迟的测量电路图

使用 Digital Pattern 改变读地址，使得被测引脚的输出由高转低或者由低转高。

测量 T_{PLH}：读取信号时，改变地址，通过示波器观察数据输出从低到高的波形变化，从地址的跳变沿开始，到数据输出信号达到规定的高电平阈值之间所经历的时间间隔即为 T_{PLH} 的测量值。

测量 T_{PHL}：读取信号时，改变地址，通过示波器观察数据输出从高到低的波形变化，从地址的跳变沿开始，到数据输出信号达到规定的低电平阈值之间所经历的时间间隔即为 T_{PHL} 的测量值。

（3）测试步骤

1）单击"Tp_Test"打开测试面板，如图 3-35 所示。

2）机台选择当前连接设备；设置电源电压为"5 V"，电流限制为"0.05 A"；测项选择"TPLH"。详细设置如图 3-36 所示。

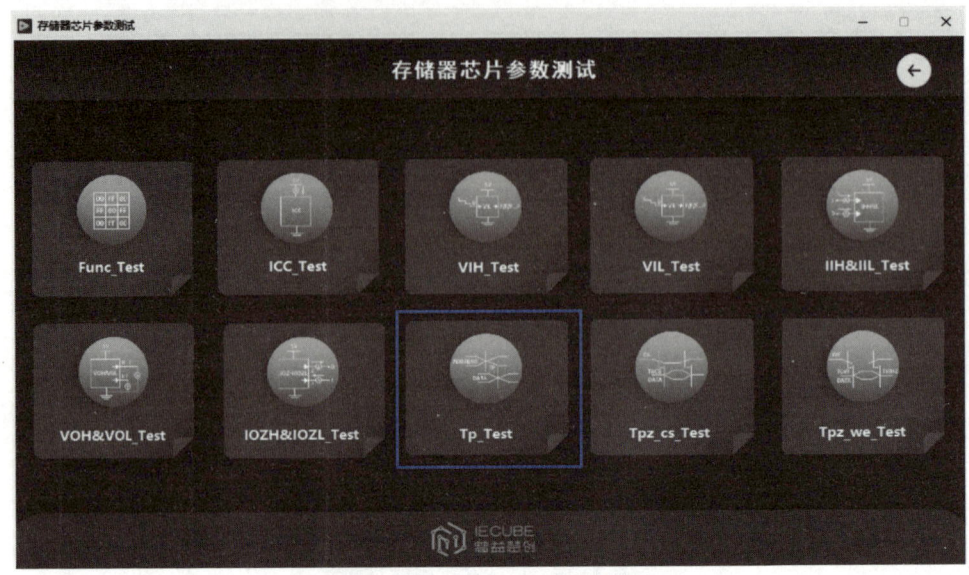

图 3-35 T_{PLH}&T_{PHL}测试参数选择面板

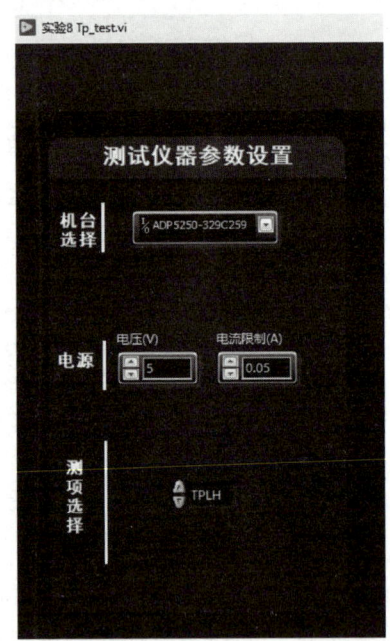

图 3-36 T_{PLH}&T_{PHL}测试仪器面板设置

3)单击"START"按钮,查看测试结果。然后测项选择"TPHL",单击"START"按钮,查看 T_{PHL} 测试结果,测试结果如图 3-37 所示。

10. 片选到输出的传输延迟

(1)测试参数定义及计算方法

T_{pzh_cs} 指的是在存储器的工作过程中,从芯片选择信号(CS)跳变为低开始,到输出信号由逻辑高阻态转变为高电平所需要的时间。

T_{pzl_cs} 指的是在存储器的工作过程中,从芯片选择信号(CS)跳变为低开始,到输出信号由逻辑高阻态转变为低电平所需要的时间。

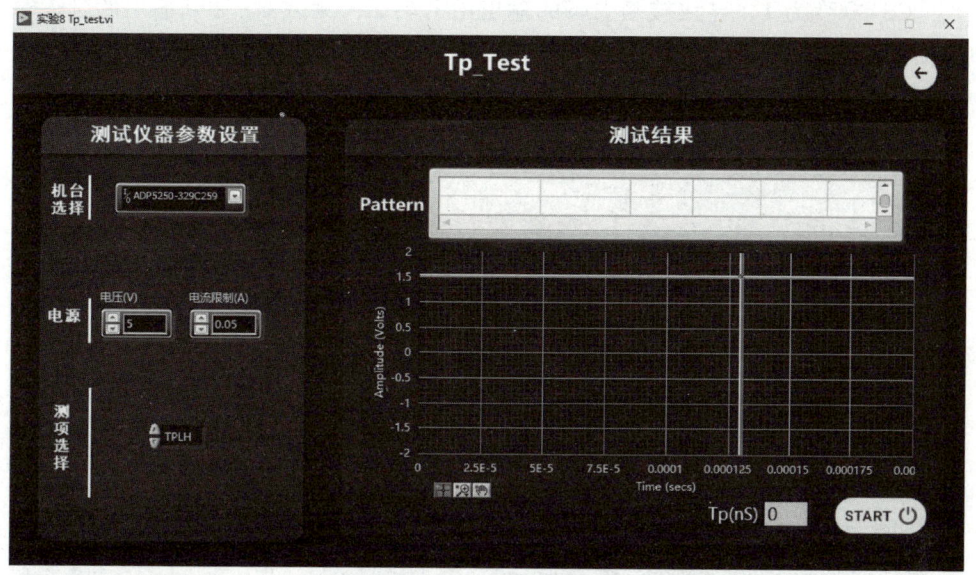

图 3-37　T_{PLH}&T_{PHL}测试结果

T_{phz_cs}指的是在存储器的工作过程中,从芯片选择信号(CS)跳变为高开始,到输出信号由逻辑高电平转变为高阻态所需要的时间。

T_{plz_cs}指的是在存储器的工作过程中,从芯片选择信号(CS)跳变为高开始,到输出信号由逻辑低电平转变为高阻态所需要的时间。

（2）测试方法

测量片选有效时的传输延迟电路图如图 3-38 所示。

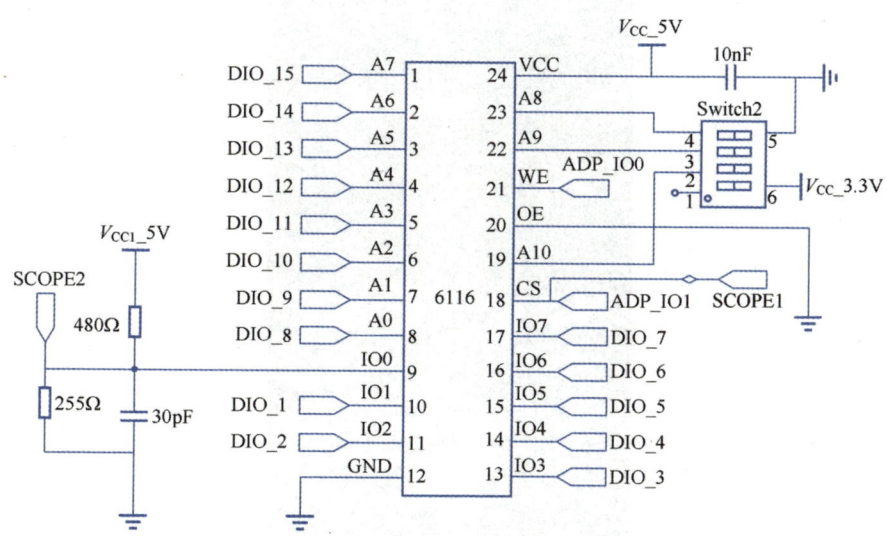

图 3-38　片选有效时的传输延迟测试电路

T_{pzh_cs}：CS=1 变为 0,导致被测引脚的输出由 Z 转 H,测试 CS 端到输出的延迟时间。

T_{pzl_cs}：CS=1 变为 0,导致被测引脚的输出由 Z 转 L,测试 CS 端到输出的延迟时间。

T_{phz_cs}：CS=0 变为 1，导致被测引脚的输出由 H 转 Z，测试 CS 端到输出的延迟时间。
T_{plz_cs}：CS=0 变为 1，导致被测引脚的输出由 L 转 Z，测试 CS 端到输出的延迟时间。

(3) 测试步骤

1) 单击"Tpz_cs_Test"打开测试面板，如图 3-39 所示。

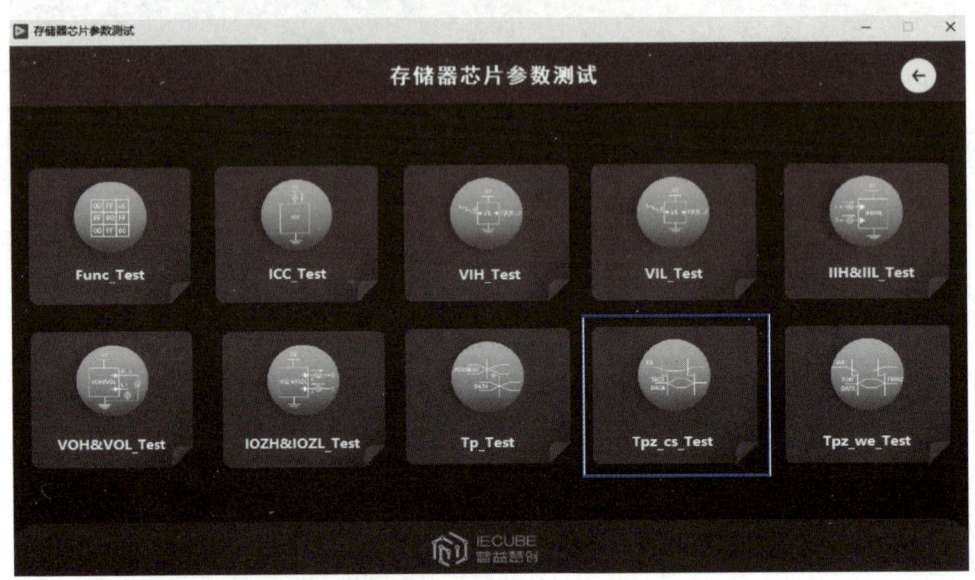

图 3-39　Tpz_cs 测试参数选择面板

2) 机台选择当前连接设备；设置电源电压为"5 V"，电流限制为"0.05 A"；测项选择"TPLZ_CS-IO"。详细设置如图 3-40 所示。

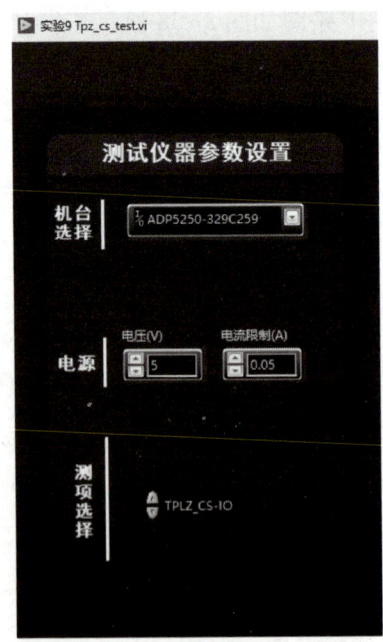

图 3-40　Tpz_cs 测试仪器面板设置

3）单击"START"按钮，查看测试结果。然后依次选择 TPHZ、TPZL、TPZH，单击"START"按钮，查看测试结果。

11. 使能到输出的传输延迟

使能到输出的传输延迟表示在存储器的操作过程中，当写使能信号（WE）跳变时（写有效或者读有效），数据输出信号跳变所经历的时间延迟。测试方法同片选到输出的传输延迟，本节不再详述。

3.2.3 任务 2：存储器手动测试实践

存储器任务 2-手动测试

任务 2 在不依赖自动化测试设备和软件的情况下，通过手动搭建电路和操作仪器，对存储器的各项性能参数进行测试。此任务在提高动手实践的能力的同时，对存储器工作原理及相关电路知识也会有深入了解，同步提升仪器的操作技能、数据分析能力、实验设计与优化能力等。手动测试实践在测试条件和测试方法上具有较高的灵活性，测试人员可以根据测试的经验和结果，制定更加科学合理的测试方案，为自动化测试奠定基础。

1. 测试电路与测试仪器

测试电路是存储器手动测试的基础，良好的测试电路设计对于准确获取存储器的性能参数至关重要。存储器测试电路能够精确测量诸如输出高/低电平电压、传输延迟等各项性能参数。对于存储器制造商而言，这是确保产品质量的关键步骤，因为只有性能指标达到规定标准的产品才允许进入市场。而对于电路设计工程师来说，测试电路所提供的性能数据是进行存储器选型的重要依据，毕竟不同的应用场景对存储器性能有着不同的要求。

存储器参数测试仪器在手动测试中发挥着重要作用，一方面它可以保证测量的准确性和精度，另一方面能够对存储器的测试参数进行有效评估。在选择测试仪器时，需要综合考虑存储器的性能指标、参数类型等多方面因素。

（1）测试电路设计

参考存储器测试系统框架，系统分为三个部分，即测试激励、被测对象及辅助电路和测试响应。测试激励与测试响应由专业测试设备提供，被测对象及辅助电路需要根据芯片性能参数、测试激励和测试响应加以设计。

本实践项目中被测存储器型号为 HM6116，存储器 HM6116 的引脚图如图 3-41 所示。

1）功能测试电路。根据存储器测试系统框架设计存储器功能测试电路，如图 3-42 所示。

通过图 3-42 所示的设计电路可以看出，电路结构与存储器测试系统框架相一致，由测试激励、被测对象及电源、测试响应组成。特别注意的是，测试激励为 Digital Pattern。辅助存储器的电源电路根据存储器芯片的数据手册要求，应选择合适的电源电压，电源电压波动在允许范围内。

电路的工作原理是输入不同的 Pattern，根据得到的测试响应与 Pattern 进行对比，得出该存储器功能是否正常。

2）传输延迟测试电路。根据存储器测试系统框架设计存储器传输延迟测试电路，如图 3-43 所示。

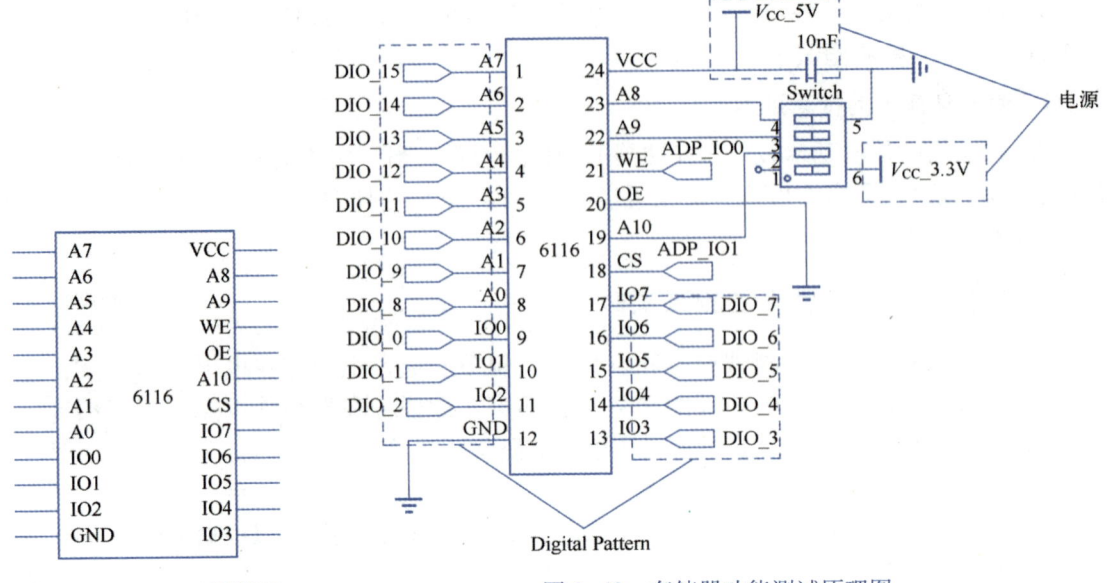

图 3-41　HM6116 引脚图　　　　图 3-42　存储器功能测试原理图

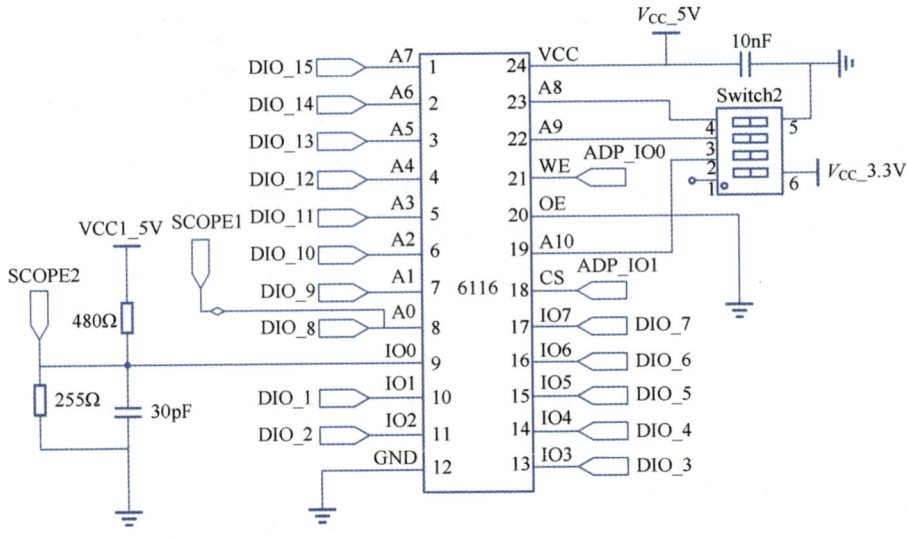

图 3-43　存储器传输延迟测试原理图

通过图 3-43 所示的设计电路可以看出，电路结构与存储器测试系统框架相一致，由测试激励、被测对象及电源、测试响应组成。

（2）测试仪器的选择

1）函数发生器：用于产生方波信号。

2）万用表：用于测量输出信号的电压值。

3）示波器：观察输出信号的动态变化。

4）电源：为存储器提供稳定的电源。

2. 手动测试实施与数据分析

（1）功能手动测试

1）测试电路搭建。参考图 3-42 所示的电路原理图，在面包板上搭建电路，电路效果图如图 3-44 所示。

2）测试步骤。

① 通过 USB 将计算机与 IECUBE-3839 连接，打开"NI MAX"软件，在"NI MAX"中进行设备自检并确认 IECUBE-3839 的状态，如果连接成功并自检通过，则显示界面如图 3-45 所示。

② 被测存储器的电源由 Power Supply 的 +6 V 提供，Pattern 由 Digital Pattern 提供，功能测试结果也需要在 Digital Pattern 中查看。连接示意图如图 3-46 所示。

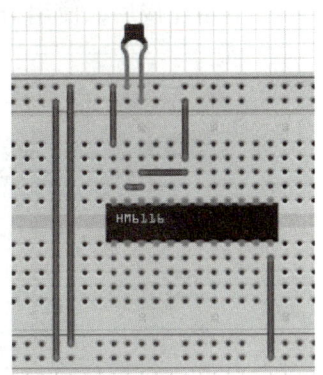

图 3-44 搭建功能手动测试电路

图 3-45 设备自检

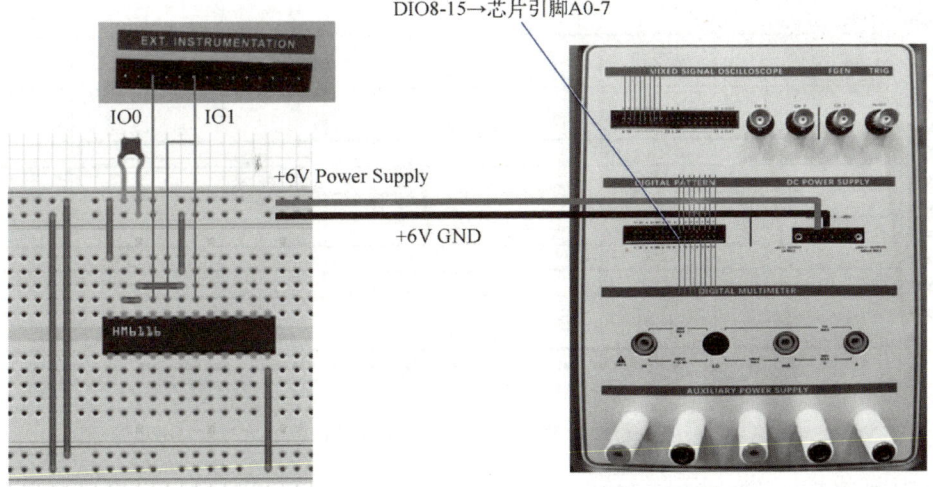

图 3-46 功能手动测试连接示意图

③ 电路连接后，使用 IECUBE-3839 软面板对待测芯片进行供电，设置如图 3-47 所示。

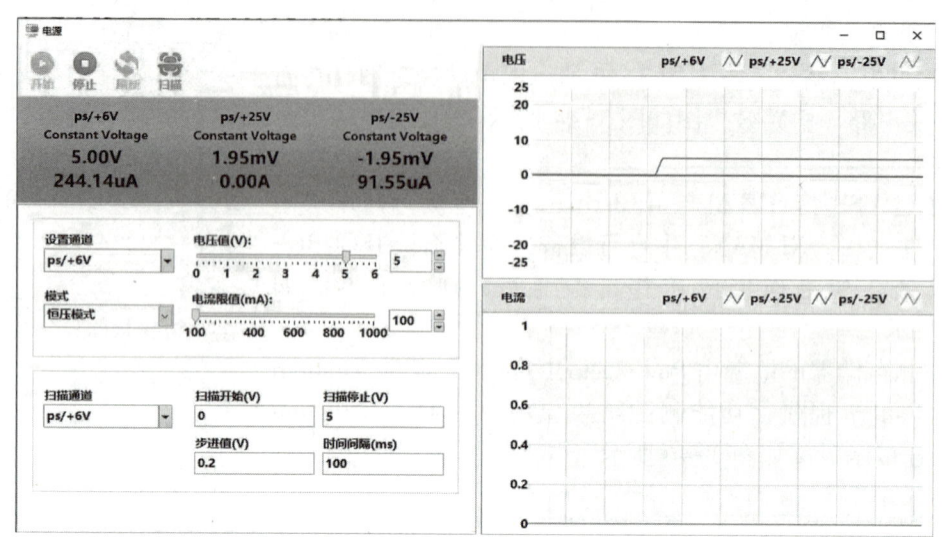

图 3-47　调整 IECUBE-3839 Power Supply 的 +6 V 电压输出

④ 打开扩展 I/O，设置 IO0 和 IO1 均为 00，即 OE、WE、CS 均为 0，此状态为写入数据。

⑤ 打开 Digital Pattern，按 Pattern 文件夹中的内容，完成 Digital Pattern 的配置，给 Memory 写入数据，dig0:7 为地址位均输入 0，dig8:15 为数据位，写入 10101010，如图 3-48 所示。

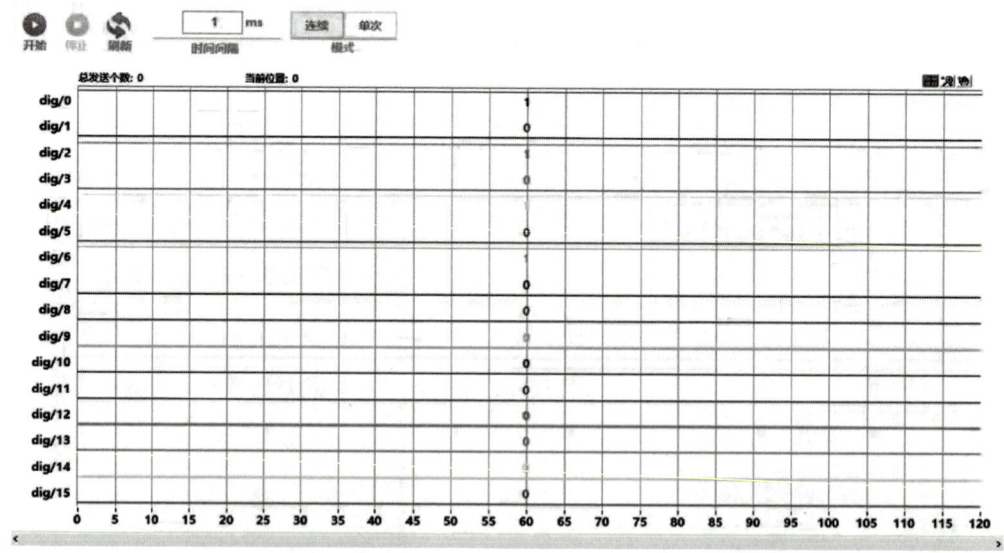

图 3-48　Digital Pattern 设置

⑥ 打开扩展 I/O，设置 IO0 和 IO1 均为 10，即 OE、CS 均为 0，WE 为 1，此状态为读取数据。然后通过逻辑分析仪面板读出数据，对比写入和读取的数据是否一致，反复修改地址和数据，重复测试得到最终测试结果。

（2）传输延迟手动测试

1）测试电路搭建。参考图 3-43 所示的电路原理图，在面包板上搭建电路，电路效果图如图 3-49 所示。

2）测试步骤。

① 电路搭建完成后，被测存储器的电源由 Power Supply 的+6 V 提供，Pattern 由 Digital Pattern 提供，测试结果需要通过示波器 1、2 通道进行查看。连接示意图如图 3-50 所示。

② 使用 IECUBE-3839 软面板对待测芯片进行供电，设置如图 3-51 所示。

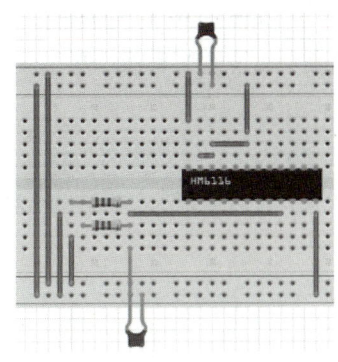

图 3-49　搭建传输延迟手动测试电路

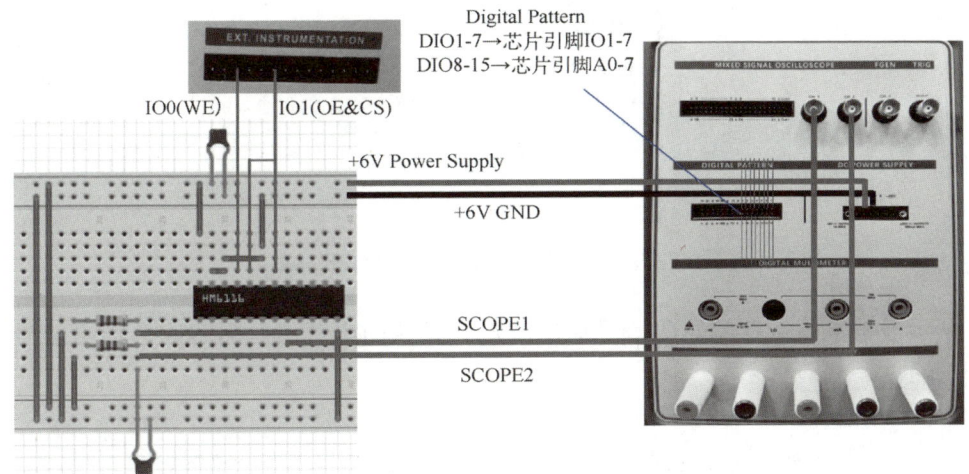

图 3-50　传输延迟手动测试连接示意图

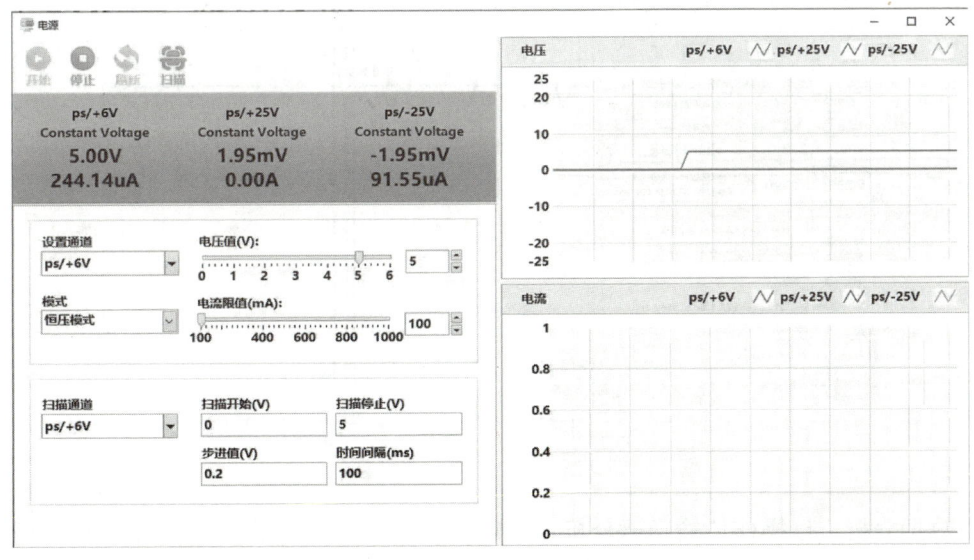

图 3-51　调整 IECUBE-3839 Power Supply 的±25 V 电压输出

③ 启用 CH0 和 CH1，设置 CH0 和 CH1 中探头衰减倍数为"1×"，耦合方式为"DC"（直流），垂直位置为"0"。具体参数设置如图 3-52 所示。

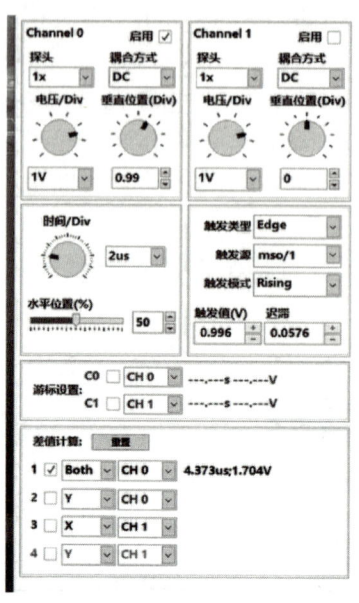

图 3-52　设置 IECUBE-3839 SCOPE 参数

④ 从示波器上得到存储器的信号输出波形，并从图中读出延迟时间，输出信号波形如图 3-53 所示。

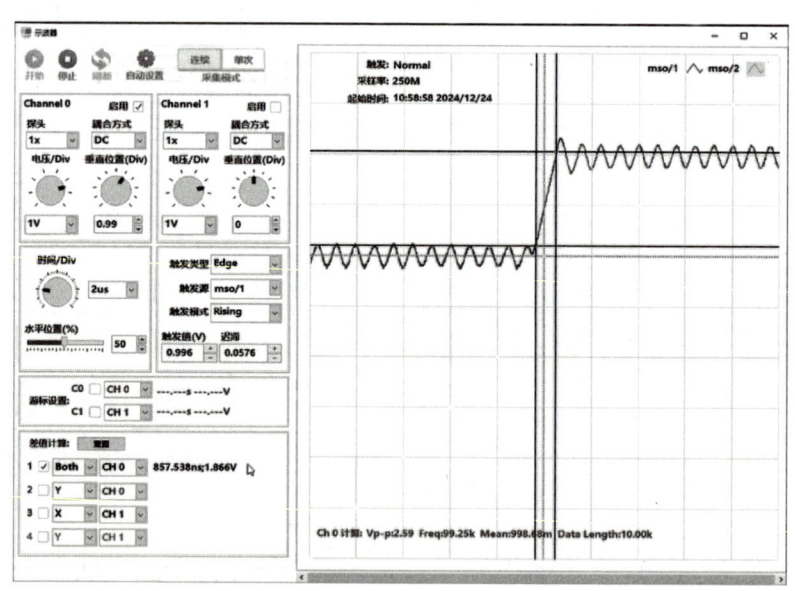

图 3-53　存储器输出波形

3）数据分析。读操作传输延迟分析：针对读操作的传输延迟数据，分析其是否存在特定地址范围的延迟明显高于其他地址的情况。若有，可能是该地址区域对应的存储单元存在硬件问题，如存储介质老化、连接线路阻抗异常等。同时，观察读操作传输延迟是否与读取的数据量大小相关，若数据量越大延迟越高，可能涉及数据缓冲、传输带宽等方面的问题，需要检查存储器的缓存机制和数据传输通道的设计。

3.2.4 任务3：存储器自动化测试实践

存储器任务3-自动化测试

任务3从测试方案制定、测试接口板设计、测试程序开发、自动化测试实施与数据分析四个方面介绍存储器自动化测试流程。通过此任务，读者可以掌握半导体行业测试人员在芯片自动化测试过程中所需要的技能。

1. 测试方案制定

芯片自动化测试方案制定是确保芯片质量与性能符合要求的关键环节，方案制定的一般流程如图 3-54 所示。

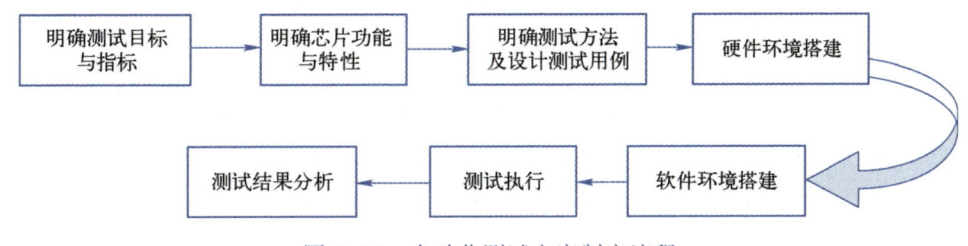

图 3-54 自动化测试方案制定流程

（1）明确测试目标与指标

列出需要重点测试的性能指标，主要包括以下内容。

1）直流参数：电源电流、输入高电平电压（V_{IH}）、输入低电平电压（V_{IL}）、输入高电平电流（I_{IH}）、输入低电平电流（I_{IL}）、输出高电平电压（V_{OH}）、输出低电平电压（V_{OL}）、输出高阻态漏电流（I_{OZH}）、输出低阻态漏电流（I_{OZL}）。

2）交流参数：传输延迟时间。

3）功能测试。

（2）明确芯片功能与特性

分析技术规格，阅读存储器芯片 HM6116 的技术规格书，了解其电压工作范围、电源电流、输入高电平电压（V_{IH}）、输入低电平电压（V_{IL}）、传输延迟时间等关键参数。

（3）明确测试方法及设计测试用例

根据芯片类型和功能，确定合适的测试方法；而基于测试方法，可以设计测试用例，包括输入、输出及测试步骤等。

（4）硬件环境搭建

根据测试系统框架及测试硬件平台，搭建自动化测试系统。详细内容见测试接口板设计。

（5）软件环境搭建

开发或选择合适的测试软件工具，如自动化测试脚本编写工具、测试数据生成软件、测试结果分析软件等。详细内容见测试程序开发。

（6）测试执行

根据测试用例，启用自动化测试程序，依次执行。在测试过程中，实时监控测试设备的运行状态、芯片的工作状态以及测试软件的执行情况。详见自动化测试实施与数据分析。

（7）测试结果分析

对测试数据进行深入分析，将实际测试结果与预期结果进行比对。计算各种测试指标的实际值，并与测试目标中设定的指标进行对比评估。详见自动化测试实施与数据分析。

2. 测试接口板设计

测试接口板是为存储器自动化测试提供一个稳定、可靠且高效的连接平台，实现测试系统与存储器之间的信号传输、电源分配以及必要的控制功能，确保能够准确地对存储器的各项性能指标进行测试。

参考存储器参数测试系统框架，将存储器芯片、辅助电路、电源接口、测试激励接口、测试响应接口按照电路规则制成统一接口的板卡，即为测试接口板。存储器测试接口板示意图如图3-55所示。

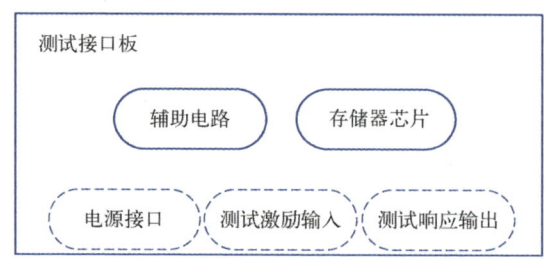

图 3-55　存储器测试接口板示意图

IECUBE-3839集成电路测试实验平台使用的接口为2×25双排线插座，如图3-56所示。根据手动测试电路，设计测试接口板如图3-57所示。

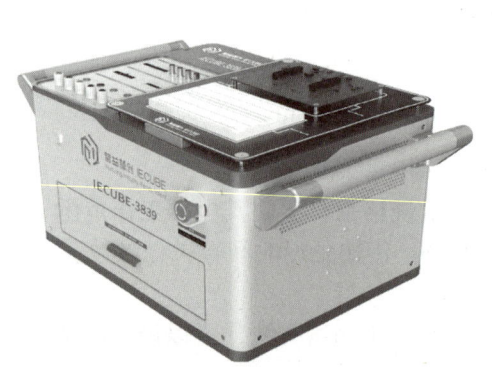

图 3-56　双排线插座

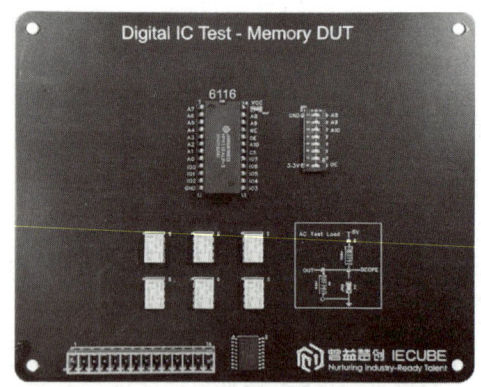

图 3-57　存储器测试接口板

测试接口板使用2×25双排线插座，引脚定义见表3-3。

表 3-3　每个参数对应的数字 I/O

测试参数	GPIO（IO7—6）	GPIO（IO4—2）
功能测试	00	000
电源电流	00	000
输入高电平电压	00	100

(续)

测 试 参 数	GPIO (IO7—6)	GPIO (IO4—2)
输入低电平电压	00	100
输入高电平电流 & 输入低电平电流	00	100
输出高电平电压 & 输出低电平电压	00	001
输出高阻态漏电流（I_{OZL}/I_{OZH}）	00	001
传输延迟时间	10	010
片选到输出的传输延迟时间	11	010
使能到输出的传输延迟时间	01	010

3. 测试程序开发

在自动化测试领域，测试程序的架构设计是确保测试流程高效、准确的关键。图 3-58 所示的是一个存储器芯片通用测试程序架构图，接下来将探讨存储器芯片测试方案中测试程序的开发流程，从测试程序的整体框架出发，逐步解析其核心组件和功能。

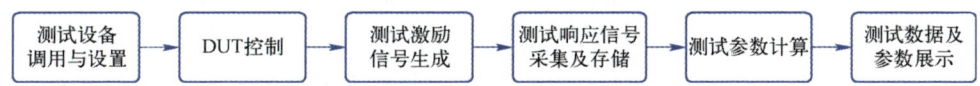

图 3-58　存储器芯片通用测试程序架构图

基于存储器芯片通用测试程序架构图，使用 LabVIEW 构建了一个存储器芯片参数自动化测试的代码框架，其中包含了完整的存储器芯片参数测试流程，程序中空缺了几个关键的部分，这些部分在代码中通过绿色高亮的注释进行了标注。

1）从存储器 "Test System Exercise" 文件夹中打开 "存储器 Test System" 工程文件，打开 "0-存储器 Test System Main" 任务，会出现如图 3-59 所示的前面板界面，前面板中包含了硬件配置、DUT 测试参数图集、DUT 测试结果、开始测试按钮和测试进度等内容。

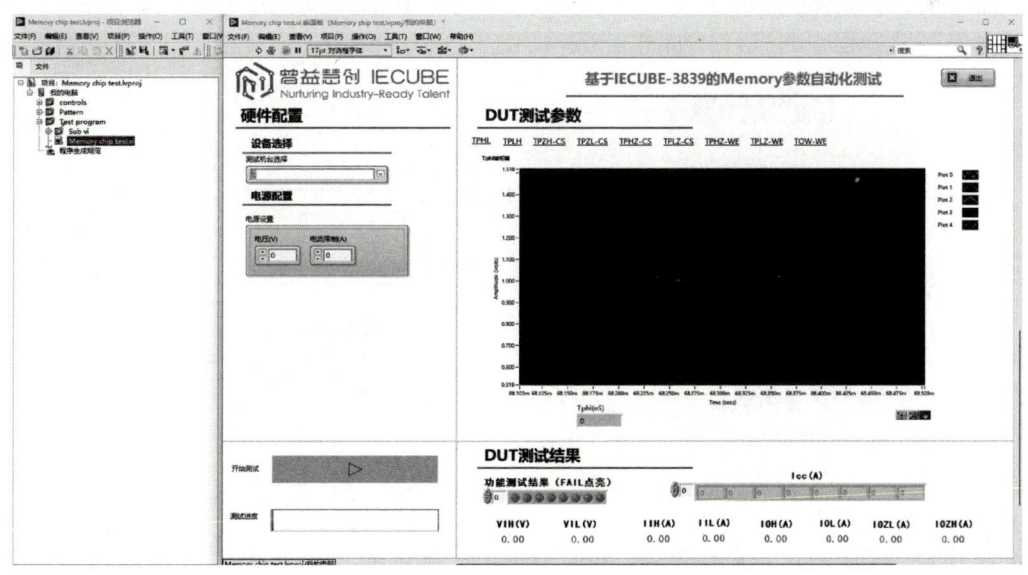

图 3-59　存储器芯片测试程序前面板

前面板在 LabVIEW 中是和用户交互的界面，而代码的实现都是在程序框图中，打开测试程序的程序框图，它与存储器芯片通用测试程序架构的对应关系如图 3-60 所示。

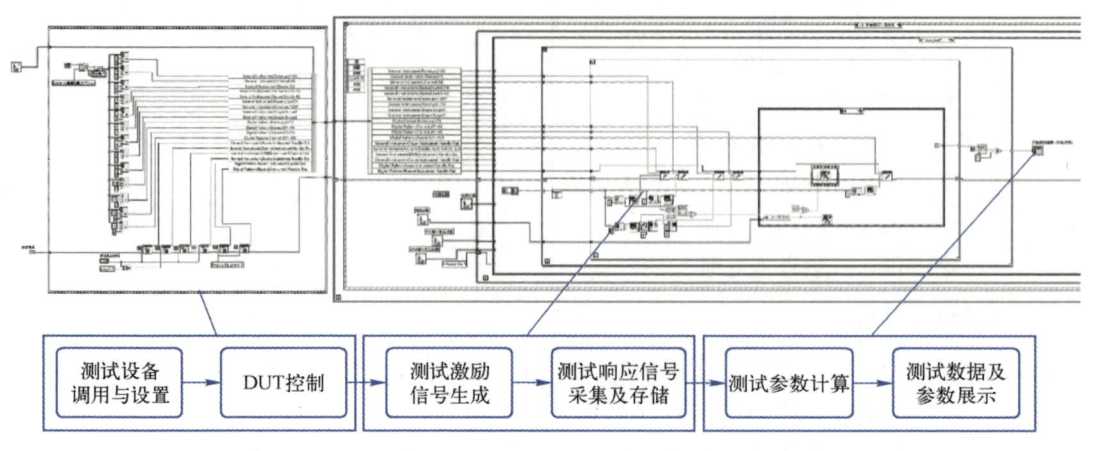

图 3-60　存储器芯片测试程序框图

2）为了实现高效、灵活且模块化的测试流程，测试系统使用了 LabVIEW 状态机的编程方式，这种编程方式能够有序地执行每个测试任务，并提供可扩展的架构来管理复杂的测试操作。状态机架构通常通过 while 循环和状态机结构来控制程序的执行流程。每个"状态"代表程序的一个特定行为或操作，状态之间通过条件判断来转换，常见的结构是使用"枚举类型"来定义不同的状态，并通过一个 Case 结构根据当前状态执行相应的代码。枚举的选项如图 3-61 所示。

3）为了使该程序能够完成完整的存储器芯片参数自动化测试，需要根据以下子任务要求完善这五个部分的程序。

子任务 1：在测试程序的主界面中，需要正确选择机台，完成设备通信，并补充电源配置，以确保测试过程顺利进行，如图 3-62 所示。

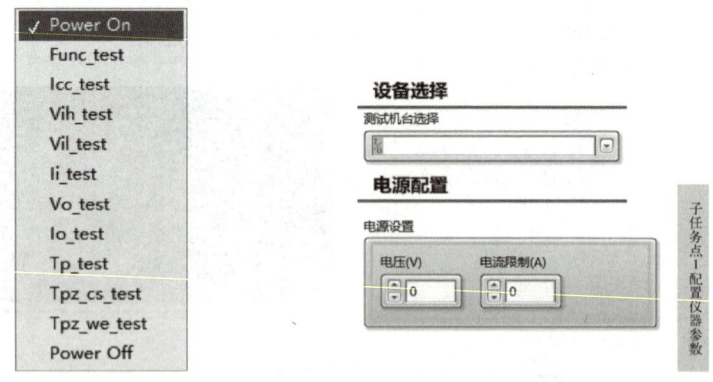

图 3-61　枚举选项　　　　图 3-62　子任务 1 设备通信

子任务 2：获取参数名对应的 Pattern 文件，将其内容读取出来，子任务点如图 3-63 所示。

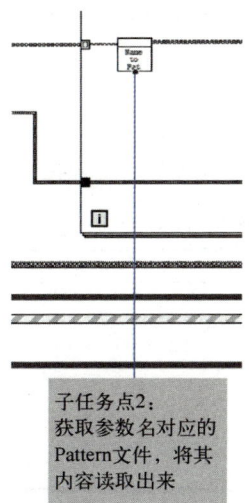

图 3-63 子任务 2 读取 Pattern 文件

子任务 3：将字符串转成布尔数组，子任务点如图 3-64 所示。

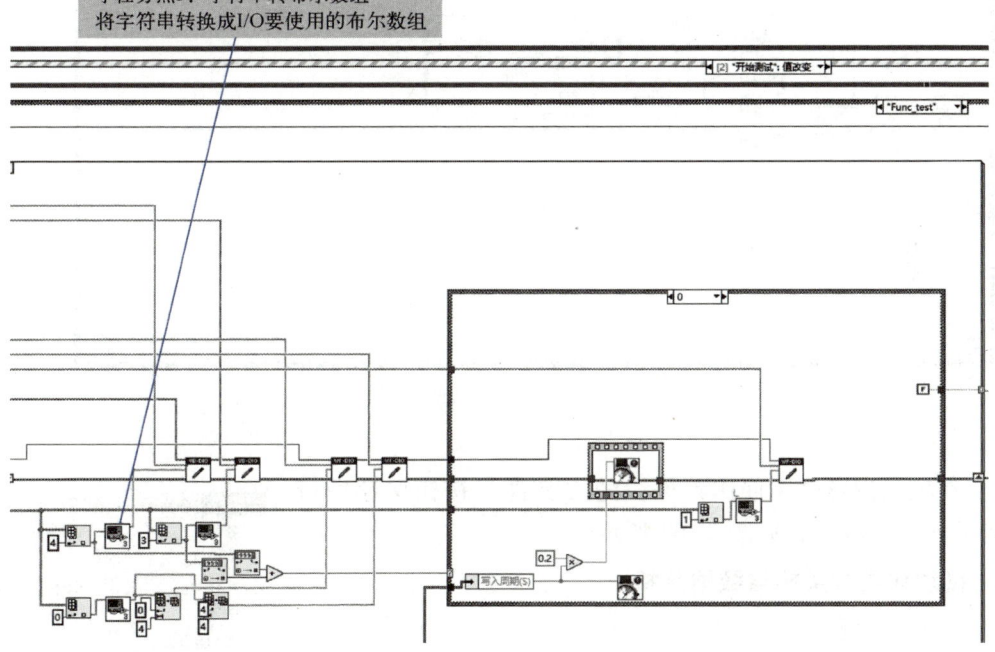

图 3-64 子任务 3 字符串转成布尔数组

子任务 4：完成 VIH 的编程。VIH 需要逐次递增电压直到读取的 I/O 值与 Pattern 中预设的一致，子任务点如图 3-65 所示。

子任务 5：完成 VIL 的编程。与 VIH 一样，VIL 需要逐次递减电压直到读取的 I/O 值与 Pattern 中预设的一致，如图 3-66 所示。

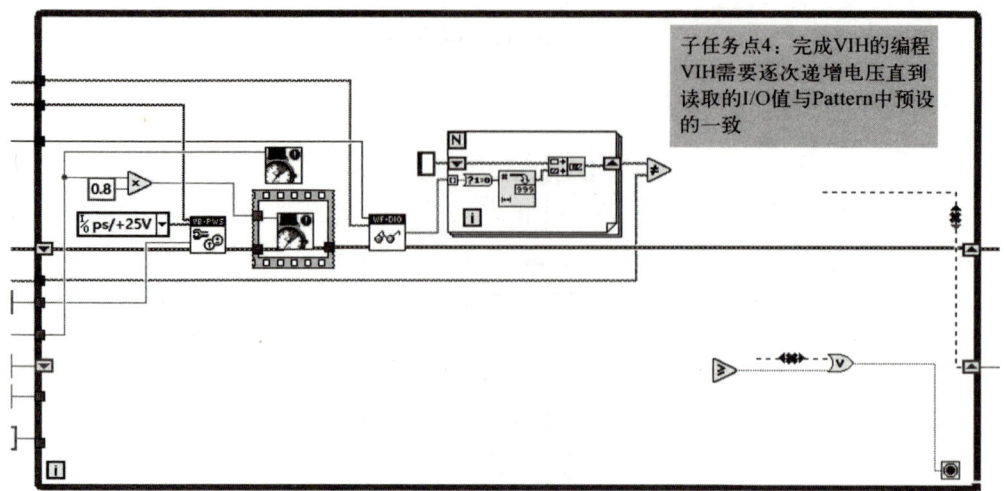

图 3-65　子任务 4 完成 VIH 的编程

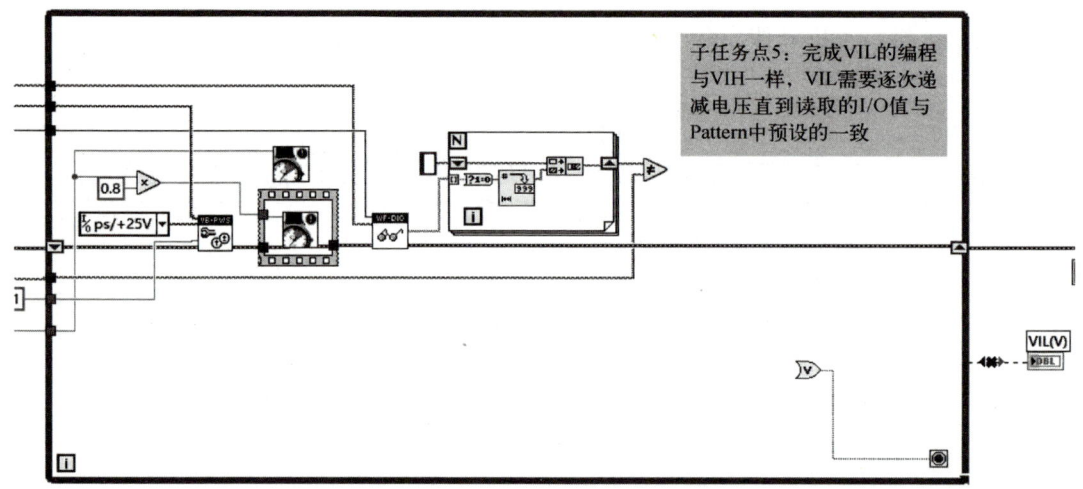

图 3-66　子任务 5 完成 VIL 的编程

4）在项目浏览器中使用菜单栏的"文件"按钮保存项目中所有子任务的改动，如图 3-67 所示。

4. 自动化测试实施与数据分析

（1）测试步骤

1）将存储器 DUT 测试板卡插在 IECUBE-3839 顶部左侧的 PCI 插槽中。

2）打开 IECUBE-3839 电源开关按钮，如 DUT 测试板卡和 PCI 插槽下方指示灯亮起，说明 DUT 成功上电。

3）单击"开始测试"按钮即可完成存储器的参数自动化测试，运行结果如图 3-68 所示。

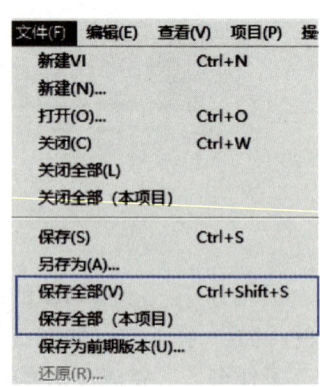

图 3-67　保存项目

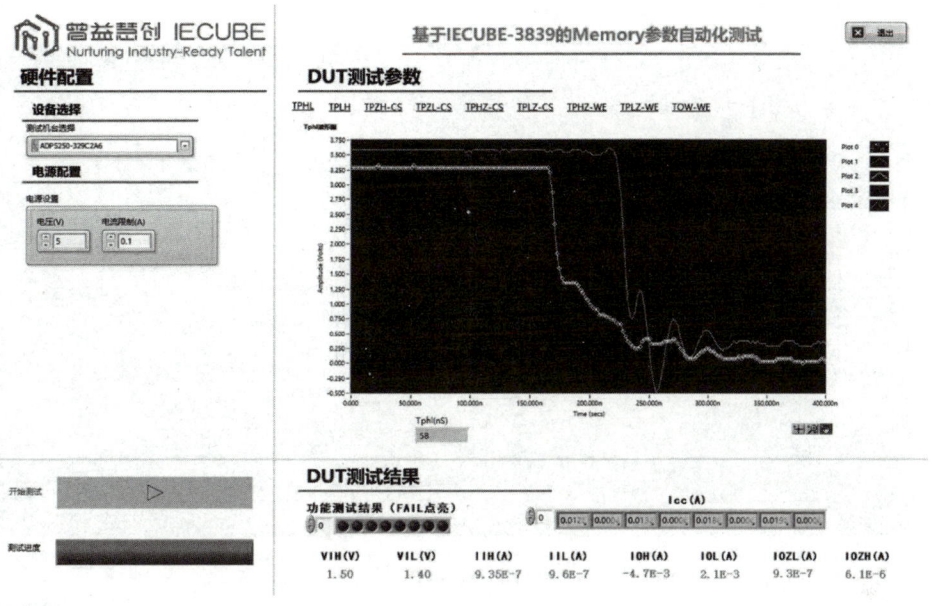

图 3-68　存储器芯片测试运行结果

（2）测试结果

右侧 DUT 测试参数选项卡中有各种情况下的传输延迟，例如 TPHL 如图 3-69 所示。

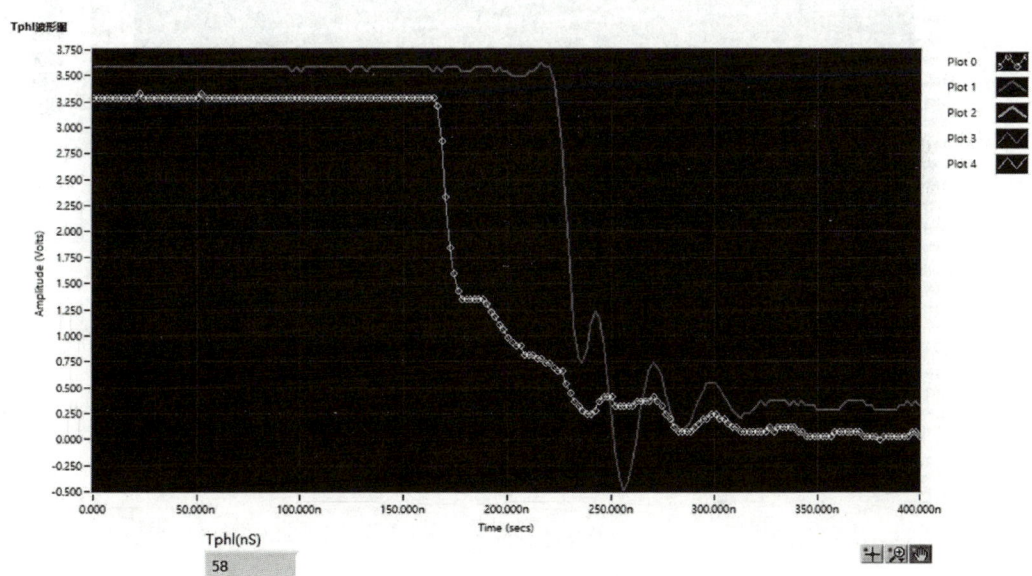

图 3-69　TPHL 图

在查看波形数据时可通过右下角的图形工具（ ）实现对波形图的缩放等操作，如图 3-70 所示。

Tpzh_cs 如图 3-71 所示。

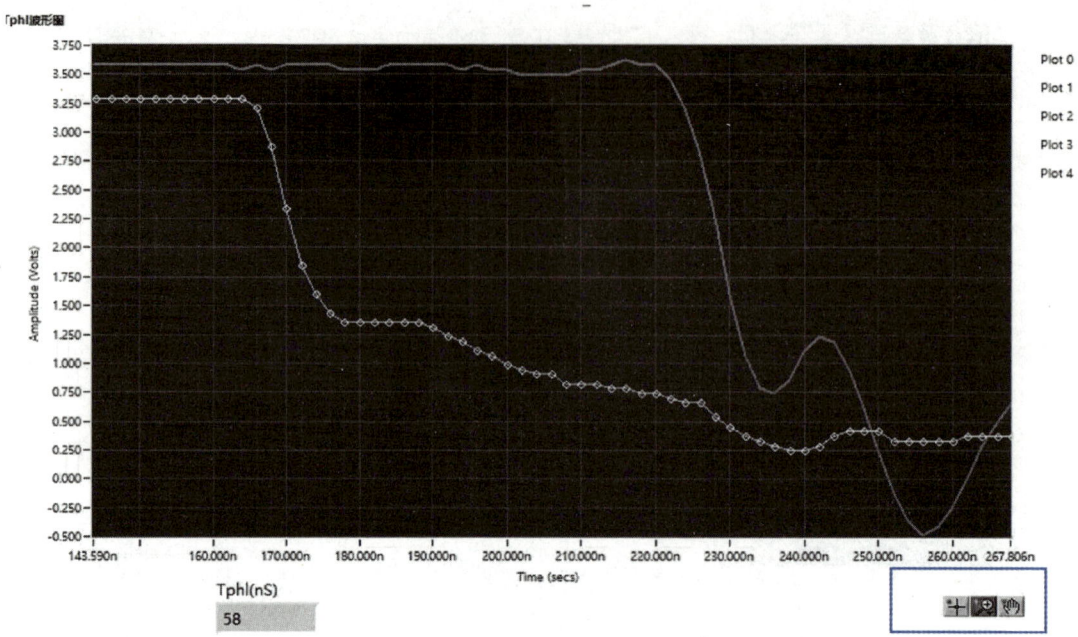

图 3-70 采集到的数据全部显示

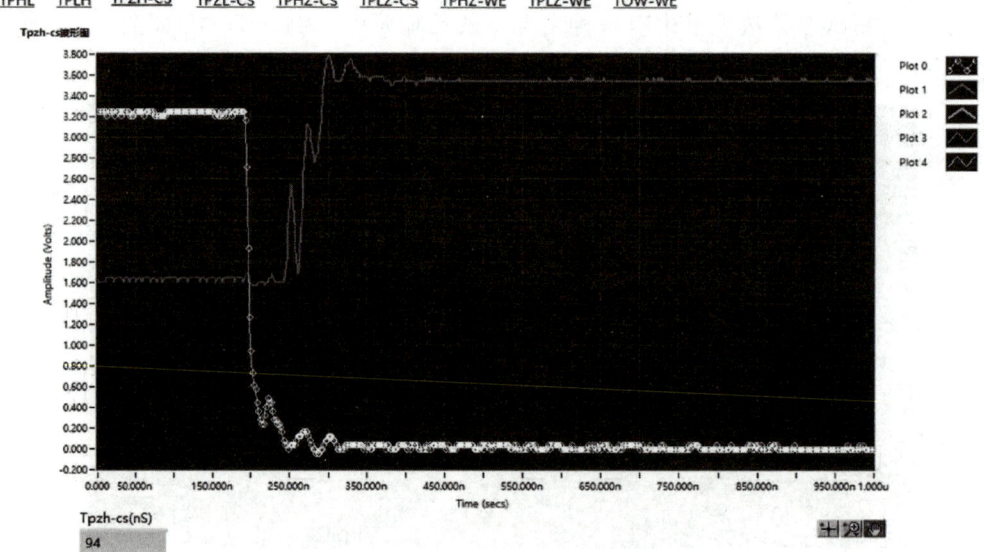

图 3-71 Tpzh_cs 图

DUT 的自动化参数测试结果如图 3-72 所示。

功能测试结果（FAIL点亮）							
VIH(V)	VIL(V)	IIH(A)	IIL(A)	IOH(A)	IOL(A)	IOZL(A)	IOZH(A)
1.50	1.40	9.35E-7	9.6E-7	-4.7E-3	2.1E-3	9.3E-7	6.1E-6

图 3-72 存储器芯片自动化参数测试结果

(3) 测试数据分析

以下是对这些测试结果的详细分析和说明。

1) 输入特性：输入高、低电平电流 I_{IH} 和 I_{IL} 数值较小，表明芯片输入对驱动源的电流要求低，可降低功耗和驱动电路负担。输入高、低电平阈值 V_{IH} 和 V_{IL} 界定了输入信号的有效范围，使用时需确保输入信号在该范围内，否则可能导致逻辑错误。

2) 输出特性：输出高、低电平电流 I_{OH} 和 I_{OL} 体现了芯片的负载能力。当外部负载需求超出此范围时，输出电平可能异常。输出高阻态电流 I_{OZL} 和 I_{OZH} 较小，说明芯片在低阻态输出时功耗低，对外部电路影响小。

3) 时序特性：T_{PHL} 和 T_{PLH} 反映了芯片输出电平转换的延迟时间。T_{PLH} 大于 T_{PHL}，在高速电路设计中需考虑这一差异，以保证信号传输和时序匹配，避免因延迟过大导致系统性能下降。

从测试结果来看，芯片在小电流输入、输出负载能力和低阻态功耗等方面表现良好，但需关注输入电平范围和时序延迟对电路的影响。在实际应用中，确保输入信号电压严格处于 V_{IL} 和 V_{IH} 规定的范围内，以保证芯片逻辑判断的准确性。设计电路时，根据芯片的 T_{PHL} 和 T_{PLH} 合理规划系统时钟频率和信号传输路径，避免因时序问题影响系统性能。在选择外部负载时，要充分考虑芯片的 I_{OH} 和 I_{OL} 负载能力，防止因负载过大导致输出电平异常。

通过任务 3 的学习，读者能够掌握存储器自动化测试流程中各阶段的核心内容，了解接口板设计过程，能够独立开发测试软件并对测试结果进行分析，具备一定的行业测试技能。

模拟集成电路测试技术与实践

第4章

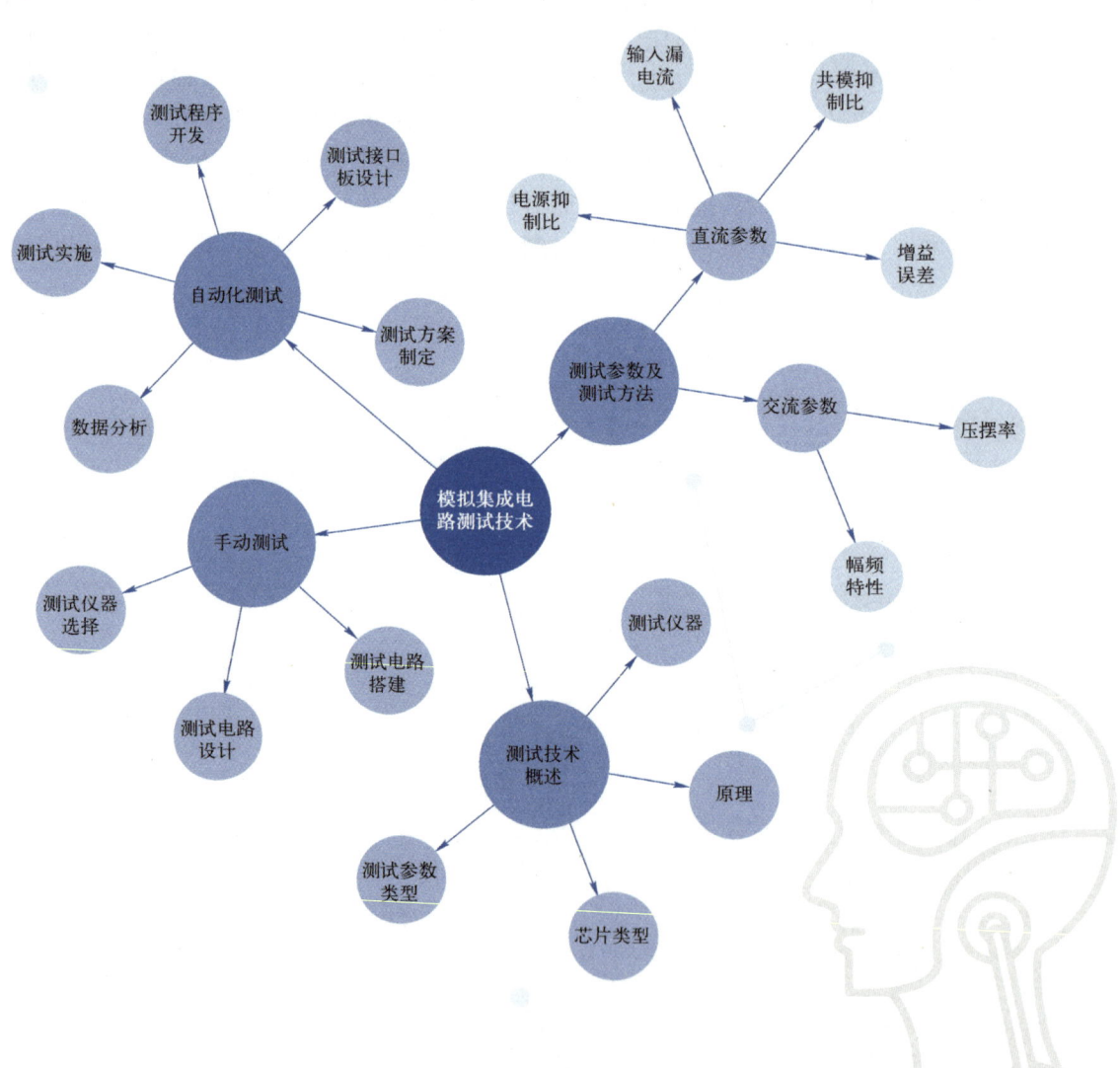

4.1 模拟集成电路测试技术概述

模拟集成电路测试是指运用特定的设备、方法与流程，对模拟集成电路的各项功能特性、性能指标展开检测与验证，以此判定芯片是否契合设计规范及应用要求的系统性工作。

模拟集成电路处理的是连续变化的模拟信号，如电压、电流随时间的平滑波动，它和处理离散数字信号的数字集成电路差异显著。在测试环节，一方面要评估其功能完整性，诸如模拟信号的放大、滤波、调制解调等既定功能是否准确实现；另一方面则聚焦性能指标，如增益、带宽、失真度、噪声系数、线性度这些关键参数都需精准测量。模拟集成电路测试基本原理如图4-1所示。

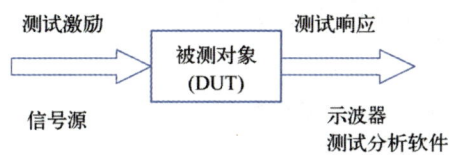

图4-1 模拟集成电路测试基本原理

测试激励：测试信号生成与施加。根据被测模拟集成电路的功能和性能要求，使用信号源生成各种特定的模拟测试信号，如正弦波、方波、三角波等，或者是具有特定频率、幅值、相位的复杂波形信号。

测试响应：实时采集输出信号。在施加测试信号的同时，使用示波器等设备实时采集被测模拟集成电路输出引脚上的信号或者由模拟集成电路及辅助电路组成的被测对象输出信号，这些信号反映了芯片在给定输入下的实际输出状态。

被测对象：被测对象通常指需要测试的模拟集成电路芯片，但实际测试中，模拟集成电路芯片正常工作还需要其他一些辅助电路，如电源电路、信号调理电路等。

模拟集成电路测试的工作原理是被测对象施加测试激励后，将采集到的被测模拟集成电路的测试响应与预先根据设计规格确定的预期输出进行比较，检查是否一致。如果测试响应与预期完全相符，则说明该芯片在该测试条件下功能正常；如果存在差异，则可能表示芯片存在故障或性能不达标。

4.1.1 模拟集成电路测试中常见的芯片类型

模拟集成电路测试芯片可根据功能和应用领域进行分类，常见的芯片及主要测试参数如下。

（1）放大器类芯片

放大器类芯片主要有运算放大器（简称运放）、差分放大器、功率放大器等。测试参数有增益、输入失调电压、输入偏置电流、共模抑制比、带宽。

（2）稳压器类芯片

稳压器类芯片主要有线性稳压器、开关稳压器等。测试参数有输出电压精度、电压调整率、纹波抑制比、静态电流、最大输出电流。

(3) 时钟类芯片

时钟类芯片主要有晶体振荡器、PLL（锁相环）等。测试参数有频率精度、频率稳定度、相位噪声、抖动、功耗。

(4) 传感器接口类芯片

传感器接口类芯片主要有温度传感器接口芯片、压力传感器接口芯片、光电传感器接口芯片等。测试参数有灵敏度、线性度、噪声、失调电压和失调电流、响应时间。

4.1.2 模拟集成电路测试参数类型

模拟集成电路测试通过对关键参数如增益、带宽、失调电压、噪声等进行测试，能精准识别出问题芯片，如运算放大器的失调电压过大，会导致信号处理出现偏差，影响由该运算放大器芯片制成的精密测量仪器精度。模拟集成电路测试参数的类型主要分为以下四类，但实际测试中不同芯片的测试参数存在一定的差异。

1. 直流参数

1) 失调电压：指在运算放大器等模拟集成电路中，当输入信号为零时，输出端存在的非零电压。该参数反映了电路内部的不对称性，其值越小，说明电路的对称性越好，性能越稳定。

2) 输入失调电流：指当运算放大器的输出电压为零时，流入两个输入端的电流之差。它主要是由于输入级晶体管的特性不完全匹配造成的，失调电流过大会导致输出误差增大。

3) 输入偏置电流：指在运算放大器等模拟集成电路中，为了使输出电压为零，需要在输入端施加的平均电流。该参数会影响放大器的输入电阻和噪声性能等。

4) 电压增益：指模拟集成电路的输出电压变化与输入电压变化之比，通常用分贝（dB）表示。电压增益是衡量放大器放大能力的重要指标，不同类型的模拟集成电路对电压增益的要求不同。

5) 静态功耗：指在模拟集成电路输入端无输入信号时，其内部所消耗的功率。该参数与电路的电源电压和静态电流相关，在一些对功耗要求严格的应用中，如移动设备、可穿戴设备等，需要严格控制模拟集成电路的静态功耗。

2. 交流参数

1) 频带宽度：指模拟集成电路的增益下降到其最大值的 0.707 倍时所对应的频率范围，通常分为上限截止频率和下限截止频率。频带宽度决定了电路对不同频率信号的放大能力，对于音频、视频等信号处理电路，需要有足够宽的频带宽度以保证信号的完整性。

2) 增益裕度：指在模拟集成电路的开环增益频率特性曲线上，当相位裕度为 0° 时，开环增益与 0 dB 的差值。增益裕度反映了电路的稳定性，增益裕度越大，电路越稳定。

3) 相位裕度：指在模拟集成电路的开环增益频率特性曲线上，当开环增益下降到 0 dB 时，对应的相移与 −180° 的差值。相位裕度也是衡量电路稳定性的重要指标，一般要求相位裕度在 45°~60° 之间。

4) 上升时间：指模拟信号从其幅值的 10% 上升到 90% 所需要的时间，通常用于衡量电路对快速变化信号的响应速度。上升时间越短，说明电路的高频特性越好，能够快速跟踪输入信号的变化。

5）下降时间：指模拟信号从其幅值的 90% 下降到 10% 所需要的时间，与上升时间类似，下降时间也反映了电路的高频特性和对信号变化的响应速度。

3. 噪声参数

1）噪声系数：指输入信号的信噪比与输出信号的信噪比之比，通常用分贝（dB）表示。噪声系数反映了模拟集成电路对信号的噪声放大能力，噪声系数越小，说明电路的噪声性能越好。

2）信噪比：指信号功率与噪声功率之比，通常用分贝（dB）表示。信噪比是衡量模拟集成电路信号质量的重要指标，信噪比越高，说明信号越清晰，噪声对信号的影响越小。

3）噪声温度：指在特定带宽内，将噪声等效为一个具有特定温度的电阻所产生的热噪声，通常用开尔文（K）表示。噪声温度可以直观地反映模拟集成电路的噪声水平，噪声温度越低，说明电路的噪声性能越好。

4. 其他参数

1）输出摆幅：指模拟集成电路在规定的电源电压和负载下，所能输出的最大正峰值电压和最大负峰值电压。输出摆幅越大，说明电路的输出动态范围越大，能够处理的信号幅度范围越宽。

2）线性度：指模拟集成电路的输出信号与输入信号之间的线性关系程度，通常用非线性误差来表示。线性度越好，说明电路对输入信号的放大或处理越线性，失真越小。

3）电源抑制比：指模拟集成电路对电源电压变化的抑制能力，通常用分贝（dB）表示。电源抑制比越高，说明电路对电源电压的波动越不敏感，能够在电源电压变化较大的情况下保持稳定的性能。

4）共模抑制比：指模拟集成电路对共模信号的抑制能力与对差模信号的放大能力之比，通常用分贝（dB）表示。共模抑制比越高，说明电路对共模干扰的抑制能力越强，能够有效地抑制共模噪声和干扰信号。

4.1.3 模拟集成电路测试仪器

模拟集成电路测试中综合考虑多个因素，选择合适的测试仪器。模拟集成电路测试中用到的仪器如下。

1. 常用仪器

1）高精度直流电源：为模拟集成电路提供稳定、精确的直流电压和电流，确保芯片在正常工作条件下进行测试。测量芯片的静态功耗、输入偏置电流等直流参数时都需要稳定的电源支持。

2）任意波形发生器：能产生各种复杂的模拟电压波形，如正弦波、方波、三角波、脉冲波以及自定义的任意波形等，为被测模拟集成电路提供激励信号，以测试其在不同输入信号下的响应。通常要求仪器具有较高的频率、分辨率、幅度精度、采样率和带宽。

3）示波器：用于测量和显示模拟信号的波形、幅度、频率、相位等参数，直观地观察电路的输出信号是否符合预期。通常要求仪器具有高带宽、高采样率和多种触发功能，能够精确捕捉快速变化的信号。

4）频谱分析仪：主要用于分析信号的频谱特性，测量信号的频率成分、功率谱密度等。它在测试模拟集成电路的频率响应、谐波失真、噪声特性等方面非常有用。

2. 其他仪器

在模拟集成电路测试特殊场合中还可能用到以下两种仪器。

1）网络分析仪：主要用于测量模拟集成电路的散射参数，可全面表征电路的输入/输出特性、增益、反射系数、传输系数等。

2）逻辑分析仪：在模拟集成电路中，若包含数字逻辑部分，可用于捕捉和分析数字信号的逻辑状态和时序关系，帮助检测数字接口的正确性和时序违规等问题。它可以同时采集多个通道的数字信号，具有强大的触发和分析功能。

4.2 模拟集成电路测试技术实践项目：集成运算放大器芯片测试

集成运算放大器在电子设备中广泛使用，其类型多且被测参数丰富，人们充分认识到对其进行测试的必要性，所以本实践项目中选用集成运算放大器作为被测对象，对其主要参数进行测试。

4.2.1 实践项目概述

运算放大器是一种高放大倍数的直接耦合放大器，具有高增益、高输入阻抗、低输出阻抗的特性，在信号放大、信号处理、信号转换、信号运算、波形产生等方面有着重要作用。

运算放大器通常按照工作原理、用途、电路结构、输入/输出特性进行分类，不同类型的运算放大器有着不同的性能和技术指标。针对运算放大器的参数测试尤为重要，主要体现在以下几个方面。

1）评估性能与精度：运算放大器的各项参数直接反映了其性能表现和信号处理的精度。例如，输入失调电压和失调电流会影响放大器在零输入时的输出准确性，通过测试可以确定其在不同应用场景下是否能够满足所需的精度要求。

2）确保稳定性和可靠性：参数电源抑制比、共模抑制比等，关乎运算放大器在复杂工作条件下的稳定性和抗干扰能力。比如共模抑制比体现了对共模干扰信号的抑制能力，在存在共模干扰的应用中，高共模抑制比可有效提高信号质量和系统的可靠性。

3）为电路设计提供依据：比如在高速数据采集系统中需要考虑运算放大器的转换速率，以确保输出信号能够快速跟随输入信号的变化，从而减少信号失真，因此应根据具体电路需求选择合适参数的运算放大器。

4）检测芯片质量与一致性：参数测试有助于检测运算放大器芯片的质量和制造工艺的一致性。输入失调电压、失调电流等参数的离散性可以反映芯片内部元件的匹配程度和制造工艺的稳定性，对于大规模生产的运算放大器，通过参数测试可以筛选出性能不符合要求或一致性差的芯片，保证产品质量。

本实践项目主要包括三个任务。任务1：理解运算放大器测试参数及测试原理。任务2：运算放大器手动测试实践。任务3：运算放大器自动化测试实践。三个任务之间有一定的顺序性和渐进性,从运算放大器测试基础知识,到运算放大器测试的深入理解,再到运算放大器自动化测试,这是一个不断递进的过程。芯片测试涉及多个领域的知识和技术,通过实践项目的锻炼,读者能够直接面对实际的芯片测试项目,掌握芯片测试人才具备的专业技能,提高实践能力和就业竞争力。

1. 实践项目教学目标

运算放大器参数测试实践项目从运算放大器测试基础理论知识、仪器操作、方案制定、数据分析、工程素养等多方面培养芯片测试人才。任务、教学目标以及各任务所需的知识技能结构图如图 4-2 所示。

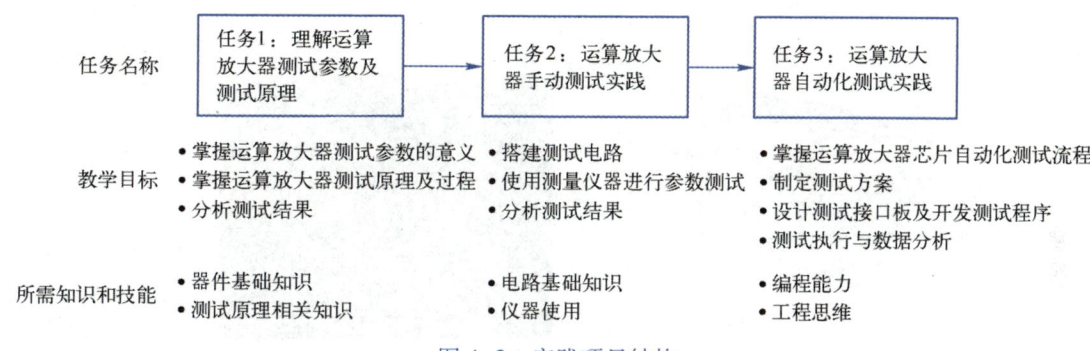

图 4-2　实践项目结构

任务 1:主要目的是深刻理解运算放大器主要测试参数的定义,并能对这些参数进行理论分析和计算,同时,掌握参数测试的原理和测试方法,并对测试结果进行简单计算和分析。

任务 2:主要目的是设计运算放大器测试电路并在面包板上搭建电路,熟练使用仪器测量运算放大器的主要参数,使用数据处理软件分析数据。

任务 3:主要目的是掌握运算放大器自动化测试流程,包括制定完整、合理的测试方案,设计测试接口板,开发测试程序,执行测试方案,分析测试结果。

2. 实践项目设备及测试对象

实践项目设备采用 IECUBE-3839 集成电路测试实验平台,每个任务有不同的测试对象及测试软件,具体测试设备及测试对象见表 4-1。

表 4-1　实践项目软硬件及测试对象

任务名称	测试设备	测试对象	测试软件
任务 1:理解运算放大器测试参数及测试原理	IECUBE-3839 集成电路测试实验平台	MC33178 运算放大器	IECUBE-3839 集成电路参数测试软件

(续)

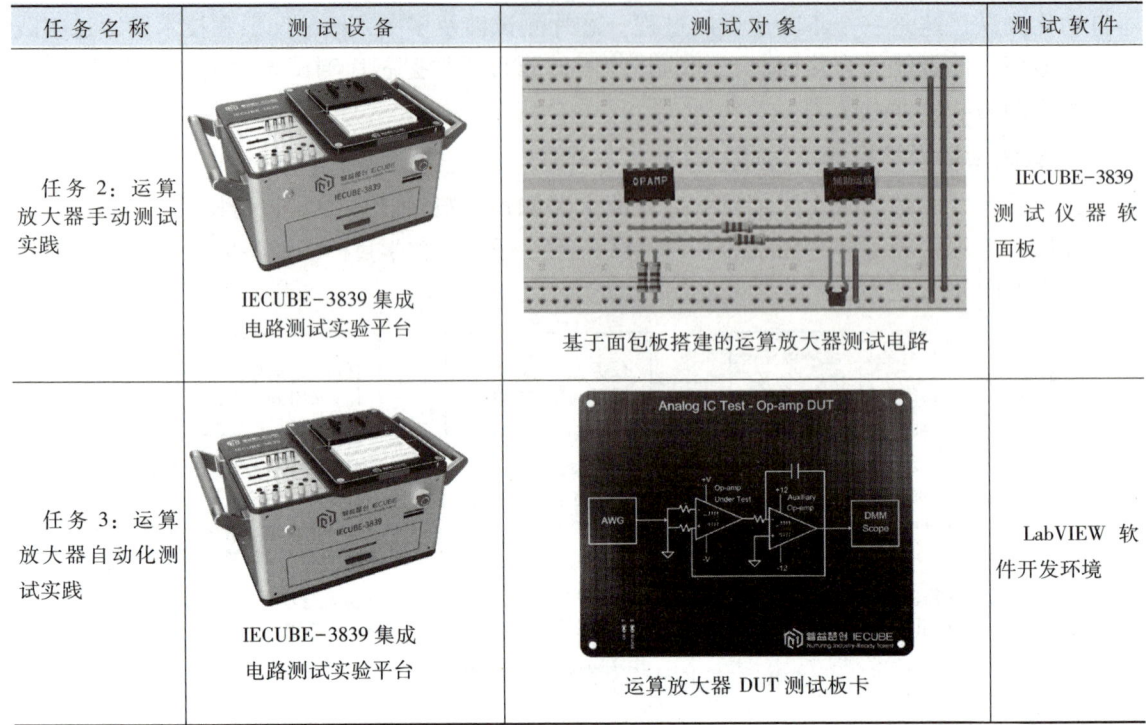

任务名称	测试设备	测试对象	测试软件
任务2：运算放大器手动测试实践	IECUBE-3839集成电路测试实验平台	基于面包板搭建的运算放大器测试电路	IECUBE-3839测试仪器软面板
任务3：运算放大器自动化测试实践	IECUBE-3839集成电路测试实验平台	运算放大器DUT测试板卡	LabVIEW软件开发环境

3. 实践项目教学设计

运算放大器参数测试实践项目分为三个任务，每个任务的主要教学内容、教学方法、建议学时分配见表4-2。

表4-2 教学设计

任务名称	教学内容	教学方法	建议学时分配
任务1：理解运算放大器测试参数及测试原理	1. 实践项目介绍	课堂讲授	0.5
	2. 运算放大器测试参数	课堂讲授	0.5
	3. 运算放大器参数测试方法及测试过程	课堂讲授	1
	4. 运算放大器参数测试	实践教学	2
任务2：运算放大器手动测试实践	1. 测试电路设计与搭建	实践教学	2
	2. 手动测试及结果分析	实践教学	2
任务3：运算放大器自动化测试实践	1. 测试方案制定、测试接口板设计与测试程序开发	实践教学	3
	2. 自动化测试及结果分析	实践教学	1

4.2.2 任务1：理解运算放大器测试参数及测试原理

运放任务1-参数测试

任务1旨在理解运算放大器参数的意义，熟悉运算放大器参数测试系统的结构，使用IECUBE-3839集成电路参数测试软件获取测试结果，通过分析和计算，全面评估运算放大器参数性能指标。通过完成该任务可以加深理解运算放大器测试相关的基础知识。

1. 运算放大器芯片测试系统及测试参数概述

（1）测试系统

典型的运算放大器芯片测试系统框架主要由测试激励、被测对象和测试响应三部分组成，如图 4-3 所示。测试激励指的是输入信号，根据不同的测试条件选取不同的测试激励信号；被测对象是指运算放大器芯片，实际中为了运算放大器芯片能够正常工作，需要其他辅助电路，比如电源电路等；测试响应包括输出信号的测试设备、测试结果分析软件等。

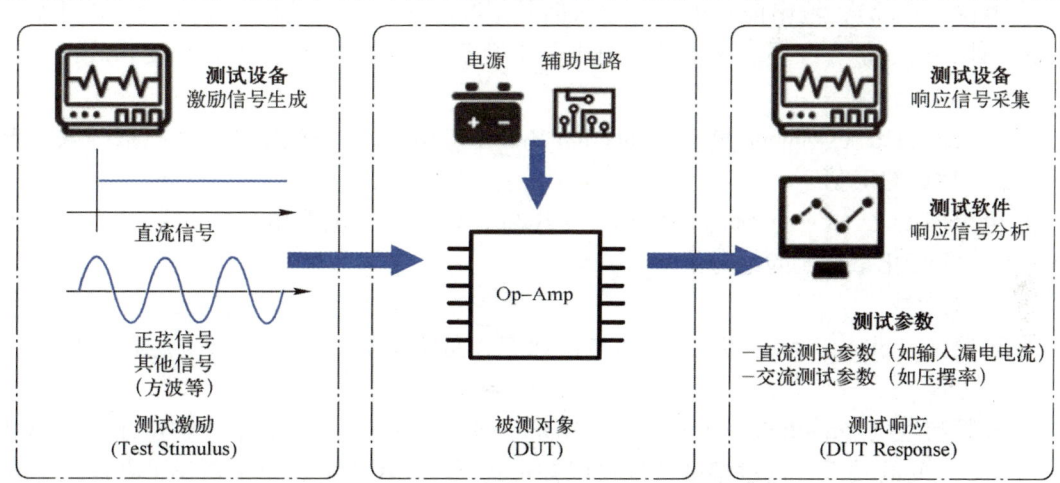

图 4-3　典型的运算放大器芯片测试系统框架

此实践项目中测试设备为 IECUBE-3839 集成电路测试实验平台，平台上的函数发生器能够提供测试激励，按照测试条件产生直流信号、正弦信号或者其他信号；平台上的示波器可以采集响应信号，并通过测试软件进行响应信号分析；被测对象为运算放大器芯片以及能够使被测对象正常工作的电源及辅助电路，电源由 IECUBE-3839 集成电路测试实验平台提供。实践项目使用的运算放大器芯片测试系统示意图如图 4-4 所示。

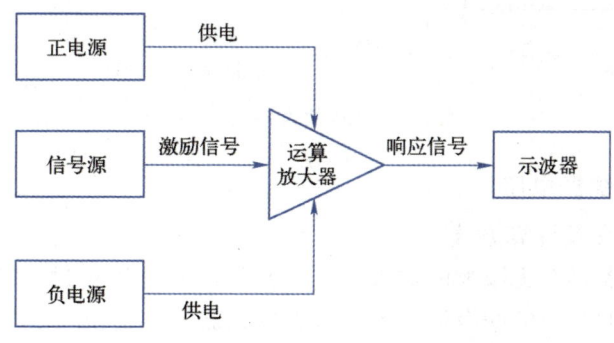

图 4-4　运算放大器芯片测试系统示意图

（2）测试参数

运算放大器的测试参数是评估其性能的重要指标，主要的测试参数包括直流参数和交流参数两个部分。直流参数主要反映运算放大器内部电路的对称性、输入信号的放大能力、共模信号的抗干扰能力等；交流参数主要反映不同频率信号的放大能力、小信号的高频响应能力、突变信号的适应能力、快速信号的响应能力等。

1) 直流参数

① 输入漏电流（Input Leakage Current，I_{in}）和失调电压（Offset Voltage，U_{offset}）：输入漏电流是指流入或流出运算放大器输入端的直流电流，可以将实际运算放大器的每个输入端都看作串联了一个电流源，这两个电流源的电流值一般不同，这两个电流就是运算放大器输入端的漏电流。失调电压是指运算放大器在理想状态下，其输入端的差模信号为零时，输出端产生的直流偏移电压。

② 增益（Gain）：输出信号幅度与输入信号幅度的比值，它反映了运算放大器对输入信号的放大能力，通常有开环电压增益、闭环电压增益、同相放大电路增益、反相放大电路增益等。

③ 共模抑制比（Common Mode Rejection Ratio，CMRR）：差模电压放大倍数与共模电压放大倍数之比的绝对值。

④ 电源抑制比（Power Supply Rejection Ratio，PSRR）：电源电压变化量与由此引起的输入失调电压变化量之比的绝对值。

2) 交流参数

① 压摆率（Slew Rate，SR）：也称转换速率，是指运算放大器输出电压在单位时间内的最大变化率。

② 幅频特性（Amplitude – Frequency Characteristic，A-F）：运算放大器电压放大倍数的大小与频率之间的关系，通过幅频特性可以知道运放 -3 dB 带宽、单位增益带宽、增益带宽积等相关指标。

运算放大器测试参数中直流参数包括输入漏电流和失调电压、增益、共模抑制比、电源抑制比；交流参数包括压摆率、幅频特性。运算放大器测试参数如图 4-5 所示。

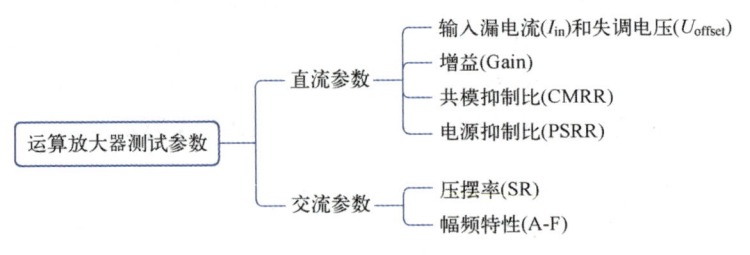

图 4-5　运算放大器测试参数

2. 输入漏电流和失调电压

（1）测试参数定义及计算方法

理想的运算放大器具有无限大的输入阻抗，并且没有电流流过运算放大器的输入引脚。然而，在实际的电路中，小的漏电流会流经运算放大器的反相和同相输入。可以理解为，理想运算放大器的各个输入端都串联了一个电流源，这两个电流源的电流值一般不相同。也就是说，实际的运算放大器会有电流流入或流出运算放大器的输入端。

所以，输入偏置电流指在没有输入信号时，流入运算放大器正负输入端的直流电流，是运算放大器输入级晶体管的基极电流，其平均值为两个输入端偏置电流之和的一半，它产生的主要原因源于运算放大器内部晶体管、电阻等元件的特性以及制造工艺，硅片中 PN 结的漏电流和轻微的随机电荷运动也会导致其产生。

输入失调电流是当运算放大器的两个输入端电动势相等时，两个输入端之间存在的电流差，产生原因主要是运算放大器内部晶体管、电阻等元件的不对称性，导致两个输入端的偏置电流不完全相等。具有输入漏电流的运算放大器电路图如图 4-6 所示。

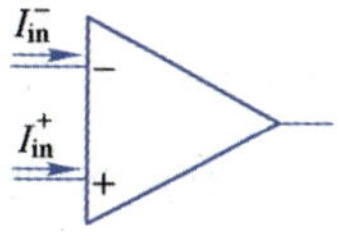

输入偏置电流由以下等式确定：

$$I_{\text{bia}} = \frac{I_{\text{in}}^+ + I_{\text{in}}^-}{2} \quad (4-1)$$

图 4-6 存在输入漏电流的运算放大器

其中，I_{in}^+ 是流经运算放大器同相输入端的输入电流；I_{in}^- 是流经运算放大器反相输入端的输入电流。

输入失调电流确定如下：

$$I_{\text{in\_bias}} = I_{\text{in}}^+ - I_{\text{in}}^- \quad (4-2)$$

在常见的双极运算放大器中，初始输入电流在 20~200 nA 范围内。而对于采用场效应晶体管作为输入级运算放大器，其初始输入电流可以低至几 fA。

在理想的运算放大器中，失调电压（U_{offset}）为零，但在实际运算放大器中，它可能会是一个固定值，通常等于几毫伏，在很多情况下可以忽略不计，也可以用特殊方法将其降为零。

（2）测试方法

测量输入漏电流和失调电压的原理图如图 4-7 所示，该电路图由两个运算放大器组成。

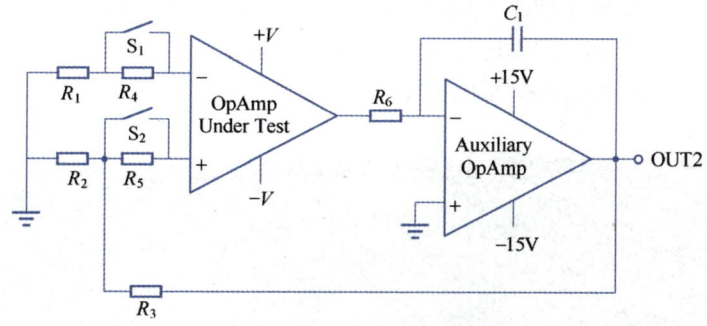

图 4-7 输入漏电流和失调电压测试电路

在此电路中，辅助运算放大器用作积分器，以便在所研究的运算放大器中建立稳定的反馈，该运算放大器具有非常高的开环增益。

表 4-3 给出了电路无源元件的标称值。

表 4-3 I_{in} & U_{offset} 测试电路元件的标称值

元 件	标 称 值
R_1，R_2	100 Ω
R_3	100 kΩ
R_4，R_5	15 kΩ
R_6	110 kΩ
C_1	1 μF

根据图 4-7 的原理图，测量运算放大器的输入漏电流和失调电压，需按照以下步骤操作。

1) 测量开关 S_1 和 S_2 闭合时位置 OUT2 处电压 U_0。
2) 打开 S_1 开关，S_2 开关保持前一状态，测量 OUT2 处电压 U_1。
3) 闭合 S_1 开关，打开 S_2 开关，测量 OUT2 处的电压 U_2。
4) 根据式（4-3）~式（4-5）计算所需参数。

失调电压：

$$U_{\text{offset}} = \frac{|U_0|}{1+R_3/R_2} \tag{4-3}$$

反相输入端的漏电流：

$$I_{\text{in}}^- = \frac{|U_1|-|U_0|}{(R_1+R_4)(1+R_3/R_2)} \tag{4-4}$$

正相输入端的漏电流：

$$I_{\text{in}}^+ = \frac{|U_2|-|U_0|}{(R_2+R_5)(1+R_3/R_2)} \tag{4-5}$$

5) 计算输入失调电流和输入偏置电流。

(3) 测试步骤

1) 将 IECUBE-3839 集成电路测试实验平台通过 HDMI 线缆连接至显示屏。
2) 母板 2×25 Pin 双排线插座上放入 74 系列芯片 DUT 测试板卡并打开测试平台电源。
3) 打开 IECUBE-3839 集成电路参数测试软件，单击"运放参数测试"按钮，选择"Iin&Voffset"，运放参数测试选择面板如图 4-8 所示。

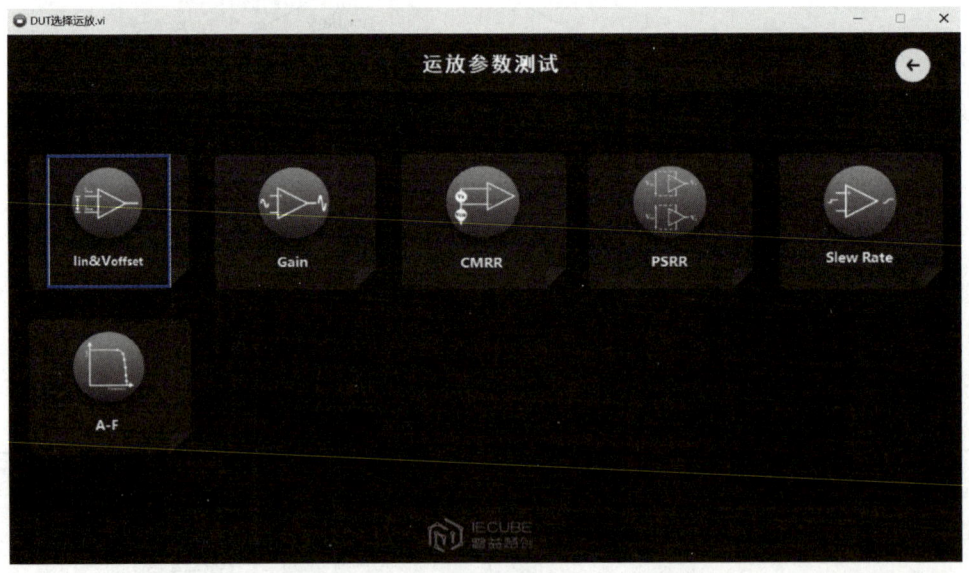

图 4-8 I_{in}&U_{offset} 测试参数选择面板

4) 机台选择当前连接设备；电源电压通道 1 选择"+25 V"通道，电压设置为"10 V"；电源电压通道 2 选择"-25 V"通道，电压设置为"-10 V"，电流限制为"0.05 A"；数字万用表测量模式选择"DC",测量范围设置为"10 V"。详细设置如图4-9所示。

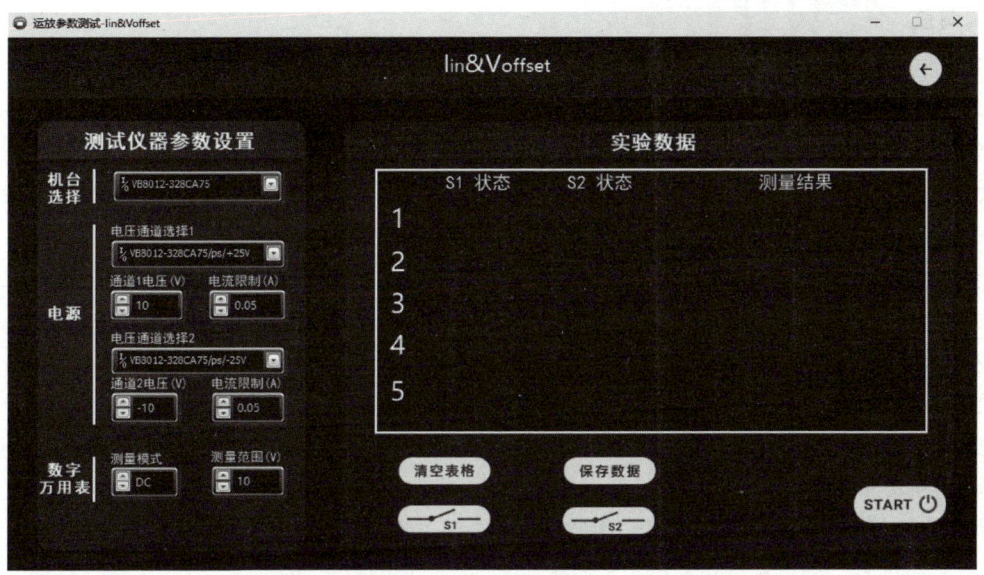

图4-9　I_{in}&U_{offset}测试仪器面板设置

5)单击开关按钮,使S1和S2处于闭合状态,单击"START"按钮,然后单击"保存数据"按钮,测量结果为OUT2处的电压U_0。

6)单击开关按钮,使S1处于打开状态,S2处于闭合状态,单击"START"按钮,然后单击"保存数据"按钮,测量结果为OUT2处的电压U_1。

7)单击开关按钮,使S1处于闭合状态,S2处于打开状态,单击"START"按钮,然后单击"保存数据"按钮,测量结果为OUT2处的电压U_2。测量结果如图4-10所示。

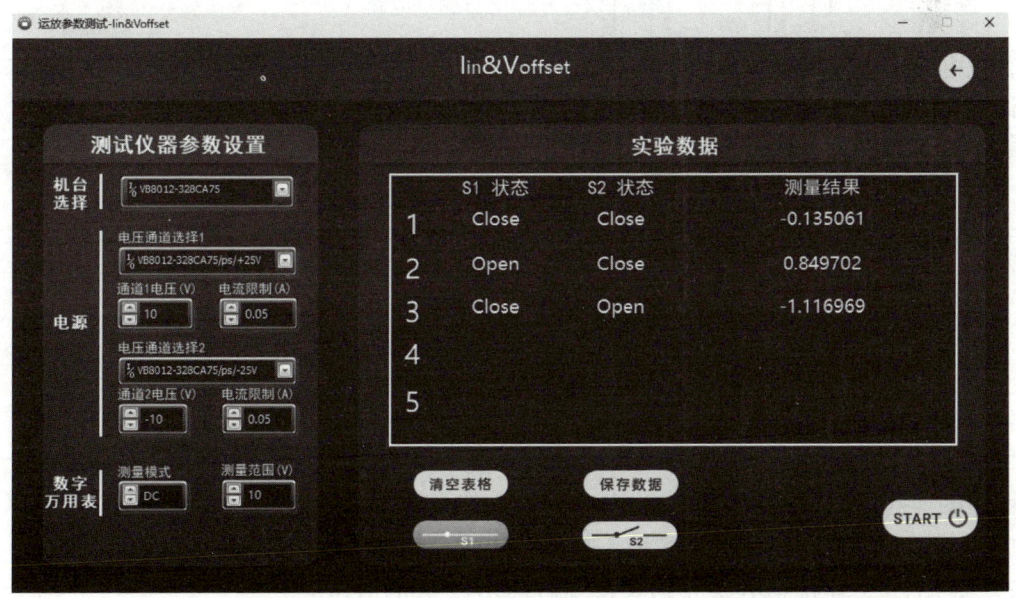

图4-10　I_{in}&U_{offset}测量结果

8）计算输入漏电流和失调电压，最终计算得出输入偏置电流和输入失调电流。

3. 增益

（1）测试参数定义及计算方法

Gain(K_0) 定义为输出信号（U_{out}）与差分输入电压（U_{diff}）之比。如图 4-11 所示实际放大器输出电压与差分输入电压的典型关系，即运算放大器的幅频响应。该增益也称为开环增益。

从图 4-11 可以看出，$U_{out} = f(U_{diff})$ 仅在 $-U_{outmax} \sim U_{outmax}$ 范围内是线性的。这个电压范围称为放大（增益）区域。而在饱和区，输出电压 U_{out} 不随 U_{diff} 的增大而增大。放大区域的极限一般略低于正负电源电压，例如当电源电压等于 ±15 V 时，输出电压增益为 ±12 V。K_0 的典型值在 $10^4 \sim 10^6$ 之间。

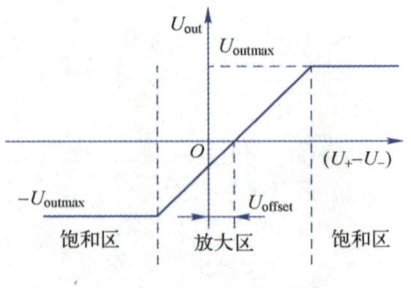

图 4-11　电压传输特性

（2）测试方法

测量开环增益的电路图如图 4-12 所示。

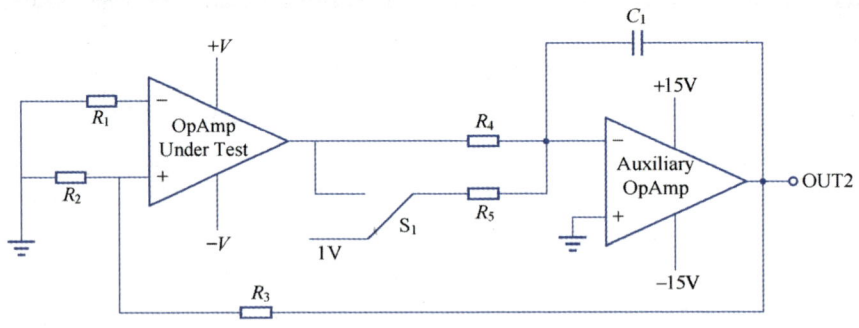

图 4-12　开环增益测试电路

在该电路中，辅助运算放大器用作积分器，以便在所研究的运算放大器中建立稳定的反馈，该运算放大器具有非常高的开环增益。

表 4-4 给出了电路无源元件的标称值。

表 4-4　K_0 测试电路元件的标称值

元　件	标　称　值
R_1，R_2	100 Ω
R_3	100 kΩ
R_4，R_5	110 kΩ
C_1	1 μF

按照图 4-12 所示电路图测量开环增益，步骤如下。

1）将 S1 开关连接到被测运算放大器的输出端，测量 OUT2 处的电压 U_1。

2）将 S1 开关连接到电源（+1 V），测量 OUT2 处的电压 U_2。

3）用下式计算增益：

$$K_0 = \left(1 + \frac{R_3}{R_2}\right) \frac{1}{|U_2 - U_1|} \tag{4-6}$$

（3）测试步骤

1）单击"Gain"打开测试面板，如图4-13所示。

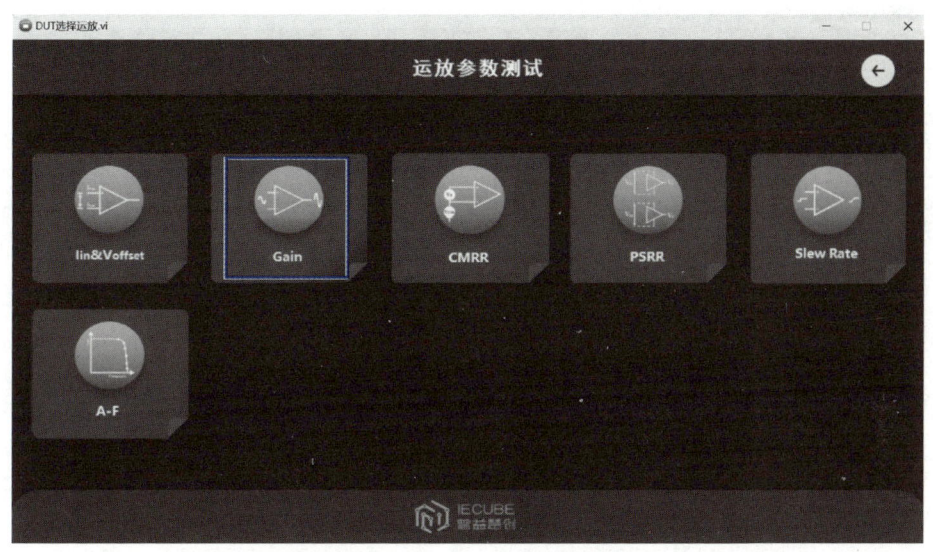

图4-13　K_0测试参数选择面板

2）机台选择当前连接设备；电源电压通道1选择"+25 V"通道，电压设置为"10 V"；电源电压通道2选择"-25 V"通道，电压设置为"-10 V"，电流限制为"0.05 A"；函数发生器激励信号类型选择"DC"（直流），偏移电压设置为"1 V"；数字万用表测量模式选择"DC"，测量范围设置为"10 V"。详细设置如图4-14所示。

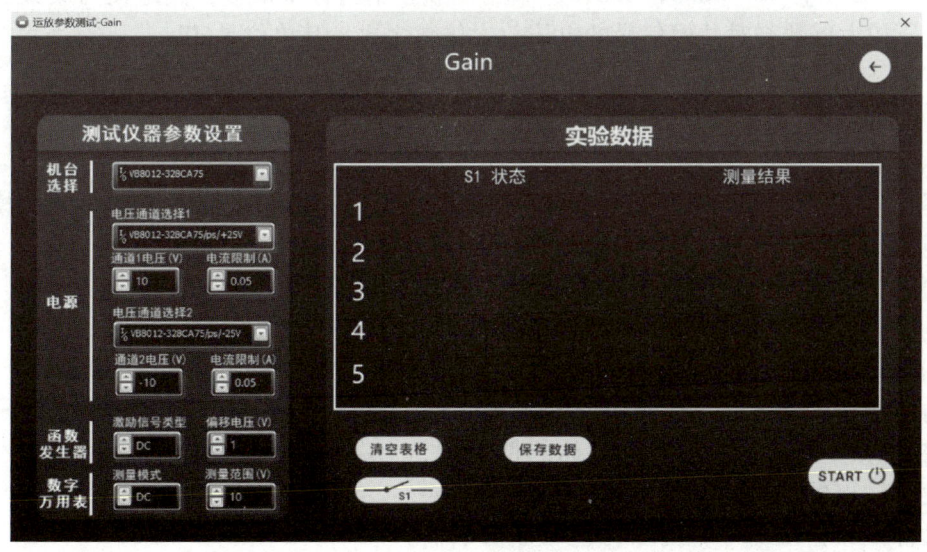

图4-14　K_0测试仪器面板设置

3）将开关 S1 设置为断开状态（断开状态为开关 S1 连接到被测运算放大器的输出端），单击"START"按钮，然后单击"保存数据"，测试结果为 OUT2 处的电压 U_1。

4）闭合开关 S1（闭合状态为开关 S1 连接到电源+1 V），单击"START"按钮，然后单击"保存数据"，测试结果为 OUT2 处的电压 U_2。测量结果如图 4-15 所示。

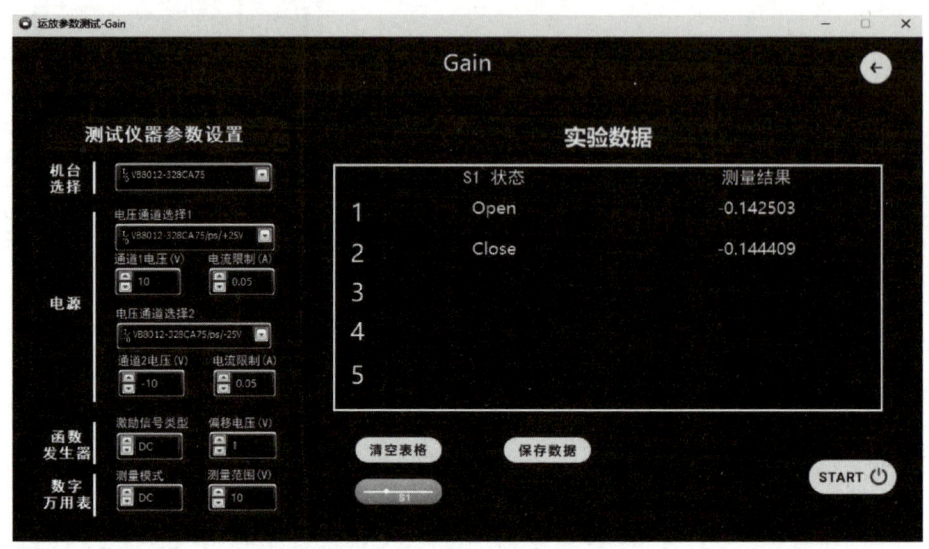

图 4-15　K_0 测量结果

5）计算增益。

4. 共模抑制比

（1）测试参数定义及计算方法

为了说明差分放大电路抑制共模信号及放大差模信号的能力，常用共模抑制比（Common Mode Rejection Ratio，CMRR）作为一项技术指标来衡量，其定义为放大器对差模信号的电压放大倍数与对共模信号的电压放大倍数之比，其单位是 dB。

$$K_{\mathrm{CMRR}} = \frac{K_0}{K_{\mathrm{CM}}} \tag{4-7}$$

式中，K_0 为差模增益；K_{CM} 为共模增益。

非理想运算放大器的特征参数是共模抑制比，运算放大器的输出电压与输入共模电压的关系如图 4-16 所示。如果将一个信号传输到运算放大器的同相输入端，它的输出端会产生一个极性相同的信号；而如果信号传输到反相输入端，则输出端会产生一个极性相反的信号。因此，当向两个输入端（U_+ 和 U_-）提供相同的信号时，输出信号将相减。在两个输入绝对对称的情况下，运算放大器输出的结果信号将等于零，因为输入信号不对称导致输出信号不为零，但明显低于输入信号。对于直流信号，不同类型运算放大器的共模抑制比 K_{CMRR} 在 80~120 dB 范围内。

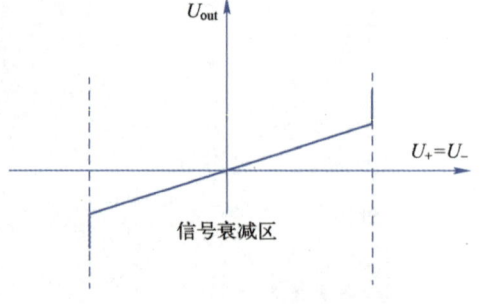

图 4-16　运算放大器输出电压与
输入共模电压的关系

（2）测试方法

测量共模抑制比的电路图如图 4-17 所示。

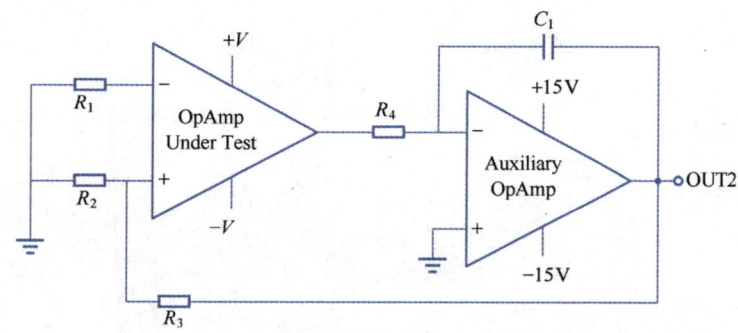

图 4-17　CMRR 测试电路

在该电路中，辅助运算放大器用作积分器，以便在所研究的运算放大器中建立稳定的反馈，该运算放大器具有非常高的开环增益。

表 4-5 给出了电路无源元件的标称值。

表 4-5　CMRR 测试电路元件的标称值

元　件	标　称　值
R_1，R_2	100 Ω
R_3	100 kΩ
R_4，R_5	110 kΩ
C_1	1 μF

根据图 4-17 所示电路图测量共模抑制比，步骤如下：

1）分别对+V 和-V 施加+9.5 V 和-9.5 V 电压，测量输出 OUT2 的电压 U_1。

2）分别对+V 和-V 施加+10.5 V 和-8.5 V 电压，并在 OUT2 输出处测量电压 U_2。

3）用下式计算共模抑制比：

$$K_{CMRR} = \frac{\Delta U_{in}}{\Delta U_{CM}} \tag{4-8}$$

其中，ΔV_{in} = 10.5-9.5 V = -8.5-(-9.5) V = 1 V；

$$\Delta U_{CM} = \frac{|U_2 - U_1|}{1 + R_3/R_2} \tag{4-9}$$

（3）测试步骤

1）单击"CMRR"打开测试面板，如图 4-18 所示。

2）机台选择当前连接设备；万用表测试模式选择"DC"，测量范围设置为"10 V"。

3）电源电压通道 1 选择"+25 V"通道，电压设置为"9.5 V"；电源电压通道 2 选择"-25 V"通道，电压设置为"-9.5 V"，电流限制为"0.05 A"；单击"START"按钮，然

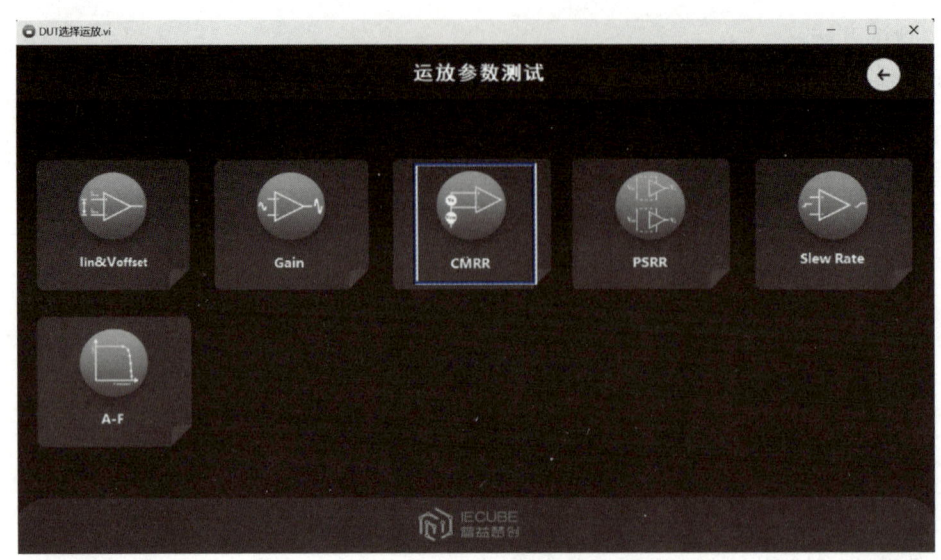

图 4-18　CMRR 测试参数选择面板

后单击"保存数据",测量结果为 OUT2 处的电压 U_1,测量结果如图 4-19 所示。

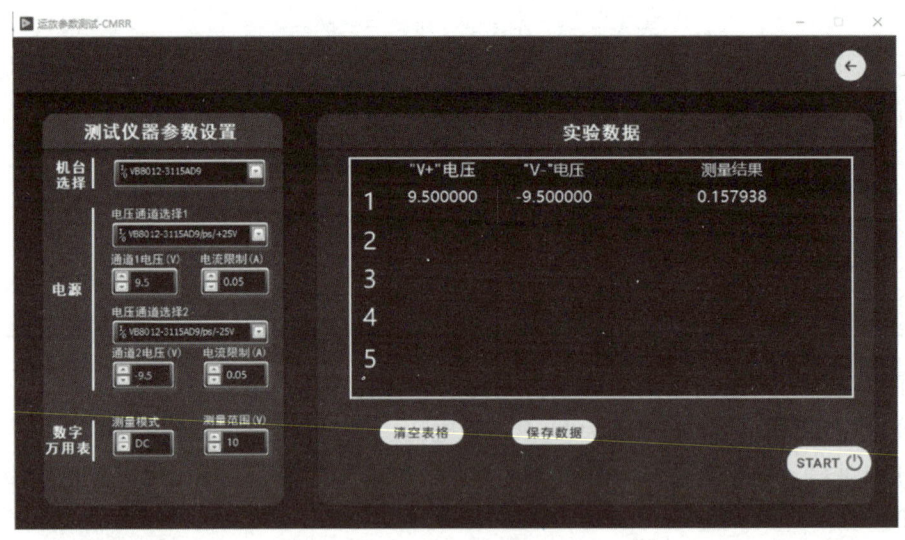

图 4-19　CMRR 测量结果(1)

4)电源电压通道 1 选择"+25 V"通道,电压设置为"10.5 V";电源电压通道 2 选择"-25 V"通道,电压设置为"-8.5 V",电流限制为"0.05 A";单击"START"按钮,然后单击"保存数据",测量结果为 OUT2 处的电压 U_2,测量结果如图 4-20 所示。

5)计算共模抑制比。

5. 电源抑制比

(1)测试参数定义及计算方法

PSRR 是输入电源变化量(以 V 为单位)与转换器输出变化量(以 V 为单位)的比值,常用分贝表示。对于高质量的 D-A 转换器,要求开关电路及运算放大器所用的电源电压发生变化时，对输出的电压影响极小。通常把满量程电压变化的百分数与电源电压变化的百分数之比称为电源抑制比。

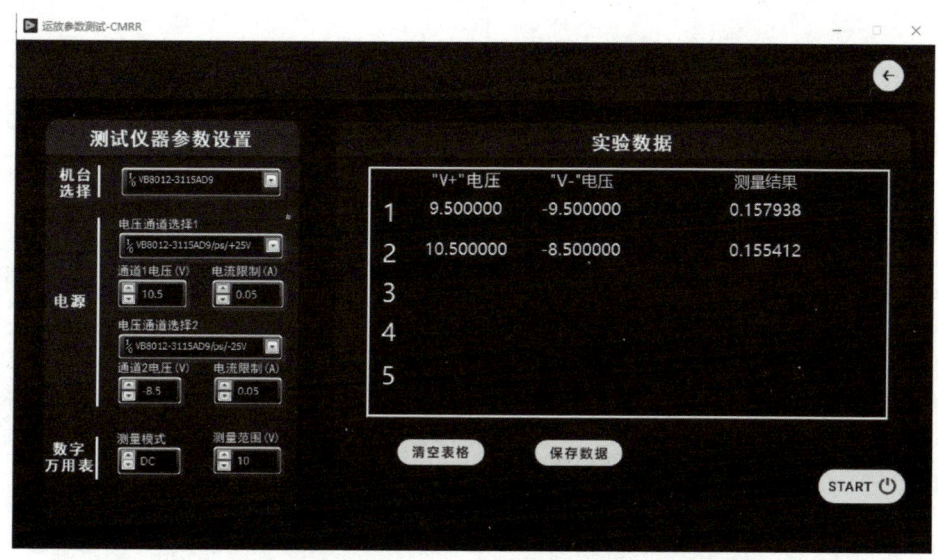

图 4-20　CMRR 测量结果（2）

在理想的运算放大器中，运算放大器的输出电压不应随电源电压的变化而变化。但是，在实际运算放大器中，它会因运算放大器的非理想性而发生变化。这种电压变化由 PSRR 描述。电源抑制比定义为电源电压（ΔU_s）变化与运算放大器输出（ΔU_{out}）电压变化之比。

$$\mathrm{PSRR} = \frac{\Delta U_s}{\Delta U_{out}} \tag{4-10}$$

（2）测试方法

测量电源抑制比的电路图如图 4-21 所示。

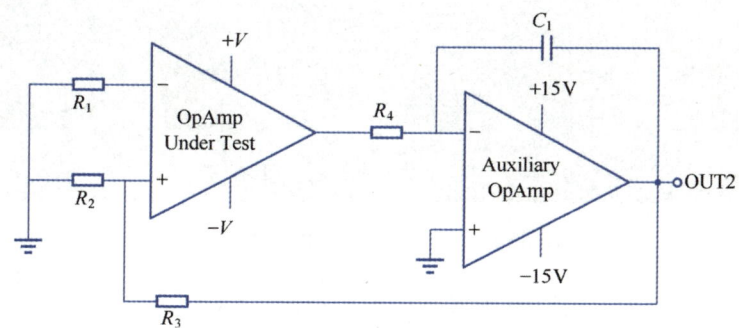

图 4-21　PSRR 测试电路

在该电路中，辅助运算放大器用作积分器，以便在所研究的运算放大器中建立稳定的反馈，该运算放大器具有非常高的开环增益。

表 4-6 给出了电路无源元件的标称值。

表 4-6　PSRR 测试电路元件的标称值

元　件	标　称　值
R_1, R_2	100 Ω
R_3	100 kΩ
R_4, R_5	110 kΩ
C_1	1 μF

根据图 4-21 中的电路测量电源抑制比，需执行以下步骤。

1）分别对 +V 和 -V 施加 +9.5 V 和 -9.5 V 电压，测量运算放大器 OUT2 输出端的电压 U_1。

2）分别对 +V 和 -V 施加 +10 V 和 -10 V 电压，测量运算放大器 OUT2 输出端的电压 U_2。

3）用下式计算电源抑制比：

$$\text{PSRR} = \frac{\Delta U_s (1 + R_3/R_2)}{|U_2 - U_1|} \tag{4-11}$$

其中，$\Delta U_s = [10\text{ V} - (-10\text{ V})] - [9.5\text{ V} - (-9.5\text{ V})] = 1\text{ V}$。

(3) 测试步骤

1）单击"PSRR"打开测试面板，如图 4-22 所示。

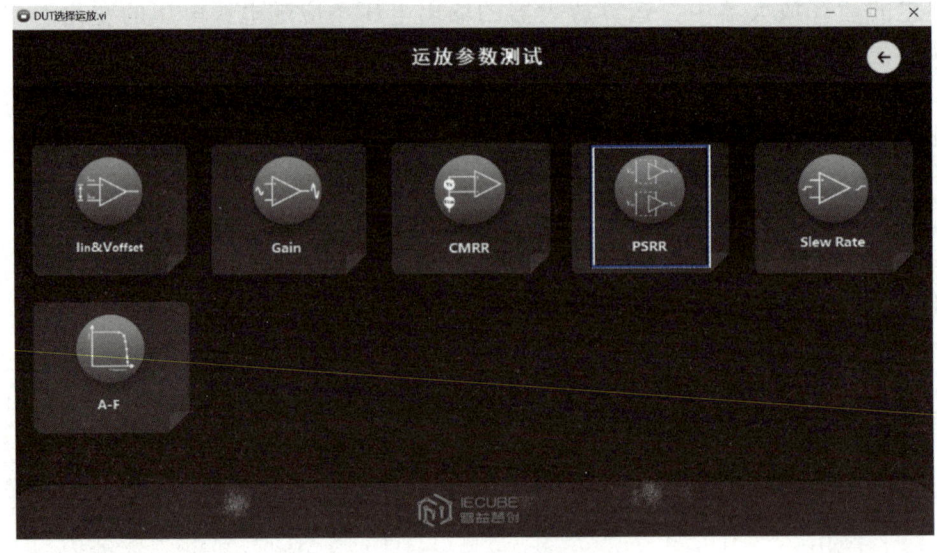

图 4-22　PSRR 测试参数选择面板

2）机台选择当前连接设备；万用表测试模式选择"DC"，测量范围设置为"10 V"。

3）电源电压通道 1 选择"+25 V"通道，电压设置为"9.5 V"；电源电压通道 2 选择"-25 V"通道，电压设置为"-9.5 V"，电流限制为"0.05 A"；单击"START"按钮，然后单击"保存数据"，测量结果为 OUT2 处的电压 U_1，测量结果如图 4-23 所示。

4）电源电压通道 1 选择"+25 V"通道，电压设置为"10 V"；电源电压通道 2 选择"-25 V"通道，电压设置为"-10 V"，电流限制为"0.05 A"；单击"START"按钮，然后单击"保存数据"，测量结果为 OUT2 处的电压 U_2，测量结果如图 4-24 所示。

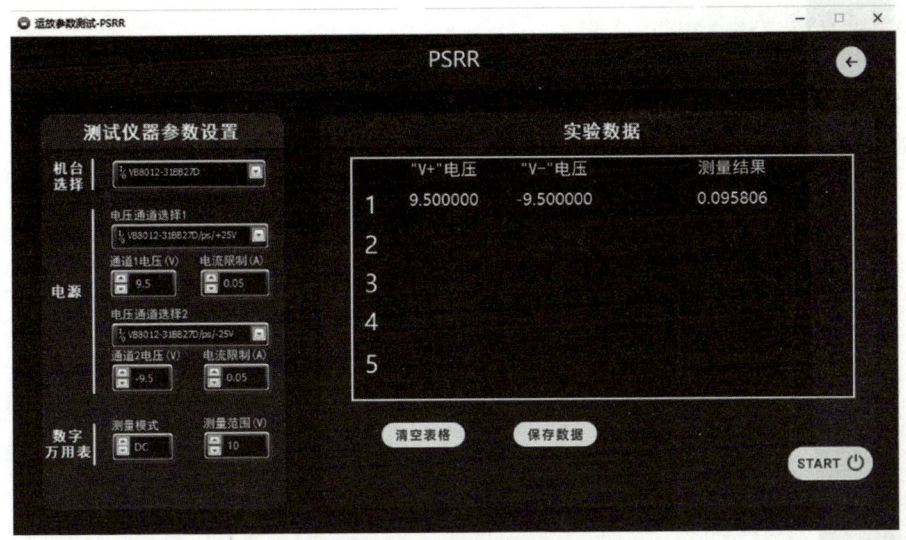

图 4-23　PSRR 测量结果（1）

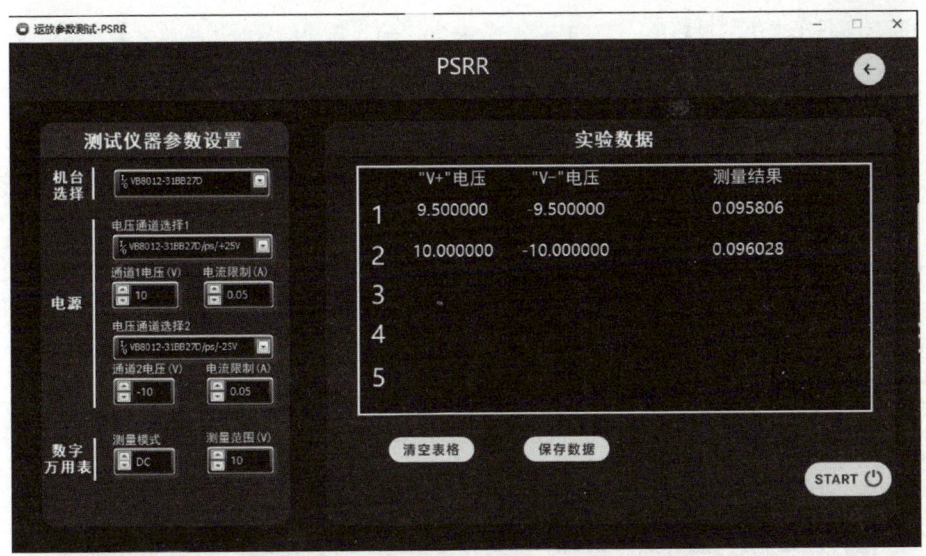

图 4-24　PSRR 测量结果（2）

5）计算电源抑制比。

6. 压摆率

（1）测试参数定义及计算方法

压摆率是运算放大器对输入电压变化的响应速率。

压摆率（V_V）定义为电压变化（ΔU）与发生这种变化的时间间隔（Δt）之比：

$$V_V = \frac{\Delta U}{\Delta t} \tag{4-12}$$

压摆率被用来表征运算放大器速度。大多数运算放大器的典型 V_V 值可能在 $1\sim 10\,\text{V}/\mu\text{s}$ 之间变化，但是对于高速运算放大器，它可以达到 $100\sim 1000\,\text{V}/\mu\text{s}$ 之间的值。

（2）测试方法

测量压摆率的电路图如图 4-25 所示。

根据图 4-25 所示电路图测量运算放大器的压摆率，步骤如下。

1）对运算放大器的正相输入端施加脉冲信号，用示波器测量输出端的电压。当输入脉冲信号时，测得的输出电压时序图如图 4-26 所示。

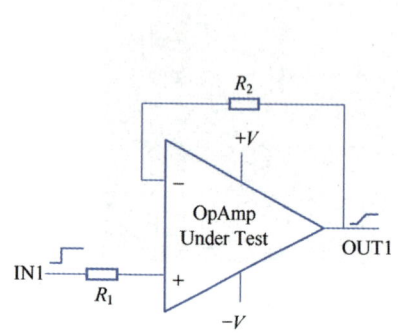

图 4-25　测量压摆率的电路图

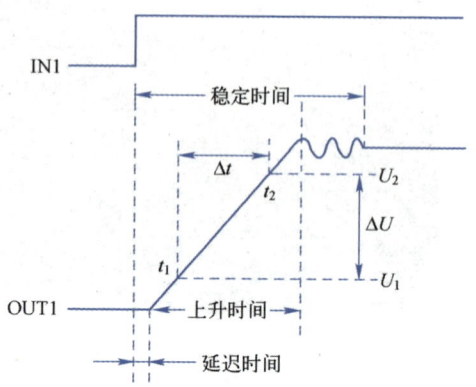

图 4-26　输入脉冲信号时运算放大器输出信号时序图

2）由时序图确定输出电压的变化：

$$\Delta U = U_2 - U_1 \tag{4-13}$$

其中 U_1、U_2 可能在 $0.1U_{settle} \sim 0.9U_{settle}$ 范围内变化（U_{settle} 是指输出端 OUT1 稳定时的电压值）。

3）从时序图中确定输出更改发生的时间间隔（Δt）：

$$\Delta t = t_2 - t_1 \tag{4-14}$$

4）利用公式计算压摆率。

（3）测试步骤

1）单击"Slew Rate"打开测试面板，如图 4-27 所示。

图 4-27　压摆率测试参数选择面板

2)机台选择当前连接设备;电源电压通道选择"+25 V"通道,电压设置为"10 V";电源"-25 V"通道已在程序内设置跟随,"+25 V"通道的任何配置都会镜像到"-25 V"通道,电流限制设置为"0.05 A";函数发生器激励信号类型选择"Square"(方波),设置幅值为"2 V",频率为"20 kHz",偏移电压为"0 V";示波器通道选择"mso/1",测量范围设置为"3 V"。详细设置如图4-28所示。

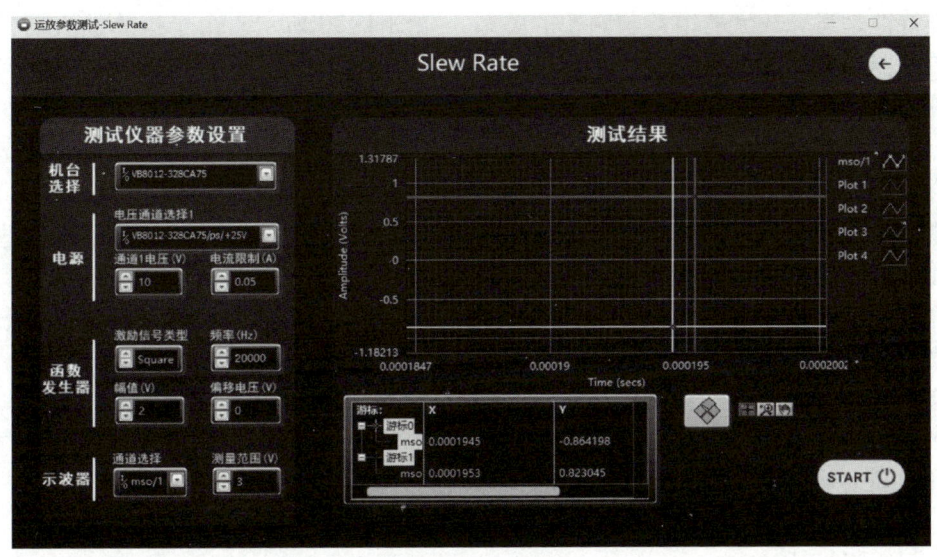

图4-28 压摆率测试仪器面板设置

3)单击"START"按钮,在测量结果中获取单次测量的波形,放大波形,使用游标读取 $0.1U_{settle} \sim 0.9U_{settle}$ 范围内的电压 U_1、U_2,以及对应的时间值 t_1、t_2。测量结果如图4-29所示。

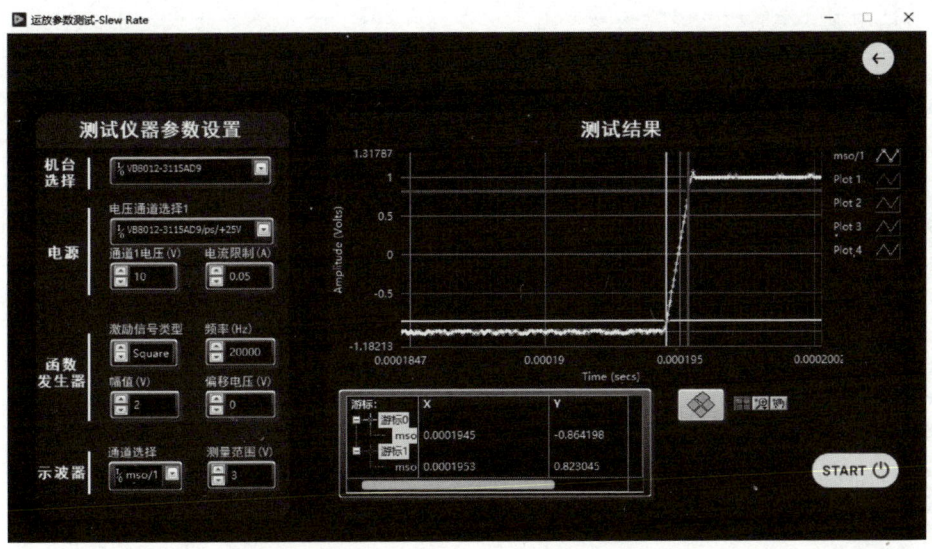

图4-29 压摆率测量结果

4) 利用 U_1、U_2 实测值，计算输出电压变化 ΔU。

5) 利用 t_1、t_2 的实测值，计算输出电压变化发生的时间间隔 Δt。

6) 计算压摆率 V_V。

7. 幅频特性

（1）测试参数定义及计算方法

幅频特性是运算放大器增益与频率的关系，如图 4-30 所示。由于运算放大器是一个多级电子放大器，它的增益取决于输入信号的频率。

运算放大器的每一个放大级都具有惯性，这意味着从某一特定频率开始，放大级的增益会减小。放大器的阶数越高，其总惯性越大，高频增益越低。在某一特定频率下，运算放大器增益会减小到一个单位（0 dB），即放大量为 1，这个频率称为单位增益频率，用 f_T 来表示。低频运算放大器 $f_T = 1\,\mathrm{MHz}$，高速和高频运算放大器 $f_T = 15 \sim 100\,\mathrm{MHz}$，还有一些运算放大器 f_T 在很宽的频率范围内（可以达到 2000 MHz）。

运算放大器带宽是增益相对于最大值保持在 3 dB 水平的频率范围。即增益与最大值相差 3 dB 处的频率到截止频率（f_0）的范围。

运算放大器带宽取决于有无反馈回路。由于运算放大器增益值明显较高，在运算放大器电路中增加了负反馈回路，从而增加了反馈所覆盖的带宽。同时，由于反馈回路的存在，增益随着带宽的增加而成比例地减小，如图 4-31 所示。

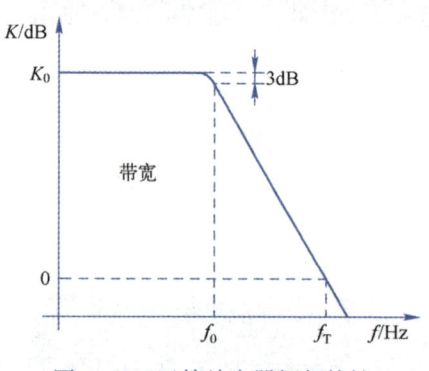

图 4-30　运算放大器幅频特性

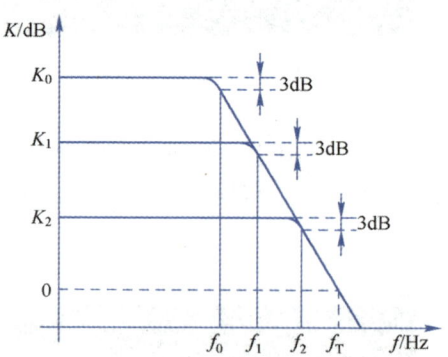

图 4-31　由于反馈而增加运算放大器的带宽

（2）测试方法

运算放大器的频率响应在有无负反馈（不同增益值）情况下测量。运算放大器增益为 1 或 0 dB 时的运算放大器连接电路如图 4-32 所示。

按照图 4-32 所示电路图测量运算放大器幅频特性，步骤如下。

1）将振幅为 U_{in}、频率为 f_i 的正弦波连接到 IN1 输入端，测量 OUT1 输出端的电压。

2）重复测量从 $0 \sim n\,\mathrm{GHz}$ 的不同频率，在这些频率下信号振幅保持不变。

3）得到输出电压后，利用式（4-15）计算给定频率的增益值：

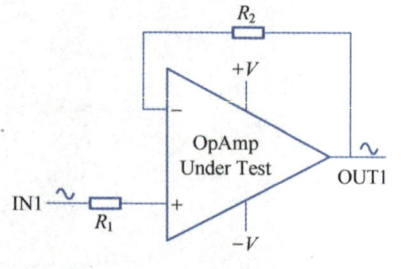

图 4-32　单位增益频率响应测试电路

$$K_i = \frac{U_{\text{out}_i}}{U_{\text{in}}} \tag{4-15}$$

4)用 K_i 和 f_i 的值绘制幅频特性图。

(3)测试步骤

1)单击"A-F"打开测试面板,如图4-33所示。

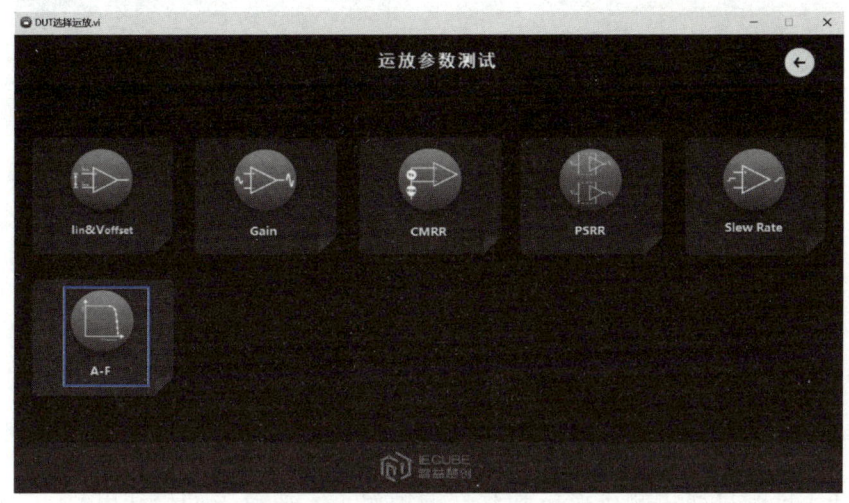

图4-33 幅频特性测试参数选择面板

2)机台选择当前连接设备;电源电压通道选择"+25 V"通道,电压设置为"10 V";电源"-25 V"通道已在程序内设置跟随,"+25 V"通道的任何配置都会镜像到"-25 V"通道,电流限制设置为"0.05 A";函数发生器激励信号类型选择"Sine"(正弦信号),幅值设置为"2 V",频率已在程序中设置为扫频信号(信号频率按照数列设置:$f_0 = 1\,\text{kHz}$,$f_1 = 50\,\text{kHz}$,$f(n+1) = f(n) + 50\,\text{kHz}$,$n \geqslant 1$(步长为50 kHz),需确保信号频率在0~1 MHz之间),偏移电压设置为"0 V";示波器通道选择"mso/1",测量范围设置为"3 V"。详细设置如图4-34所示。

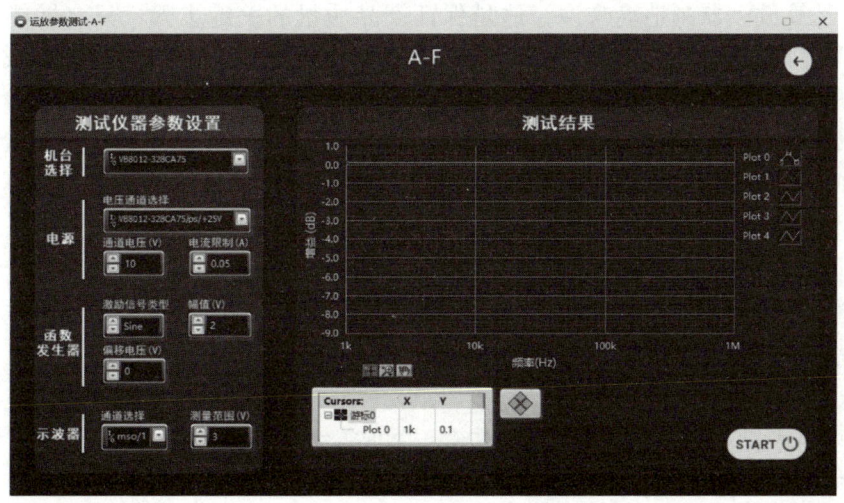

图4-34 幅频特性测试仪器面板设置

3)单击"START"按钮,查看测试结果。测试结果如图 4-35 所示。

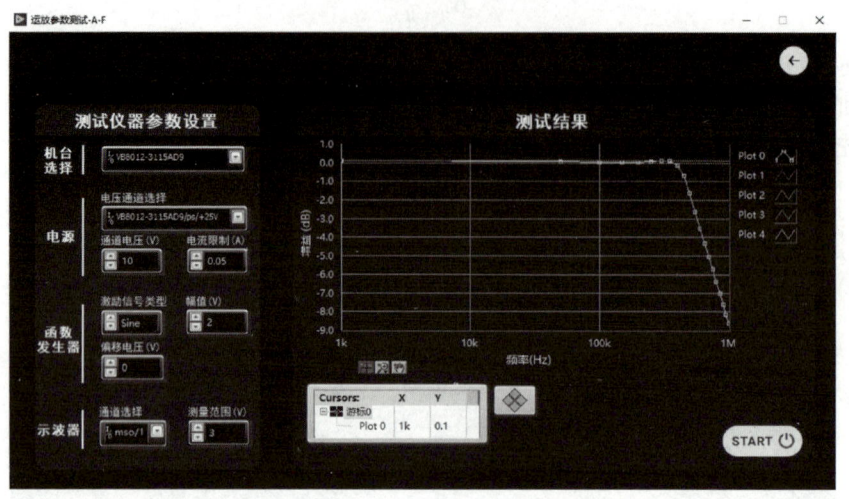

图 4-35 幅频特性测试结果

4.2.3 任务 2:运算放大器手动测试实践

运放任务 2-手动测试

任务 2 在不依赖自动化测试设备和软件的情况下,通过手动搭建电路和操作仪器,对运算放大器的各项性能参数进行测试。此任务在提高动手实践能力的同时,对运算放大器工作原理及相关电路知识也会有深入了解,同步提升仪器的操作技能、数据分析能力、实验设计与优化能力等。手动测试实践在测试条件和测试方法上具有较高的灵活性,测试人员可以根据测试的经验和结果,制定更加科学合理的测试方案,为自动化测试奠定基础。

1. 测试电路与测试仪器

测试电路是运算放大器手动测试的基础,良好的测试电路设计能够确保准确地获取运算放大器的性能参数。运算放大器测试电路可以精确测量其各项性能参数,如增益、CMRR、SR 等,对于运算放大器制造商来说,这是保证产品质量的关键步骤,只有性能指标符合规定标准的产品才能进入市场。对于电路设计工程师来说,测试电路提供的性能数据是运算放大器选型的重要依据,不同的应用场景对运算放大器性能有不同的要求。在手动测试中,运算放大器参数测试仪器一方面保证测量的准确性和精度,另一方面评估运算放大器的各项测试参数。因此,测试仪器的选择要综合考虑运算放大器的性能指标、参数类型等因素。

(1)测试电路设计

参考运算放大器测试系统框架,系统分为三个部分,即测试激励、被测对象及辅助电路、测试响应。测试激励与测试响应由专业测试设备提供,被测对象及辅助电路需要根据芯片性能参数、测试激励和测试响应加以设计。

本实践项目中被测运放型号为 MC33178,辅助运放型号为 MC33272,两个运放的引脚功能相同。运放 MC33178 的引脚图如图 4-36 所示。

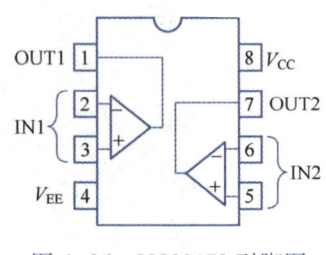

图 4-36 MC33178 引脚图

1) CMRR 测试电路。根据运算放大器测试系统框架设计运放 CMRR 测试电路，如图 4-37 所示。

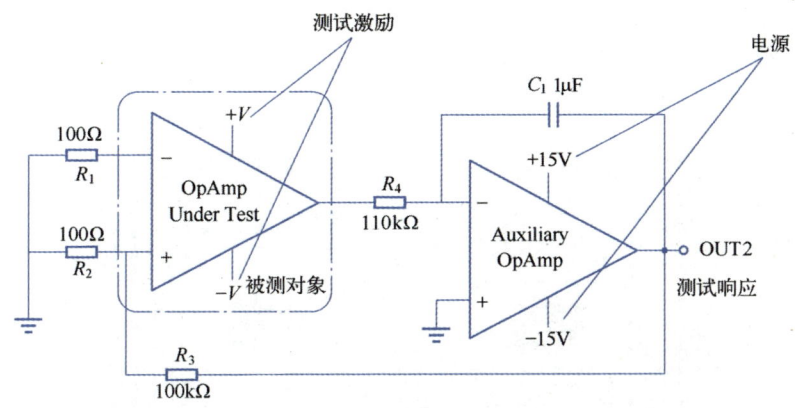

图 4-37　CMRR 测试电路原理图

通过图 4-37 所示的设计电路，可以看出电路结构与运算放大器测试系统框架相一致，由测试激励、被测对象及电源、测试响应组成。特别注意的是，测试激励为被测对象的正负供电电压。辅助运放的电源电路根据运算放大器芯片的数据手册要求，应选择合适的电源电压，电源电压波动在允许范围内。

电路的工作原理是输入不同的测试激励，根据得到的测试响应进行计算即可得出 CMRR。

2) SR 测试电路。根据运算放大器测试系统框架设计运放 SR 测试电路如图 4-38 所示。

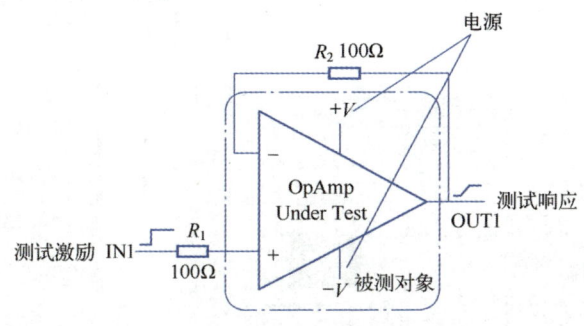

图 4-38　SR 测试电路原理图

通过图 4-38 所示的设计电路，可以看出电路结构与运算放大器测试系统框架相一致，由测试激励、被测对象及电源、测试响应组成。

电路工作原理：此电路为一个电压跟随器，输出信号随着输入信号而变化，但是输入/输出信号会有一个信号上升或者下降的过程，测量过程中的电压和时间变化即可得出 SR。

（2）测试仪器的选择

1) 函数发生器：用于产生方波信号。
2) 万用表：用于测量输出信号的电压值。
3) 示波器：观察输出信号的动态变化。
4) 电源：为运算放大器提供稳定的电源，根据运算放大器的工作电压要求，选择合适的电源电压。

2. 手动测试实施与数据分析

（1）CMRR 手动测试

1）测试电路搭建。参考图 4-37 所示的电路原理图，在面包板上搭建电路，电路效果图如图 4-39 所示。

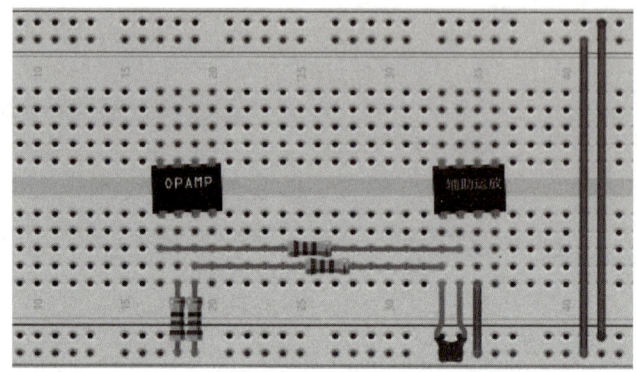

图 4-39　搭建 CMRR 手动测试电路

2）测试步骤。

① 被测运放的电源由 Power Supply 的 ±25 V 提供，辅助运放的电源由 IECUBE-3839 顶部的 ±12 V 直流电源输出提供，电路输出由数字万用表测量。连接示意图如图 4-40 所示。

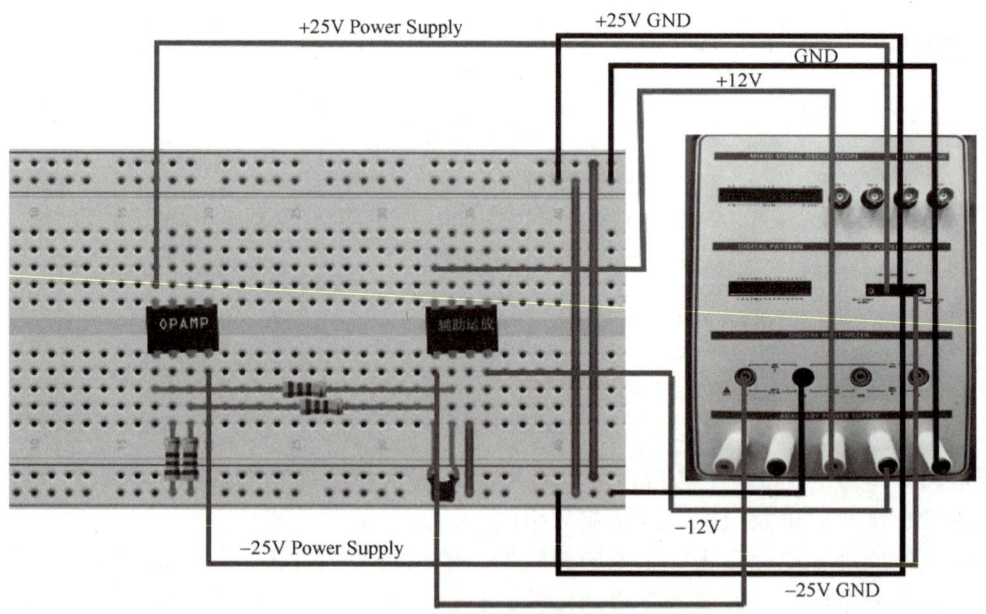

图 4-40　CMRR 手动测试连接示意图

② 电路连接后将数字万用表档位打至直流电压，将设备前面的电源按钮按亮，给辅助运放提供稳定的 ±12V 电压（会变成蓝色），然后使用 IECUBE-3839 软面板对待测芯片进行供电，设置如图 4-41 所示。

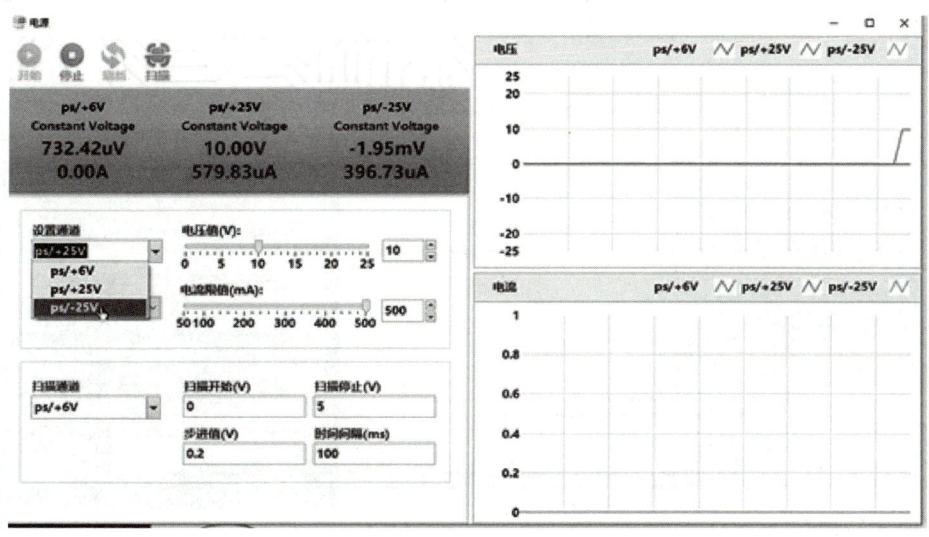

图 4-41　CMRR 手动测试 IECUBE-3839 Power Supply 的 ±25 V 电压设置

③ Power Supply+25 V 提供被测运放正电源电压+V，PowerSupply-25 V 提供被测运放负电源电压-V，分别对+V 和-V 施加+9.5 V 和-9.5 V 电压，测量输出 OUT2 的电压 U_1。

$$U_1 = -85.80 \text{ mV}$$

④ 分别对+V 和-V 施加+10.5 V 和-8.5 V 电压，并在 OUT2 输出处测量电压 U_2

$$U_2 = -84.35 \text{ mV}$$

3）数据分析。计算共模抑制比，其中，$\Delta U_{\text{in}} = 10.5 \text{ V} - 9.5 \text{ V} = -8.5 \text{ V} - (-9.5 \text{ V}) = 1 \text{ V}$。

$$\Delta U_{\text{CM}} = \frac{|U_2 - U_1|}{1 + \frac{R_3}{R_2}} = 0.00144 \times 10^{-3}$$

$$K_{\text{CMRR}} = \frac{\Delta U_{\text{in}}}{\Delta U_{\text{CM}}} \approx 694444$$

换算为 dB 值：CMRR ≈ 117 dB。

在本次手动测试中得到了 CMRR 约为 117 dB 的结果，这通常表示运算放大器有非常好的共模抑制能力，能有效减小共模噪声的影响。大多数高性能的运算放大器，特别是在精密应用中，CMRR 通常在 100~120 dB 之间。

（2）SR 手动测试

1）测试电路搭建。参考图 4-38 所示的电路原理图，在面包板上搭建电路，电路效果如图 4-42 所示。

2）测试步骤。

① 电路搭建完成后，被测运放电源由 Power Supply 的 ±25 V 提供，Slew Rate 测试不需要辅助运放，用线缆将被测运放的正相输入端与仪器中的信号源 FGEN 相连，被测运放

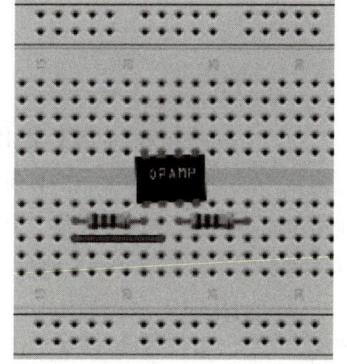

图 4-42　搭建 SR 手动测试电路

的 OUT1 与仪器中的示波器 CH1 相连。连接示意图如图 4-43 所示。

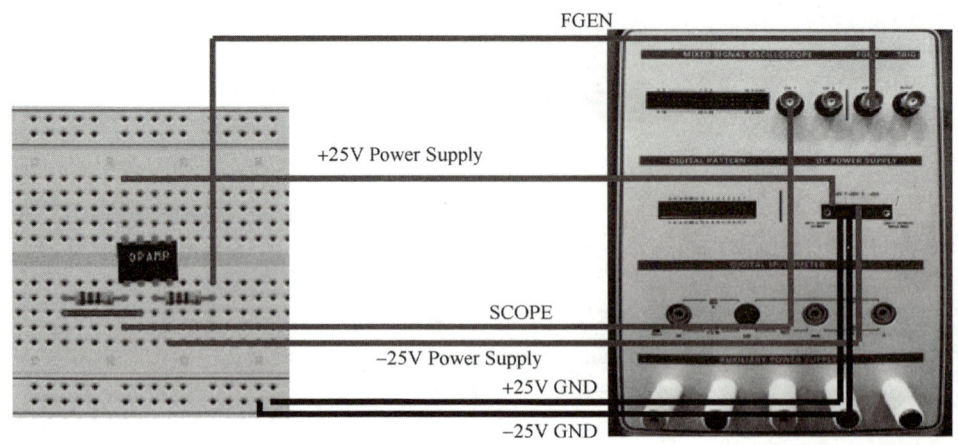

图 4-43　SR 手动测试连接示意图

② 使用 IECUBE-3839 软面板对待测芯片进行供电，设置如图 4-44 所示。

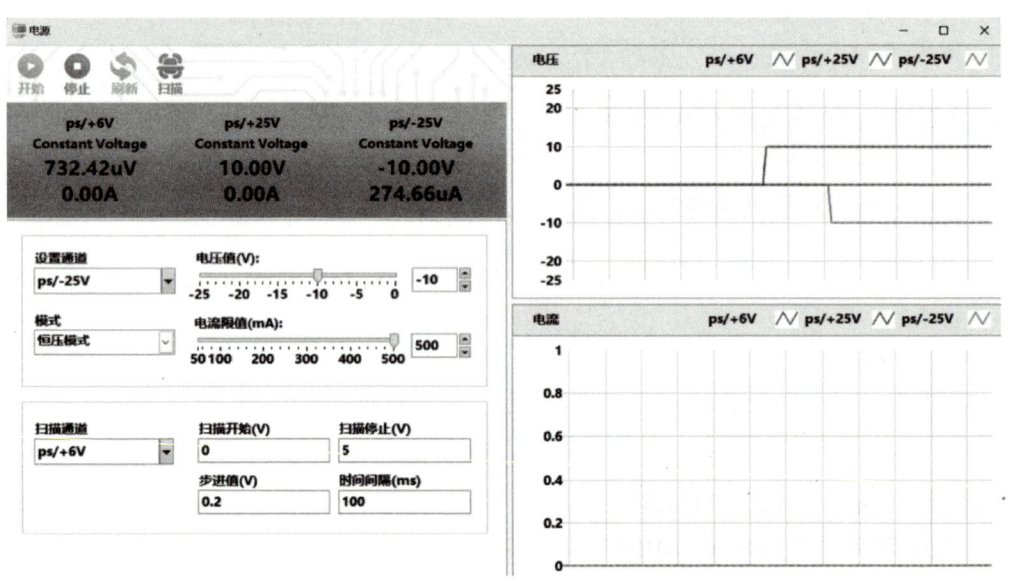

图 4-44　SR 手动测试 IECUBE-3839 Power Supply 的 ±25 V 电压设置

③ Power Supply+25 V 提供被测运放正电源电压 $+V$，PowerSupply-25 V 提供被测运放负电源电压 $-V$，分别对 $+V$ 和 $-V$ 施加 $+10$ V 和 -10 V 电压，再使用 FGEN 提供输入波形，波形选择方波，设置信号频率为"100 Hz"，占空比为"50%"，幅度为"1 V"，DC 偏置为"1 V"。具体参数设置如图 4-45 所示。

④ 启用 CH0，设置 CH0 中探头衰减倍数为"1×"，耦合方式为"DC"（直流），垂直位置为"0"。具体参数设置如图 4-46 所示。

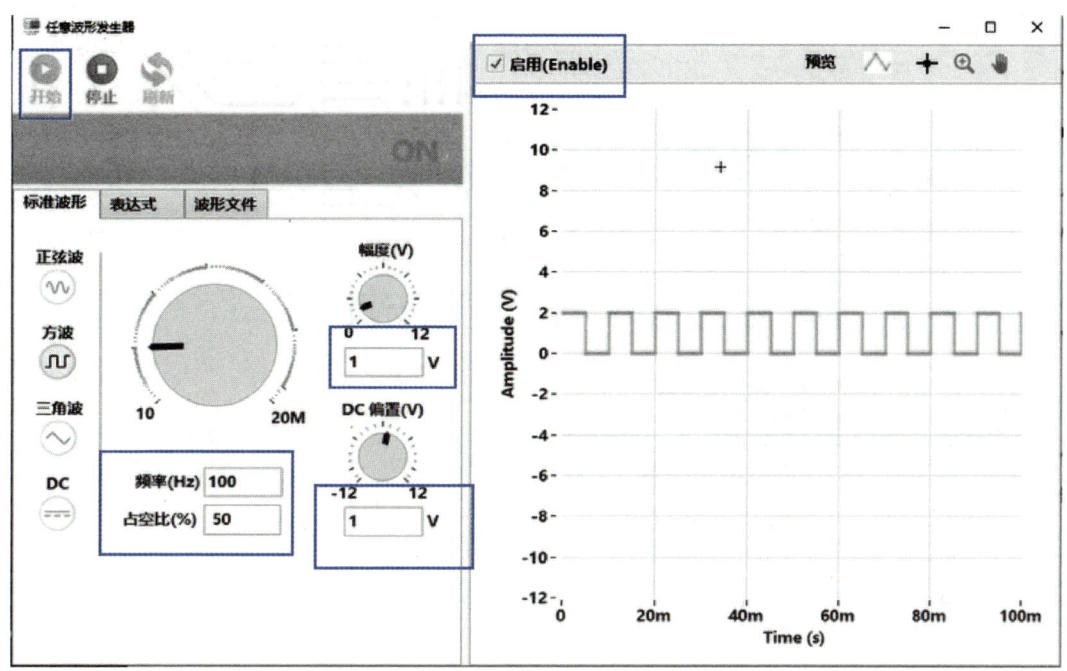

图 4-45　设置 IECUBE-3839 FGEN 参数

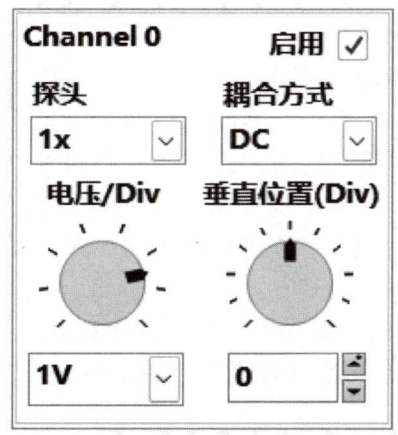

图 4-46　设置 IECUBE-3839 SCOPE 参数

⑤ 从示波器上得到运算放大器的信号输出波形，并从图中读出 ΔU 和 Δt，输出信号波形如图 4-47 所示。

3）数据分析。计算运放的压摆率。

$$\Delta U = U_2 - U_1 = 494 \text{ V} - (-412 \text{ V}) = 906 \text{ mV}$$

$$\Delta t = t_2 - t_1 = 472.88 \text{ ns}$$

$$V_V = \frac{\Delta U}{\Delta t} \approx 1.916 \text{ V/} \mu\text{s}$$

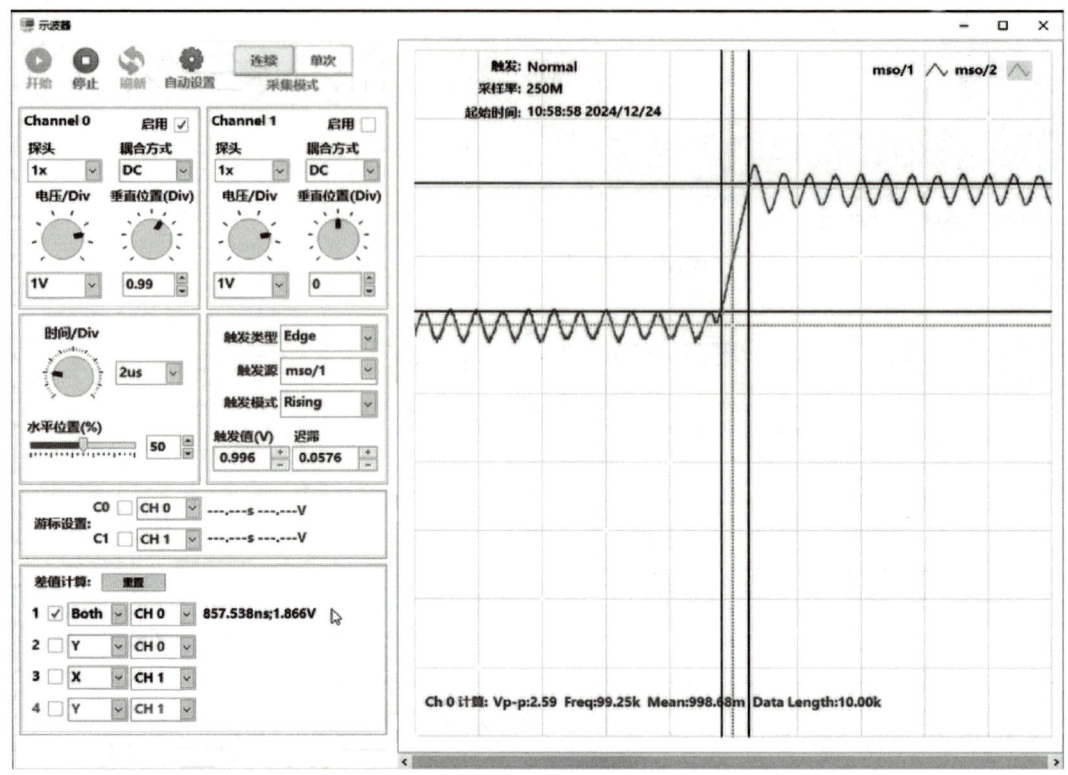

图 4-47 运算放大器输出波形

这个值意味着，在给定的测试条件下，运算放大器的输出电压每微秒变化约 1.916 V。这个值在实际应用中，表示该运算放大器的响应速度，适合应用于较低频率或较低变化速率的信号。如果输入信号的频率过高，或电压变化过快，可能会出现信号失真或跟不上输入信号的变化。MC33178 数据手册中标称的最小值为 1.2 V/μs，典型值为 2 V/μs。测得的结果为 1.916 V/μs，这实际上是在数据手册的最小值和典型值之间，因此可以认为是正常的。

通过任务 2 的学习，读者已经掌握了不同测试参数电路的手动搭建和测试过程，并对测试结果进行分析，在动手能力增加的同时，更能深入体会运算放大器参数测试的重要性。

4.2.4　任务 3：运算放大器自动化测试实践

运放任务 3-自动化测试

任务 3 从测试方案制定、测试接口板设计、测试程序开发、自动化测试实施与数据分析四个方面介绍运算放大器自动化测试流程。通过此任务，读者可以掌握半导体行业测试人员在芯片自动化测试过程中所需要的技能。

1. 测试方案制定

芯片自动化测试方案制定是确保芯片质量与性能符合要求的关键环节，方案制定的一般流程如图 4-48 所示。

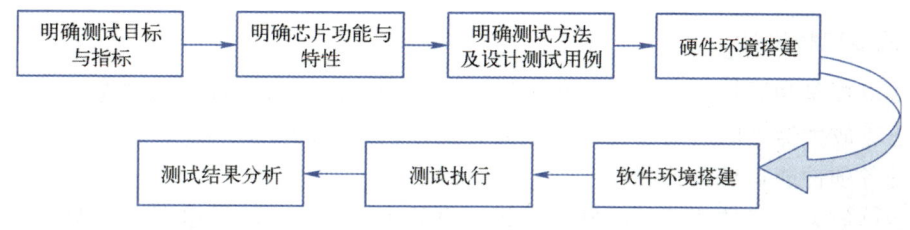

图 4-48　自动化测试方案制定流程

(1) 明确测试目标与指标

列出需要重点测试的性能指标，主要包括以下内容。

1) 运算放大器直流参数：输入漏电流、失调电压、增益、CMRR 和 PSRR。
2) 运算放大器交流参数：SR、幅频特性。

(2) 明确芯片功能与特性

分析技术规格，阅读运算放大器芯片 MC33178 的技术规格书，了解其电压工作范围、SR、CMRR、PSRR 等关键参数，这些参数将直接影响测试方案的设计，主要参数见表 4-7。

表 4-7　MC33178 主要参数

主 要 参 数	取　　值
工作电压	±2～±18 V
SR	2 V/μs
CMRR	80～110 dB
PSRR	80～110 dB

(3) 明确测试方法及设计测试用例

根据芯片类型和功能，确定合适的测试方法；而基于测试方法，可以设计测试用例，包括输入、输出及测试步骤等。

(4) 硬件环境搭建

根据测试系统框架及测试硬件平台，搭建自动化测试系统。详细内容见测试接口板设计。

(5) 软件环境搭建

开发或选择合适的测试软件工具，如自动化测试脚本编写工具、测试数据生成软件、测试结果分析软件等。详细内容见测试程序开发。

(6) 测试执行

根据测试用例，启用自动化测试程序，依次执行。在测试过程中，实时监控测试设备的运行状态、芯片的工作状态以及测试软件的执行情况。详见自动化测试实施与数据分析。

(7) 测试结果分析

对测试数据进行深入分析，将实际测试结果与预期结果进行比对。计算各种测试指标的实际值，并与测试目标中设定的指标进行对比评估。详见自动化测试实施与数据分析。

2. 测试接口板设计

测试接口板是为运算放大器自动化测试提供一个稳定、可靠且高效的连接平台，实现测试系统与运算放大器之间的信号传输、电源分配以及必要的控制功能，确保能够准确地对运算放大器的各项性能指标进行测试。

参考运算放大器参数测试系统框架，将运算放大器芯片、辅助电路、电源接口、测试激励接口、测试响应接口按照电路规则制成统一接口的板卡，即为测试接口板。运算放大器测试接口板示意图如图 4-49 所示。

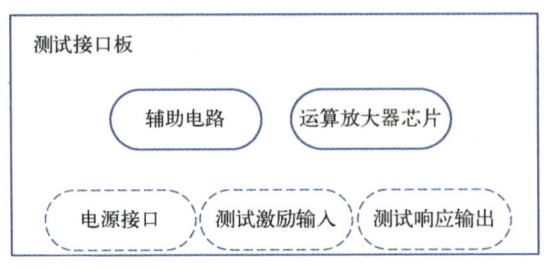

图 4-49　运算放大器测试接口板示意图

IECUBE-3839 集成电路测试实验平台使用的接口为 2×25 Pin 插座，如图 4-50 所示。根据手动测试电路，设计测试接口板如图 4-51 所示。

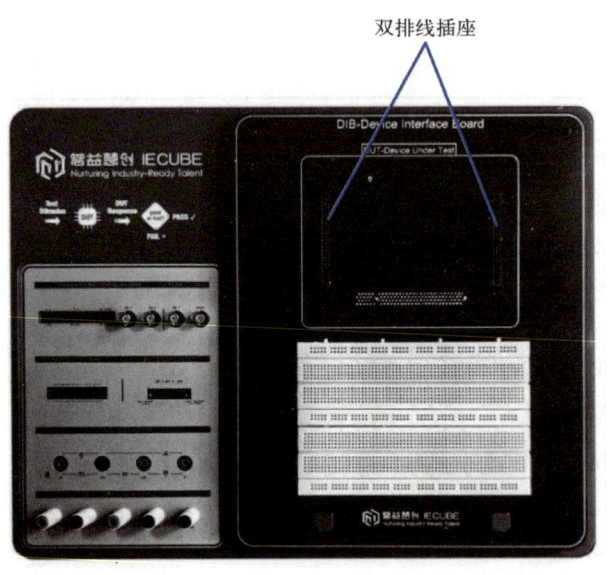

图 4-50　双排线插座

测试接口板使用 2×25 Pin 双排线接口，此实践任务中用到的引脚及资源定义可参考附录 A。

需要通过开关切换不同测试项，同时也需要在同一个测试项内切换测试点；开关切换使用数字"Digital Pattern"中的 I/O 口，每个参数对应的数字 I/O 见表 4-8。

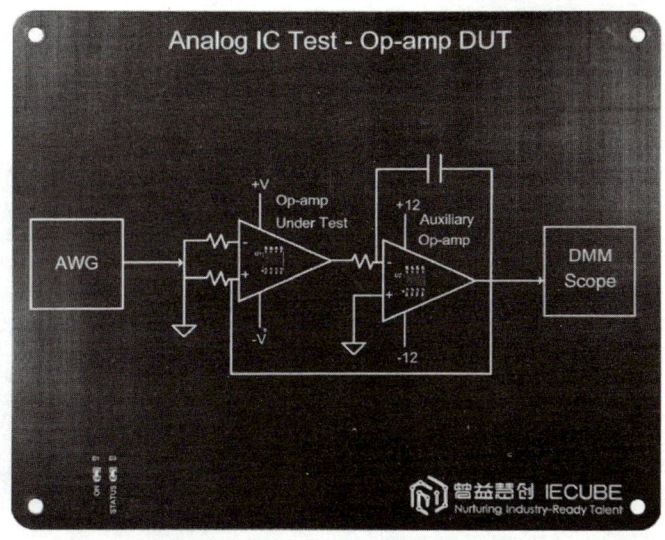

图 4-51　运算放大器测试接口板

表 4-8　每个参数对应的数字 I/O

测 试 参 数	数字 I/O（DIO0—3）
I_{in} & U_{offset}	1. 1110 2. 0110 3. 0101
K_0	1. 1101 2. 1111
共模抑制比和电压抑制比	1110
压摆率 & 带宽	1100

3. 测试程序开发

在自动化测试领域，测试程序的架构设计是确保测试流程高效、准确的关键。图 4-52 所示的是一个运算放大器芯片通用测试程序架构图，接下来将探讨运算放大器芯片测试方案中测试程序的开发流程，从测试程序的整体框架出发，逐步解析其核心组件和功能。

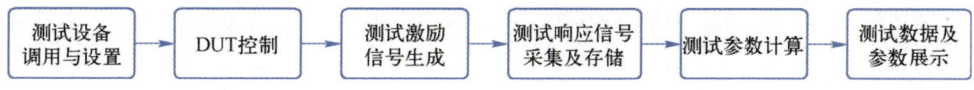

图 4-52　运算放大器芯片通用测试程序架构图

基于运算放大器芯片通用测试程序架构图，使用 LabVIEW 构建了一个运算放大器芯片参数自动化测试的代码框架，其中包含了完整的 OP-AMP 芯片参数测试流程，程序中空缺了几个关键的部分，这些部分在代码中通过绿色高亮的注释进行了标注。

1）从"OP-AMP Test System Exercise"文件夹中打开"OP-AMP Test System"工程文件，打开"0-OP-AMP Test System Main"VI，会出现如图 4-53 所示的前面板界面，前面板中包含了硬件配置、DUT 测试参数图集、DUT 测试结果、开始测试按钮和测试进度等内容。

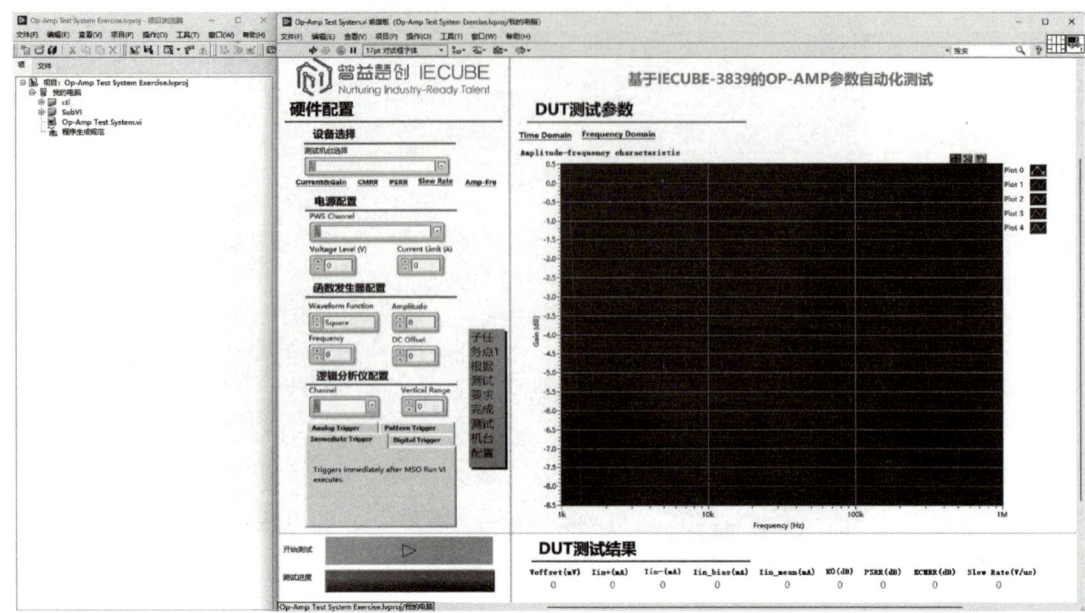

图 4-53 运算放大器芯片测试程序前面板

前面板在 LabVIEW 中是和用户交互的界面，而代码的实现都是在程序框图中，打开测试程序的程序框图，它与 OP-AMP 芯片通用测试程序架构的对应关系如图 4-54 所示。

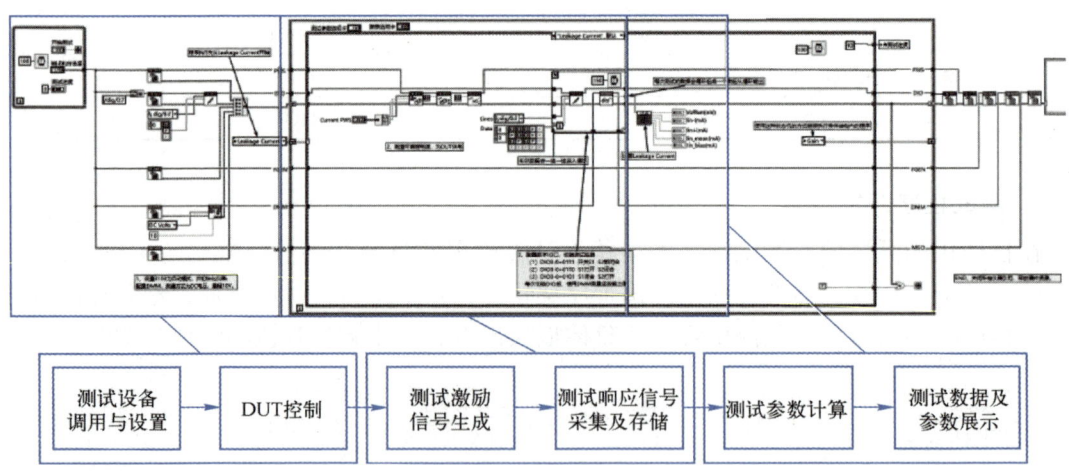

图 4-54 运算放大器芯片测试程序框图

2) 为了实现高效、灵活且模块化的测试流程，测试系统使用了 LabVIEW 状态机的编程方式，这种编程方式能够顺序且有序地执行每个测试任务，并提供可扩展的架构来管理复杂的测试操作。状态机架构通常通过 while 循环和状态机结构来控制程序的执行流程。每个"状态"代表程序的一个特定行为或操作，状态之间通过条件判断来转换，常见的结构是使用"枚举类型"来定义不同的状态，并通过一个 Case 结构根据当前状态执行相应的代码。枚举的选项如图 4-55 所示。

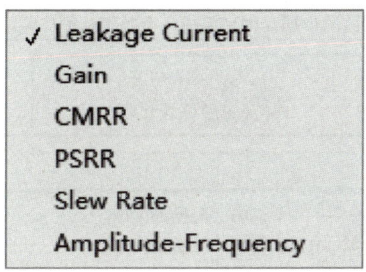

图 4-55 枚举选项

3）为了使该程序能够完成完整的 OP-AMP 芯片参数自动化测试，需要根据以下子任务要求完善这五个部分的程序。

子任务 1：在测试程序的主界面中，需要正确选择机台，完成设备通信，并根据任务 1 和任务 2 学习到的内容配置仪器参数，以确保测试过程顺利进行，如图 4-56 所示。

子任务 2：选择合适的通道并配置每个参数的 DIO 通道。打开测试程序的程序框图，按照表 4-8 配置每个参数的 DIO 通道，子任务点如图 4-57 所示。

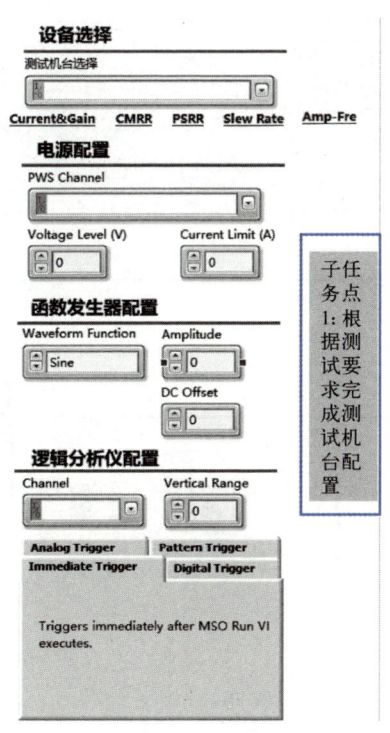

图 4-56 子任务 1 设备通信

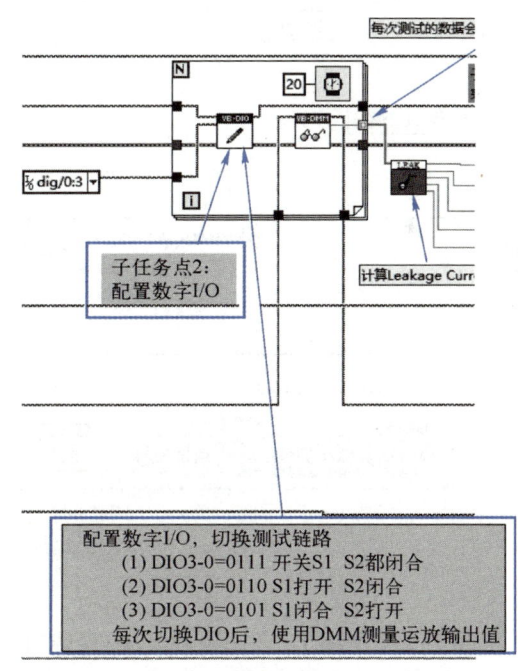

图 4-57 子任务 2 配置 DIO 通道

子任务 3：完成所有测试项中的算法实现、测试结果显示等内容，子任务点如图 4-58 所示。

子任务 4：设置函数发生器产生正弦扫频信号。本程序选择步进扫频信号生产的方式，信号频率按照数列设置：$f_0 = 1\ \text{kHz}$，$f_1 = 50\ \text{kHz}$，$f(n+1) = f(n) + 50\ \text{kHz}$，$n \geqslant 1$（步长为 50 kHz）；需确保信号频率在 0~1 MHz 之间。子任务点如图 4-59 所示。

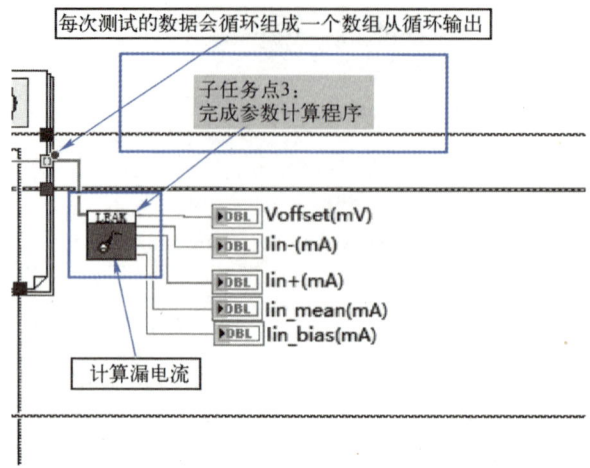

图 4-58 子任务 3 完成所有测试点中的测试结果计算

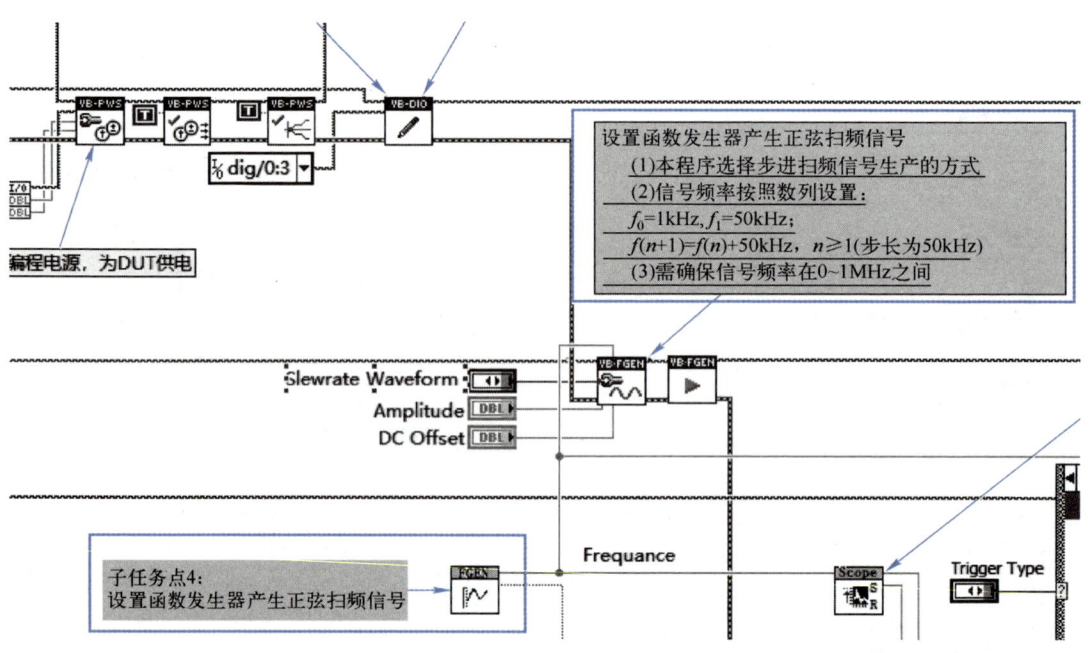

图 4-59 子任务 4 设置函数发生器产生正弦扫频信号

子任务 5：使用 LabVIEW 状态机实现自动测试程序，如图 4-60 所示。

4）在项目浏览器中使用菜单栏的"文件"按钮保存项目中所有子任务的改动，如图 4-61 所示。

4. 自动化测试实施与数据分析

（1）测试步骤

1）将 OP-AMP DUT 测试板卡插在 IECUBE-3839 顶部母板双排线插座上，如图 4-62 所示。

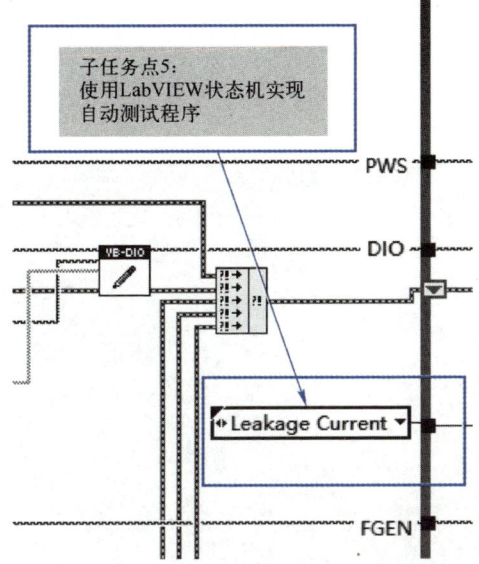
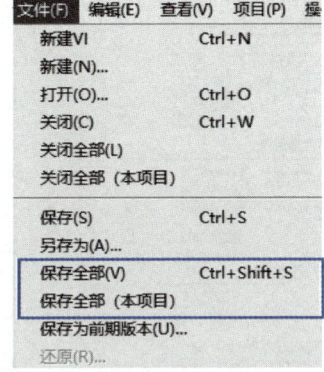

图 4-60　子任务 5 使用 LabVIEW 状态机实现自动测试程序　　　图 4-61　保存项目

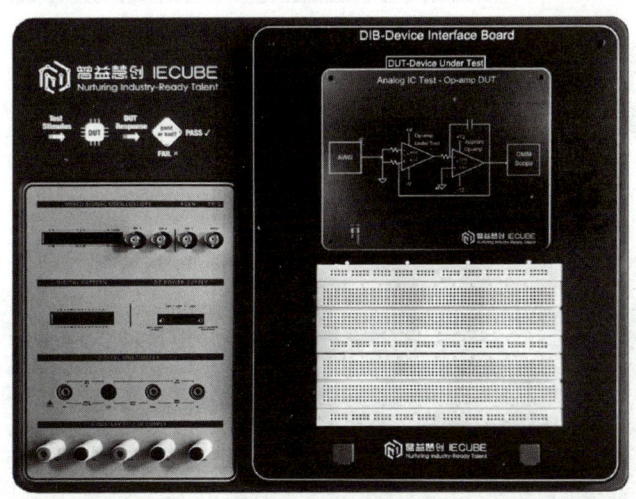

图 4-62　DUT 板放置

2）打开 IECUBE-3839 电源开关按钮。

3）单击"开始测试"按钮即可完成运算放大器的参数自动化测试，运行结果如图 4-63 所示。

（2）测试结果

右侧 DUT 测试参数选项卡中分别有压摆率的时域图、幅频特性图。例如时域图如图 4-64 所示。

通过测试结果看到，运算放大器的输出是一个方波，通过此方波可以计算出运算放大器的压摆率。

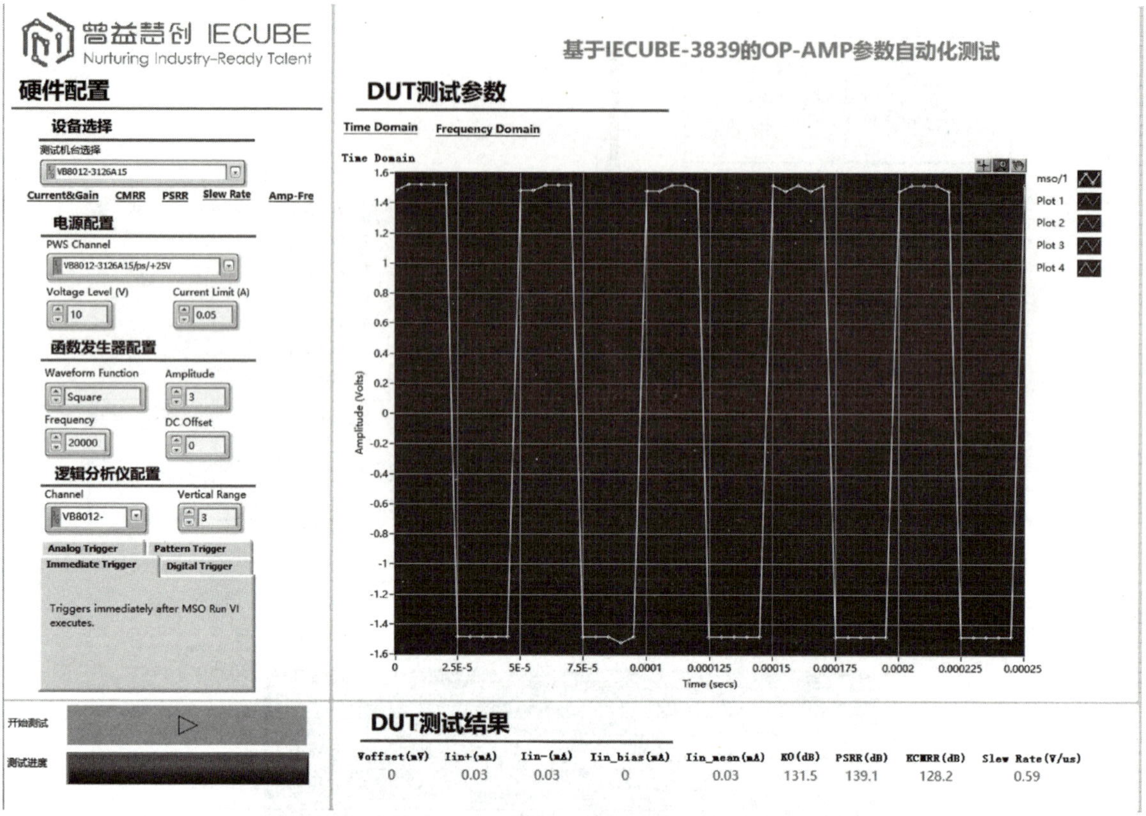

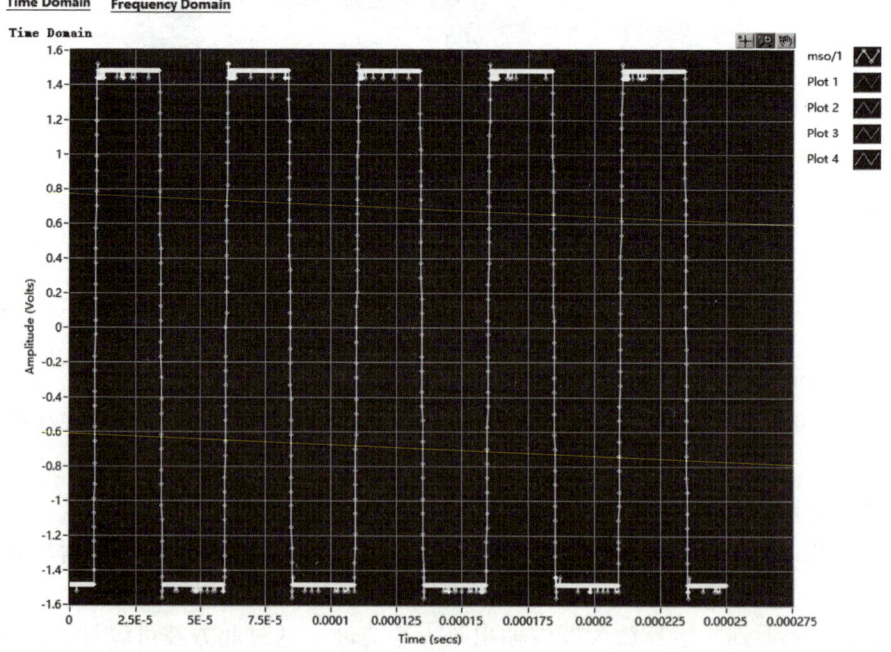

图 4-63　运算放大器芯片测试运行结果

图 4-64　时域图

在查看波形数据时可通过右下角的图形工具（ ） 实现对波形图的放缩等操作，如图 4-65 所示。

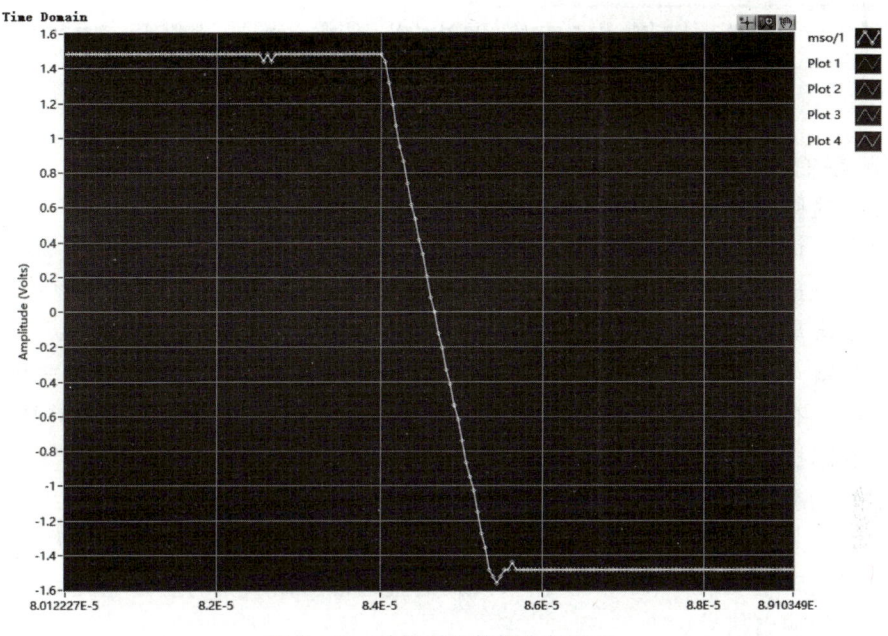

图 4-65　采集到的数据全部显示

幅频特性图如图 4-66 所示，可以从图中看出，随着信号频率的增加，运算放大器输出的增益减小。

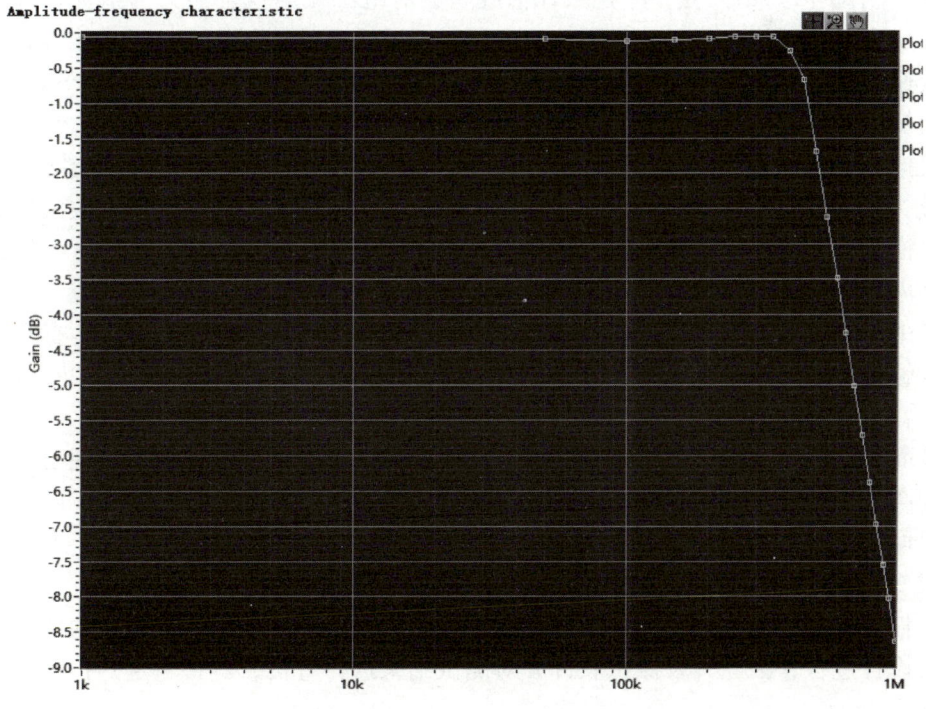

图 4-66　幅频特性图

DUT 的自动化参数测试结果如图 4-67 所示。

DUT测试结果

Voffset(mV)	Iin+(mA)	Iin-(mA)	Iin_mean(mA)	Iin_bias(mA)	K0(dB)	PSRR(dB)	KCMRR(dB)	Slew Rate(V/us)
0.05	4.14E-5	4.87E-5	-7.33E-6	4.5E-5	131.5	116.5	105.4	2.16

图 4-67　运算放大器芯片自动化参数测试结果

（3）测试数据分析

以下是对这些测试结果的详细分析和说明。

测试中的失调电压（U_{offset}）为 0.05 mV，比典型值 0.15 mV 要低，且远低于最大值 3 mV。这表明该放大器在测试条件下的失调电压表现良好，符合设计规格要求。较低的失调电压有助于提高系统的精度和稳定性，特别是在低电压、低噪声应用中。

测试中的输入偏置电流（I_{bias}）为 45 nA，远低于最大值 300 nA，且低于典型值 100 nA。这表明放大器具有较低的输入偏置电流，能够更好地应用于高精度电路，尤其是对电流敏感的应用，如高阻抗输入或低功耗系统。较低的输入偏置电流有助于减少偏置电流引起的误差，提升信号的准确性。

测试中的输入失调电流为 -7.33 nA，相比典型值 5 nA 略大，但仍在最大值 50 nA 范围内，且对大多数应用场景影响不大。输入失调电流通常由输入端的差分电流不平衡造成，它会影响放大器的输出信号。

增益带宽积（K_0）通常用于描述放大器在特定带宽下的增益能力。131.5 dB 是一个非常高的增益带宽积，通常意味着该放大器能够在较高频率下保持较高的增益稳定性。这对于高速信号处理或高频应用非常重要。

电源抑制比（PSRR）是一个用来评估放大器对电源噪声抵抗能力的指标。116.5 dB 的测试值明显高于典型值 110 dB，表明该放大器对电源噪声的抑制能力较强，能够有效减少电源波动对输出信号的影响。在电源质量不稳定或噪声较大的环境中，较高的 PSRR 有助于提升系统的抗干扰性能。

共模抑制比（CMRR）衡量的是放大器抑制共模信号（即两输入端电压相同情况下的干扰）的能力。105.4 dB 略低于典型值 110 dB，但仍在很高的水平。这表明该放大器能够较好地抑制共模干扰，确保差分信号的准确放大。CMRR 较低可能是由于测试环境中的共模噪声或放大器内部设计差异所致，但在大多数应用中，这种差异影响较小。

测试中的转换速率为 2.16 V/μs，略高于典型值 2 V/μs，表明该放大器具有较高的响应速度，能够更快地跟踪输入信号的变化。这对于需要快速信号处理的应用（如高速模拟信号处理、音频或视频处理）非常重要。

总体而言，该器件的测试结果显示其在精度、速度和抗干扰性方面都表现出色，适用于高精度和高性能的应用场景。自动测试和数据分析为 OP-AMP 的性能评估提供了一种高效、准确的手段。通过对测试结果的细致分析，可以识别出转换器的潜在问题，并据此优化设计，确保 OP-AMP 在各种应用中都能提供可靠的性能。

通过任务 3 的学习，读者能够掌握运算放大器自动化测试流程中各阶段的核心内容，了解接口板设计过程，独立开发测试软件并对测试结果进行分析，具备一定的行业测试技能。

数模混合集成电路测试技术与实践

第5章

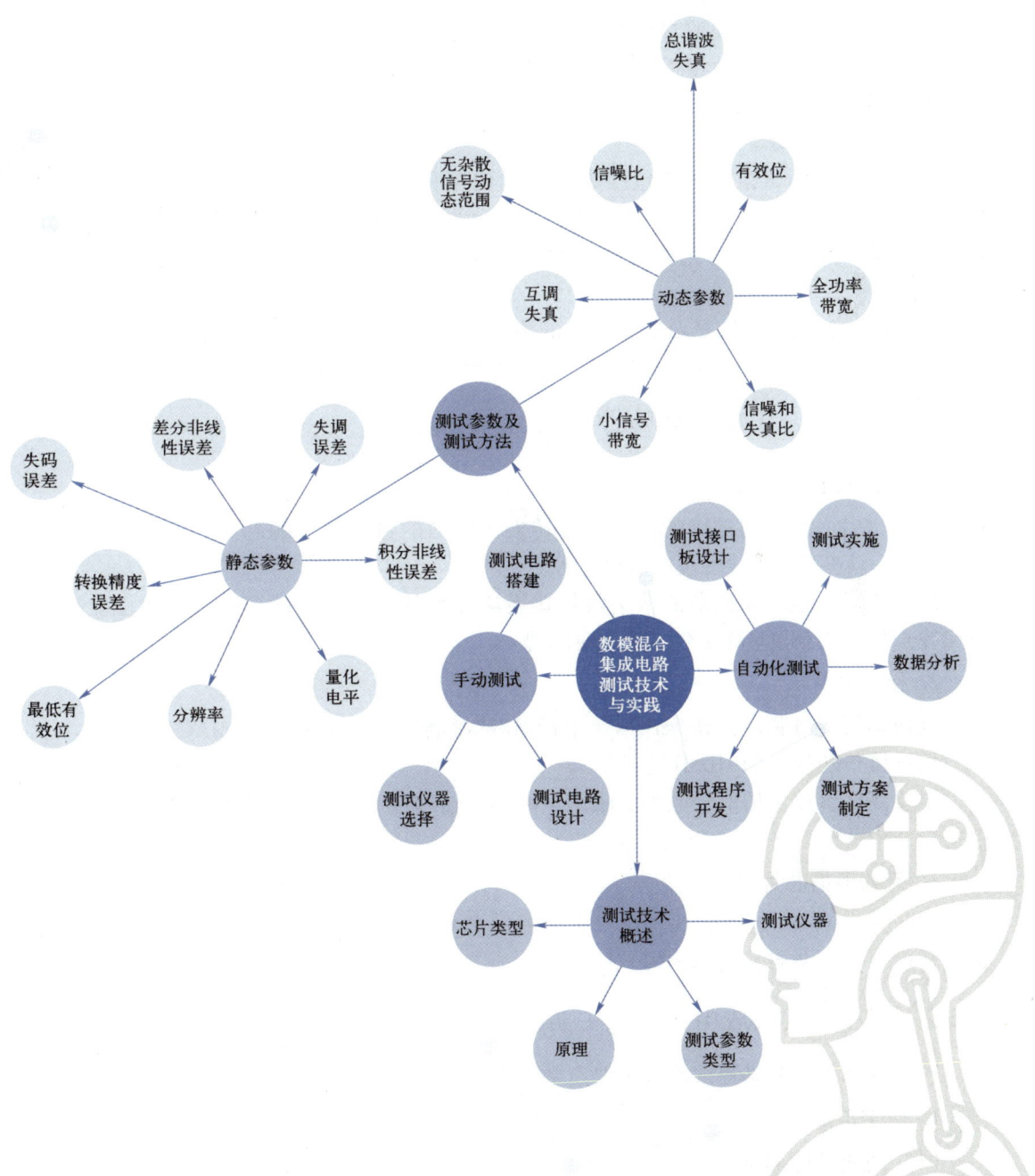

5.1 数模混合集成电路测试技术概述

数模混合集成电路是一种将数字电路和模拟电路集成在同一芯片上的集成电路。它融合了数字电路高精度的逻辑处理能力与模拟电路对连续信号的处理优势,能协同完成复杂的系统功能。数模混合集成电路在当今电子领域中具有广泛的应用。它们集成了数字电路和模拟电路,所以数模混合集成电路测试相当于模拟集成电路测试与数字集成电路测试的集合体,测试原理也与之相同,主要是对数模混合集成电路的各项功能、性能指标以及可靠性进行全面评估。其测试基本原理如图 5-1 所示。

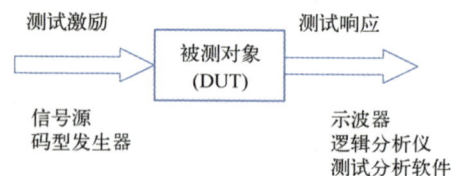

图 5-1 数模混合集成电路测试基本原理

测试激励:测试激励主要包括数字激励信号和模拟激励信号,数字激励信号有方波、脉冲、时序等信号,主要测试数字电路部分的逻辑功能。模拟激励信号有正弦波、三角波、锯齿波等信号,主要测试电路的性能,如放大倍数。

测试响应:测试响应是对输出信号的测试,如使用逻辑分析仪、示波器对数字输出信号进行测试,使用示波器、频谱分析仪、电压电流表对模拟输出信号进行测试。

5.1.1 数模混合集成电路测试中常见的芯片类型

1. 数据转换芯片

ADC 芯片:能够将连续的模拟信号转换为离散的数字信号的芯片,主要性能指标包括转换精度、转换速度、线性度、信噪比等。

DAC 芯片:能够将离散的数字信号转换成连续的模拟信号的芯片,主要性能指标包括输出模拟信号的精度、稳定性、建立时间等。

2. 接口芯片

高速串行接口芯片:如 SerDes(串行器/解串器)、USB、以太网 MAC 芯片。

协议接口芯片:如 HDMI 芯片。

主要测试参数包括信号电平、眼图、帧的传输和接收、错误检测和纠正、编解码的准确性等。

3. 无线通信芯片

如蓝牙、Wi-Fi 射频前端芯片,主要测试参数包括发射功率、接收灵敏度、频率误差、调制精度、传输速率、误码率等。

5.1.2 数模混合集成电路测试主要参数

数模混合集成电路测试参数主要有数字电路参数、模拟电路参数和转换参数。

1. 数字电路参数

(1)逻辑功能测试参数

真值表验证:检查芯片在不同输入组合下的输出状态是否与预期的真值表一致,确保逻辑运算功能正确，如与门、或门、非门等基本逻辑门的功能测试，以及复杂的组合逻辑和时序逻辑功能测试。

状态转换测试：验证芯片内部状态机在不同输入条件下的状态转换是否符合设计要求，包括状态的跳转顺序、条件判断等。

（2）时序参数

时钟频率：测试芯片能够正常工作的时钟频率范围，包括最高时钟频率和最低时钟频率，以确定芯片的速度性能。

建立时间和保持时间：测量输入信号在时钟沿到来之前和之后必须保持稳定的时间，确保数据在时钟的有效边沿能够被正确采样和存储。

传输延迟：指信号从输入引脚到输出引脚所经历的时间延迟，包括逻辑门延迟、布线延迟等。对于高速数字电路，传输延迟的大小直接影响系统的性能。

2. 模拟电路参数

（1）直流参数

失调电压和失调电流：对于运算放大器等模拟电路，失调电压是指当输入为零时，输出端存在的非零电压；失调电流是指输入级差分对管的基极电流之差，它们反映了模拟电路的直流精度。

增益误差：实际增益与理想增益之间的偏差，以百分比表示，通常用于衡量模拟放大器等电路的放大能力的准确性。

电源抑制比：衡量模拟电路对电源电压波动的抑制能力，定义为电源电压变化量与由此引起的输出电压变化量之比，通常用分贝表示，其数值越大，说明电路对电源噪声的抑制能力越强。

（2）交流参数

带宽：指模拟电路能够有效放大或处理的信号频率范围，通常定义为增益下降到中频增益的 0.707 倍时的频率范围，分为小信号带宽和大信号带宽。

转换速率：反映模拟放大器等电路对快速变化的输入信号的响应速度，定义为输出电压的最大变化率，单位通常为 $V/\mu s$。

信噪比：指信号功率与噪声功率之比，用于衡量模拟电路输出信号的纯净度，通常用分贝表示，其数值越高，说明信号质量越好。

3. 数-模/模-数转换参数

（1）静态参数

分辨率：指 ADC 或 DAC 能够分辨的最小模拟信号变化量，通常用位数表示，如 8 位、10 位、12 位等，其位数越高，则分辨率越高。

微分非线性误差：衡量 ADC 或 DAC 实际转换特性与理想转换特性之间的差异，定义为相邻两个代码之间的实际转换值与理想转换值之差的最大值，通常用 LSB 表示。

积分非线性误差：指 ADC 或 DAC 在整个转换范围内，实际转换特性与理想转换特性之间的最大偏差，也用 LSB 表示。它反映了转换特性的整体线性度。

（2）动态参数

有效位数：考虑到噪声和失真等因素后，ADC 或 DAC 实际能够达到的有效分辨率，可通过信噪比等参数计算得出,它更真实地反映了转换电路的性能。

总谐波失真:指输出信号中各次谐波分量的有效值与基波分量有效值之比的平方和的平方根,用于衡量 ADC 或 DAC 在转换过程中引入的非线性失真程度。

无杂散信号动态范围:指在输出信号的频谱中,有用信号功率与最大杂散信号功率之比,通常用分贝表示。它反映了转换电路在动态条件下对杂散信号的抑制能力。

5.1.3 数模混合集成电路测试仪器

数模混合集成电路测试中根据芯片类型和测试场合选择合适的测试仪器,主要仪器如下。

1)示波器:用于采集和显示模拟信号或数字信号波形的设备。

2)任意波形发生器:一种能够生成各种信号波形的设备,它可以生成常见的波形,如正弦波、方波、脉冲波等,还可以生成复杂的数字信号。

3)频谱分析仪:用于分析信号频谱结构的仪器。

4)码型发生器:一种专用于生成数字信号模式的设备,它可以生成具有特定时序要求的数字信号。

5)逻辑分析仪:用于测量数字信号逻辑状态、信号时序、数字通信协议等。

6)误码率分析仪:一种专用于测量误码率的设备。它可以生成不同的数据模式,并与接收端进行比较,以计算误码率和误码分布。

7)时序分析器:一种用于分析数字信号的时序性能的设备。它可以测量信号的时钟频率、时钟抖动、时序迟滞等参数。时序分析器通常用于验证芯片是否满足时序要求。

5.2 数模混合集成电路测试技术实践项目:ADC 芯片测试

ADC 芯片在数据采集和处理上有着非常重要的作用,ADC 芯片包括模拟电路部分和数字电路部分,模拟电路部分涉及信号的采样、保持、电压比较,它们是 ADC 芯片工作的基石,数字电路部分涉及信号量化、编码等。ADC 芯片在数模混合集成电路芯片中极具代表性,本实践项目选用 ADC 芯片作为被测对象,对其主要参数进行测试。

5.2.1 实践项目概述

ADC 芯片作为连接模拟世界与数字世界的关键桥梁,其主要功能是将连续变化的模拟信号转换为离散的数字信号,从而使得电子系统能够对模拟量进行数字化处理、存储以及分析等操作。在众多领域,例如测量仪器、消费电子产品、通信系统、工业自动化等,ADC 芯片都有着广泛且重要的应用。

不同类型的 ADC 芯片因其转换速度以及精度等不同特点,适用不同场景。比如在医疗设备中采集人体微弱信号时,需要使用高精度、低噪声的 ADC 芯片,而在电子产品中可能追求低功耗的 ADC 芯片,但无论哪种类型,都需要经过严格测试来确保其性能符合要求,进而保障整个电子系统的可靠性和有效性。ADC 芯片测试的意义主要体现在以下几个方面。

1)保证芯片的性能指标达到设计标准。比如一个 14 位的 ADC 芯片,理论上它能够将模拟信号分为 2^{14} 个量化级别,测试过程中可以通过输入精确已知的模拟信号,检查芯片输出的数字信号是否准确对应这些量化级别,确保其分辨率达到设计标准。

2)为芯片的适配提供数据支持。不同的应用场景对 ADC 芯片的要求差异很大,通过测试可以确定芯片的各种性能参数,从而为其匹配合适的应用领域提供数据支持。

3)保证产品质量及成本控制。通过测试发现芯片设计和制造过程中的问题,可以追溯原因并及时进行优化,避免大规模生产有缺陷的芯片,从而降低生产成本。

本实践项目主要包括三个任务。任务 1:理解 ADC 芯片测试参数及测试原理;任务 2:ADC 芯片手动测试实践;任务 3:ADC 芯片自动化测试实践。三个任务之间有一定的顺序性和渐进性,从 ADC 芯片测试基础知识,到 ADC 芯片测试的深入理解,再到 ADC 芯片自动化测试,这是一个不断递进的过程。芯片测试涉及多个领域的知识和技术,通过实践项目的锻炼,读者能够直接面对实际的芯片测试项目,掌握芯片测试人才具备的专业技能,从而提高实践能力和就业竞争力。

1. 实践项目教学目标

ADC 芯片测试实践项目从 ADC 芯片测试基础理论、仪器操作、方案制定、数据分析、工程素养等多方面培养芯片测试人才。任务、教学目标以及各任务所需的知识技能结构图如图 5-2 所示。

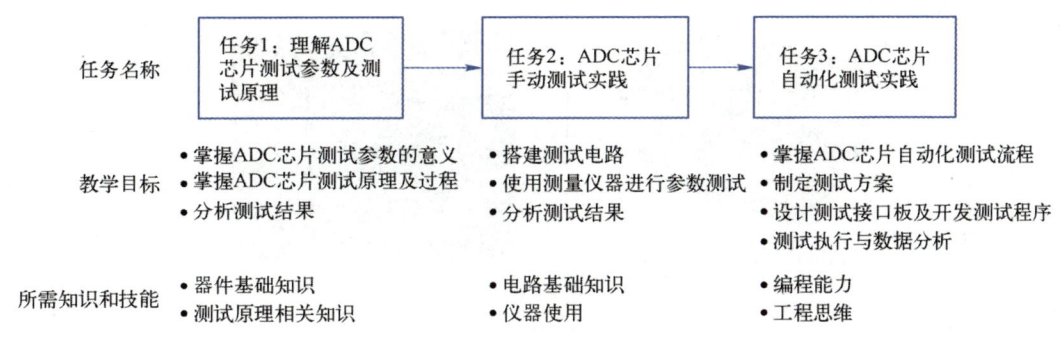

图 5-2 实践项目结构

任务 1:主要目的是深刻理解 ADC 芯片主要测试参数的定义,并能对这些参数进行理论分析和计算,同时,掌握参数测试的原理和测试方法,并对测试结果进行简单计算和分析。

任务 2:主要目的是设计 ADC 芯片测试电路并在面包板上搭建电路,熟练使用仪器测量 ADC 芯片的主要参数,使用数据处理软件分析数据。

任务 3:主要目的是掌握 ADC 芯片自动化测试流程,包括制定完整、合理的测试方案,设计测试接口板,开发测试程序,执行测试方案,分析测试结果。

2. 实践项目设备及测试对象

实践项目设备采用 IECUBE-3839 集成电路测试实验平台,每个任务有不同的测试对象及测试软件,具体测试设备及测试对象见表 5-1。

表 5-1　实践项目软硬件及测试对象

任务名称	测试设备	测试对象	测试软件
任务 1：理解 ADC 芯片测试参数及测试原理	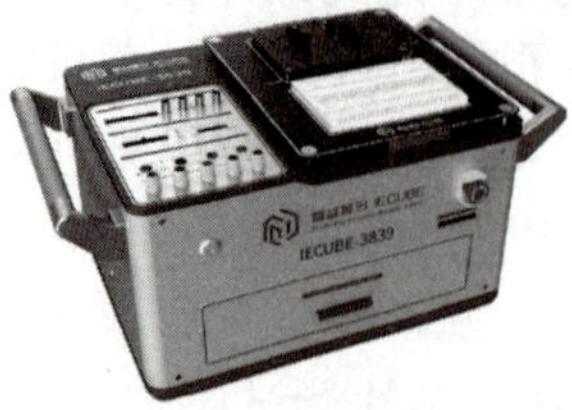 IECUBE-3839 集成电路测试实验平台	 TLC0820ACN ADC 芯片	IECUBE-3839 集成电路参数测试软件
任务 2：ADC 芯片手动测试实践	 IECUBE-3839 集成电路测试实验平台	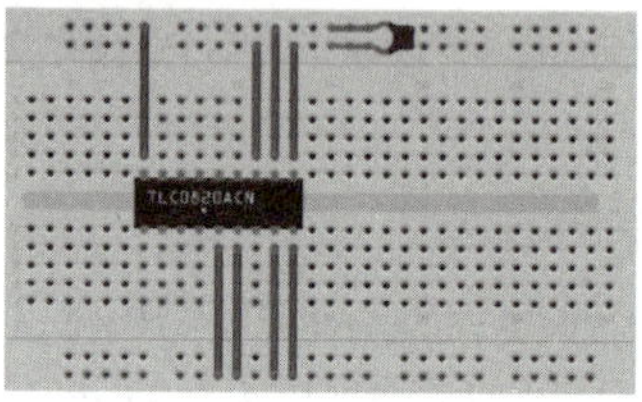 基于面包板搭建的 ADC 测试电路	IECUBE-3839 测试仪器软面板
任务 3：ADC 芯片自动化测试实践	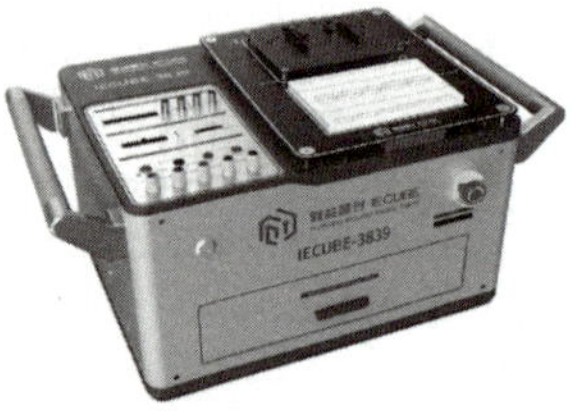 IECUBE-3839 集成电路测试实验平台	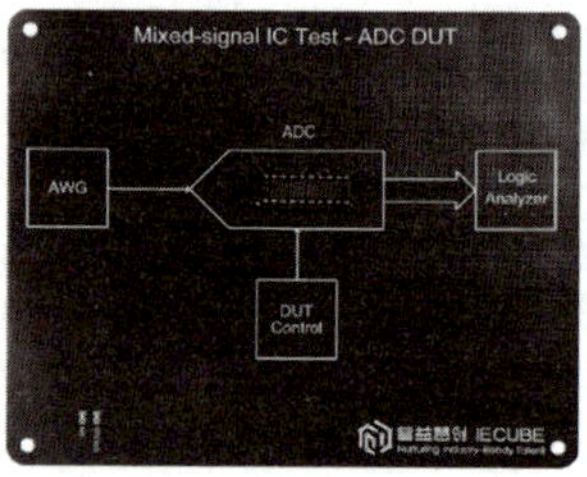 ADC DUT 测试板卡	LabVIEW 软件开发环境

3. 实践项目教学设计

ADC 芯片测试实践项目分为三个任务，每个任务的主要教学内容、教学方法、建议学时分配见表 5-2。

表 5-2　教学设计

任务名称	教学内容	教学方法	建议学时分配
任务 1：理解 ADC 芯片测试参数及测试原理	1. 实践项目介绍	课堂讲授	0.5
	2. ADC 芯片测试参数	课堂讲授	0.5
	3. ADC 芯片参数测试方法及测试过程	课堂讲授	1
	4. ADC 芯片参数测试	实践教学	2
任务 2：ADC 芯片手动测试实践	1. 测试电路设计与搭建	实践教学	2
	2. 手动测试及结果分析	实践教学	2

（续）

任务名称	教学内容	教学方法	建议学时分配
任务3：ADC芯片自动化测试实践	1. 测试方案制定、测试接口板设计与测试程序开发	实践教学	3
	2. 自动化测试及结果分析	实践教学	1

5.2.2 任务1：理解 ADC 芯片测试参数及测试原理

ADC 任务1-参数测试

任务1旨在理解 ADC 芯片测试参数的意义，以及 ADC 芯片参数测试系统的结构，使用 IECUBE-3839 集成电路参数测试软件获取测试结果，通过分析和计算，进一步理解 ADC 芯片的参数性能指标。通过完成该任务可以加深理解 ADC 测试相关的基础知识。

1. ADC 芯片测试系统及测试参数概述

（1）测试系统

典型的 ADC 芯片测试系统框架主要由测试激励、被测对象和测试响应三部分组成，如图 5-3 所示。测试激励部分包括生成测试激励信号的测试设备和由它生成的测试激励信号，在 ADC 芯片测试中测试激励信号指的是模拟输入信号，根据不同的测试条件选取不同的测试激励信号；被测对象是指 ADC 芯片，实际中为了 ADC 芯片能够正常工作，需要其他辅助电路，比如电源电路、时钟源电路等；测试响应部分包括数字输出信号的测试设备、测试结果分析软件等。

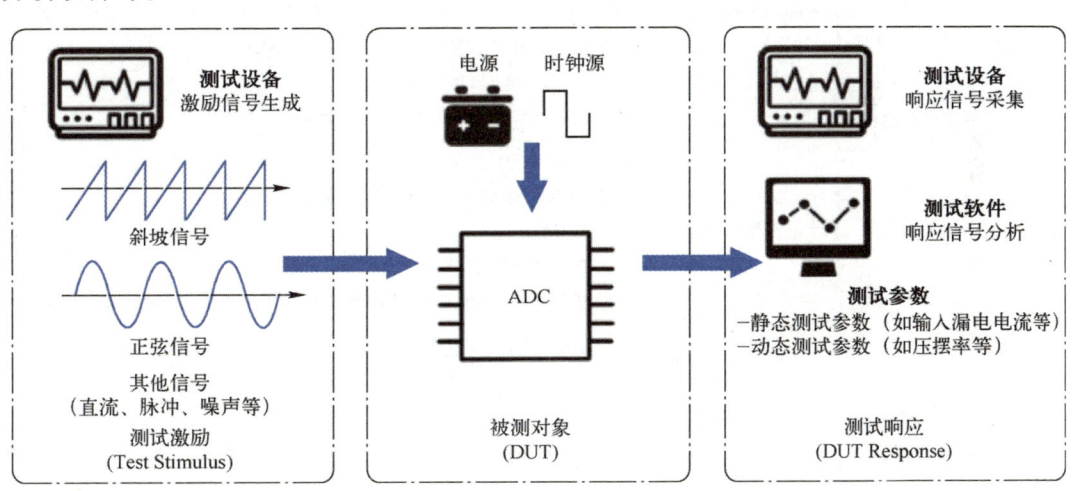

图 5-3 典型的 ADC 芯片测试系统框架

此实践项目中测试设备为 IECUBE-3839 集成电路测试实验平台，平台上的函数发生器能够提供测试激励，按照测试条件产生斜坡信号、正弦信号或者其他信号；被测对象为 ADC 芯片以及能够使被测对象正常工作的电源和时钟源，电源由 IECUBE-3839 集成电路测试实验平台提供，时钟源由 555 芯片的时钟电路提供；响应信号通过特定数字接口捕获并传输至响应信号采集设备，常见的数据接口和接口技术有并行、串行、LVDS（Low Voltage Differential Signaling，低电压差分信号）、SerDes（Serializer/Deserializer，串行器/解串行器）等，IECUBE-3839 集成电路测试实验平台上的逻辑分析仪通过并行口捕获被测对象的输出信号，并通过测试软件进行响应信号分析。实践项目使用的 ADC 芯片测试系统示意图如图 5-4 所示。

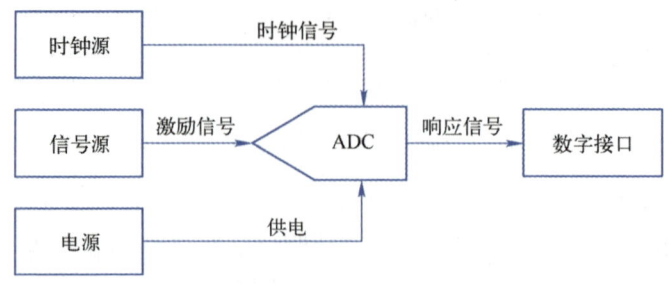

图 5-4　ADC 芯片测试系统示意图

（2）测试参数

ADC 芯片的测试参数通常用于评估其转换精度、响应速度、噪声特性和稳定性，主要的测试参数包括静态参数和动态参数两个部分。静态参数主要关注 ADC 的基本精度和误差特性，衡量其在稳态工作条件下的表现；动态参数则关注 ADC 处理实时、快速变化信号的能力，包括响应速度、信号失真和噪声等因素，如图 5-5 所示。

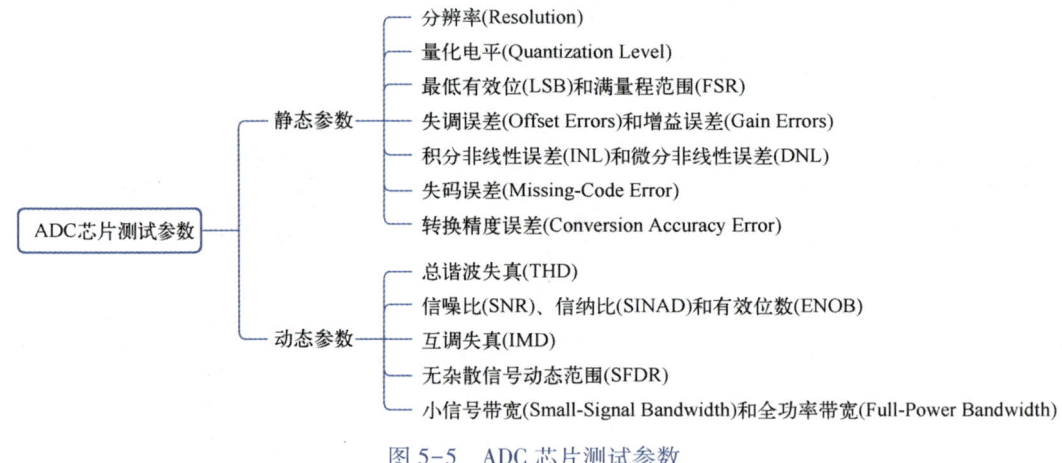

图 5-5　ADC 芯片测试参数

1）静态参数

① 分辨率（Resolution）：分辨率指能够分辨的最小模拟输入信号变化量，它通常用数字输出的位数来表示。

② 量化电平（Quantization Level）：量化电平是指将模拟输入信号进行量化时划分的离散电平值。

③ 最低有效位（Least Significant Bit，LSB）和满量程范围（Full Scale Range，FSR）：最低有效位是 ADC 输出中的最小位单位，它也可以被理解为数字化过程中的最小增量；满量程范围指的是 ADC 能够有效转换的模拟输入信号的范围。

④ 失调误差（Offset Errors）和增益误差（Gain Errors）：失调误差是指当 ADC 的模拟输入为零时，其数字输出不为零所对应的误差；增益误差是指实际转换特性的斜率与理想转换特性斜率之间的差异所对应的误差。

⑤ 积分非线性误差（Integral Non-Linearity Error，INL）和微分非线性误差（Differential Non-Linearity Error，DNL）：积分非线性误差是用于衡量 ADC 实际转换特性与理想线性转换特性之间偏差的一种指标；微分非线性误差主要用于衡量 ADC 相邻量化级之间的偏差。

⑥ 失码误差（Missing-Code Error）：失码误差指的是在 ADC 的转换过程中，本应出现的数字输出码没有出现的误差现象。

⑦ 转换精度误差（Conversion Accuracy Error）：转换精度误差是指实际转换结果与理想转换结果之间的偏差程度，用于衡量 ADC 在将模拟信号转换为数字信号过程中的精确性。

2）动态参数

① 总谐波失真（Total Harmonic Distortion，THD）：总谐波失真是指信号经过一个系统后，产生的各次谐波能量之和与基波能量的比值。

② 信噪比（Signal-to-Noise Ratio，SNR）、信纳比（Signal-to-Noise and Distortion Ratio，SINAD）和有效位数（Effective Number of Bits，ENOB）：信噪比是信号功率与噪声功率的比值；信纳比是信号功率与（噪声功率+失真功率）的比值；有效位数是实际分辨率与其理论分辨率的比值。

③ 互调失真（Intermodulation Distortion，IMD）：互调失真指的是当两个或多个不同频率的信号通过一个非线性系统时，这些信号之间相互作用产生新的频率成分的失真现象。

④ 无杂散信号动态范围（Spurious-Free Dynamic Range，SFDR）：无杂散信号动态范围是指信号基波与其最大谐波和杂散信号的功率比值。

⑤ 小信号带宽（Small-Signal Bandwidth）和全功率带宽（Full-Power Bandwidth）：小信号带宽是指在小信号输入（通常是幅度相对较小的信号）的情况下，ADC 能够有效转换信号频率的范围；全功率带宽是指在不产生超过规定失真程度的情况下，设备能够处理的信号的频率范围。

ADC 的性能评估体系中，失调误差、增益误差、INL、DNL、THD、SFDR、SNR、SINAD、ENOB 这几个参数相较于其他参数显得尤为重要，是全面、精准衡量 ADC 性能优劣的核心指标。它们从不同维度反映了 ADC 的内在特性与工作效能，能够有效地关联并表征 ADC 的其他相关参数特性，通过对这些参数的测量，可以推断出失码误差、转换精度误差等静态参数的大致水平，还能对 ADC 在不同频率、不同信号强度下的响应特性有较为全面的预估，故而在此实践项目中对以上参数进行测试。

2. 最低有效位和满量程范围

（1）测试参数定义及计算方法

LSB 是 ADC 输出中的最小位单位，也可以被理解为数字化过程中的最小增量。LSB 表示每个数值变化时对应的模拟信号变化量，即从一个数字输出值到下一个数字输出值之间所对应的模拟电压差。

FSR 指的是 ADC 能够有效转换的模拟输入信号的范围，即从最低输入电压到最高输入电压的区间。通常，FSR 是固定的，由 ADC 的设计决定。

如果给定了最小和最大输入电压值，FSR 的计算方式为

$$FSR = A_{max} - A_{min} \tag{5-1}$$

式中，A_{max} 是 ADC 的最大输入值；A_{min} 是 ADC 的最小输入值。

LSB 的计算方式为

$$\text{LSB} = \frac{\text{FSR}}{2^N - 1} \tag{5-2}$$

式中，N 为 ADC 分辨率，即转换器输出的比特数（如 8 位、10 位、12 位等）。

假设一个 10 位 ADC，输入电压范围为 0~5 V，LSB 计算方式如下：

$$\text{LSB} = \frac{\text{FSR}}{2^N - 1} = \frac{5\,\text{V} - 0\,\text{V}}{2^{10} - 1} = \frac{5\,\text{V}}{1023} \approx 0.00488\,\text{V}$$

该式表示，在理想状况下，每次 ADC 输出值变化 1，输入信号的电压变化约为 4.88 mV。

这两个参数密切相关，决定了 ADC 的分辨率和测量精度。通过合理选择 ADC 的分辨率（位数）和 FSR，可以确保转换器能够满足应用中的精度和范围需求。

(2) 测试方法

ADC 静态参数测试方法通常有两种。第一种方法为逐点测试法，这种方法在 ADC 输入端施加一个直流电压，并在输入电压范围内从最小值增加至最大值。在此过程中，在输出端记录每个电压值对应的转换数字码。输入电压的分辨率应远高于 ADC 的分辨率。这种方法虽然能够提供精确的转换电平测量，但是测试速度很慢，测试时间相对较长。

第二种方法需要在 ADC 输入端施加一个锯齿波或三角波，其范围应超过 ADC 的全量程范围，分辨率高于 ADC，且更新率与 ADC 采样率同步。在 ADC 输出端，使用逻辑分析仪记录数字信号。这种方法比第一种方法更快，同时保持高准确性。

在此实践项目中，静态参数测试采用第二种方法。由此可以计算出 LSB 和 FSR 两个关键参数。

LSB 可以通过以下公式计算得出：

$$\text{LSB} = \frac{A[2^N - 1] - A[1]}{2^N - 2} \tag{5-3}$$

式中，$A[1]$ 是第一个转换电平；$A[2^N - 1]$ 是第 $2^N - 1$ 个转换电平。

FSR 可由下列公式计算得出：

$$\text{FSR} = (2^N - 1) \cdot \text{LSB} \tag{5-4}$$

这两个参数对于理解 ADC 的分辨率和测量精度至关重要。

(3) 测试步骤

1) 将 IECUBE-3839 集成电路测试实验平台通过 HDMI 线缆连接至显示屏。

2) 在母板 2×25 Pin 双排线插座上放入 ADC DUT 测试板卡并打开设备电源。

3) 打开 IECUBE-3839 集成电路参数测试软件，单击"ADC 参数测试"按钮，选择"LSB&FSR"，ADC 参数测试选择面板如图 5-6 所示。

4) 机台选择当前连接设备；电源选择"+6 V"通道，设置为"5 V"；信号类型选择三角波（"Triangle/Ramp"），电压幅值设置为"5.2 V"，频率为"5000 Hz"，占空比为"100%"，偏置电压为"2.6 V"；逻辑分析仪通道设置为"d0:7"（注意：冒号应在英文输入模式下输入）；采样率设置为 100 kHz。详细设置如图 5-7 所示。

5) 单击仪器面板"START"按钮，观察测试曲线。查看波形数据时，可以使用图形工具（ ）对波形图进行放大、缩小等操作。测试结果如图 5-8 所示。

6) 计算 LSB 和 FSR，程序已经自动计算 $A[1]$ 和 $A[2^N - 1]$。

图 5-6　LSB&FSR 测试参数选择面板

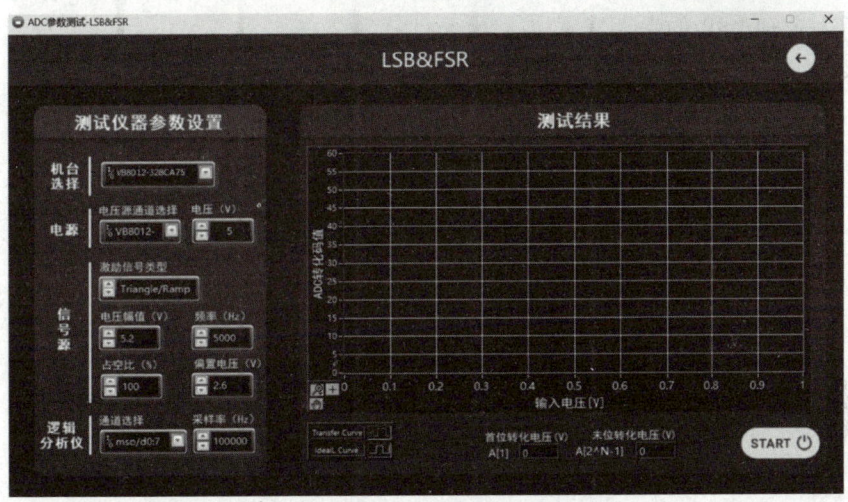

图 5-7　LSB&FSR 测试仪器面板设置

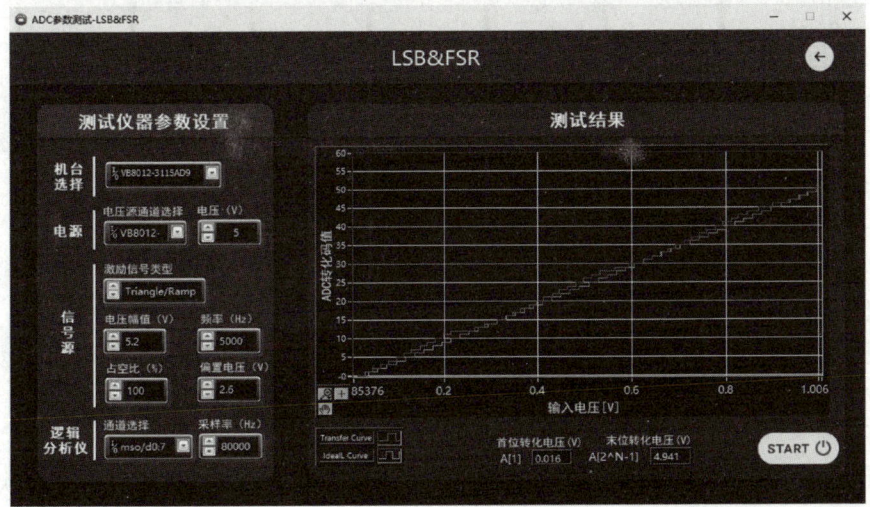

图 5-8　LSB&FSR 测试结果

3. 失调误差和增益误差

（1）测试参数定义及计算方法

失调误差是指当输入电压为零时，系统输出一个非零值的现象。这种误差与理想转移函数的零点存在一个固定的偏差，这个偏差量即为失调误差。失调误差可能由电路内部的偏移、温度变化、制造公差或噪声等因素引起。理想状况下，ADC 的理想增益 G_{ideal} 等于输入电压范围与输出数字码数量的比值，即等于一个 LSB；ADC 的理想失调 K_{ideal} 应该等于 0 或者半个 LSB。

失调误差是实际失调 K_{actual} 和理想失调 K_{ideal} 之间的差值，它表示整个转换特性曲线在输入电压坐标轴上的左移或右移。图 5-9 展示了一个单极性 3 位 ADC 的实际输出响应与理想输出响应的对比。对于一个理想的单极性 3 位 ADC，第一次转换应在 0.5 LSB 处发生，此时输出从 000 变为 001。实际上 ADC 输出在 -0.5 LSB 时，输出从 000 转换到 001。因此，与理想特性相比，非理想的输出响应向左移动了 1 LSB，这种偏差可以称为 +1 LSB 的偏移误差。考虑到非理想响应的线性模型（图中的蓝色曲线），还可以看出，在 0 V 输入时系统输出 001，对应了一个 +1 LSB 的失调。

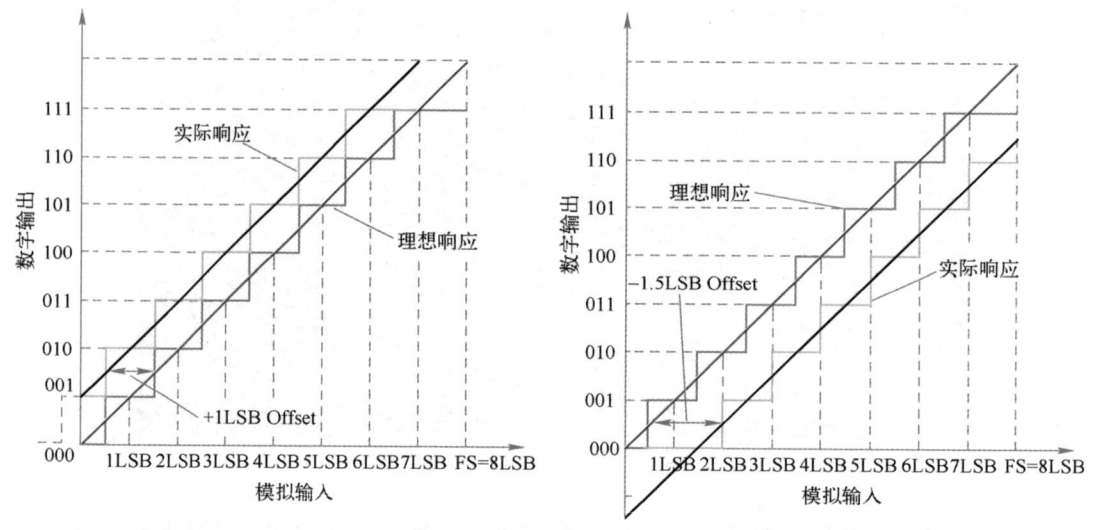

图 5-9　+1 LSB 偏移误差和 -1.5 LSB 偏移误差

假设有一个满量程范围为 5 V 的 10 位 ADC。如果从全零输出代码到 00000…1 的转换发生在 8 mV 的输入电压下，ADC 的偏移误差是多少？

$$\text{LSB} = \frac{\text{FSR}}{2^N - 1} = \frac{5\text{ V}}{2^{10} - 1} \approx 4.88\text{ mV}$$

虽然理想情况下第一次跃迁应该发生在 0.5 LSB = 2.44 mV，但测量的响应在 8 mV 时发生了这种跃迁。因此，ADC 的偏移值为 -5.56 mV。偏移误差也可以表示为 LSB，如下所示。

$$\text{OffsetError(LSB)} = \frac{\text{OffsetError(Volt)}}{\text{LSB(Volt)}} = \frac{-5.56\text{ mV}}{4.88\text{ mV}}$$

在消除了失调误差之后，实际响应的第一次跃迁点与理想特性曲线的第一次跃迁点对齐。然而，这并不意味着两个特征曲线在所有输入值下都会在相同的点进行转换。增益误差是指实际特性曲线上最后一次跃迁点与理想特性曲线上相应跃迁点之间的偏差。这种偏差反映了整个转换特性曲线在输入电压坐标轴上的缩放误差,如图 5-10 所示。

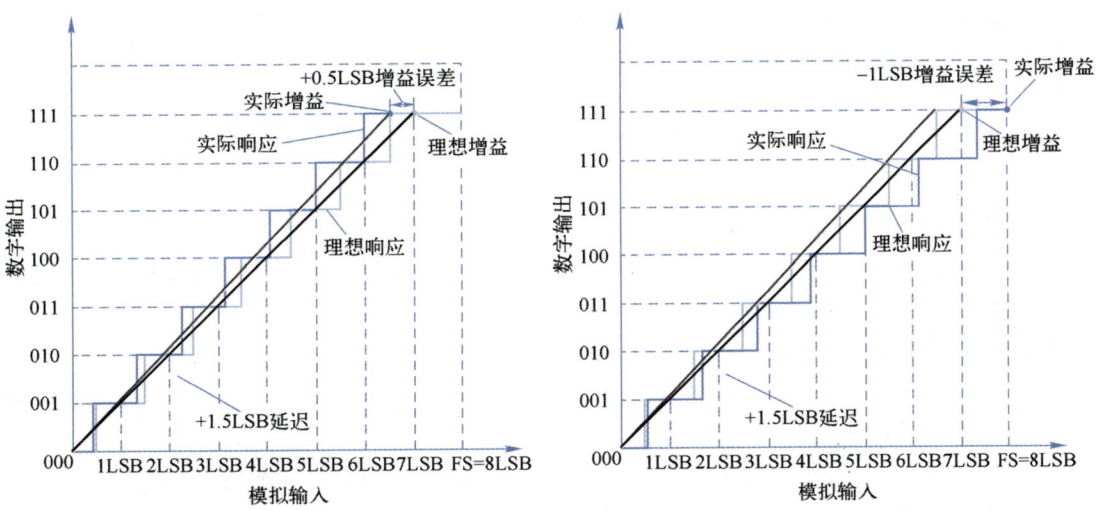

图 5-10　+0.5 LSB 增益误差和-1 LSB 增益误差的单极性 3 位 ADC 实际输出响应和理想输出响应

假设有一个满量程范围为 5 V 的 10 位 ADC,在 4.995 V 时完成从十六进制值 3FE 到 3FF 的最后一次转换。假设偏移误差为零,计算 ADC 增益误差。

ADC 的 LSB 值为 4.88 mV,理想情况下,最后一次跃迁应该发生在 FSR - 1.5 LSB = 4992.68 mV,发生跃迁的测量值为 4995 mV。

所以,ADC 的增益误差为-2.32 mV 或-0.48 LSB。

(2) 测试方法

计算失调误差和增益误差的方法有两种,具体如下。

1) 最佳线性拟合法

这种方法需要采用最小二乘法拟合实际转换特性曲线,应用最小二乘法后,可由以下公式计算得到实际增益 G_{actual} 和实际失调值 K_{actual}。

$$G_{actual} = \frac{(2^N-1)K_4 - K_1 K_2}{(2^N-1)K_3 - K_1^2} \tag{5-5}$$

$$K_{actual} = \frac{K_2 - G_{actual} K_1}{2^N - 1} \tag{5-6}$$

其中,

$$K_1 = \sum_{i=0}^{2^N-1} A_i; \quad K_2 = \sum_{i=0}^{2^N-1} i; \quad K_3 = \sum_{i=0}^{2^N-1} A_i^2; \quad K_4 = \sum_{i=0}^{2^N-1} A_i i$$

其中,N 是 ADC 分辨率;A_i 是第 i 个转换电平。

计算实际增益 G_{actual} 后,可由下列公式计算增益误差:

$$\Delta G = G_{actual} - G_{ideal} \tag{5-7}$$

增益误差也可采用百分比形式表示,即

$$\Delta G = \left(\frac{G_{actual}}{G_{ideal}} - 1\right) \times 100\% \tag{5-8}$$

其中，$G_{ideal} = 1$ LSB。

失调误差可由下列公式计算：

$$\Delta K = K_{actual} - K_{ideal} \tag{5-9}$$

其中，$K_{ideal} = 0$。

2）终点法

实际增益 G_{actual} 与终点的函数关系可以由下式表示：

$$G_{actual} = \frac{Q(2^N - 2)}{A[2^N - 1] - A[1]} \tag{5-10}$$

其中，Q 为理论码宽（即 FSR 与数值码数目的比值）；$A[1]$ 为第一个数值码转换电压；$A[2^N-1]$ 为第(2^N-1)数值码转换电压。

根据终点法，实际失调值可由以下公式计算：

$$K_{actual} = A_1 - G_{actual} A[1] \tag{5-11}$$

其中，A_1 为理论条件下，ADC 第一个数值码转换电压。

计算实际增益 G_{actual} 和实际失调 K_{actual} 后，可以计算出失调误差和增益误差。

（3）测试步骤

1）单击"Offset&Gain Errors"，打开测试面板，如图 5-11 所示。

图 5-11　失调误差和增益误差测试参数选择面板

2）机台选择当前连接设备；电源选择"+6 V"通道，设置为"5 V"；信号类型选择三角波（"Triangle/Ramp"），电压幅值设置为"5.2 V"，频率为"5000 Hz"，占空比为"100%"，偏置电压为"2.6 V"；逻辑分析仪通道设置为"d0:7"；采样率为"100 kHz"。详细设置如图 5-12 所示。

3）单击仪器面板"START"按钮，观察测试曲线。查看波形数据时，可以使用图形工具（ ）对波形图进行放大、缩小等操作。测试结果如图 5-13 所示。

4）利用所得的电压值和公式计算实际增益（G_{actual}）和实际偏移量（K_{actual}）值，使用公式计算失调误差和增益误差。

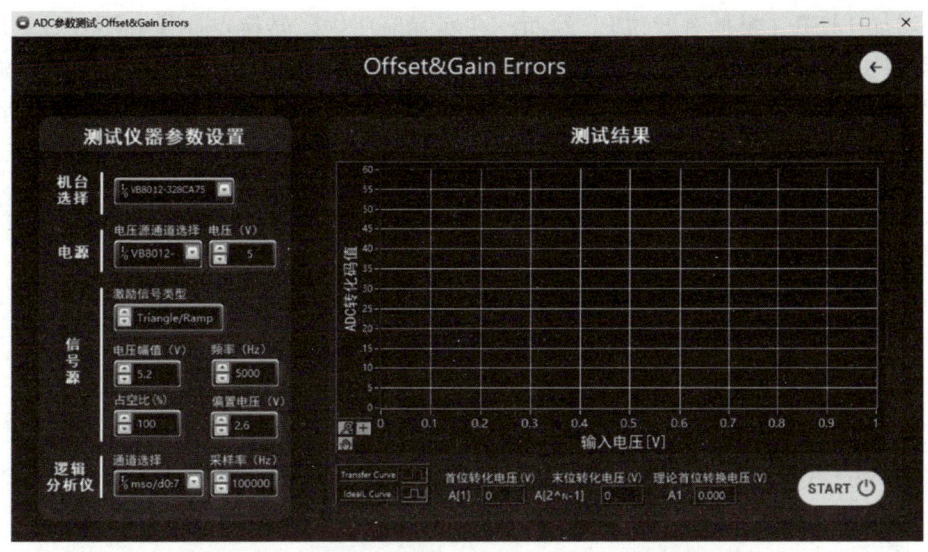

图 5-12　失调误差和增益误差测试仪器面板设置

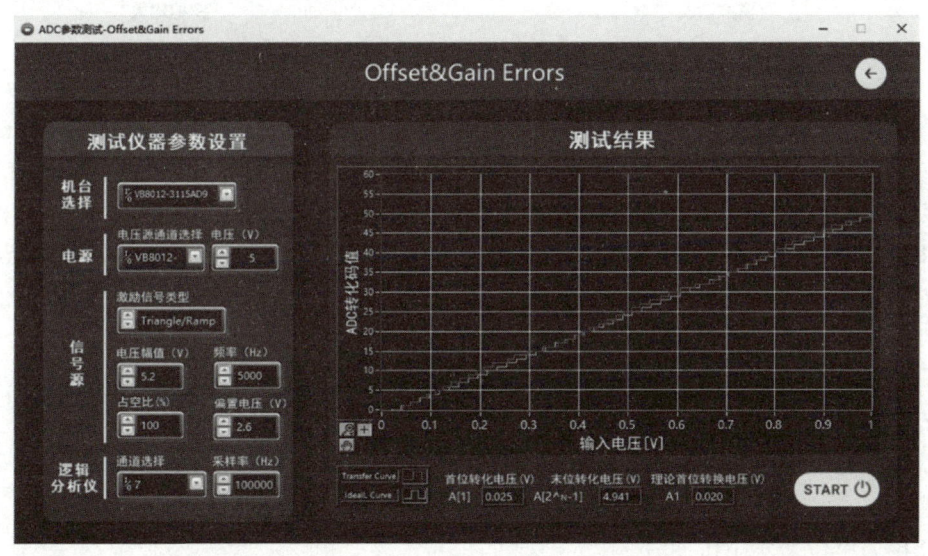

图 5-13　失调误差和增益误差测试结果

4. 积分非线性和微分非线性

（1）测试参数定义及计算方法

INL 是衡量 ADC 输出代码转换点相对于理想位置偏差的参数。它描述了 ADC 在全量程范围内的累积线性误差，反映了实际代码转换位置与其理论位置之间的差异。INL 是评估 ADC 静态性能的关键指标之一，直接影响到转换的准确性和一致性。

DNL 是衡量 ADC 相邻代码转换点之间步长相对于理想步长偏差的参数。它描述了每个代码转换的阶跃大小与理想步长（即 1 LSB）之间的差异。DNL 是评估 ADC 静态性能的另一个关键指标，它影响着转换的精细度和步进的一致性。

理想情况下，ADC 应展现出均匀的阶梯状输入/输出特性，每次转换都应在前一次转换的基础上增加 1 LSB（最低有效位）。然而，在实际应用中，转换点往往并不一致。INL 衡量的是实际代码转换位置与其理想位置之间的偏差，而 DNL 则衡量的是每个转换步骤的阶跃宽度与理想值之间的偏差。这些特性可以通过传递曲线图来直观展示，如图 5-14 所示。

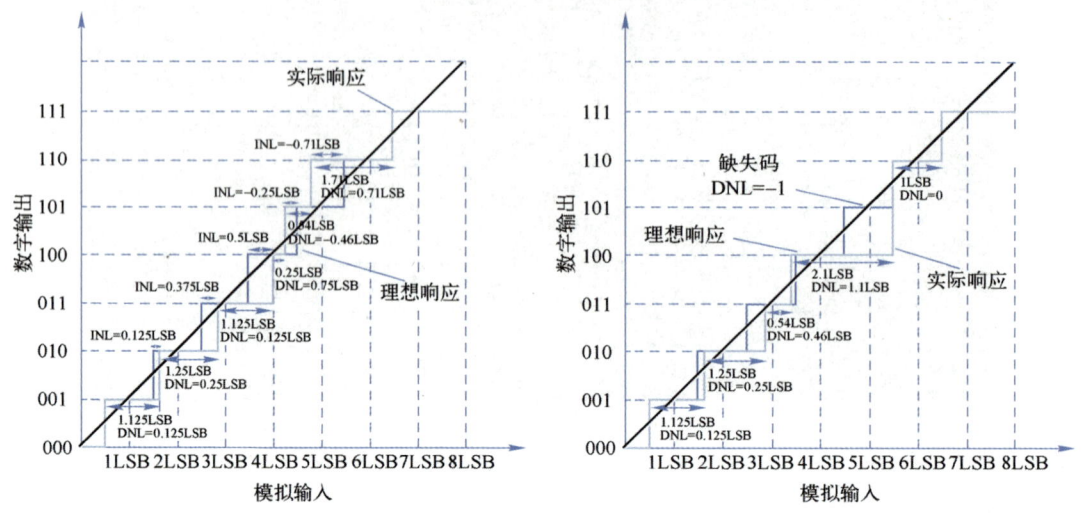

图 5-14　转移特性曲线（INL）& 转移特性曲线（DNL）

对于特定的码值，DNL 可以提供关于 ADC 性能的重要信息。零微分非线性（0 DNL）意味着该码的宽度与平均宽度相等，表明转换步骤符合预期。当微分非线性为 -1 LSB 时，这表明存在一个缺失的码，即该位置的转换步骤没有发生，导致码的缺失；相反，当微分非线性为 +1 LSB 时，这表明该码的宽度是平均宽度的两倍，意味着该转换步骤的阶跃宽度过大，导致码宽度异常扩展。

INL 和 DNL 的真实值可以通过以下公式计算得出：

$$\text{INL}(i) = A(i) - A_{\text{ideal}}(i) \tag{5-12}$$

其中，$A(i)$ 表示第 i 个实际转换电压；$A_{\text{ideal}}(i)$ 表示第 i 个理论转换电压。

ADC 的积分非线性以 $\text{INL}(i)$ 中的最大绝对值表示：

$$\text{INL} = \pm |\text{INL}(i)_{\max}| \tag{5-13}$$

以 LSB 为单位表示 INL 如下：

$$\text{INL}_{\text{LSB}} = \frac{\text{INL}}{V_{\text{LSB}}} [\text{LSB}] \tag{5-14}$$

其中，V_{LSB} 是以电压为单位的 LSB 值。

第 i 个转换码的微分非线性可以由以下公式计算：

$$\text{DNL}(i) = A(i+1) - A(i) - V_{\text{LSB}} \tag{5-15}$$

其中，$A(i+1)$ 为第 (i+1) 个实际转换电压；$A(i)$ 表示第 i 个实际转换电压；V_{LSB} 是以电压为单位的 LSB 值。

ADC 的微分非线性表示为 $\text{DNL}(i)$ 中的最大值：

$$\text{DNL} = \pm |\text{DNL}(i)_{\max}| \tag{5-16}$$

以 LSB 为单位表示 DNL 如下：

$$\text{DNL}_{\text{LSB}} = \frac{\text{DNL}}{V_{\text{LSB}}}[\text{LSB}] \tag{5-17}$$

INL 和 DNL 之间的关系也可以通过以下公式表示：

$$\text{INL}(m) = \sum_{i=0}^{m-1} \text{DNL}(i) \tag{5-18}$$

这表明 INL 是 DNL 误差的累积。在计算 DNL 和 INL 值时，假设 ADC 的偏移和增益误差已经被校准。因此，第一个代码（代码 1）和最后一个代码的 INL 被假设为零。对于代码 0，INL 没有定义。

INL 和 DNL 受以下多种因素影响。

1) 制造公差：在 ADC 制造过程中，组件的微小差异可能导致 INL 和 DNL 的偏差。
2) 温度变化：温度的波动可能影响 ADC 的性能，从而改变 INL 和 DNL。
3) 电路设计：电路设计的不对称性或不精确性可能导致 INL 和 DNL 的非理想表现。

INL 与 DNL 的重要性如下。

1) 精度：INL 和 DNL 是影响 ADC 精度的主要因素，它们决定了 ADC 转换结果的准确性。
2) 线性：INL 和 DNL 的优良表现确保了 ADC 在整个量程内的线性响应，对于科学测量和工业控制至关重要。
3) 信号处理：在信号处理应用中，低 INL 和 DNL 有助于减少信号失真，提高信号处理的质量。

INL 和 DNL 是评估 ADC 性能的重要参数。它们不仅影响 ADC 的精度和线性，还对整个系统的信号处理质量有着直接的影响。因此，了解和测量 INL 和 DNL 对于设计和使用高性能 ADC 系统至关重要。

（2）测试方法

在测量 ADC 芯片的 INL 和 DNL 参数时，通常会采用直方图的方法。直方图测试也称为代码密度测试，是目前业界常用的 ADC 静态参数测试方法。计算 INL 和 DNL 参数时，传统的方法需要对每个数据点进行复杂的计算和比较。而直方图方法通过对数据进行分组统计，可以大幅简化计算过程。例如，可以根据 ADC 的输出代码将测量数据分成若干个区间，然后统计每个区间内的数据点数，计算出每个代码对应的 INL 和 DNL 值，进而减少了计算量和计算时间。具体计算方法如下。

通过逻辑分析仪得到 ADC 输出的斜坡信号数字码数据后，使用直方图方法将每个码值出现的次数分别罗列出来，累加所有码值出现的次数，但是由于信号的边缘效应，可能会导致第一个码和最后一个码的统计次数不准确。这些边缘效应可能包括信号的噪声、ADC 的饱和、输入信号的不稳定性等因素，这些因素都可能影响到第一个码和最后一个码的统计结果，因此通常会去掉第一个码和最后一个码的次数，只对中间的码进行统计，公式如下：

$$h(n) = \frac{S - H[2^N - 1] - H[0]}{2^N - 2} \tag{5-19}$$

其中，$h(n)$ 为每个码发生的平均次数；S 为直方图采集到的总样本数；$H[2^N-1]$ 是最后一位数字码采集到的次数；$H[0]$ 是第一位数字码采集到的次数。

DNL 的计算公式如下：

$$\mathrm{DNL}(k) = \frac{H[k]}{h(n)} - 1 \tag{5-20}$$

其中，$k = 0, 1, 2, \cdots, 2^N - 2$；$H[k]$ 为采集到的输出为 k 的个数。

INL 的计算公式如下：

$$\mathrm{INL}(k) = \sum_{i=0}^{k-1} \mathrm{DNL}(i) \tag{5-21}$$

其中，$k = 1, 2, \cdots, 2^N - 1$。

(3) 测试步骤

1) 单击 "DNL&INL" 打开测试面板，如图 5-15 所示。

图 5-15　DNL&INL 测试参数选择面板

2) 机台选择当前连接设备；电源选择 "+6 V" 通道，设置为 "5 V"；信号类型选择三角波（"Triangle/Ramp"），电压幅值设置为 "5.2 V"，频率为 "5000 Hz"，占空比为 "100%"，偏置电压为 "2.6 V"；逻辑分析仪通道设置为 "d0:7"（注意：冒号应在英文状态下输入），采样率为 "100 kHz"。详细设置如图 5-16 所示。

3) 单击仪器面板 "START" 按钮，观察测试曲线。查看波形数据时，可以使用图形工具（❋ ⊕ ✋）对波形图进行放大、缩小等操作。测试结果如图 5-17 所示。

5. 总谐波失真

(1) 测试参数定义及计算方法

THD 指的是 ADC 输出信号中所有谐波分量的均方根值（RMS）与基波分量的均方根值之比，通常用百分比或分贝（dB）来表示。THD 是衡量信号在经过处理后，其波形与原始波形之间差异的一个重要参数。它表征了信号在放大或转换过程中由于系统非线性引起的失真程度，并且考虑了所有谐波分量对原始信号的影响，提供了一个综合的失真度量。THD 值越小，说明 ADC 的线性度越好，对输入信号的还原能力越强。

总谐波失真的影响因素主要有以下几个方面。

1) 非线性元件：在电子设备中，非线性元件可能导致输入信号在输出时发生畸变，产生谐波。

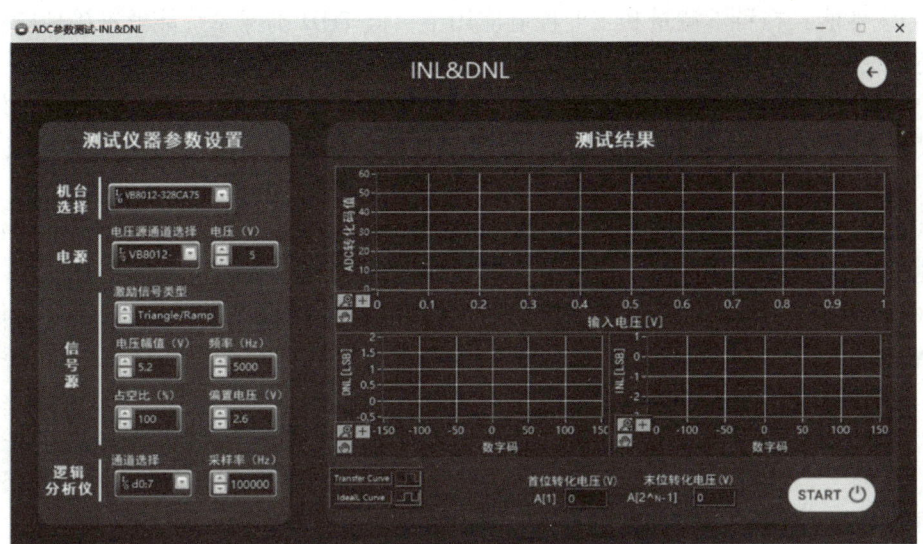

图 5-16　INL&DNL 测试仪器面板设置

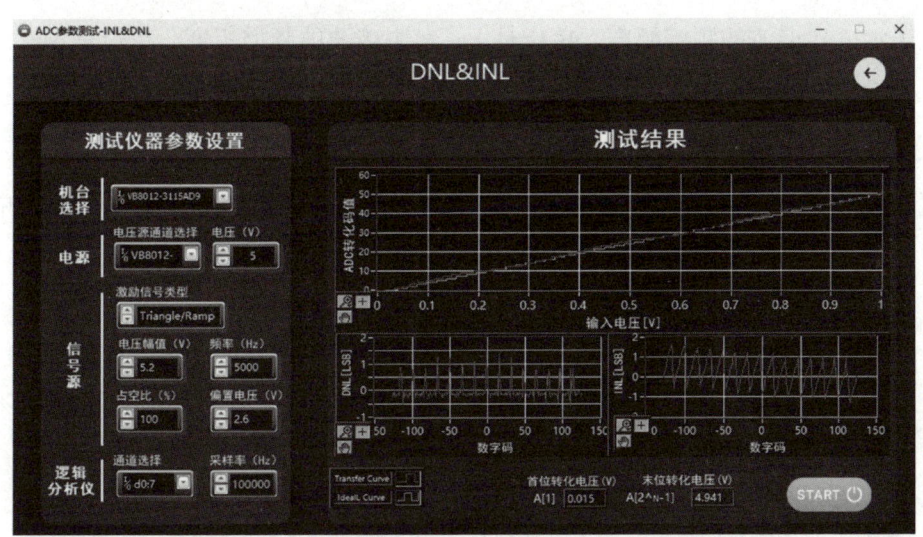

图 5-17　DNL&INL 测试结果

2）设计与制造：设备的设计与制造质量直接影响 THD。高质量的组件和精确的制造工艺有助于降低 THD。

3）工作条件：设备的工作条件，如温度、电源电压和负载，也会影响 THD。在极端条件下工作可能会增加 THD。

THD 的重要性表现在以下几方面。

1）音质：在音频应用中，低 THD 是高质量声音重现的关键。高 THD 会导致声音失真，影响听众的听觉体验。

2）信号完整性：在通信和数据传输领域，低 THD 有助于保持信号的完整性，减少错误和干扰。

3）系统性能：在科学测量和工业控制应用中，低 THD 确保系统能够准确地响应输入变化，提高系统的整体性能和可靠性。

THD 是评估电子设备性能的一个重要指标，它帮助设计者和用户了解设备在处理信号时的失真程度，并指导他们选择和使用能够提供最佳性能的设备。

（2）测试方法

在 ADC 芯片动态参数测试中，在 ADC 的输入端施加一个高精度和高稳定性的正弦波信号和高性能的滤波器，可以滤掉可能影响测量结果的输入信号畸变和随机噪声。

在 ADC 的输出端，使用并行数字接口的逻辑分析仪记录数字信号，逻辑分析仪能够捕获 ADC 输出的离散信号，并为后续的数字信号处理提供数据。本实践项目中均采用此种测试方法。

频域 THD 测量方法，也称为频谱分析法，此方法是对输出端得到的数字信号进行傅里叶变换（DFT），以分析信号的频谱成分。主谐波（有用信号）及其谐波的值由频谱决定。

使用以下方法计算 THD：

$$\text{THD} = 20\lg\left(\frac{\sqrt{A_2^2 + A_3^2 + \cdots + A_n^2}}{A_1}\right) \tag{5-22}$$

其中，A_n 表示 n 次谐波的频谱幅度，单位是 V；A_1 主谐波的频谱幅度，单位是 V。

$$\text{THD} = 20\lg\left(\frac{\sqrt{10^{\frac{A_2'}{10}} + 10^{\frac{A_3'}{10}} + \cdots + 10^{\frac{A_n'}{10}}}}{10^{\frac{A_1'}{20}}}\right) \tag{5-23}$$

其中，A_n' 表示 n 次谐波的频谱幅度，单位为 dB；A_1' 表示主谐波的频谱幅度，单位同样为 dB。

（3）测试步骤

1）单击"THD"打开测试面板，如图 5-18 所示。

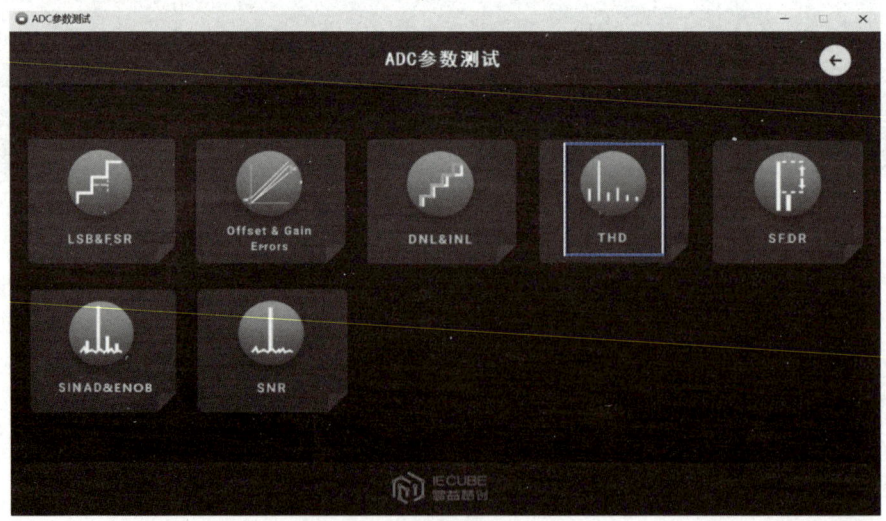

图 5-18　THD 测试参数选择面板

2)机台选择当前连接设备;电源选择"+6 V"通道,设置为"5 V";信号类型选择正弦波,电压幅值设置为"5 V",频率为"5000 Hz",偏置电压为"2.5 V";逻辑分析仪通道设置为"d0:7"(注意:冒号应在英文状态下输入),采样率为"100 kHz"。详细设置如图 5-19 所示。

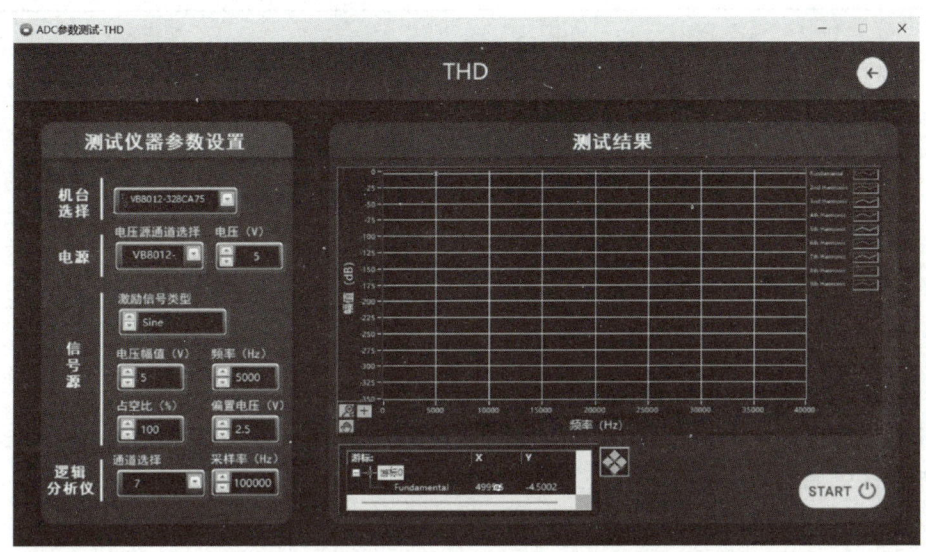

图 5-19 THD 测试仪器面板设置

3)单击仪器面板"START"按钮,观察测试曲线。查看波形数据时,可以使用图形工具(　　　)对波形图进行放大、缩小等操作。测试结果如图 5-20 所示。

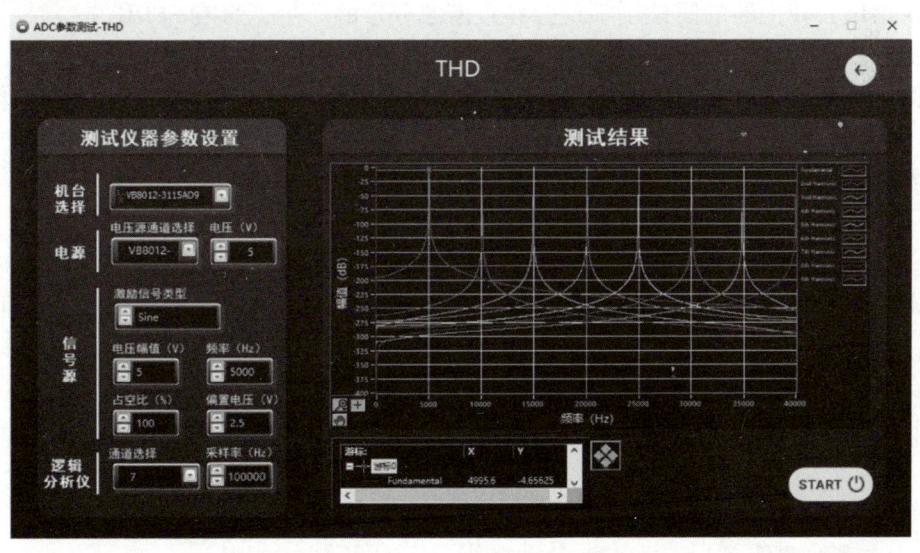

图 5-20 THD 测试结果

4)在频域中测量 THD 时,首先需要使用频谱分析器获取信号的频谱图,详细步骤如下。

① 基频峰值的确定:将光标拖拽到基频峰值点,记录该点的幅值和频率值,并填充到

表 5-3 对应的行中。

② 谐波峰值的确定：将光标依次拖拽到谱图上第 2、3、4、5、6、7、8 次谐波的峰值处，记录这些点的幅值和频率值，并填入表 5-3。

表 5-3　数据记录表

	频率/Hz	幅值/dB
基频		
2 次谐波		
3 次谐波		
4 次谐波		
5 次谐波		
6 次谐波		
7 次谐波		
8 次谐波		

5）利用所得的基频和谐波振幅，通过公式计算 THD 的值。

6. 无杂散信号动态范围

（1）测试参数定义及计算方法

SFDR 是衡量 ADC 性能的一个重要参数。它定义为信号基波与其最大谐波和杂散信号的功率比值。SFDR 通常以分贝（dB）为单位表示，它反映了在没有显著谐波和杂散信号干扰的情况下，系统能够处理的最大信号幅度。

SFDR 也会受多种因素影响，主要有以下几个方面。

1）线性度：转换器的线性度不足会导致谐波分量的产生，影响 SFDR。

2）噪声：热噪声、量化噪声等都会限制 SFDR 的性能。

3）设计和制造：转换器的设计与制造质量直接影响 SFDR。高质量的组件和精确的制造工艺有助于提高 SFDR。

4）电源和地线：不稳定的电源和不充分的地线处理可能会引入额外的杂散信号，降低 SFDR。

（2）测试方法

在 ADC 输出端捕获数字信号后，应用离散傅里叶变换（DFT）将其转换至频域，从而获得频谱信号。在频谱中，主谐波（即有用的信号）的幅度以及谐波失真的最大峰值，均以分贝为单位表示，这些都是由频谱特性所决定的。

SFDR 定义为主谐波幅值与谐波最大峰值之间的比值。

$$\text{SFDR} = \frac{A_1}{A_{h\_max}} \tag{5-24}$$

其中，A_1 为主谐波幅值；A_{h_max} 为谐波最大峰值。

SFDR 通常以分贝形式表示：

$$\text{SFDR}_{dB} = 20\lg\left(\frac{A_1}{A_{h\_max}}\right) = 20\lg A_1 - 20\lg A_{h\_max} \tag{5-25}$$

因此，SFDR_{dB} 可以表示为主谐波与谐波最大峰值的分贝差：

$$\mathrm{SFDR_{dB}} = A_1[\mathrm{dB}] - A_{\mathrm{h\_max}}[\mathrm{dB}] \tag{5-26}$$

其中，$A_1[\mathrm{dB}]$ 表示以分贝形式表示的主谐波幅值；$A_{\mathrm{h\_max}}[\mathrm{dB}]$ 表示以分贝形式表示的谐波最大峰值。

(3) 测试步骤

1) 单击"SFDR"打开测试面板，如图 5-21 所示。

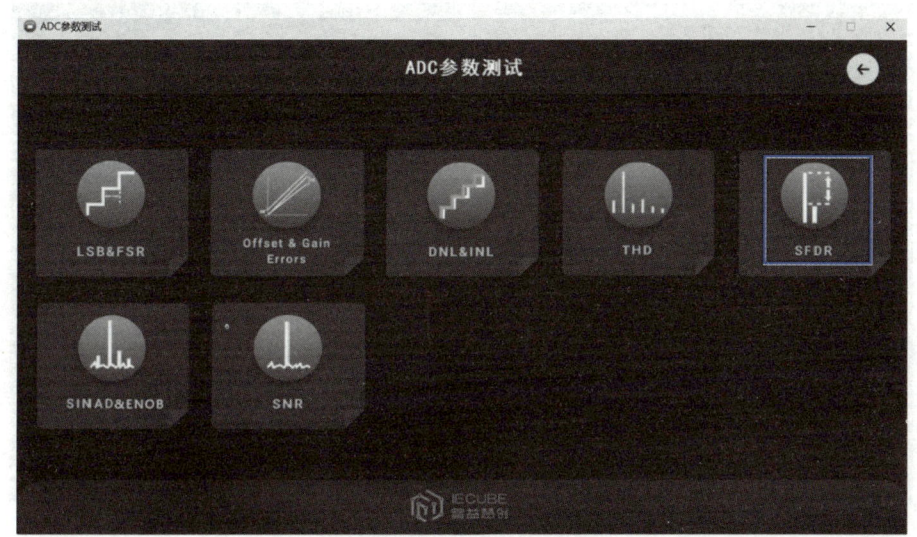

图 5-21　SFDR 测试参数选择面板

2) 机台选择当前连接设备；电源选择"+6 V"通道，设置为"5 V"；信号类型选择正弦波，电压幅值设置为"5 V"，频率为"5000 Hz"，偏置电压为"2.5 V"；逻辑分析仪通道设置为"d0:7"（注意：冒号应在英文状态下输入），采样率为"100 kHz"。详细设置如图 5-22 所示。

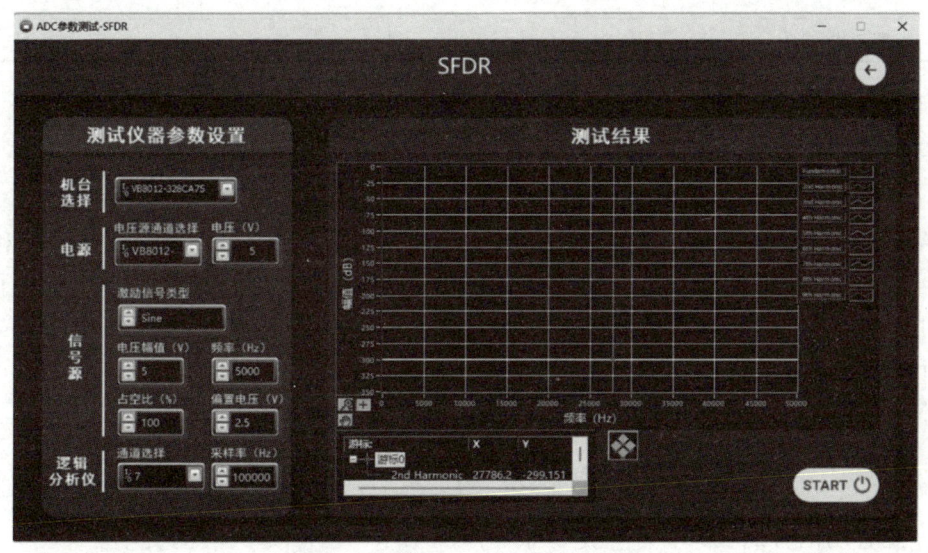

图 5-22　SFDR 测试仪器面板设置

3）单击仪器面板"START"按钮，观察测试曲线。查看波形数据时，可以使用图形工具（ ）对波形图进行放大、缩小等操作。测试结果如图 5-23 所示，测试结果将使用离散傅里叶变换（DFT）进行处理，DFT 结果将作为 ADC 输出信号的频谱出现在测试结果面板上。

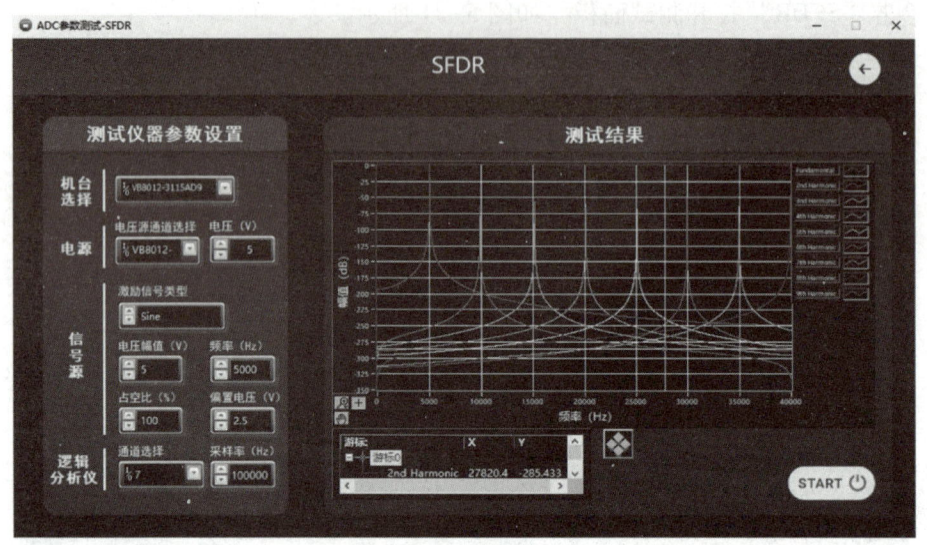

图 5-23 SFDR 测试结果

4）将光标拖拽到基频峰值点，将该点的幅值和频率值填充到表 5-4 对应的行中。将光标移动到最差谐波的峰值（振幅较高的谐波）。将该点的振幅和频率值记录到表 5-4 中。

表 5-4 数据记录表

名　称	频率/Hz	幅值/dB
基频		
最差谐波		

5）通过式（5-26）计算出 SFDR 的值，使用得到的基频和最坏谐波的幅值。

7. 信纳比与有效位数

（1）测试参数定义及计算方法

SINAD 是一个衡量信号质量的综合性参数，它描述了有用信号的功率与噪声和失真功率之和的比值。SINAD 提供了一个比单纯的 SNR 更全面的度量，因为它同时考虑了信号中的噪声和谐波失真。通常以分贝（dB）为单位表示，SINAD 值越高，表明信号的质量越好，即信号与噪声及失真的区别越明显。

SINAD 通常可以通过以下公式计算得出：

$$\text{SINAD}_{\text{dB}} = 10\lg\left(\frac{P_{\text{sig}}}{P_{\text{noise}} + P_{\text{distort}}}\right) \tag{5-27}$$

其中，P_{sig} 是有用信号的功率；P_{noise} 是背景噪声的功率；P_{distort} 是失真的功率。

在实际测量过程中，SINAD 定义为信号的 RMS 值与噪声、谐波的 RMS 值之间的比值。

$$\text{SINAD} = \frac{A_{\text{RMS}}}{\text{NAD}} \tag{5-28}$$

其中，A_{RMS} 表示信号的 RMS 值；NAD 表示噪声和谐波的 RMS 值。

在本测试中，SINAD 参数以分贝形式表示：

$$\text{SINAD}_{\text{dB}} = 20\lg\text{SINAD} = 20\lg\left(\frac{A_{\text{RMS}}}{\text{NAD}}\right) \tag{5-29}$$

SINAD 会受到的影响有以下几种。

1）信号源：信号源的质量直接影响信号的强度和纯净度。
2）系统非线性：系统的非线性会导致谐波失真的产生，影响 SINAD。
3）噪声水平：热噪声、量化噪声等都会降低 SINAD。
4）设计和制造：转换器的设计与制造质量直接影响 SINAD。

SINAD 是评估电子设备性能的一个重要指标，它综合了信噪比和失真的影响，提供了对信号质量的全面评估。SINAD 值越高，表明系统处理信号的能力越强，信号的质量越好。

ENOB 是衡量 ADC 性能的关键参数，它描述了 ADC 实际分辨率与其理论分辨率的比值。ENOB 提供了一个关于 ADC 转换精度的度量，反映了 ADC 能够区分的最小信号变化的程度。ENOB 是基于 SNR 和量化噪声来估算的，它给出了 ADC 实际性能与理想性能之间的差异。

有效位数可以通过以下公式计算得出：

$$\text{ENOB} = \frac{\text{SINAD}_{\text{dB}} - 1.76}{6.02} \tag{5-30}$$

其中，SINAD_{dB} 是以 dB 为单位的信噪比。

影响 ENOB 的因素有以下几种。

1）ADC 分辨率：ADC 的理论分辨率影响 ENOB 的上限。
2）量化噪声：量化噪声水平直接影响 ENOB 的值。
3）信号频率：信号的频率和带宽也会影响 ENOB，特别是在奈奎斯特采样定理的背景下。
4）设计和制造：ADC 的设计与制造质量直接影响 ENOB。

（2）测试方法

频域 SINAD 测量方法（频谱分析法）如下。

输出端得到数字信号后进行 DFT 以获得频域信号。使用以下方法计算 SINAD：

$$A_{\text{RMS}} = \frac{1}{M}\sqrt{[X_{\text{mean}}(f_i)]^2 + [X_{\text{mean}}(f_S - f_i)]^2} \tag{5-31}$$

其中，M 是记录的采样数；X_{mean} 表示频谱信号平均幅值；f_i 表示输入信号频率；f_S 是 ADC 的采样频率。

噪声和谐波的 RMS 值由以下公式定义：

$$\text{NAD} = \frac{1}{\sqrt{M(M-3)}}\sqrt{\sum_{m \in S_0} X_{\text{mean}}[f_m]^2} \tag{5-32}$$

其中，M 是记录的采样数；X_{mean} 表示频谱信号平均幅值；S_0 表示一个关于频谱元素的数组，即 $1, 2, \cdots, M-1$；f_m 是第 m 个频点。

使用得出的 A_{RMS} 和 NAD 值，再根据式（5-28）计算 SINAD。

(3) 测试步骤

1) 单击"SINAD&ENOB"打开测试面板，如图5-24所示。

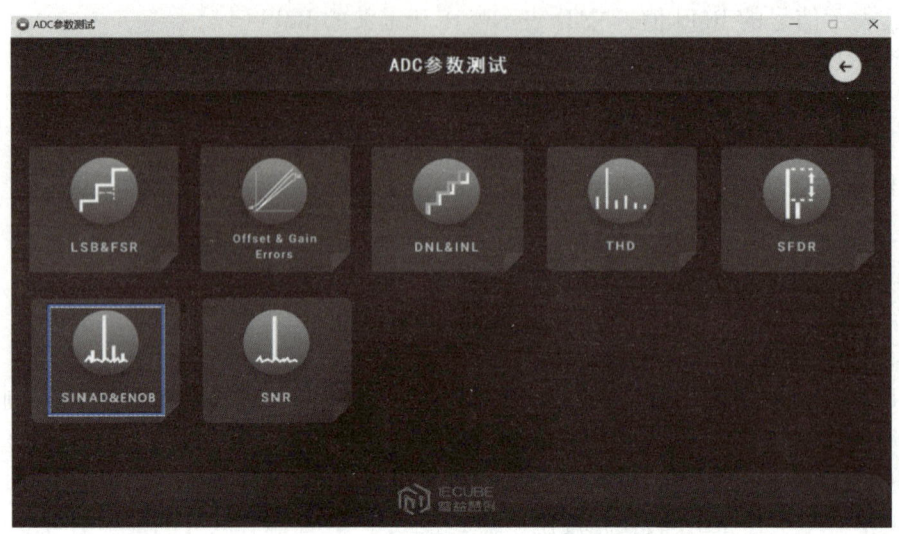

图5-24　SINAD&ENOB测试参数选择面板

2) 机台选择当前连接设备；电源选择"+6 V"通道，设置为"5 V"；信号类型选择正弦波，电压幅值设置为"5 V"，频率为"5000 Hz"，偏置电压为"2.5 V"；逻辑分析仪通道设置为"d0:7"（注意：冒号应在英文状态下输入），采样率为"100 kHz"。详细设置如图5-25所示。

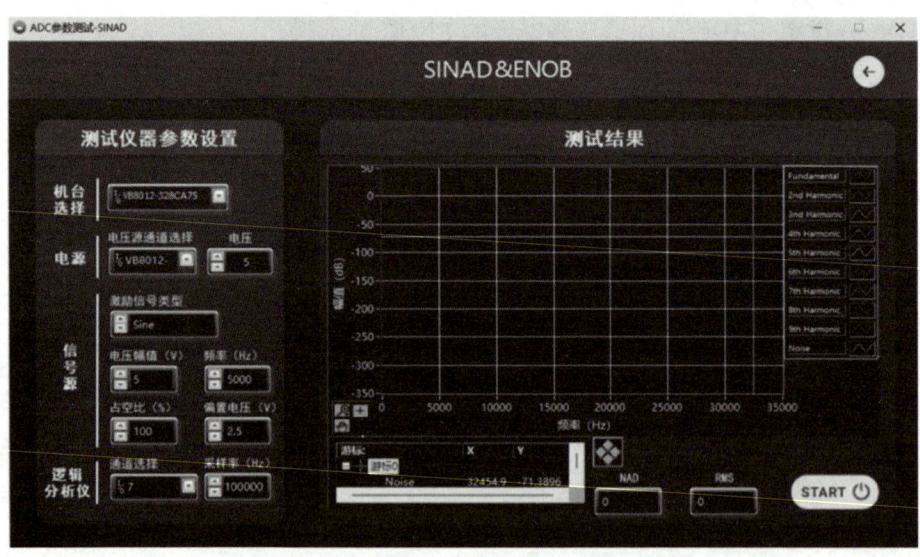

图5-25　SINAD&ENOB测试仪器面板设置

3) 单击仪器面板"START"按钮，观察测试曲线。查看波形数据时，可以使用图形工具（   ）对波形图进行放大、缩小等操作。测试结果如图5-26所示，测试结果将使用DFT进行处理，DFT结果将作为ADC输出信号的频谱出现在测量结果面板上，信号的

RMS 值和噪声、谐波的 RMS 值显示在面板底部的字段中。

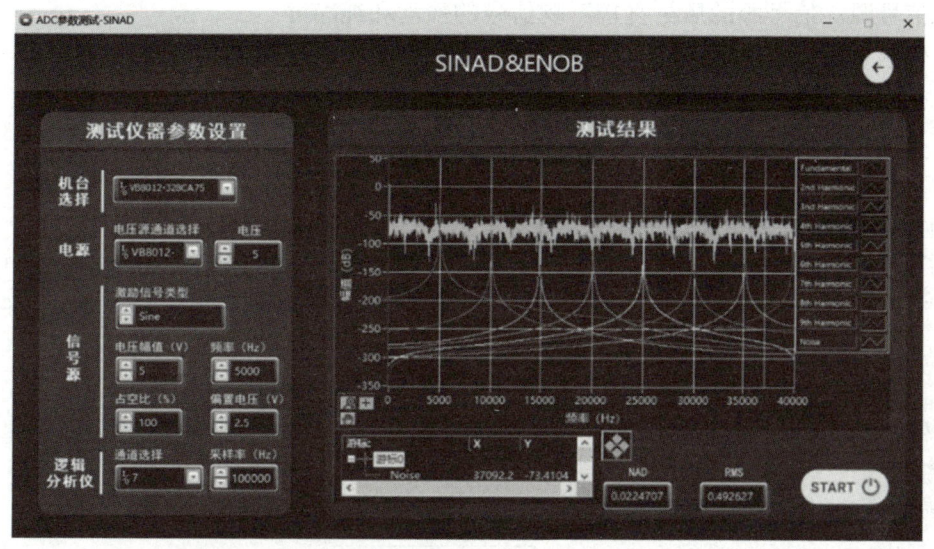

图 5-26 SINAD&ENOB 测试结果

4）使用式（5-28）计算 SINAD 的值，使用式（5-29）以对数尺度表示计算结果。
5）使用式（5-30）计算 ENOB。

8. 信噪比

（1）测试参数定义及计算方法

SNR 是衡量信号质量的一个重要参数，它描述了有用信号功率与背景噪声功率之间的比值。信噪比通常以分贝（dB）为单位表示，用于量化信号在特定背景下的清晰度或纯净度。

SNR 通常以分贝形式表示为

$$\mathrm{SNR_{dB}} = 10\lg\left(\frac{P_\mathrm{sig}}{P_\mathrm{noise}}\right) \tag{5-33}$$

其中，P_sig 是有用信号的功率；P_noise 是背景噪声的功率。

在实际测量过程中，SNR 定义为信号的 RMS 值与噪声的 RMS 值之间的比值：

$$\mathrm{SNR} = \frac{A_\mathrm{RMS}}{\eta} \tag{5-34}$$

其中，A_RMS 表示信号的 RMS 值；η 表示噪声的 RMS 值。

在本测试中，SNR 参数以分贝形式表示：

$$\mathrm{SNR_{dB}} = 20\lg\mathrm{SNR} = 20\lg\left(\frac{A_\mathrm{RMS}}{\eta}\right) \tag{5-35}$$

在计算 SNR 过程中，噪声信号中包含量化噪声但不包含谐波信号。对于某一特定分辨率的 ADC 来说，其性能受量化噪声影响，只考虑量化噪声下的 SNR 的理论值计算最佳方法如下：

$$\mathrm{SNR_{dB}} = 6.02N + 1.76 \tag{5-36}$$

其中，N 表示 ADC 的分辨率。

影响 SNR 的因素有以下几种。

1) 信号源：信号源的质量直接影响信号的强度和纯净度。
2) 传输介质：信号在传输过程中可能会受到介质的干扰，影响信噪比。
3) 接收器性能：接收器的灵敏度和选择性也会影响信噪比。
4) 环境噪声：外部环境的噪声水平，如电磁干扰，会降低信噪比。

(2) 测试方法

相干采样测量信噪比的过程如下。

为了计算 SNR 值，首先需要计算信号的 RMS 值以及噪声的 RMS 值，信号的 RMS 值由下式计算：

$$A_{\text{RMS}} = \frac{1}{M}\sqrt{[X_{\text{mean}}(f_i)]^2 + [X_{\text{mean}}(f_S - f_i)]^2} \tag{5-37}$$

其中，M 是记录的采样数；X_{mean} 表示频谱信号平均幅值；f_i 表示输入信号频率；f_S 是 ADC 的采样频率。

噪声信号的 RMS 值由下式计算得到：

$$\eta = \sqrt{\text{NAD}^2 - A_{\text{RMS}}^2 \text{THD}^2} \tag{5-38}$$

其中，NAD 表示噪声和谐波的 RMS 值。

(3) 测试步骤

1) 单击 "SNR" 打开测试面板，如图 5-27 所示。

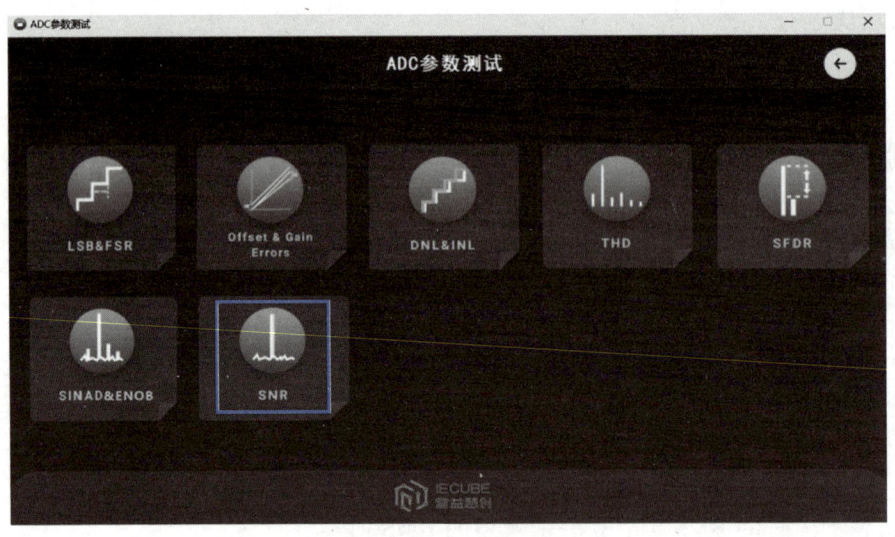

图 5-27　SNR 测试参数选择面板

2) 机台选择当前连接设备；电源选择 "+6 V" 通道，设置为 "5 V"；信号类型选择正弦波（"Sine"），电压幅值设置为 "5 V"，频率为 "5000 Hz"，偏置电压为 "2.5 V"；逻辑分析仪通道设置为 "d0:7"（注意：冒号应在英文状态下输入），采样率为 "100 kHz"。详细设置如图 5-28 所示。

3) 单击仪器面板 "START" 按钮，观察测试曲线。查看波形数据时，可以使用图形工具（ ）对波形图进行放大、缩小等操作。测试结果如图 5-29 所示，测试结果将使用 DFT 进行处理，DFT 结果将作为 ADC 输出信号的频谱出现在测量结果面板上，信号的 RMS 值和噪声、谐波的 RMS 值显示在面板底部的字段中。

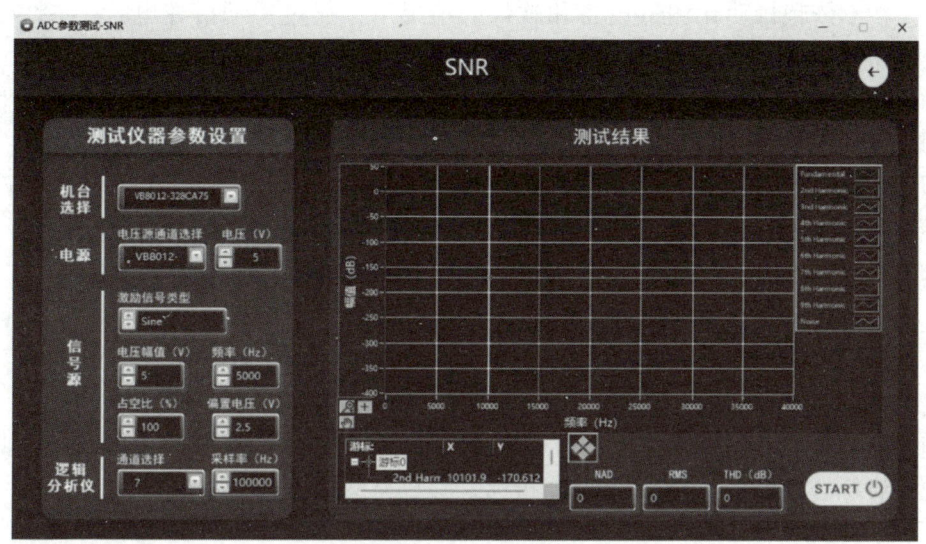

图 5-28　SNR 测试仪器面板设置

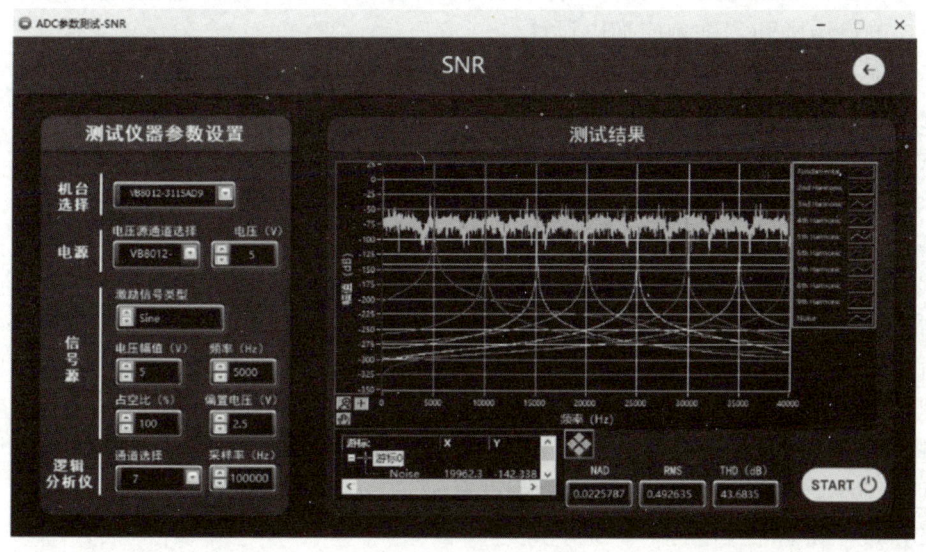

图 5-29　SNR 测试结果

4）利用测量结果面板底部字段中显示的 NAD、THD（dB）和 RMS 的自动计算值，通过式（5-37）和式（5-38）计算 RMS 噪声 η。（请注意 THD 的单位和公式中的不相同）

5）利用式（5-34）计算信噪比值，并将计算结果用式（5-35）以对数尺度表示。

通过任务 1 的学习，读者要掌握 ADC 芯片测试参数的意义，了解测试系统框架，最重要的是掌握测试原理及测试方法，为 ADC 芯片手动测试和自动化测试打好基础。

5.2.3 任务2：ADC芯片手动测试实践

ADC 任务2-手动测试

任务2在不依赖自动化测试设备和软件的情况下，通过手动搭建电路和操作仪器，对ADC芯片的各项性能参数进行测试。此任务在提高动手实践能力的同时，对ADC芯片测试原理及相关测试电路也会有深入的了解，同步提升仪器的操作技能、数据分析能力、实验设计与优化能力等。手动测试实践在测试条件和测试方法上具有较高的灵活性，测试人员可以根据测试的经验和结果，制定更加科学合理的测试方案，为自动化测试奠定基础。

1. 测试电路与测试仪器

测试电路是ADC手动测试的基础，良好的测试电路设计能够确保准确地获取ADC芯片的性能参数。ADC测试电路将信号发生器提供的模拟信号有效地传输到ADC芯片，同时将ADC芯片转换后的数字信号传输到测试仪器进行观察和分析。在ADC手动测试中，测试仪器一方面保证测量的准确性和精度，另一方面评估ADC芯片的各项测试参数。因此，测试仪器的选择要综合考虑ADC芯片的性能指标、参数类型等因素。

（1）测试电路设计

参考ADC芯片测试系统框架，系统分为三个部分，即测试激励、被测对象及辅助电路和测试响应。测试激励与测试响应由专业测试设备提供，被测对象及辅助电路需要根据芯片性能参数、测试激励和测试响应加以设计。

本实践项目中ADC芯片型号为TLC0820ACN，该芯片引脚如图5-30所示。

通过阅读芯片数据手册，TLC0820ACN芯片供电电压为4.5~8V，所以供电电压可选常用电压5V，引脚ANLG IN为测试激励输入端，引脚D0~D7为测试响应输出端，$\overline{RD}$为采样时钟端口，所以$\overline{RD}$端需要添加一个时钟信号，电路中可以采用一个定时器提供时钟信号。按照上述设计思路及ADC芯片测试系统框架设计，ADC手动测试电路设计原理图如图5-31所示。

通过图5-31所示的设计电路，可以看出电路结构与ADC芯片测试系统框架一致，由测试激励、被测对象和时钟源电路及电源、测试响应组成。特别注意的是，电源电路根据ADC芯片的数据手册

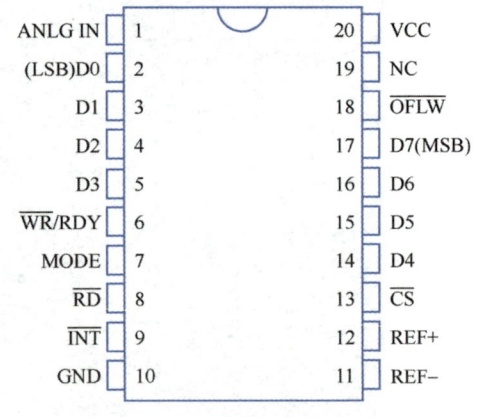
图5-30　ADC芯片引脚图

要求，需要选择合适电源电压，电源电压波动在允许范围内，同时要注意电源滤波，通过电源引脚对地接滤波电容来滤除电源中的噪声，避免电源噪声对ADC芯片性能测试的干扰。

电路的工作原理：ADC手动测试电路向ADC芯片的$\overline{RD}$端发送一个时钟信号，使ADC芯片可以按照这个时钟信号对ANLG IN端输入的模拟信号进行读取，并由数字输出端D0~D7输出，可通过测试仪器面板采集D0~D7端的数据进行分析。

（2）测试仪器的选择

1) 函数发生器：用于产生模拟输入信号。应选择精度较高的信号发生器，能够输出稳定的直流、正弦波、三角波和方波等信号，并且输出电压范围和频率范围要满足ADC芯片

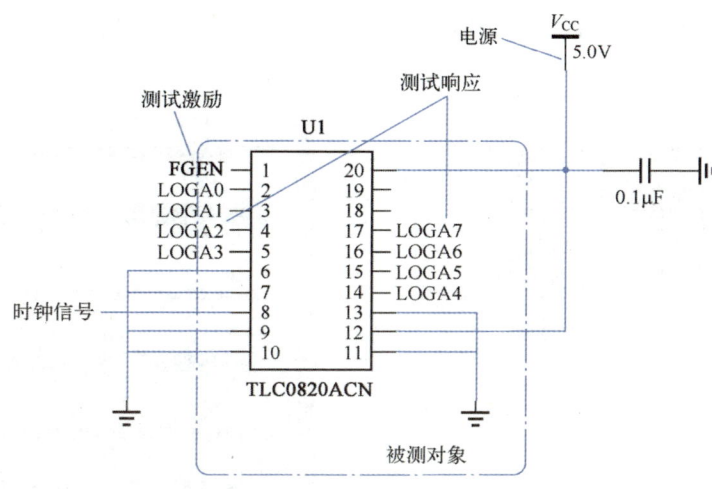

图 5-31　ADC 手动测试电路原理图

测试的要求。

2）逻辑分析仪：用于观察 ADC 芯片输出的数字信号，能够准确地显示信号的波形和时序。

3）电源：为 ADC 芯片提供稳定的电源。根据 ADC 芯片的工作电压要求，选择合适的电源电压。

4）Digital patterns：为 ADC 芯片提供时钟信号。

2. 手动测试实施与数据分析

（1）测试电路搭建

参考图 5-31 所示的电路原理图，在面包板上搭建电路，电路效果图如图 5-32 所示。

（2）测试步骤

1）连接 220 V 电源，并按下电源按钮，如图 5-33 所示。

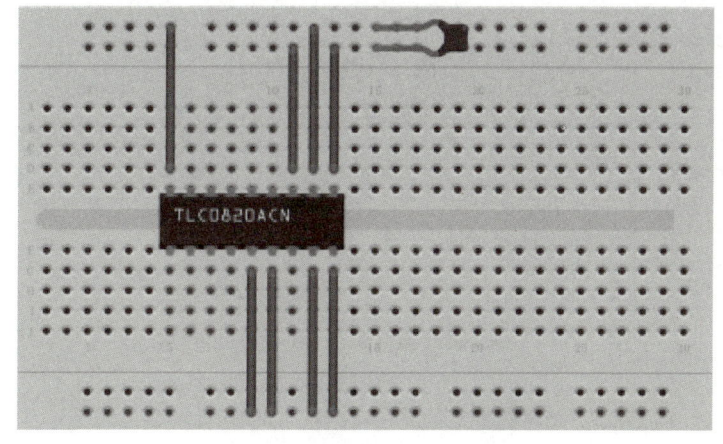

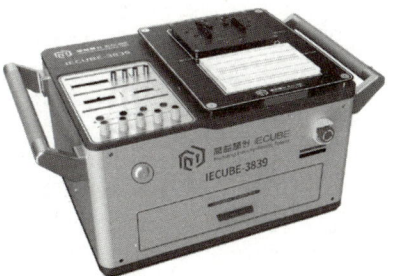

图 5-32　搭建 ADC 手动测试电路　　　　　图 5-33　打开电源

2）将 IECUBE-3839 前面板的函数发生器连接到 ADC 芯片的 ANLG IN 端，Digital Pattern 仪器中的 W1 引脚接在 ADC 芯片的 8 脚，W1 右侧的地接地，把 IECUBE-3839 逻辑分析仪的 D0~D7 接在 ADC 芯片的相应引脚。连接示意图如图 5-34 所示。

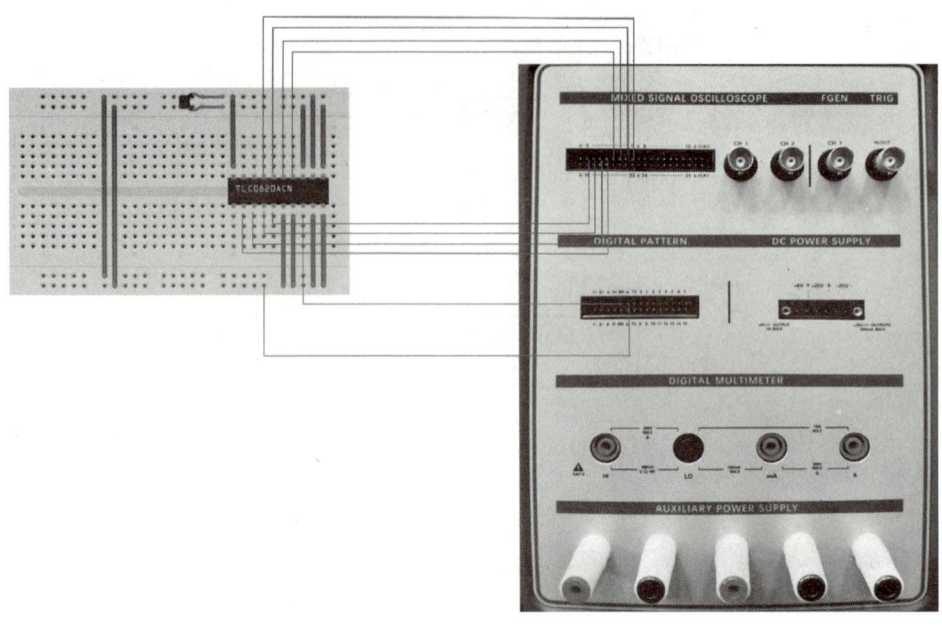

图 5-34　ADC 手动测试连接示意图

3）设置函数发生器的参数和 Digital pattern 时钟源的参数，信号源的信号类型设置为三角波信号，频率设置为"5 kHz"，峰值为"2.5 V"，DC 偏置为"2.5 V"；时钟源频率设置为"99.5 kHz"，峰值为"3 V"。设置如图 5-35 所示。

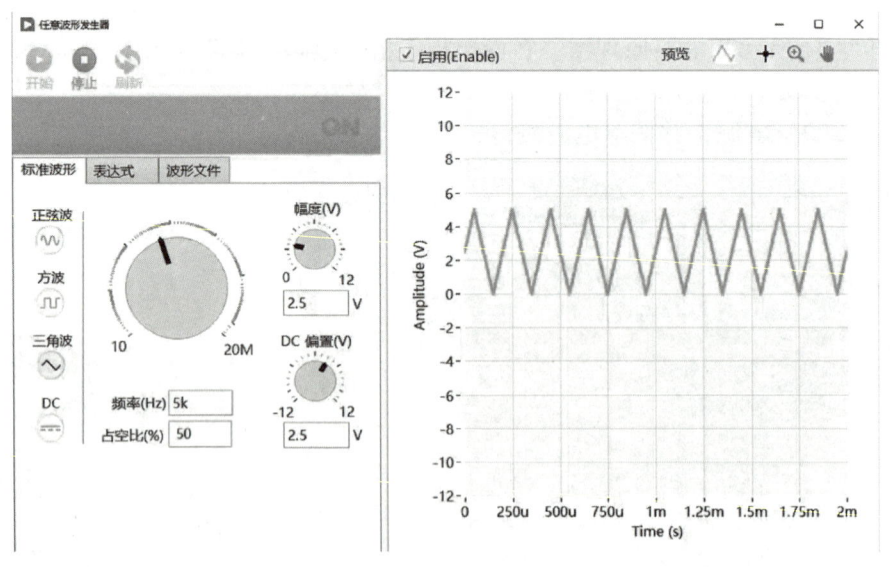

图 5-35　仪器设置

4）打开逻辑分析仪，选择总线形式，I/O 口选择 D0~D7（按下〈Ctrl〉键再单击左键可以多选），采集模式选择"连续"。设置如图 5-36 所示。

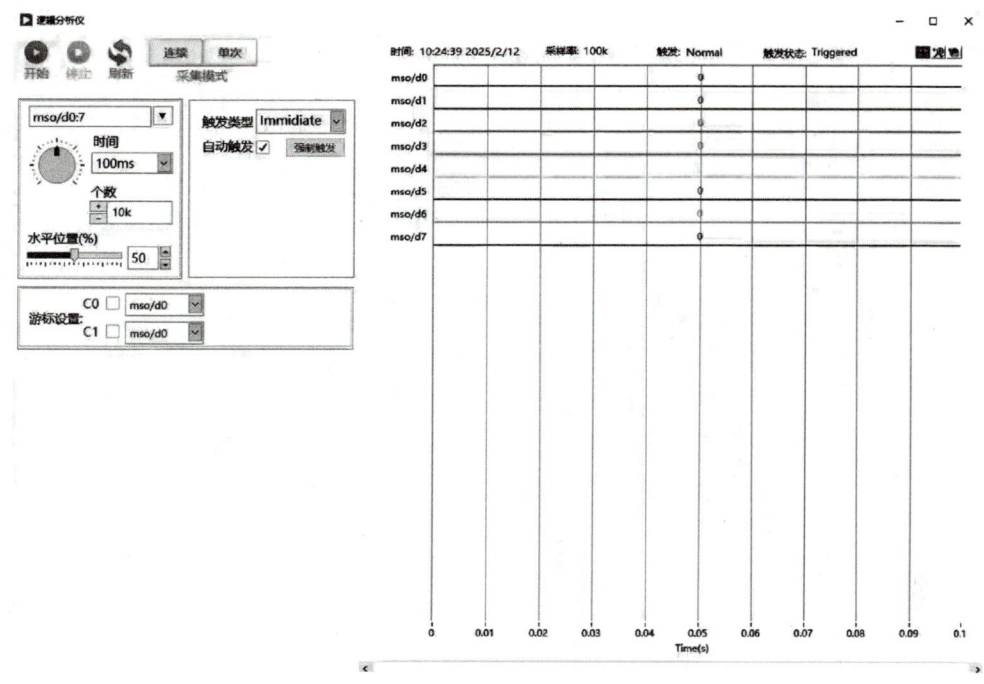

图 5-36　逻辑分析仪设置

5) 将+5 V 和 GND 连接至电路，为电路供电。连接示意图如图 5-37 所示。

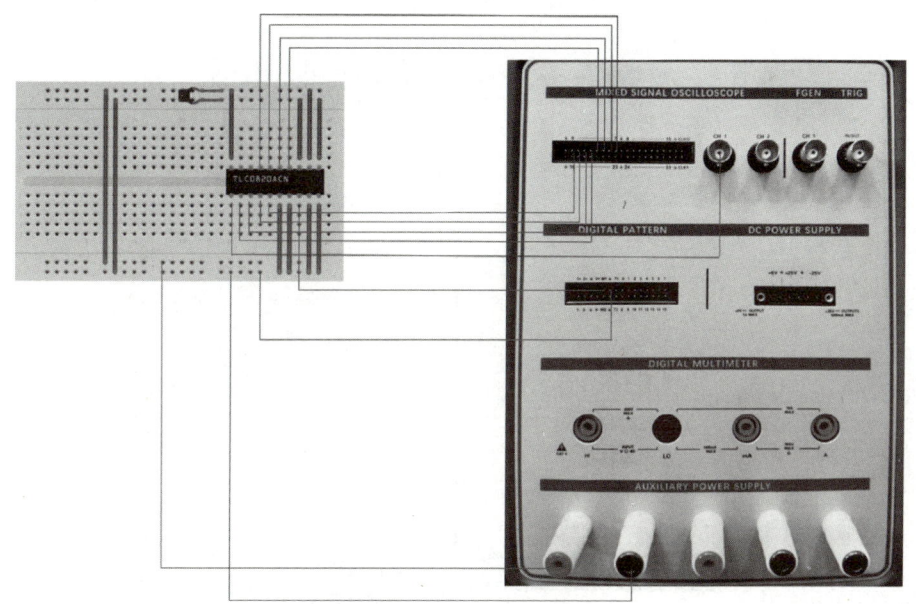

图 5-37　供电连接

6) 开启逻辑分析仪，获取实验结果，如图 5-38 所示。
7) 右击逻辑分析仪面板选择"导出"→"导出数据至 Excel"，将数据导出，导出后数据会保存至 Excel 表格中。导出过程如图 5-39 所示。

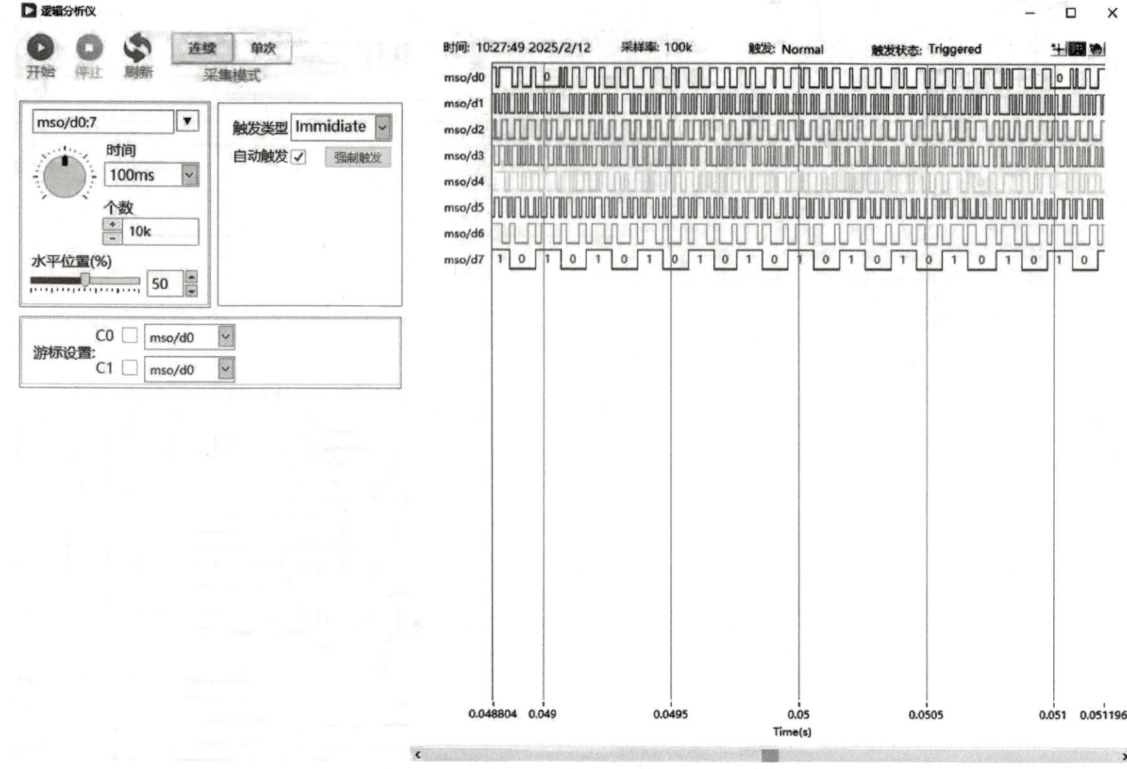

图 5-38　实验结果

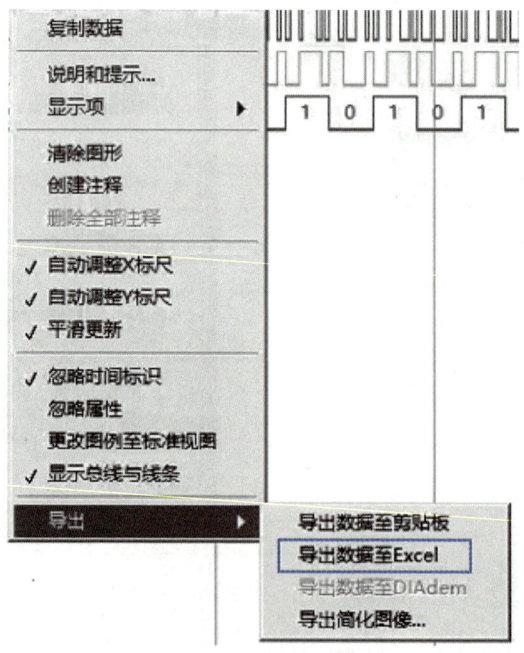

图 5-39　数据导出

（3）数据分析

1）打开导出的数据表格，截取部分数据，单击鼠标右键选择"快速分析工具"，数据将会自动绘制成波形图，输出波形如图 5-40 所示。

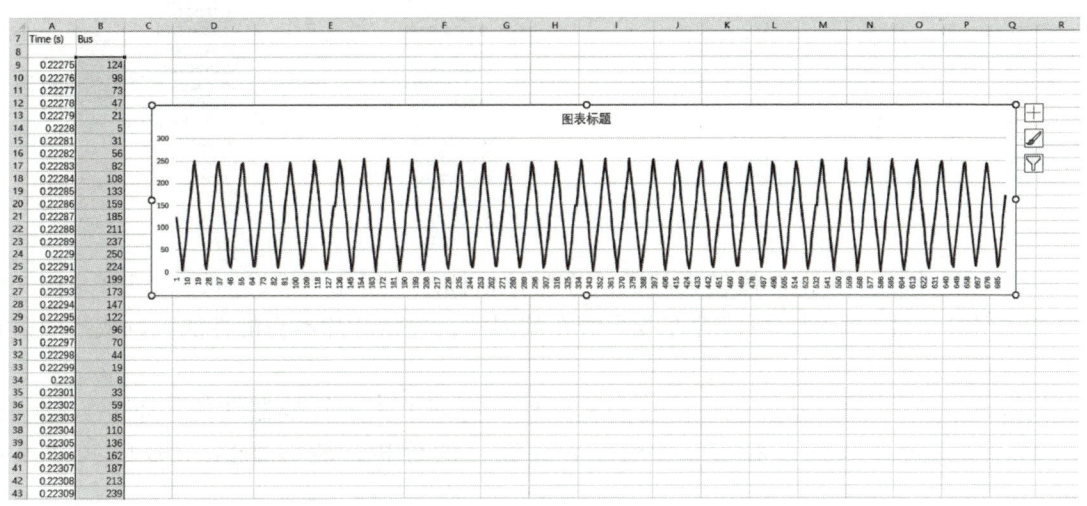

图 5-40　输出波形

2）通过测试，可以看到输出数字信号较好地还原了输入的模拟信号（三角波），输出信号的范围用数字码表示是从数字码 0 到数字码 255。

3）接下来可以依靠 Excel，完成对 INL 和 DNL 的计算，计算方式可以使用任务 1 中积分非线性和微分非线性的计算方式，首先使用 Excel 公式统计出每个数字码出现的次数（去除第一个数字码和最后一个数字码），并计算出数字码出现次数均值，如图 5-41 所示。

Time (s)	Bus	数字码	数字码出现次数	数字码出现次数均值
0.22275	124	0	20	128.011811
0.22276	98	1	128	
0.22277	73	2	117	
0.22278	47	3	128	
0.22279	21	4	126	
0.2228	5	5	132	
0.22281	31	6	127	
0.22282	56	7	119	
0.22283	82	8	132	
0.22284	108	9	134	
0.22285	133	10	130	
0.22286	159	11	131	
0.22287	185	12	119	
0.22288	211	13	139	
0.22289	237	14	121	
0.2229	250	15	164	

图 5-41　统计数字码次数

4）然后使用公式可以得出每一个数字码的 DNL 值，再通过 DNL 的累加得出各个数字码 INL 的值，最后通过 MAX、MIN 函数得到整组 DNL 和 INL 的最大值/最小值。计算过程如图 5-42 所示。

Time (s)	Bus	数字码	数字码出现次数	数字码出现次数均值	DNL	DNLmax	DNLmin	INL	INLmax	INLmin
0.22275	124	0	20	128.011811	-0.843764416	0.9216977	-0.828141	-0.843764416	0.4290328	-1.35682
0.22276	98	1	128		-9.22651E-05			-0.843856682		
0.22277	73	2	117		-0.086021836			-0.929878518		
0.22278	47	3	128		-9.22651E-05			-0.929970783		
0.22279	21	4	126		-0.015715823			-0.945686606		
0.2228	5	5	132		0.031154852			-0.914531755		
0.22281	31	6	127		-0.007904044			-0.922435799		
0.22282	56	7	119		-0.070398278			-0.992834077		
0.22283	82	8	132		0.031154852			-0.961679225		
0.22284	108	9	134		0.04677841			-0.914900815		
0.22285	133	10	130		0.015531293			-0.899369522		
0.22286	159	11	131		0.023343072			-0.876026449		
0.22287	185	12	119		-0.070398278			-0.946424727		
0.22288	211	13	139		0.085837306			-0.860587421		
0.22289	237	14	121		-0.054774719			-0.915362141		

图 5-42 计算得出 DNL/INL

选择 DNL 和 INL 中绝对值较大的数值作为评估标准，得出 DNL 为 0.92，INL 为 1.35。这些数值略高于理想范围，可能存在几个潜在的因素，包括芯片本身的性能限制或搭建过程中的问题。

在完成了 ADC 的手动面包板搭建和测试后，得到了关于转换器性能的重要数据。通过对 DNL（微分非线性）和 INL（积分非线性）的分析，能够评估 ADC 的线性度和精度。

总结来说，如果 DNL 和 INL 的值都在规格范围内，可以认为 ADC 的性能是满意的。然而，如果这些值超出了预期，就需要进一步分析可能的原因，包括电路设计、元件选择、搭建质量或环境因素。

通过任务 2 的学习，读者已经掌握了手动搭建测试电路并使用仪器进行测试，在动手能力增加的同时，更能深入体会 ADC 芯片测试的重要性。

5.2.4 任务 3：ADC 芯片自动化测试实践

ADC 任务 3-自动化测试

任务 3 从测试方案制定、测试接口板设计、测试程序开发、自动化测试实施与数据分析四个方面介绍 ADC 芯片自动化测试流程。通过此任务，读者可以掌握半导体行业测试人员在芯片自动化测试过程中所需要的技能。

1. 测试方案制定

芯片自动化测试方案制定通常是在芯片量产环节确保芯片质量与性能符合要求的关键环节，方案制定的一般流程如图 5-43 所示。

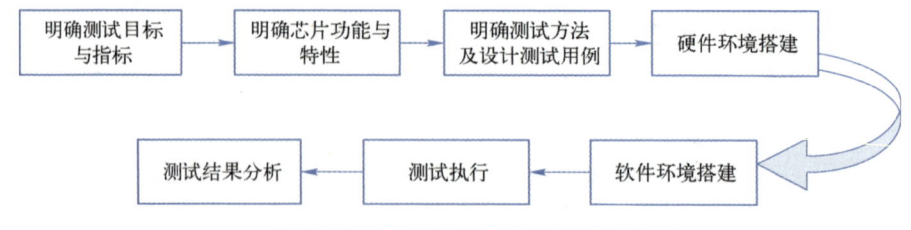

图 5-43 自动化测试方案制定流程

（1）明确测试目标与指标

列出需要重点测试的性能指标，主要包括以下内容。

1) ADC 的静态参数：失调误差、增益误差、INL 和 DNL。
2) ADC 的动态参数：SNR、SINAD、THD 和 ENOB。

（2）明确芯片功能与特性

分析技术规格，阅读 ADC 芯片 TLC0820ACN 的技术规格书，了解其电压工作范围、分辨率、采样率等关键参数，这些参数将直接影响测试方案的设计，主要参数见表 5-5。

表 5-5 TLC0820ACN 主要参数

主 要 参 数	取　值
分辨率	8 bit
采样速率	392 kSPS
输入通道数	1
工作电压	4.5~8 V
工作温度	0~70℃

（3）明确测试方法及设计测试用例

根据芯片类型和功能，确定合适的测试方法；而基于测试方法，可以设计测试用例，包括输入、输出及测试步骤等。此任务中，静态参数分析采用斜坡直方图法，动态参数分析采用 FFT 频谱法。

（4）硬件环境搭建

根据测试系统框架及测试硬件平台，搭建自动化测试系统。详细内容见测试接口板设计。

（5）软件环境搭建

开发或选择合适的测试软件工具，如自动化测试脚本编写工具、测试数据生成软件、测试结果分析软件等，本实践任务中选择 LabVIEW 作为自动化测试软件开发工具。详细内容见测试程序开发。

（6）测试执行

根据测试用例，启用自动化测试程序，依次执行。在测试过程中，实时监控测试设备的运行状态、芯片的工作状态以及测试软件的执行情况。详见自动化测试实施与数据分析。

（7）测试结果分析

对测试数据进行深入分析，将实际测试结果与预期结果进行比对。计算各种测试指标的实际值，并与测试目标中设定的指标进行对比评估。详见自动化测试实施与数据分析。

2. 测试接口板设计

测试接口板是为 ADC 芯片自动化测试提供一个稳定、可靠且高效的连接平台，实现测试系统与 ADC 芯片之间的信号传输、电源分配以及必要的控制功能，确保能够准确地对 ADC 芯片的各项性能指标进行测试。

参考 ADC 芯片测试系统框架，将 ADC 芯片、电源接口、测试激励接口、测试响应接口按照电路规则制成统一接口的板卡，即为测试接口板。ADC 芯片测试接口板示意图如图 5-44 所示。

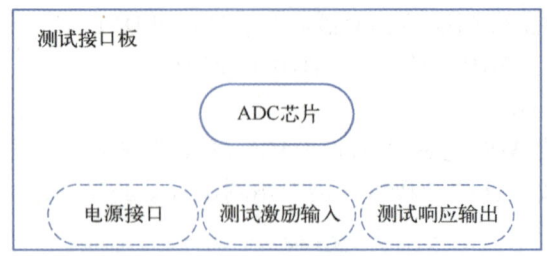

图 5-44　ADC 芯片测试接口板示意图

IECUBE-3839 集成电路测试实验平台使用的接口为 2×25 Pin 插座，如图 5-45 所示。根据手动测试电路，设计测试接口板如图 5-46 所示。

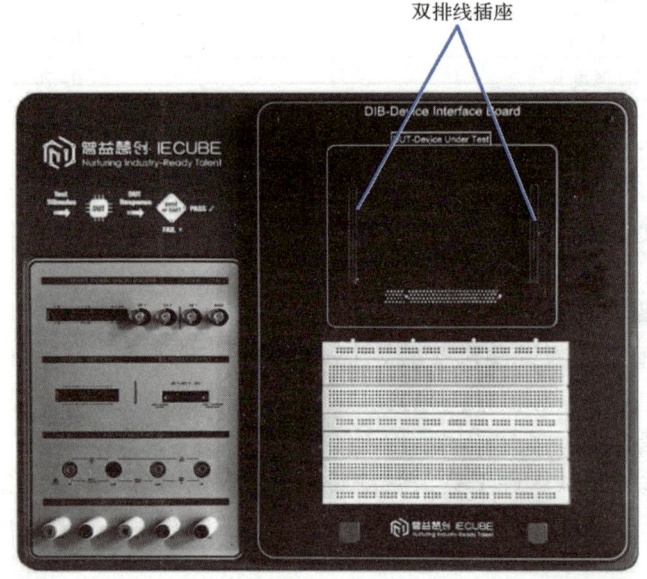

图 5-45　双排线插座

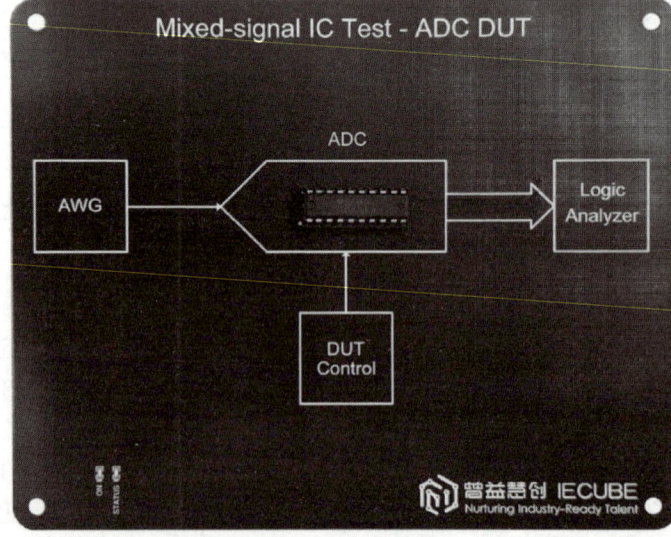

图 5-46　ADC 芯片测试接口板

测试接口板使用 2×25Pin 双排线接口，此实践任务中用到的引脚及资源定义可参考附录 A。

3. 测试程序开发

在自动化测试领域，测试程序的架构设计是确保测试流程高效、准确的关键。图 5-47 所示的是一个 ADC 通用测试程序架构图，接下来将探讨 ADC 测试方案中测试程序的开发流程，从测试程序的整体框架出发，逐步解析其核心组件和功能。

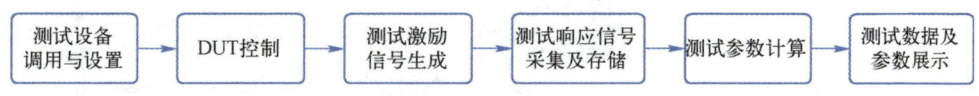

图 5-47　ADC 通用测试程序架构图

基于 ADC 通用测试程序架构图，使用 LabVIEW 构建了一个 ADC 参数自动化测试的代码框架，其中包含了完整的 ADC 参数测试流程，程序中空缺了几个关键的部分，这些部分在代码中通过绿色高亮的注释进行了标注。

1）从"ADC Test System Exercise"文件夹中打开"ADC Test System"工程文件，打开"0-ADC Test System Main"VI，会出现如图 5-48 所示的前面板界面，前面板中包含了硬件配置、DUT 测试参数图集、DUT 测试结果、开始测试按钮和测试进度等内容。

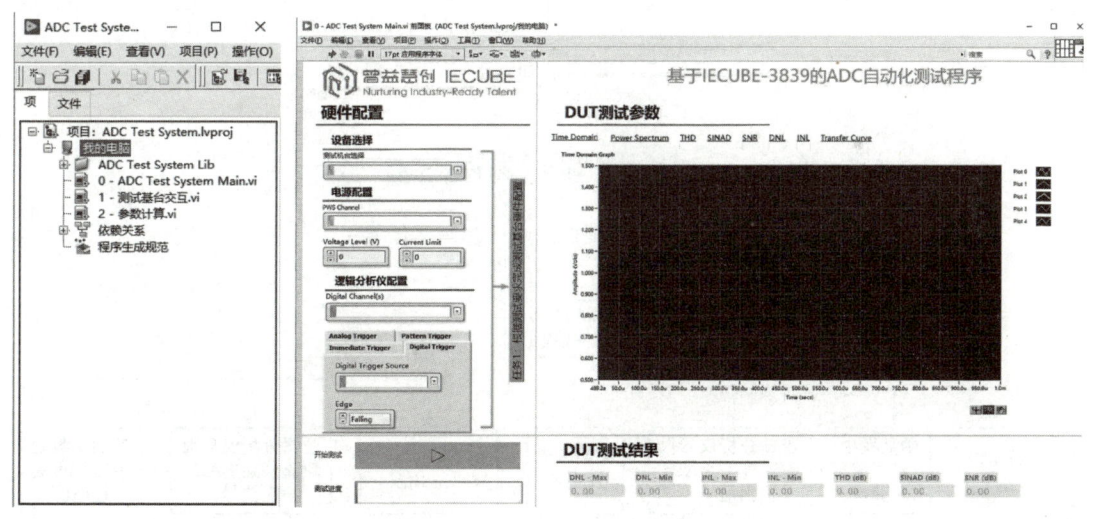

图 5-48　测试程序前面板

2）前面板在 LabVIEW 中是和用户交互的界面，而代码的实现都是在程序框图中，打开测试程序的程序框图，它与 ADC 通用测试程序架构的对应关系如图 5-49 所示。

3）测试机台硬件控制子任务如图 5-50 所示，包含了测试激励信号生成和测试响应信号采集及存储两部分内容，该子任务能够通过控制函数发生器，分别输出正弦波和三角波两种激励信号，进而采集并存储这两种信号对应的 ADC 输出数据，测试机台硬件控制子任务软件编程框架及程序框图如图 5-51、图 5-52 所示。

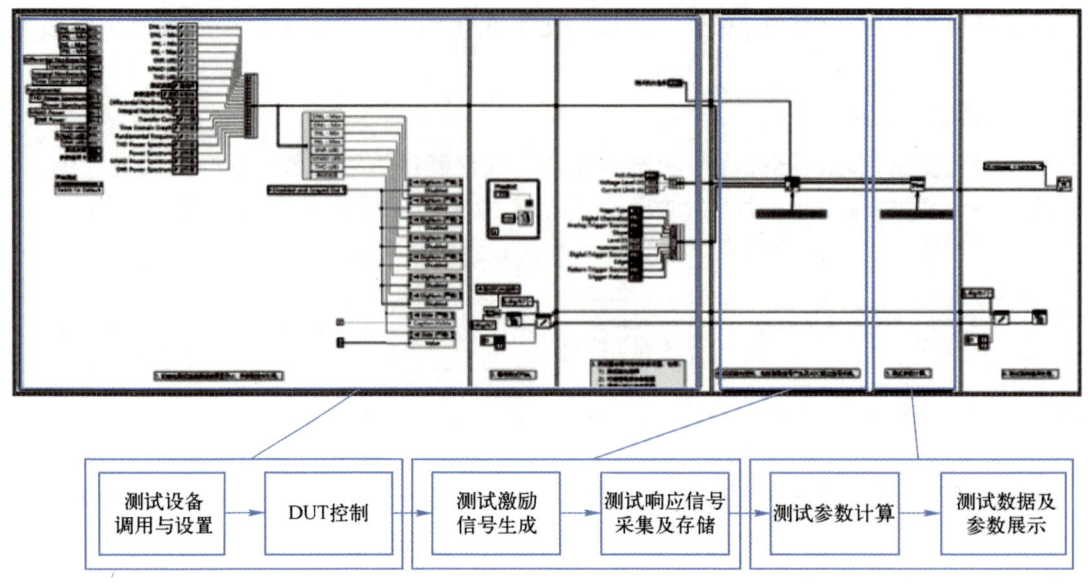

图 5-49　测试程序程序框图

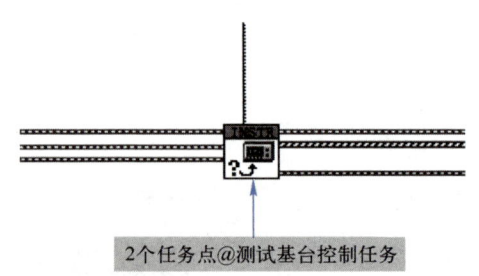

图 5-50　测试机台硬件控制子任务

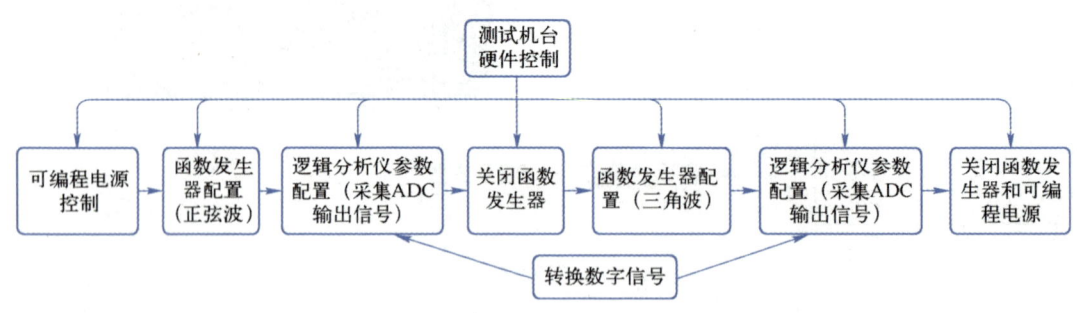

图 5-51　测试机台硬件控制子任务软件编程框架

4）测试参数计算子任务如图 5-53 所示，包含了测试参数计算和测试数据及参数展示两部分，从 ADC 转换采集回来的三角波激励信号数据，会进入静态参数计算的子任务，而正弦波激励信号经过 ADC 转换后，数据会通过频域分析、信号调理等模块进行数据分析，最终进入动态参数计算子任务计算出所有动态参数。测试参数计算子任务软件编程框架及程序框图如图 5-54、图 5-55 所示。

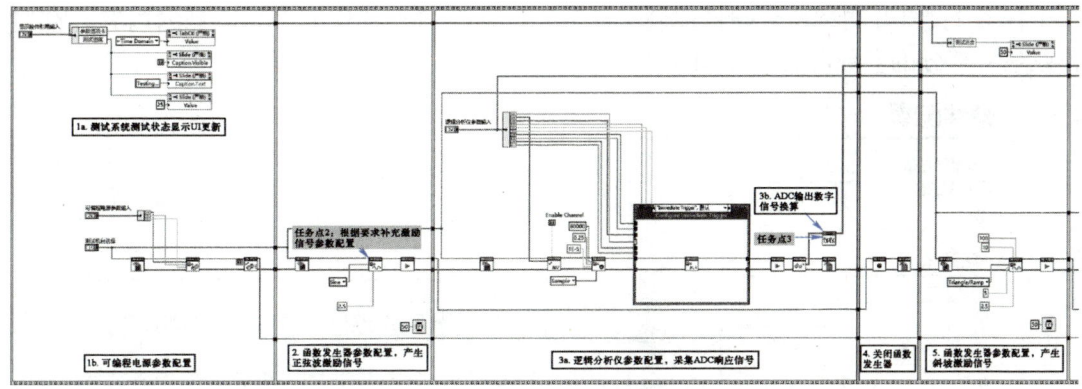

图 5-52　测试机台硬件控制子任务程序框图

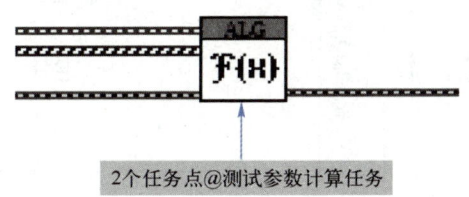

图 5-53　测试参数计算子任务

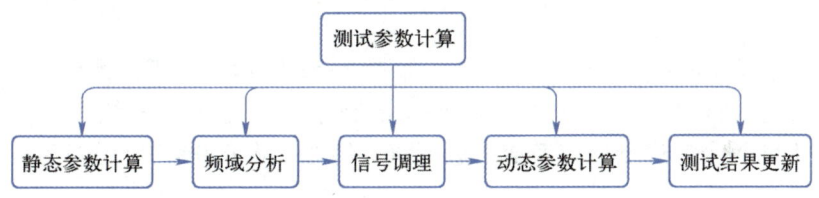

图 5-54　测试参数计算子任务软件编程框架

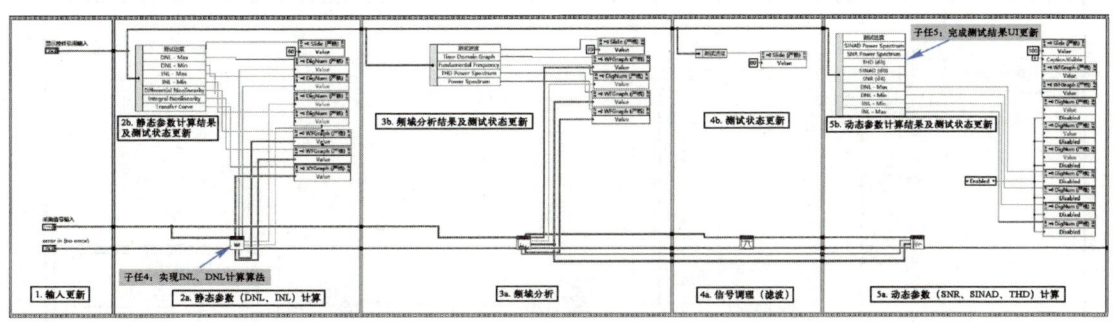

图 5-55　测试参数计算子任务程序框图

5）为了使该程序能够完成完整的 ADC 参数自动化测试，需要根据以下子任务要求完善这五个部分的程序。

子任务 1：在测试程序的主界面中，需要正确选择机台，完成设备通信，并根据任务 1 和任务 2 学习到的内容补充其他仪器通道和参数，以确保测试过程顺利进行，如图 5-56 所示。

子任务 2：打开测试机台硬件控制子任务，根据任务 1 和任务 2 学习到的内容，补充激励正弦信号部分的参数配置，如图 5-57 所示。

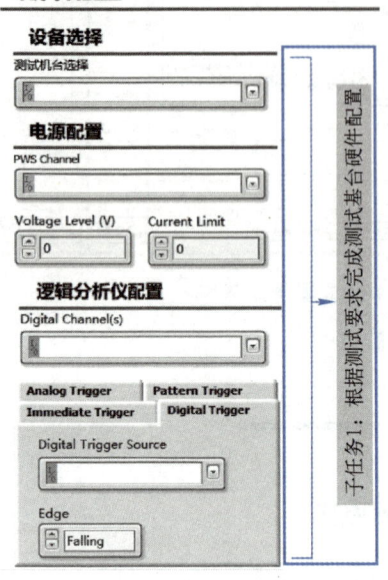

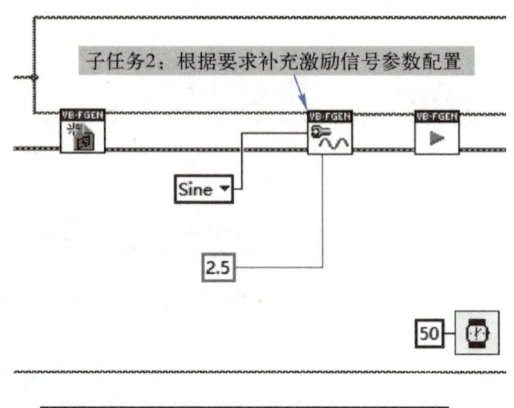

图 5-56　子任务 1 设备通信　　　图 5-57　子任务 2 补充激励信号参数配置

子任务 3：完成转换数字信号的子任务。如图 5-58 所示，由于待测件是一个 8 bit 并行输出的 ADC 芯片，所以从逻辑分析仪采集回来的数字信号是一个 8 位二进制数值的数组，需要将该数组中的每个二进制数转换成十进制值。例如，将 00000100 转换为 4。

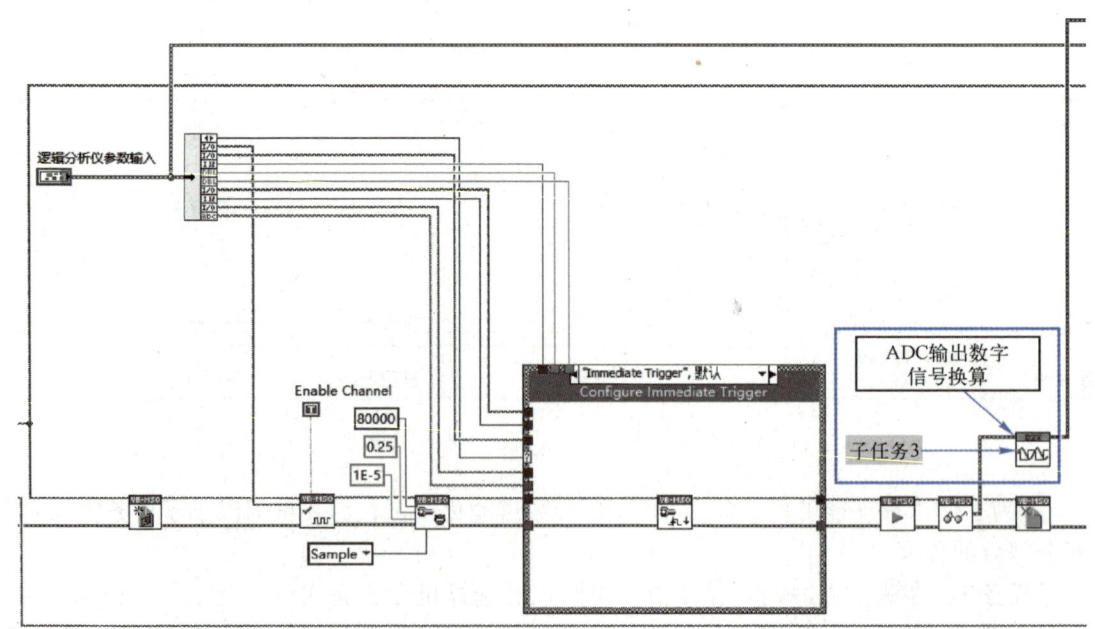

图 5-58　子任务 3 完成 ADC 输出数字信号转换

采集到两组输出结果后，程序将进入测试参数计算子任务继续执行后续代码。

子任务 4：打开测试参数计算子任务的程序框图，然后进入静态参数计算子任务的程序框图，如图 5-59 所示。

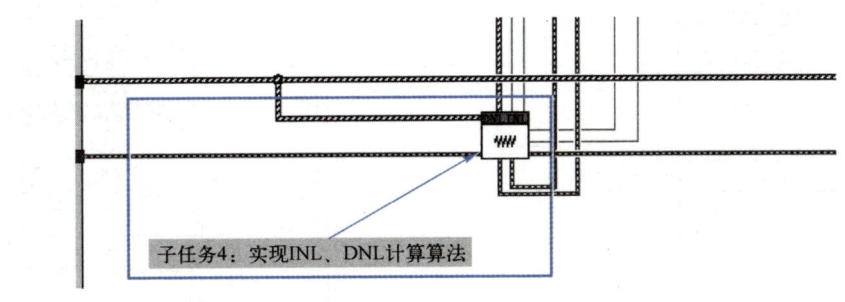

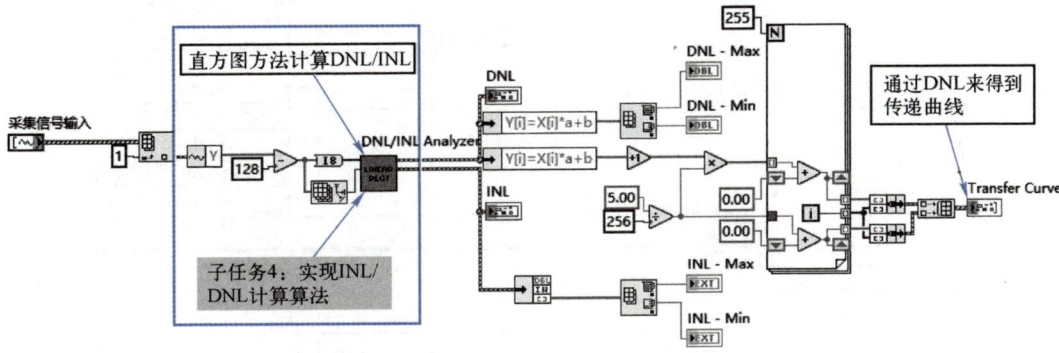

图 5-59　子任务 4 实现 INL/DNL 计算算法

最后进入 DNL/INL Analyzer 标识的任务，在 ADC Hist 子任务中，已经用直方图法得到了 0~255 每个数字码出现的次数，需要继续补充完整 INL（积分非线性）和 DNL（微分非线性）的计算算法，得到 INL 和 DNL 的所有值，如图 5-60 所示。

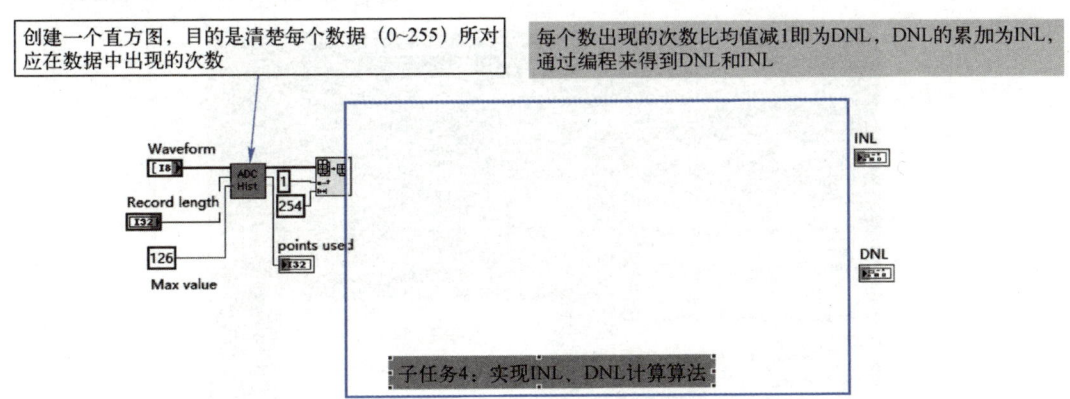

图 5-60　子任务 4 完成 INL/DNL 计算算法

子任务 5：测试完所有结果后，需要把所有测得的数据更新到前面板上，补充该部分的代码，如图 5-61 所示。

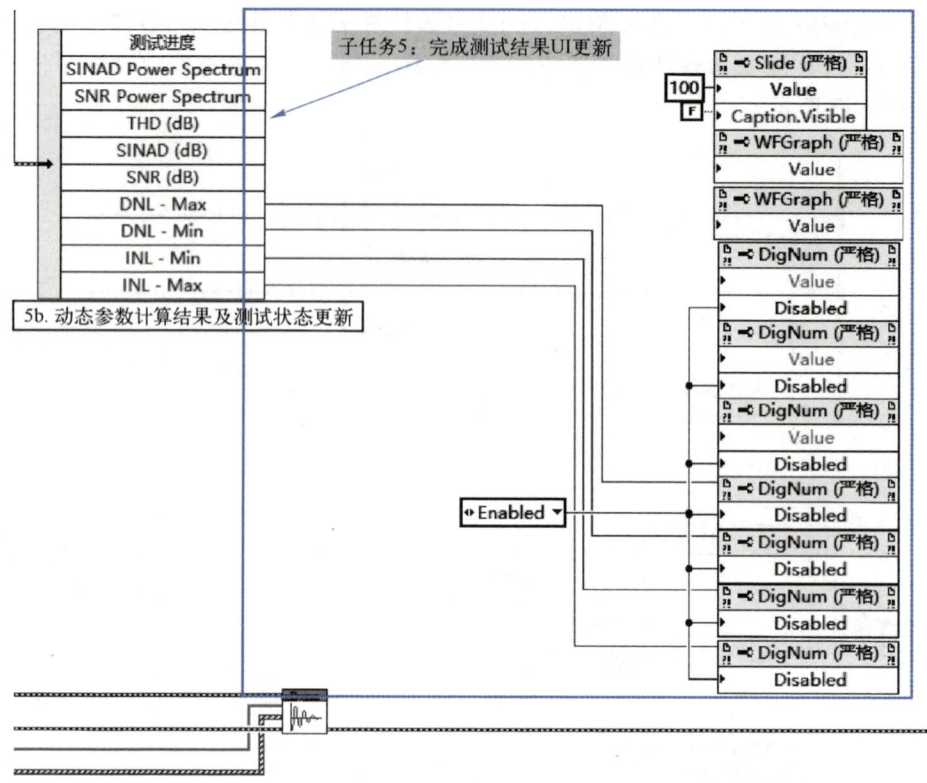

图 5-61　子任务 5 测试结果更新

4. 自动化测试实施与数据分析

（1）测试步骤

1）ADC DUT 测试板卡插在 IECUBE-3839 顶部 DUT 板插座上，如图 5-62 所示。

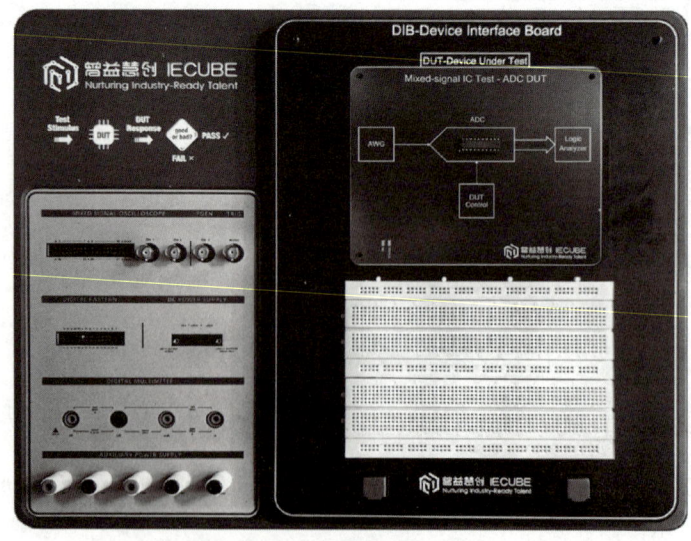

图 5-62　DUT 板放置

2) 打开 IECUBE-3839 电源开关按钮。

3) 单击"开始运行"按钮即可完成 ADC 的参数自动化测试，运行结果如图 5-63 所示。

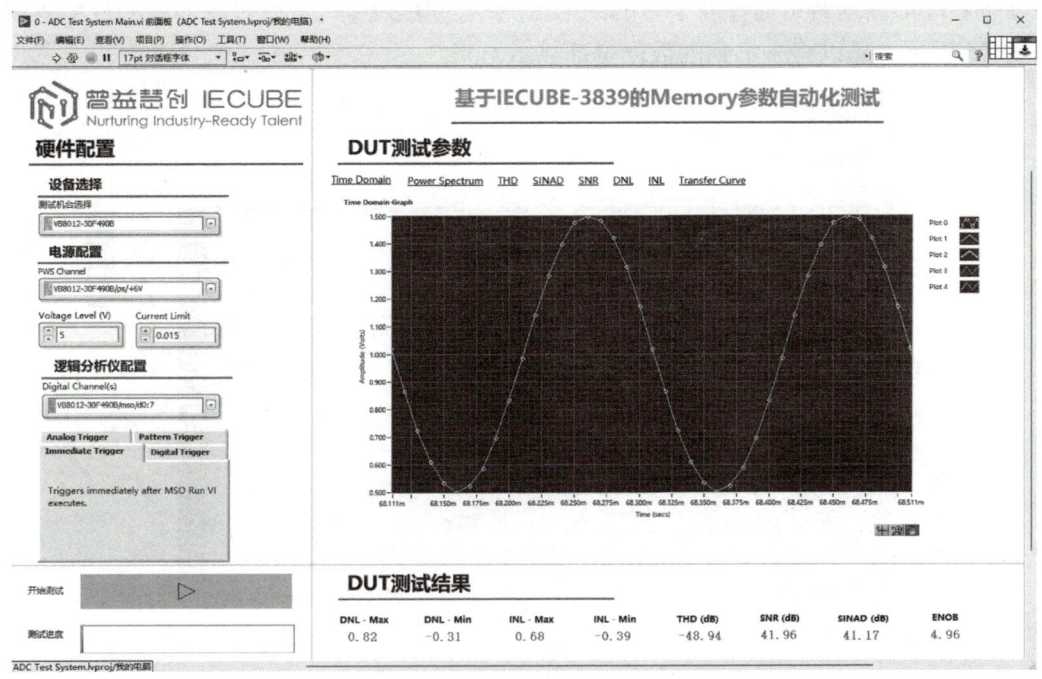

图 5-63　运行结果

（2）测试结果

右侧 DUT 测试参数选项卡中分别有时域图、频谱图、THD、SINAD、THD、SINAD、SNR、DNL、INL、转移特性曲线等图像。例如时域图如图 5-64 所示。

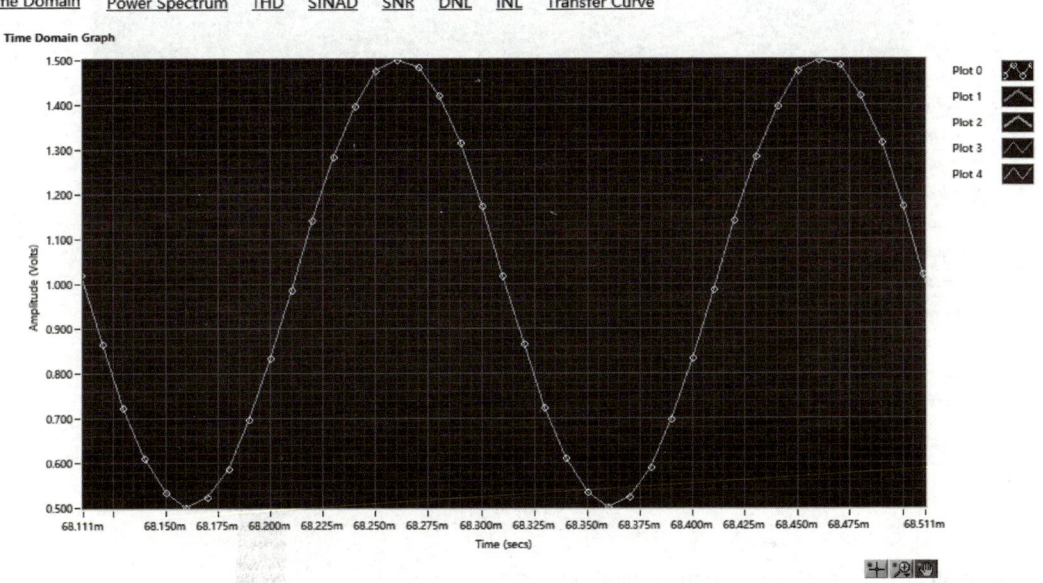

图 5-64　Time Domain 时域图

通过测试结果看出，转换成数字信号数据的折线连线是一个正弦波，与在程序框图中函数发生器设置的参数相符。

在查看波形数据时可通过右下角的图形工具（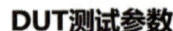）实现对波形图的放缩等操作，如图 5-65 所示，可以将采集到的数据全部显示出来。

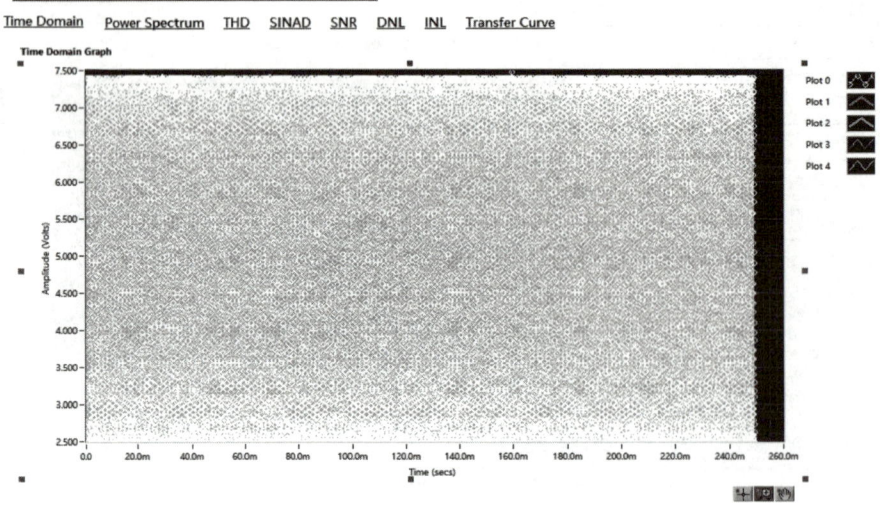

图 5-65 采集到的数据全部显示

频谱图如图 5-66 所示。

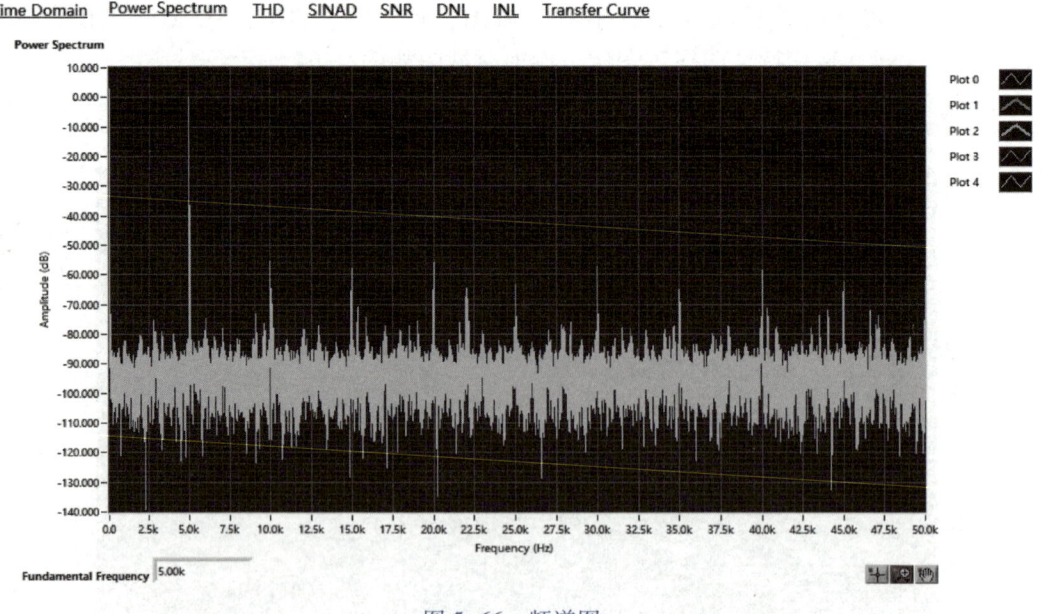

图 5-66 频谱图

DUT 的自动化参数测试结果如图 5-67 所示。

DUT测试结果

DNL - Max	DNL - Min	INL - Max	INL - Min	SNR (dB)	THD (dB)	ENOB	SINAD (dB)
0.82	-0.31	0.68	-0.39	41.96	48.94	7.67	41.17

图 5-67　ADC 芯片自动化参数测试测试结果

（3）测试数据分析

1）静态参数分析

从结果中可以看到 ADC 的转移特性曲线，在分析 ADC 的转移特性曲线时，通过对比理论曲线和实际曲线来计算静态参数。DNL 和 INL 值已经通过程序从测试数据中得出，下面以图 5-68 中数据为例对其进行结果分析。

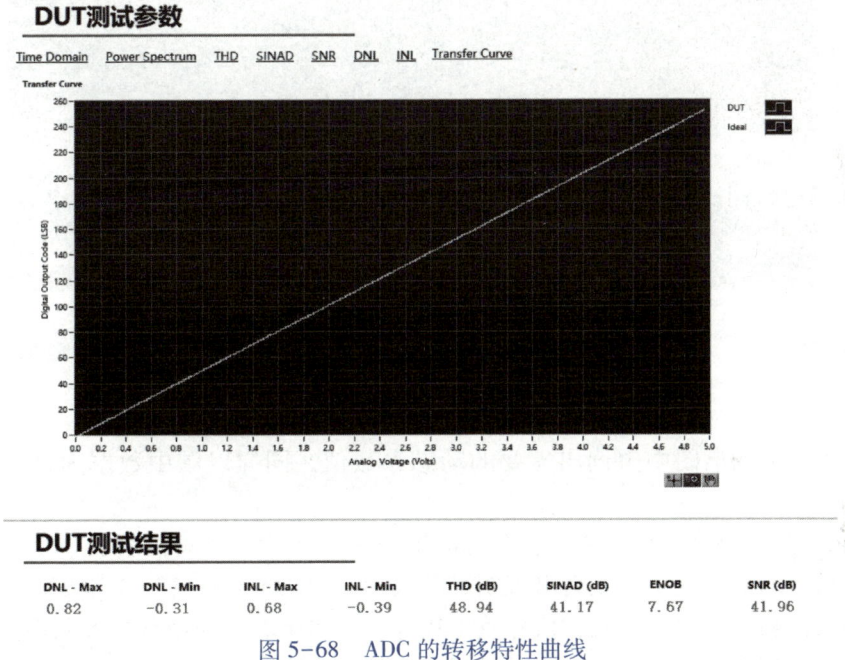

图 5-68　ADC 的转移特性曲线

通过自动化测试得出 DNL 的最大值为 0.82，最小值是-0.31，INL 的最大值为 0.68，最小值为-0.39，INL&DNL 从根本上都是描述了 ADC 在不同输出代码之间的步长与理想步长（1 LSB）之间的偏差。在理想情况下，INL 值应该为 0，但在实际应用中，由于各种非理想因素的影响，INL 值通常不会为零。

在 TLC0820ACN 的数据手册中显示了未调整总误差（Total Unadjusted Error，TUR）为 ±1 LSB，从测得的 DNL 结果（最大 0.68，最小-0.31）和 INL 结果（最大 0.68，最小-0.39）来看，该 ADC 在设计和性能上是可接受的，因为它们都位于[-1，1] LSB 的范围内，这意味着 ADC 保持了单调性并且没有丢码。对于较低精度的应用，INL 值可能会更高，比如±1 LSB～±3 LSB 或更高。

在不同的测试板和测试环境下，测试数据可能会有差异，这些都属于正常情况，不同的测试温度、测试芯片、测试电路板、仪器状态都会导致结果出现差异。

2）动态参数分析

在测试程序主页面的 Power Spectrum 中，使用 FFT 工具得到了 ADC 的频谱图，这个过程是对采集到的时域信号进行快速傅里叶变换（FFT），从而得到信号的频率成分。如图 5-69 所示，可以识别出信号的基频和谐波，基频是信号的主要频率成分，而谐波是基频的整数倍频率成分。

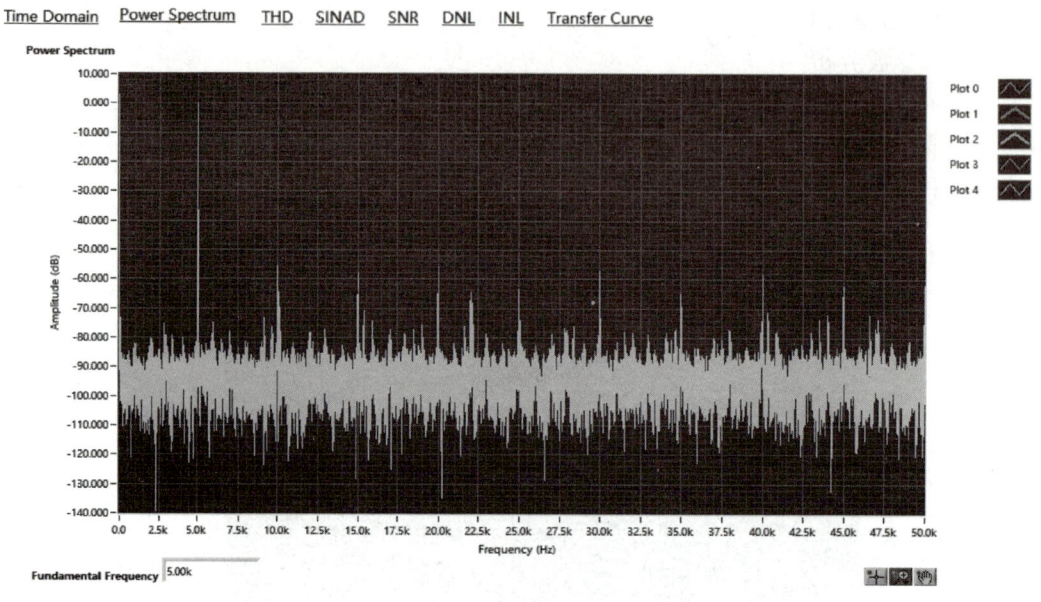

图 5-69　信号变换

然后就可以从频谱图中解读出需要的动态参数值，同样以图中数据为例对其进行结果分析。

THD = 48.39 这个值较高，意味着系统的谐波失真较大，这可能会影响信号的质量，尤其在音频或精密测量系统中可能会出现明显的失真，SINAD = 41.17 dB 和 SNR = 41.96 dB 都表明系统的噪声和失真相对较低，信号质量较好。总体来看，这组数据表明系统的信号质量在一定程度上受到了谐波失真影响，尽管噪声和失真较低，但 THD 的较高值仍可能影响最终的输出质量。

在 TLC0820ACN 的数据手册中，这些动态参数未被特别提及，这可能是因为这些参数对于芯片的性能表现不是决定性的，或者它们已经达到了一个对于大多数应用来说足够稳定和可靠的水平。换言之，TLC0820ACN 芯片的设计重点在于其低功耗和高转换速率的优势，这两项特性足以满足广泛的应用需求，而对于其他一些不那么关键的参数，则可能没有进行特别的优化或强调。

在完成了 ADC 的自动测试后，通过数据分析获得了关于转换器性能的关键指标。自动测试通常包括静态参数和动态参数的评估，静态参数如 DNL 和 INL 通过码密度直方图法进行测量，而动态参数如 SNR、SINAD 和 THD 则通过 FFT 频谱分析法得到。数据分析结果显示，DNL 和 INL 的值提供了 ADC 线性度的直接测量，而动态参数则揭示了 ADC 在交流条件下的性能表现。

通过任务 3 的学习，读者能够掌握 ADC 芯片自动化测试流程中各阶段的核心内容，了解接口板设计过程，独立开发测试软件并对测试结果进行分析，具备一定的行业测试技能。

其他典型电路测试技术与实践
第6章

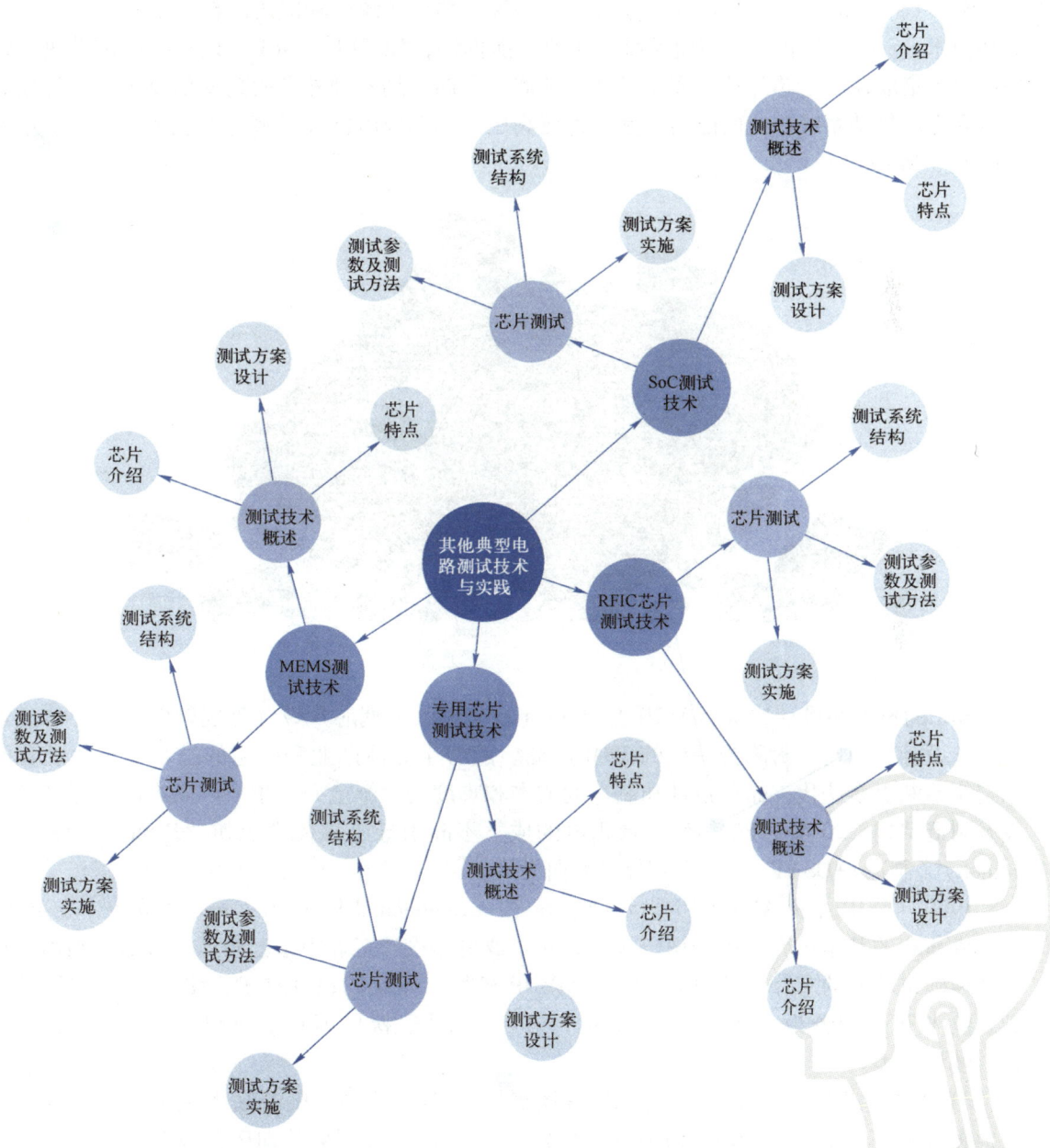

6.1 SoC 测试技术概述及实践项目

6.1.1 SoC 芯片测试技术概述

1. SoC 芯片介绍

SoC（System on Chip）即片上系统，是一种将整个系统的功能集成在一个芯片上的集成电路技术。SoC 芯片将一个完整系统的主要功能模块，如 CPU、GPU、内存、通信模块、各种接口等集成在一个芯片上，实现了从处理器、存储器到各种外设的高度集成化，具备独立运行和完成复杂系统功能的能力，是一种更高层次的集成电路设计概念和技术。SoC 示意图如图 6-1 所示。

图 6-1 SoC 示意图

SoC 的概念和设计技术始于 20 世纪 90 年代中期。早期芯片设计难度较低，半导体公司多为集设计、制造、封测为一体的 IDM 厂商。随着半导体产业和工艺的进步，芯片随着摩尔定律不断更新迭代，晶片设计和制造的成本和难度均大幅上升，单一厂商难以承担高额研发及制造费用。20 世纪 80 年代，台积电的成立不断引导半导体产业朝"Fabless（设计）+Foundry（制造）+OSAT（封测）"分工方向发展。

1990 年，IP 龙头 ARM 诞生，开创了 IP 核（Intellectual Property Core）授权模式。IP 核是构成 SoC 的基本单元，即知识产权核，在集成电路设计行业中指已验证、可重复利用、具有某种确定功能的芯片设计模块。SoC 是以 IP 模块为基础的设计技术，IP 是 SoC 应用的基础。IP 核可以划分为 CPU、GPU、DSP、VPU、总线、接口等 6 个类别，也可按软核、固核、硬核分类。

ARM 负责芯片架构设计，并将 IP 核授权给 Fabless 厂商。随着超大规模集成电路的发展，集成电路（IC）逐渐向集成系统（IS）转变，IC 设计厂商趋向于将复杂功能集成到单硅片上，SoC 的概念逐渐形成。

SoC 凭借其性能强、功耗低、灵活度高的特点，使单芯片能够形成完整的电子系统。随着科技的发展，SoC 已经成为电子设备的核心部件。从智能手机到汽车电子，SoC 无处不在。然而，保证这些芯片在实际应用中的可靠性和性能，需要进行复杂而严格的测试。

2. SoC 芯片特点

1）高度集成化：将处理器、存储器、输入/输出接口、各种控制器等多个功能模块集成在单一芯片上，如智能手机的 SoC 芯片，集成了 CPU、GPU、通信模块、音频处理模块等，能实现复杂的计算、图形处理、通信等多种功能；大量的晶体管和电路元件被集成在极小的芯片面积上，实现了传统多个分立元件和电路板才能完成的功能，大幅度减小了系统的体积。

2）低功耗：通过采用先进的半导体工艺和低功耗设计技术，如动态电压频率调整（DVFS）、电源门控等技术，根据芯片的工作负载动态调整电压和频率，减少不必要的能耗；由于将多个功能模块集成在一个芯片上，减少了模块之间的连接线路和信号传输损耗，从而降低了整体功耗，延长了电池供电设备的续航时间。

3）高性能：芯片内部的各个功能模块可以通过高速的内部总线进行高效的数据传输和协同工作，避免了外部接口带来的传输延迟和带宽限制，提高了系统的整体运行效率；可以根据具体的应用需求对各个功能模块进行定制化设计和优化，如针对人工智能应用的 SoC 芯片，会专门设计高性能的 AI 加速引擎，提高人工智能算法的处理速度。

4）高可靠性：高度集成化减少了外部连接和分立元件的使用，降低了由于连接不良、元件损坏等导致的系统故障概率；在设计过程中采用了多种容错和纠错技术，如 ECC（纠错码）内存、冗余设计等，提高了芯片在复杂环境下的稳定性和可靠性。

5）设计复杂与成本高：涉及多个领域的知识和技术，包括电路设计、系统架构设计、算法设计等，需要庞大的设计团队和大量的研发投入；需要使用先进的半导体制造工艺和设备，制造过程复杂，成本高昂，但随着产量的增加，单位成本会逐渐降低。

6）应用场景多样化：如智能手机、平板电脑、智能手表等，为这些设备提供强大的计算、图形处理、通信等功能；用于汽车的发动机控制、自动驾驶辅助系统、信息娱乐系统等，要求高可靠性和稳定性；在工业自动化设备、机器人等中，实现对各种工业过程的控制和监测。

3. SoC 芯片测试方案设计

典型的 SoC 芯片正在向多功能化、高度集成、多引脚发展。典型的 SoC 包括以下部分。

1）处理器内核：MCU、MPU、数字信号处理器或专用指令集处理器内核。
2）存储器：RAM、ROM、EEPROM 或闪存。
3）用于提供时间脉冲信号的振荡器和锁相环电路。
4）由计数器和计时器、电源电路组成的外设。
5）连线接口：如 USB、火线、以太网、通用异步收发。
6）用于实现在数字信号和模拟信号之间转换的 ADC/DAC。
7）电压调理电路及稳压器。

因此 SoC 测试通常分为以下几类。

（1）数字模块功能测试

逻辑功能测试：依据芯片设计的逻辑规范，向芯片中各个功能模块（如 CPU、GPU、内存控制器、外设接口等）输入各种数字激励信号，随后检测输出信号是否符合预期逻辑。例如，对芯片内的逻辑门电路、触发器等基本数字单元进行测试，验证其在不同输入组合下的逻辑功能是否正确。通过遍历所有可能的输入状态，确保芯片的数字逻辑功能准确无误。

时序测试：芯片内部的数字信号传输和处理都有时序要求，精确测量和分析芯片的时序参数，如时钟频率、建立时间、保持时间等。检查芯片在不同时钟频率下的工作状态，确保其在规定的时序范围内能够稳定运行，避免出现时序违规导致的功能错误。

总线功能测试：对于 SoC 芯片中广泛使用的各种总线，如 AMBA 总线、SPI 总线等，模拟总线上的主设备和从设备，进行总线读写操作测试。验证总线在不同数据传输模式下的功能，包括数据的正确传输、地址译码、总线仲裁等，确保总线通信的可靠性和稳定性。

SoC 芯片在设计阶段，测试向量通常以特定的设计工具或格式生成，如 Verilog、VHDL 等硬件描述语言编写的测试平台所产生的测试向量。仿真文件的格式一般有 VCD、WGL、STIL 等，其格式主要由自动化设计软件决定。这些向量包含了对芯片功能、性能等方面的验证信息。然而，这些测试向量格式并不能直接被测试设备识别和执行。因此需要将设计阶段产生的测试向量，转换为测试设备能够理解和处理的格式，以便在测试设备上进行实际的芯片测试。通过有效的测试向量转换，直接利用这些已有的测试向量资源，无须测试人员从头开始构思和编写测试向量，大幅节省了时间和人力成本。尤其是在面对大规模、复杂的 SoC 芯片测试任务时，向量转换能够快速完成大量测试向量的准备工作，显著提高测试工作的整体效率。

（2）模拟模块测试

直流参数测试：精确测量模拟电路的直流参数，如输入/输出电压、电流、电阻等。例如，对芯片内的运算放大器、比较器等模拟器件的直流工作点进行测试，检查其是否在设计规定的范围内，确保模拟电路的正常工作。

交流参数测试：通过施加不同频率的交流信号，测量模拟电路的交流参数，如增益、带宽、相位等。对于射频电路部分，测试其射频性能指标，如功率、频率响应、噪声系数等，评估模拟电路在不同频率下的性能表现。

（3）混合信号模块测试

SoC 芯片中往往包含数字和模拟混合的电路模块，进行混合信号测试，确保数字和模拟部分之间的接口和协同工作正常。例如，对模-数转换器（ADC）和数-模转换器（DAC）进行测试，验证其转换精度、转换速度等性能指标。

（4）存储器测试

读写功能测试：对片内的随机存取存储器（RAM）、只读存储器（ROM）等进行全面的读写功能测试。按照存储器的地址空间，依次进行数据的写入和读取操作，验证存储单元的数据是否正确存储和读出，并检测是否存在坏点或故障单元。

速度测试：测试存储器的读写速度，评估其能否满足芯片整体的性能要求。通过改变读写操作的频率和时序，观察存储器的响应时间和数据传输速率，确保存储器在不同工作条件下的性能稳定。

（5）接口测试

电气特性测试：对 USB、以太网、Wi-Fi 等通信接口的电气特性进行测试，如接口的电压电平、阻抗匹配、信号完整性等。模拟实际的通信环境，检测接口在不同电气条件下的工作状态，确保接口的电气性能符合标准。

协议一致性测试：依据相关的通信协议标准，对通信接口进行协议一致性测试。检查接口在数据帧的格式、传输控制、错误检测等方面是否符合协议要求，确保接口能够与其他设备进行正常的通信交互。

（6）功耗测试

静态功耗测试：使芯片处于低功耗或待机状态，测试设备通过高精度的电流和电压测量设备，准确测量此时芯片的静态电流和供电电压，然后根据功率计算公式 $P=UI$，计算出芯片的静态功耗。该测试用于评估芯片在长时间待机或低负载运行时的能耗情况，对于电池供电的设备而言，静态功耗的高低直接影响设备的续航时间。

动态功耗测试：向芯片输入各种不同类型和频率的工作负载，模拟芯片在实际应用中的各种工作场景，如运行复杂的计算任务、进行大量的数据传输等。在芯片运行过程中，实时监测芯片的电流和电压变化，计算出不同工作状态下的动态功耗。该测试用于评估芯片在不同工作强度下的能耗效率，判断芯片是否能够在满足性能需求的同时，保持较低的动态功耗。

6.1.2　SoC 芯片测试

1. SoC 芯片 CS32A010 介绍

CS32A010 是芯海科技推出的一款高性能 SoC 芯片，芯片内置 24 位高精度 SD-ADC，采用 32 位 ARM Cortex-M0 内核，内置 12 位 DAC、低温漂基准源、电源管理、低失调运放、16 bit 定时器、LED 驱动、恒流源和恒压源输出等功能模块。另外 CS32A010 内置 64 KB Flash 和 8 KB SRAM，最高工作频率为 24 MHz，芯片还提供标准的通信接口（I^{2}C、SPI 和 UART）。

该芯片用途广泛，在工业自动化与过程控制中，可用于电动机控制、生产线监测等；在医疗设备领域，可用于热电偶测温、指压式血氧仪等；在精密检测设备中，可用于各类物理量的精确测量。例如在热电偶测温应用中，通过两路高精度 ADC 通道接口与热电偶测量接口连接，实现对 0~1300℃ 范围温度的精确测量；在指压式血氧仪中，凭借多路高精度 ADC 检测通道，实现对血氧饱和度的精准测量。

CS32A010 系统架构如图 6-2 所示。

2. 主要测试参数以及测试方法

CS32A010 芯片内置 ADC、DAC、低温漂基准源、电源管理、低失调运放、定时器、LED 驱动、恒流源和恒压源输出、Flash 和 SRAM，提供标准的通信接口（I^{2}C、SPI 和 UART）。因此，选取各模块的部分测试参数如图 6-3 所示。

（1）I^{2}C 接口功能测试

CS32A010 提供标准 I^{2}C 接口，可配置成主机接口或从机接口。利用测试向量生成工具，根据 I^{2}C 协议规范和 CS32A010 芯片 I^{2}C 接口的功能特点，生成全面、有效的测试向量。测试向量应包括各种典型的通信场景，如正常读写操作、错误数据传输、边界条件测试等，以覆盖 I^{2}C 接口的所有功能和性能指标。

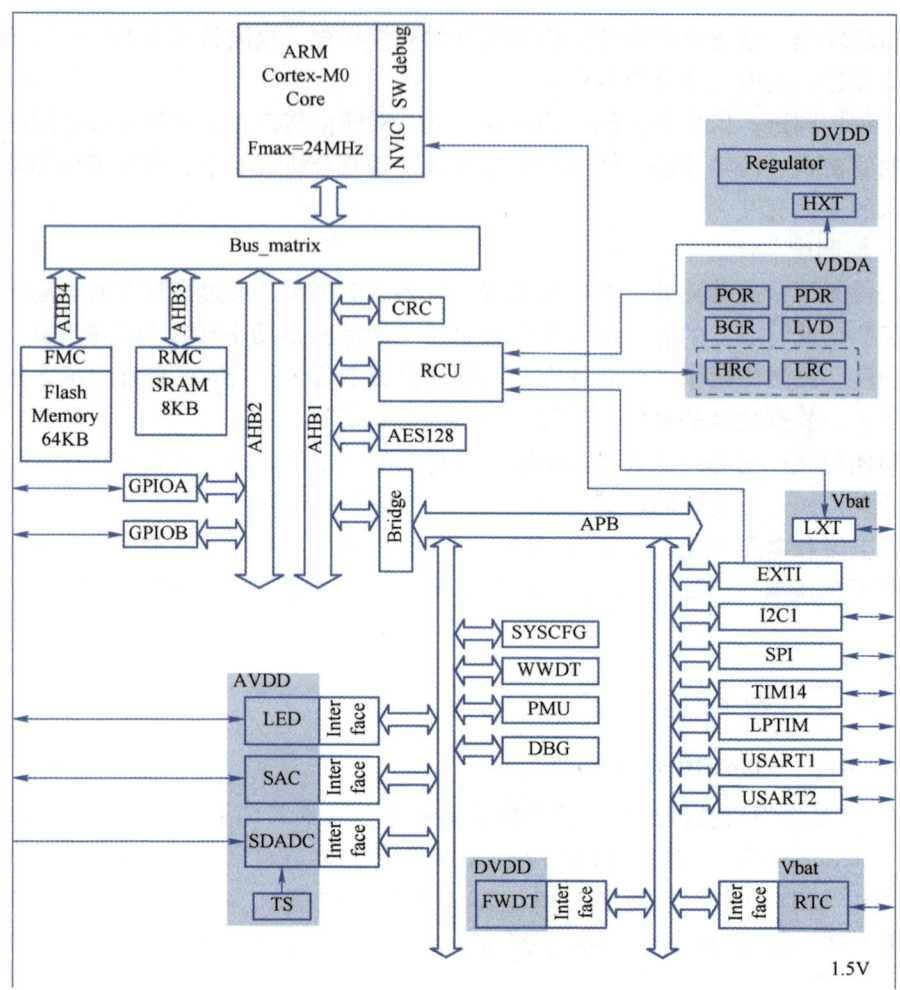

图 6-2　CS32A010 系统架构

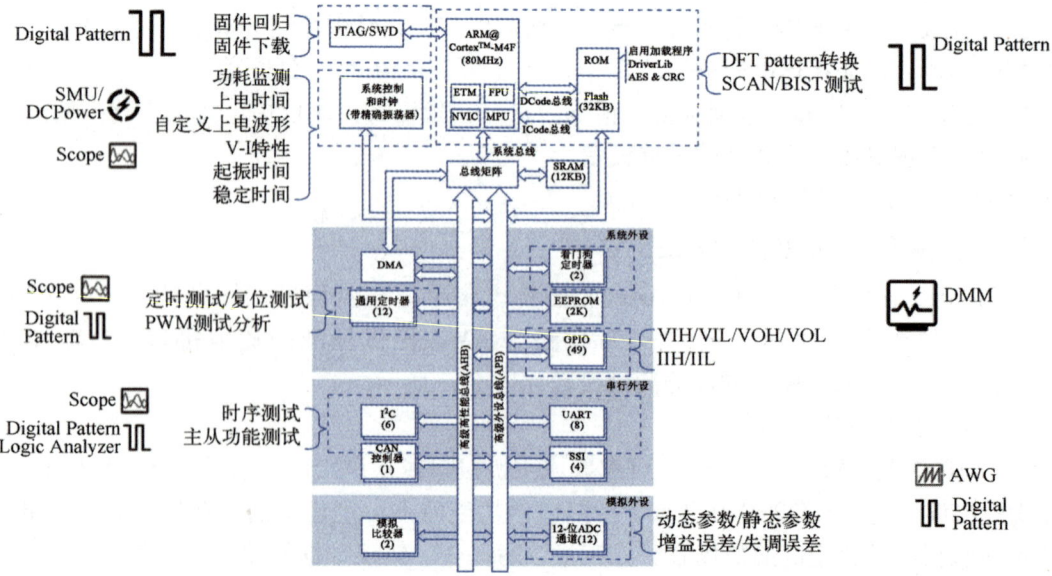

图 6-3　SoC 测试参数

基本读写测试：按照测试向量的顺序，向 CS32A010 芯片的 I^2C 接口发送读写指令，验证芯片能否正确地与从设备进行数据传输。检查读写操作的成功率和数据的准确性，确保 I^2C 接口的基本通信功能正常。

地址匹配测试：设置不同的从设备地址，发送读写指令，验证芯片能否准确地识别并与指定地址的从设备进行通信。检查地址匹配的准确性和通信的可靠性，确保 I^2C 接口的地址识别功能正常。

中断处理测试：模拟从设备的中断信号，验证芯片能否正确地响应中断请求，并进行相应的处理。检查中断处理的及时性和准确性，确保 I^2C 接口的中断处理功能正常。

（2）SPI 接口功能测试

CS32A010 提供标准 SPI 接口。利用测试向量生成工具，严格按照 SPI 协议规范以及 CS32A010 芯片 SPI 接口的功能特性，生成覆盖全面、高效的测试向量。测试向量应涵盖各种典型的通信场景，如正常的全双工数据传输、半双工数据传输、不同数据长度的传输、错误数据传输、边界条件测试等，确保能够覆盖 SPI 接口的所有功能和性能指标。

基本数据传输测试：按照测试向量的顺序，向 CS32A010 芯片的 SPI 接口发送不同类型的数据，验证芯片能否正确地与从设备进行全双工或半双工的数据传输。仔细检查数据传输的成功率和准确性，确保 SPI 接口的基本数据传输功能正常。

片选信号测试：设置不同的片选信号状态，发送数据传输指令，验证芯片能否准确地根据片选信号选择对应的从设备，并进行数据传输。检查片选信号的准确性和数据传输的可靠性，确保 SPI 接口的片选功能正常。

模式配置测试：在 CS32A010 芯片支持的 SPI 模式（如 CPOL、CPHA 等）范围内，设置不同的模式组合，进行数据传输操作，验证芯片在不同模式下能否正常工作。检查数据传输的正确性和稳定性，确保 SPI 接口的模式配置功能正常。

（3）GPIO 特性

借助测试设备，对芯片的 GPIO 特性进行测试，确保 GPIO 端口能够准确、稳定地实现输入/输出功能，满足各种应用场景的需求。

电平输入测试（VIH/VIL）：将指定的 GPIO 端口设置为输入模式，通过测试设备向这些端口以步进的方式输入不同的高/低电平信号，然后读取芯片的输出状态，检查读取的状态是否与期望电平信号一致（功能 PASS/FAIL），直到输入端口施加的电压为令输出 PASS/FAIL 的临界电压，即为输入端口的输入高低电平。

电平输出测试（VOH/VOL）：将指定的 GPIO 端口设置为输出模式，通过测试设备控制这些端口输出不同的高低电平信号，使用可编程电源（PWR）或者电阻负载模拟输出负载，并用万用表或其他测量设备测量 GPIO 端口的实际输出电平。

电流输入测试（IIH/IIL）：将 GPIO 端口设置为输入模式，通过测试设备向端口输入高电平/低电平信号，利用高精度电流测量设备（如 DMM 或 PMU）测量此时 GPIO 端口的输入电流值。

（4）时间参数

内部基准源建立时间：通过测试设备发送测试向量，触发芯片的基准源启动。通过测试设备的示波器实时监测基准源的输出信号，当输出信号达到设计规定的稳定范围（即与目标值的误差在允许范围内）时，记录此时的时间，计算从基准源启动到达到稳定状态所需的时间,即基准源建立时间。

时钟源启动时间:通过测试设备发送测试向量,触发芯片的时钟源启动。通过测试设备的示波器实时监测时钟源的输出信号,当输出信号的频率和相位达到设计规定的稳定范围(即与目标值的误差在允许范围内)时,记录此时的时间,计算从时钟源启动到达到稳定状态所需的时间,即时钟源启动时间。

电源上升/下降时间:将直流电源与 CS32A010 芯片的电源输入端连接,确保电源输出电压符合芯片的工作电压范围。将电子负载连接到芯片的输出端,用于模拟不同的负载条件。开启/关闭直流电源输出,通过测试设备的示波器实时监测芯片的电源输出端,观察电源的上升和下降波形。

PWM 高低电平时间:通过测试设备对芯片进行配置,使其输出特定频率和占空比的 PWM 信号。连接示波器和信号发生器,将信号发生器的输出连接到示波器的通道 1,作为参考信号,将 CS32A010 输出的 PWM 信号连接到示波器的通道 2。打开示波器和信号发生器,设置信号发生器输出合适的参考信号,调整示波器的时基、垂直档位和触发方式,确保能够清晰地观察到 PWM 信号的波形。

周期 $T=1/f$,其中 f 是 PWM 的频率;高电平时间 $TH=Dh*T$,Dh 为高电平时间占空比;低电平时间 $TL=T-TH$。

(5)电源以及基准源电压

测试设备电源提供可精确调节的输出电压,具备良好的稳定性和精度,能够为 CS32A010 芯片模拟上下电过程提供稳定的电源输入。通过数字万用表测量芯片的上下电复位电压和基准源输出电压。通过示波器能够清晰显示电压变化波形,辅助观察上下电复位过程中的电压变化情况,以及基准源输出电压的稳定性。通过逻辑分析仪或者示波器监测芯片的复位信号引脚状态,准确判断芯片是否进入复位状态。

(6)功耗

通过测试设备的电源以及 Digital Pattern 将芯片置于预期状态,通过 PWR 或者万用表来实时检测芯片的静态电源电流;通过 Digital Pattern 按一定的周期变换芯片状态,按指定频率多次采样电源电流,测试芯片的动态电源电流。

3. 测试系统结构

CS32A010 芯片测试系统结构示意图如图 6-4 所示。测试系统主要分为三部分,即测试激励、被测对象和测试响应。测试设备产生数字激励信号(Digital Pattern)或者模拟激励信号(AWG/PWR),激励信号施加到被测对象,测试设备直接采集测试响应(数字信号由逻辑分析仪采集,模拟信号由示波器/DMM/PWR 采集)或者由软件通过相应协议(如 SPI)采集测试信号,并通过测试软件分析结果。

4. 测试方案实施

(1)芯片引脚定义

测试接口板设计前需要掌握芯片引脚及相应功能,引脚定义如图 6-5 所示,芯片引脚功能、参数及芯片典型应用电路请阅读芯片手册。

(2)测试仪器选择以及接口板设计

测试平台选择 IECUBE-3839 集成电路测试实验平台,该平台是用于集成电路测试的

ATE 设备，平台内部集成了 Digital Pattern、信号源、示波器、可编程电源、DMM、逻辑分析仪等测试仪器，配套集成电路测试专用软件，并支持根据需要进行二次开发。在此实践案例中，需要使用的仪器有可编程电源、信号源、示波器、数字 I/O、逻辑分析仪、数字万用表。

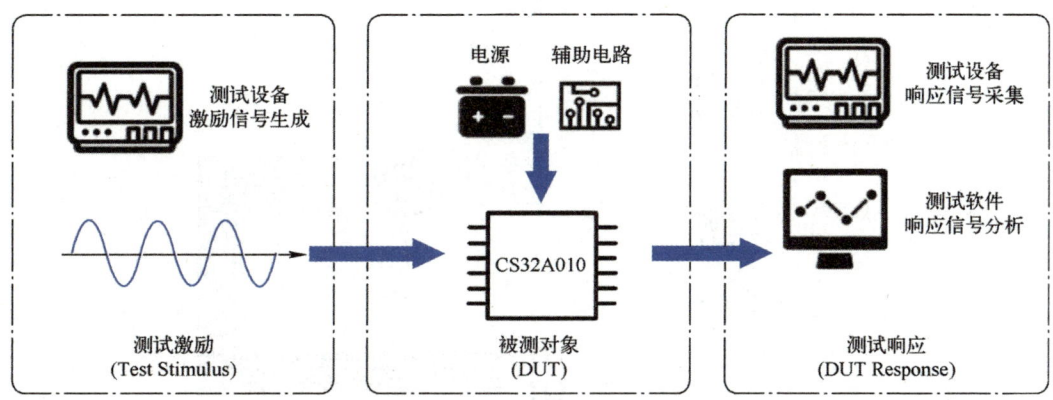

图 6-4　CS32A010 芯片测试系统结构示意图

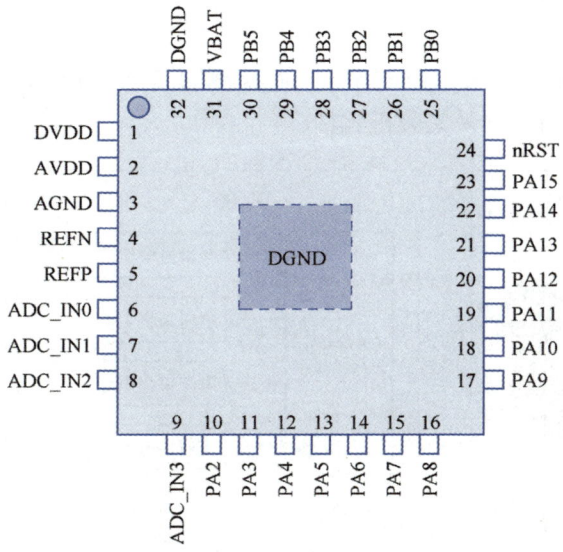

图 6-5　CS32A010 芯片引脚定义

根据测试系统结构，测试接口板示意图如图 6-6 所示。该测试接口板主要由测试芯片 CS32A010、模拟电压采样电路（DMM/PWR）、电流采样电路（DMM/PWR）、供电电路（PWR）、接口以及控制电路（DIO）、数字采样电路（Logic Analyzer）、信号源（AWG）、模拟采样电路（Scope）、继电器切换电路组成。可编程电源为 DUT 供电，信号源产生测试模拟激励信号，数字 I/O 产生数字激励信号（Digital Pattern 以及数字控制信号），激励信号施加到被测对象，测试设备直接采集测试响应（数字信号由逻辑分析仪采集，模拟信号由示波器/DMM/PWR 采集）。

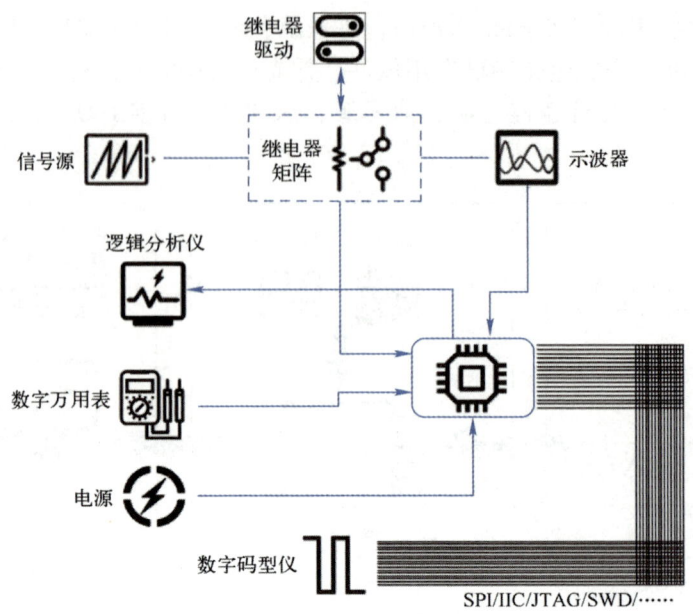

图 6-6　DUT 板连接示意图

（3）测试系统搭建

根据芯片功能及测试需求，CS32A010 芯片测试系统如图 6-7 所示。该系统包括 IECUBE-3839、DUT 板和数据采集分析软件。

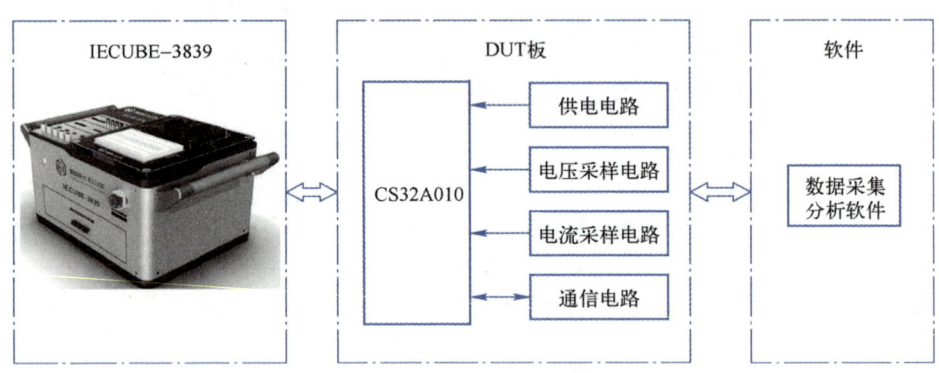

图 6-7　CS32A010 芯片测试系统搭建

6.2　MEMS 测试技术概述及实践项目

6.2.1　MEMS 芯片测试技术概述

1. MEMS 系统介绍

MEMS（Micro-Electro-Mechanical System，微机电系统）是一种将微机械技术与微电子技术相结合的多学科交叉的前沿技术领域。它在一个微小的芯片上集成机械元件、传感器、执行器和电子电路等多种功能部件,形成系统。MEMS 不仅包含了电子电路部分,还涉及微机械结构和物理传感器等非电子元件。

MEMS 通常由以下部分组成。

1)微传感器:MEMS 的信息采集部分,用于感知外界物理、化学或生物等信息,并将其转化为电信号。例如加速度传感器、压力传感器、温度传感器、湿度传感器、气体传感器等。

2)微执行器:根据微传感器获取的信息或外部输入的指令,完成相应的动作或操作。常见的微执行器有微电机、微阀门、微泵、微继电器等。

3)微机械结构:为微传感器和微执行器提供支撑和运动的基础结构,通常采用硅、聚合物等材料通过微加工工艺制造而成,如悬臂梁、薄膜、谐振器等。

4)集成电路:负责对微传感器输出的电信号进行处理、放大、转换和控制,同时为微执行器提供驱动信号。它可以实现信号的数字化处理、数据存储、逻辑运算等功能,是 MEMS 的"大脑"。

2. MEMS 特点

1)微型化:尺寸通常在微米到毫米量级,能够集成到各种小型设备中,不占用太多空间。

2)高性能:在微小的尺寸下,仍能实现高精度、高灵敏度、快速响应等性能指标,满足不同应用场景的需求。

3)多功能集成:可以将多种功能的部件集成在一个芯片上,实现系统的高度集成化,提高系统的可靠性和稳定性,同时降低成本。

4)批量生产:采用与集成电路类似的微加工工艺进行制造,能够实现大规模批量生产,从而降低单个产品的成本。

3. MEMS 测试方案设计

MEMS 测试参数涵盖多个方面,包括机械性能参数,如位移、速度、加速度、刚度等;电气性能参数,如电阻、电容、电感、电压、电流等;传感器性能参数,如灵敏度、分辨率、线性度、精度、响应时间;执行器性能参数,如驱动电压/电流、输出力矩扭矩、行程、响应速度。本节以加速度计芯片为例,介绍其相关测试技术。

6.2.2 MEMS 测试

1. MEMS 介绍

ADXL350 是 ADI 推出的业界首款 MEMS 加速度计,是一款具有高分辨率(固定 10 位,最高 13 位)和高达±8g 的可选测量范围的小尺寸薄型低功耗 3 轴加速度计。ADXL350 具有业界领先的温度性能,可在全温度范围内保持最低/最高失调误差。数字输出数据为 16 位二进制补码格式,可通过 SPI(3 线或 4 线)或者 I^2C 数字接口访问。ADXL350 内部结构如图 6-8 所示。

ADXL350 芯片的主要功能特性如下。

1)高精度与高分辨率:ADXL350 具备出色的测量精度,其分辨率可达 24 位,能够精确检测到极其微小的加速度变化,可满足对测量精度要求极高的应用场景。在工业监测、航空航天等领域,这种高精度的测量能力可以提供准确的数据,用于精确的运动分析和状态监测,有助于及时发现潜在问题并采取相应措施。

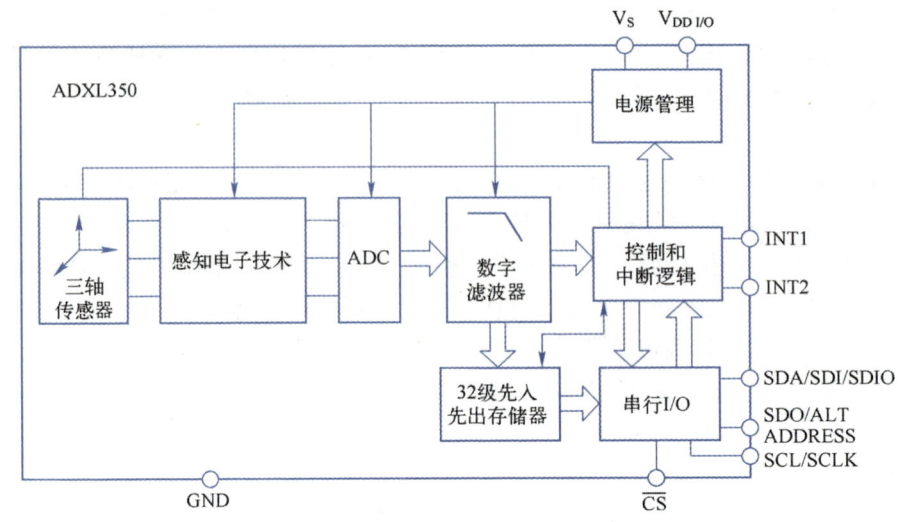

图 6-8　ADXL350 芯片内部结构

2）宽测量范围：该芯片支持多种测量范围,从 ±2g ~ ±16g 可选,用户可以根据实际应用需求灵活调整。在汽车碰撞测试、工业振动监测等不同场景下,不同的测量范围设置能够适应各种动态变化的加速度环境,确保在各种情况下都能准确获取有效的数据。

3）低功耗设计：ADXL350 采用了先进的低功耗技术,工作模式下功耗低至数微安,同时还具备多种低功耗睡眠模式,进一步降低了系统的整体功耗。这使得它非常适用于对功耗敏感的应用,如便携式设备、无线传感器节点等,延长设备的电池使用寿命,减少了充电或更换电池的频率。

4）出色的稳定性与可靠性：芯片内部集成了温度传感器,能够对加速度测量数据进行温度补偿,有效减少温度变化对测量精度的影响,提高了在不同温度环境下的测量稳定性。此外,它还具有抗冲击和抗振动的能力,能够在恶劣的工作环境中保持稳定性能,保障数据的可靠性。

5）灵活的数字输出接口：ADXL350 提供了 SPI 和 I^2C 两种数字输出接口,方便与各种微控制器和处理器进行连接和通信。这种灵活的接口设计使得它能够轻松地集成到不同的系统中,满足不同用户的多样化需求,降低了系统设计的复杂性和成本。

6）内置信号处理功能：该芯片内置了多种信号处理功能,如高通滤波器、低通滤波器和 FIFO（先进先出）存储器。高通滤波器可以去除测量数据中的低频噪声,低通滤波器则可以限制高频噪声的干扰,从而提高数据的质量。FIFO 存储器能够存储一定数量的测量数据,在系统繁忙或数据传输中断时,确保数据不会丢失,提高了系统的可靠性和稳定性。

2. 主要测试参数以及测试方法

通过测试设备对 ADXL350 加速度计进行全面、高效、准确的测试,验证其各项功能、性能指标是否符合设计规格和行业标准,确保产品质量,从而为大规模生产和应用提供可靠保障。具体包括验证基本功能的正确性、测量关键性能参数的准确性、评估不同环境条件下的稳定性和可靠性等。

(1) 基本功能测试

1) 三轴数据读取测试：验证能否准确读取 ADXL350 的 X、Y、Z 轴加速度数据。通过测试系统按照规定的通信协议向 ADXL350 发送数据读取命令。连续多次（如 100 次）读取 X、Y、Z 轴加速度数据寄存器的值，并将读取结果存储到测试系统的内存中。对读取到的数据进行格式转换和校验，确保数据的完整性和准确性。

2) 量程设置与切换测试：验证 ADXL350 的量程设置功能是否正常，以及在不同量程之间切换时的准确性和稳定性。依次将 ADXL350 的量程设置为 $\pm 2g$、$\pm 4g$、$\pm 8g$。在每个量程设置下，向 ADXL350 施加一个已知的、稳定的加速度信号（可通过振动台实现）。读取 X、Y、Z 轴的加速度数据，并根据当前量程计算实际加速度值。切换到下一个量程，重复上述步骤，直到完成所有量程的测试。在不同量程设置下，读取到的加速度数据与施加的实际加速度值相符，误差在规定的精度范围内；在量程切换过程中，数据过渡应平稳，无明显跳变或异常。

3) 数据输出速率设置测试：验证 ADXL350 的数据输出速率设置功能是否准确，以及实际输出速率是否符合设置值。分别设置 ADXL350 的数据输出速率为不同的预设值（如 10 Hz、50 Hz、100 Hz、400 Hz 等）。在每个数据输出速率设置下，使用测试设备的高速数据采集功能记录一段时间（如 10 s）内的加速度数据，对采集到的数据进行分析，计算实际的数据输出频率。

4) 振动测试：模拟实际应用中的振动环境，验证 ADXL350 在振动条件下的性能和可靠性，确保其能够准确测量加速度信号。将 ADXL350 固定在振动台上，设置振动台的振动频率为 10~2000 Hz，加速度幅值为设定值，进行正弦振动测试。在振动过程中，实时读取 X、Y、Z 轴的加速度数据，并监测 ADXL350 的工作状态。改变振动频率和加速度幅值，重复上述步骤，进行多组测试。

(2) 精度测试

1) 零点偏置测试：测量 ADXL350 在静止状态下的零点偏置，评估其初始精度。将 ADXL350 放置在高精度的水平测试平台上，确保其处于完全静止且水平的状态。在一段时间（如 30 min）内，以一定的采样间隔（如 1 s）连续读取 X、Y、Z 轴的加速度数据，对采集到的数据进行统计分析，计算每个轴数据的平均值，作为该轴的零点偏置值。

2) 灵敏度测试：验证 ADXL350 的灵敏度是否符合规格要求，即加速度变化与输出数据变化之间的比例关系是否准确。使用振动台产生一系列已知加速度幅值的振动信号，加速度幅值覆盖 ADXL350 的测量量程。在每个加速度幅值下，读取 X、Y、Z 轴的加速度数据，并记录对应的输出值，根据输入的加速度幅值和输出的数据值，计算灵敏度（单位：mg/LSB）。

3) 数据输出速率设置测试：验证 ADXL350 的数据输出速率设置功能是否准确，以及实际输出速率是否符合设置值。分别设置 ADXL350 的数据输出速率为不同的预设值（如 10 Hz、50 Hz、100 Hz、400 Hz 等）。在每个数据输出速率设置下，使用测试系统的高速数据采集功能记录一段时间（如 10 s）内的加速度数据。对采集到的数据进行分析，计算实际的数据输出频率。

3. 测试系统结构

ADXL350 芯片测试系统结构示意图如图 6-9 所示。测试系统主要分为三部分，即测试激励、被测对象和测试响应。测试设备产生激励信号，激励信号施加到被测对象，测试设备直接采集测试响应或者由软件通过相应协议（如 SPI）采集测试信号并通过测试软件分析结果。

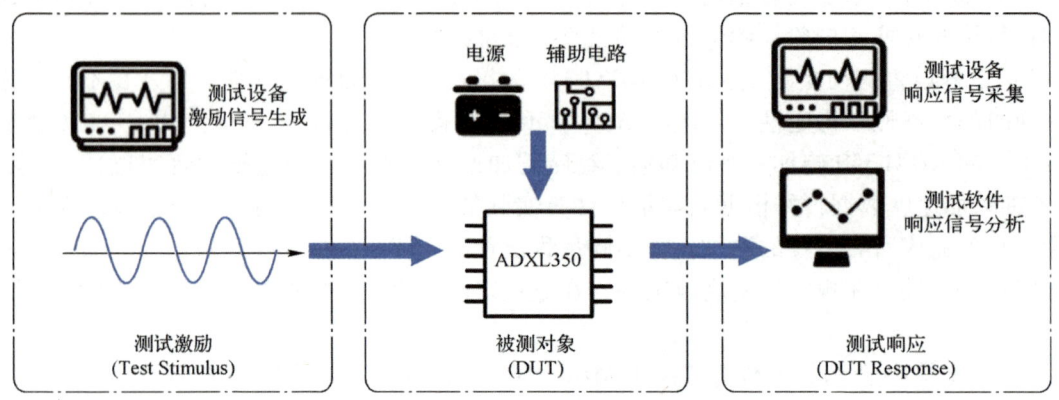

图 6-9　ADXL350 芯片测试系统结构示意图

4. 测试方案实施

（1）芯片引脚定义

测试接口板设计前需要掌握芯片引脚及相应功能，引脚定义如图 6-10 所示，芯片引脚功能、参数及芯片典型应用电路请阅读芯片手册。

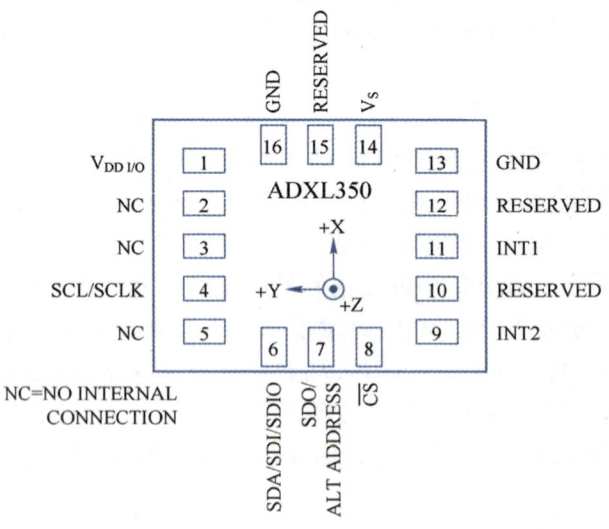

图 6-10　ADXL350 芯片引脚定义

（2）测试仪器选择以及接口板设计

测试平台选择 IECUBE-3839 集成电路测试实验平台，该平台是用于集成电路测试的 ATE 设备，平台内部集成了 Digital Pattern、信号源、示波器、可编程电源、DMM、逻辑分析仪等测试仪器,配套集成电路测试专用软件,并支持根据需要进行二次开发。在此实践案例中,需要使用的仪器有可编程电源、数字 I/O、信号源以及逻辑分析仪。

根据测试系统结构,测试接口板示意图如图 6-11 所示。该测试接口板主要由测试芯片 ADXL350、输入控制电路、时钟同步电路、输出采样电路、供电电路组成。可编程电源为 DUT 供电,信号源输出时钟信号,同步输入以及输出,数字 I/O 用于输出控制信号,逻辑分析仪用于采集输出数据。

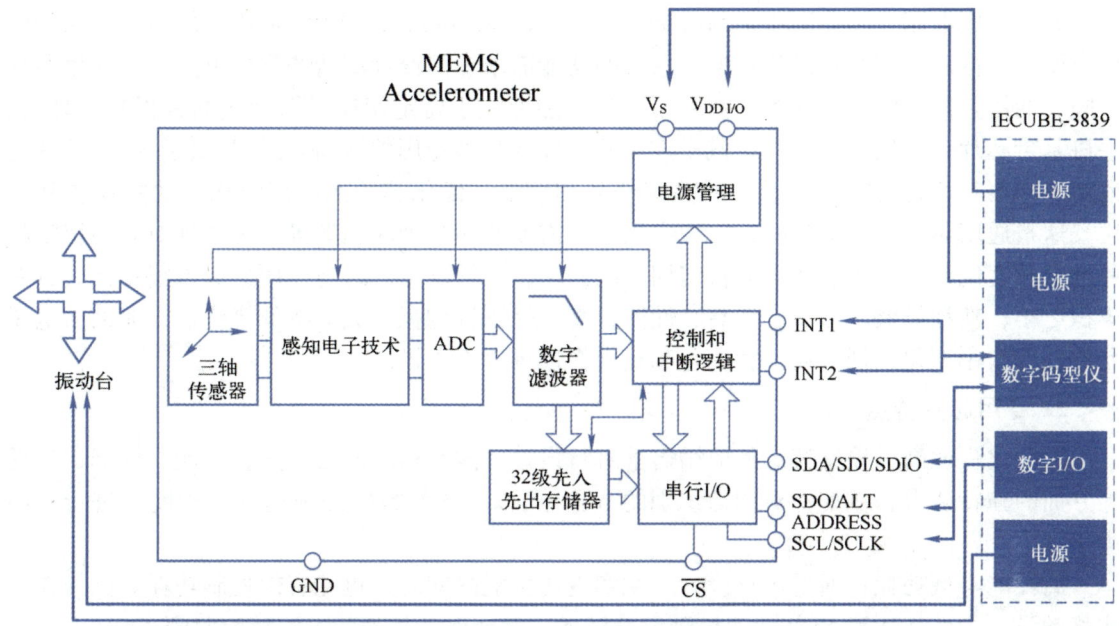

图 6-11 DUT 板连接示意图

(3) 测试系统搭建

根据芯片功能及测试需求,ADXL350 专用芯片测试系统如图 6-12 所示。该系统包括 IECUBE-3839、DUT 板和数据采集分析软件。

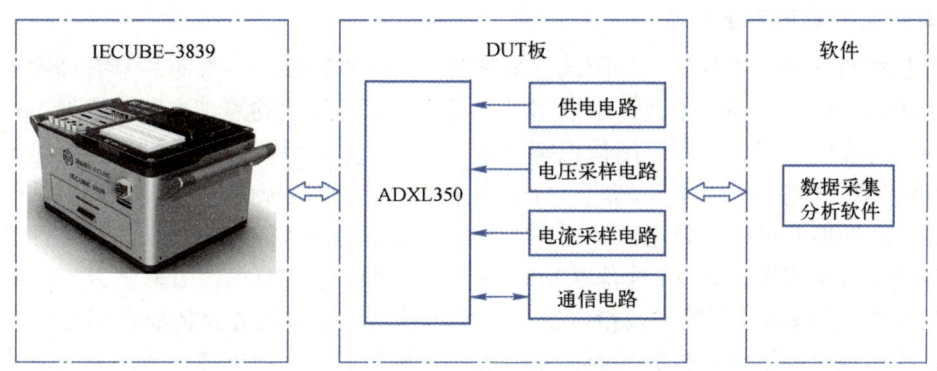

图 6-12 ADXL350 芯片测试系统搭建

6.3 专用芯片测试技术概述及实践项目

6.3.1 专用芯片测试技术概述

1. 专用芯片介绍

专用集成电路（Application-Specific Integrated Circuit），即 ASIC 芯片，是一种按照特定用户要求、特定应用场景或特定电子系统的功能需求专门设计制造的集成电路。与通用芯片不同，通用芯片面向多种任务，而专用芯片更加专注于特定用途，像专用的音视频处理器、手机基带芯片、专用电力芯片、汽车控制芯片以及很多专用的 AI 芯片等都属于 ASIC 芯片的范畴。专用芯片针对特定场景中的关键任务和功能，优化芯片的电路结构、功能模块和算法，这是通用芯片难以做到的，因为通用芯片需要兼顾多种应用场景，无法针对某一特定任务进行深度优化。专用芯片面向特定用户的需求，在批量生产时与通用集成电路相比，具有体积更小、功耗更低、可靠性提高、性能提高、保密性增强、成本降低等优点，能助力电子元件朝着微小型化、低功耗、智能化和高可靠性等方面迈进。

2. 专用芯片特点

定制化程度高：根据特定的应用需求进行设计，能够精准满足用户在功能、性能、功耗等方面的独特要求，例如针对图像识别的 ASIC 可以在图像数据处理速度和精度上进行专门优化。

高性能与低功耗：通过优化设计，在实现高性能的同时，也能有效控制功耗。比如在一些移动设备中的 ASIC，既能快速处理复杂任务，又能保证较长的电池续航时间。

集成度高：将众多功能模块集成在一个芯片上，减少了外部元件的使用，提高了系统的稳定性和可靠性，同时也降低了成本和体积。例如智能手机中的系统级芯片（SoC），其集成了 CPU、GPU、通信模块等多种功能。

保密性强：专为特定用户或应用设计，其内部电路和功能具有独特性，不易被竞争对手模仿或破解，有利于保护知识产权和商业机密。

3. 专用芯片测试方案设计

专用芯片的特殊性使专用芯片测试方案具有一定的独特性。专用芯片具有高度定制化的特点，在功能测试时，要根据其特定应用场景设计全面且细致的测试方案，确保芯片在实际应用中的功能准确无误，如用于图像识别的专用芯片，重点测试图像分类、目标检测等核心功能的准确性和速度，如在不同光照、分辨率条件下的识别准确率，以及处理一帧图像所需的时间等。在性能测试中，要重点关注其在特定任务下的高性能和低功耗表现，性能指标要紧密结合特定应用需求，如 5G 通信基站专用芯片，关注通信带宽、传输延迟、误码率等指标，确保在 5G 通信场景下的高效稳定运行。此外专用芯片测试方案还要包括特殊环境下测试，通用芯片测试环境相对较为普通，主要关注常规的温度、湿度等环境因素对芯片性能的影响，而专用芯片要针对某一特定应用场景的极端条件进行测试。

在专用芯片测试方案中，要充分了解专用芯片与通用芯片测试的不同点，有助于更精准地制定测试方案和选择测试资源。

目前随着国家智能电网、新能源发电、电动汽车等的快速发展,电力系统结构和运行方式愈发复杂和多样化,这其中电力专用计量芯片发挥着至关重要的作用。由于电力专用芯片应用场景的特殊性,其技术指标要求高、测试难度大,在集成电路测试中具有一定的代表性。本节主要以电力专用计量芯片为例,介绍其相关测试技术。

6.3.2 电力专用计量芯片测试

电力专用计量芯片是电力系统实现精准计量和高效管理的关键组成部分,其通过对电压和电流信号进行采样和数字化处理,依据功率和电能的计算公式,精确计算出有功功率、无功功率以及电能等参数,电力专用计量芯片主要侧重于电力参数的精确测量和计算。其主要核心功能有以下几点。

1) 能够精确测量电力参数,有功功率测量精度可达 0.1 级甚至更高,确保电能计量的准确性,为电力计费提供可靠依据。

2) 可对电网中的谐波进行分析和计量,监测电网的电能质量,帮助电力部门及时发现和解决谐波污染问题。

3) 支持多种通信协议,方便与智能电表等设备进行数据传输和交互。

电力专用计量芯片主要应用于智能电表,实现对用户用电量的精确计量和数据上传,支持远程抄表、预付费等功能;工业能源管理,实时监测各生产环节的电力消耗,为企业节能降耗提供数据支持;分布式能源系统,在太阳能、风能等分布式发电系统中,用于计量发电量和上网电量,实现对分布式能源的有效管理和运营。

RN8209D 是一款高精度电力专用计量芯片,其丰富的功能特性、便捷的接口与通信方式、较强的抗干扰能力,在专用芯片测试实践中发挥着重要作用。接下来以 RN8209D 电力计量芯片作为被测对象,详细介绍该芯片的测试方案,包括芯片的测试原理、测试参数、接口板设计、测试系统结构等。

1. 电力计量芯片 RN8209D 介绍

RN8209D 是锐能微推出的单相多功能防窃电专用计量芯片,采用+5 V/3.3 V 电源供电,模拟电源引脚(AVDD)和数字电源引脚(DVDD)的正常应用范围均为 4.5~5.5 V,功耗典型值为 15 mW(5 V 供电)、8 mW(3.3 V 供电),内置 1.25 V±1%参考电压。电流通道 A、B 以及电压通道的正、负模拟输入引脚采用完全差分输入方式,正常工作最大输入 Vpp 为 ±700 mV,最大承受电压为±6 V。

该芯片广泛应用于各种单相智能电表中,能够实现对电能的精确计量和监测,为电力公司提供准确的电量数据,同时也有助于用户了解用电情况,实现节能降耗;也用于电力监测设备中,对电力系统中的电压、电流、功率等参数进行实时监测和分析,及时发现电力系统中的异常情况,保障电力系统的稳定运行。

RN8209D 芯片内部结构如图 6-13 所示。

RN8209D 电力计量芯片主要功能特性如下。

1) 精准计量:提供三路 $\Sigma-\Delta$ 型 ADC,提供两路电流和一路电压有效值测量。

2) 丰富的测量功能:可测量有功功率、无功功率、有功能量、无功能量,同时提供两路独立的有功功率和有效值、电压有效值、线频率、过零中断等,还能提供反相功率指示、电压通道频率测量、电压通道过零检测、参考基准监测功能等。

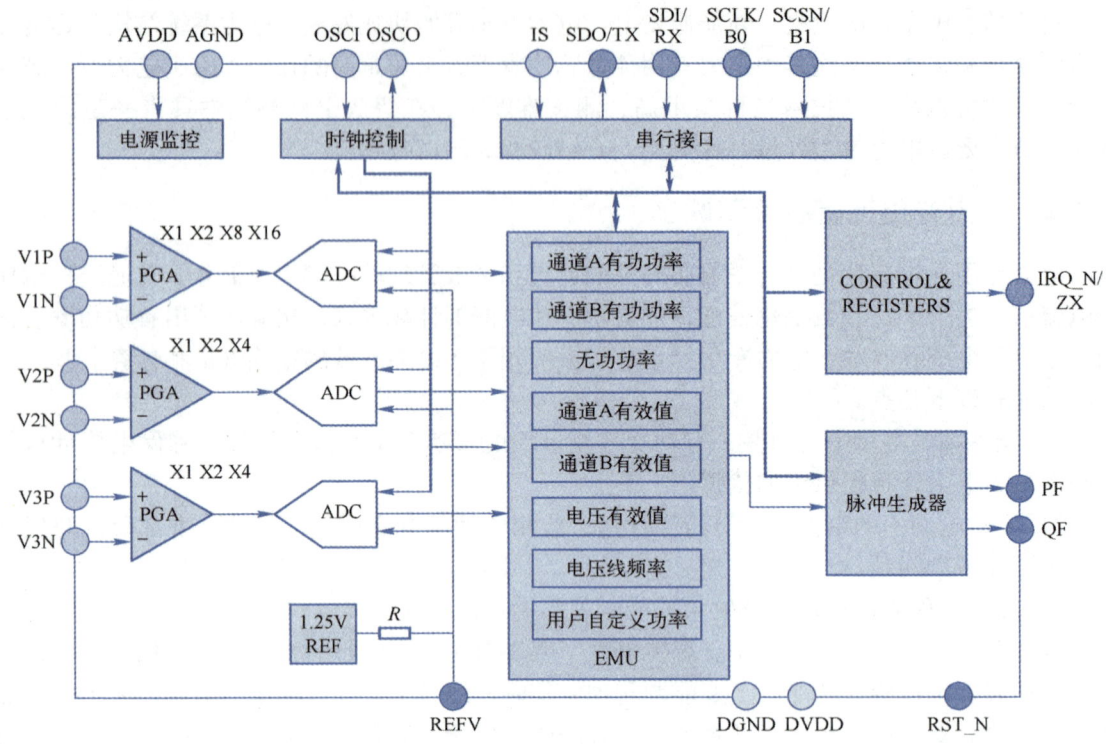

图 6-13　RN8209D 芯片内部结构

3）软件校表功能：电表常数（HFConst）可调，提供增益和相位校正、有功/无功/有效值 offset 校正，具备小信号校表加速功能和配置参数自动校验功能，可提高生产效率，方便电表的校准和调试。

4）多种通信接口：提供 SPI 和 UART 接口，方便与外部 MCU 之间进行通信，便于数据传输和交互。

5）电源监控与保护：具有电源监控功能，内部的电源监控电路可以保证上电和断电时芯片的可靠工作，具备电能寄存器定时冻结功能，UART 的 RX 输入引脚同时具备引脚复位功能。

2. 主要测试参数以及测试方法

（1）有效值

有效值，全称均方根值（Root Mean Square，RMS），用于衡量随时间变化的电信号（如电压、电流）的等效直流值。对于周期信号，其有效值等于在一个周期内信号瞬时值的平方在整个周期上积分的平均值的平方根，表达式如下。

$$X_{rms} = \sqrt{\frac{1}{T}\int_0^T x^2(t)\,dt} \tag{6-1}$$

其中，X_{rms} 是信号的有效值；T 是信号的周期；$x(t)$ 是信号随时间 t 变化的瞬时值。

有效值 RMS 是 24 位有符号数，最高位为 0 表示有效数据，最高位为 1 时读数做零处理，寄存器地址见产品说明书。

输入电压有效值：

$$U_{\text{rms}} = \frac{|V_0|}{\sqrt{2}} \tag{6-2}$$

输入电流有效值：

$$I_{\text{rms}} = \frac{U_{\text{rms}}}{R_1} \tag{6-3}$$

其中，R_1 为电流输入端串入的电阻。

（2）有功功率

有功功率是指在交流电路中，电阻元件实际消耗的功率，也可理解为电路中用于将电能转化为其他形式能量（如热能、机械能等）的功率，单位为瓦特（W）。它是衡量电力系统中实际做功能力的重要指标。

有功功率参数是二进制补码格式，32 位数据，其中最高位是符号位，寄存器地址见产品说明书。

$$P = V_{\text{rms}} I_{\text{rms}} \tag{6-4}$$

（3）无功功率

无功功率是指在具有电感和电容的交流电路中，电感的磁场或电容的电场在一个周期内的一部分时间内从电源吸收能量，另一部分时间内将能量返回电源，在整个周期内平均功率为零，但能量在电源和电抗元件（电感、电容）之间不停地交换，交换的功率的幅值称为无功功率，用符号 Q 表示，单位为乏（var）。

$$Q = 2\pi \times F \times C \times U_{\text{rms}}^2 \tag{6-5}$$

其中，F 是输入信号的频率；C 是电流输入端串入的电容。

无功功率参数是二进制补码格式，32 位数据，其中最高位是符号位，寄存器地址见产品说明书。该寄存器存储 U 通道和用户选择电流通道的无功功率计算结果，默认情况下选择电流通道 A。

（4）基波频率

基波频率是指周期性交流信号中最低的频率分量。在一个复杂的周期性信号里，它是构成该信号的众多正弦波分量中频率最低的那个，其他频率分量的频率都是基波频率的整数倍，这些高频分量被称为谐波频率。

频率值是一个 16 位的无符号数，

$$f = \frac{\text{CLKIN}}{8 \times \text{UFREQ}} \tag{6-6}$$

其中，CLKIN 为输入时钟信号，是公式中的一个基准参数；UFREQ 为读出的频率值；f 为实测频率值。

测试方法：设置 B0B1 = 11，器件处于测试模式。测试信号输入端和器件信号输入端（VP/VN）之间接入辅助运算放大器作为跟随器。输入信号和时钟信号输入后，从 TX/UART 端读出以上寄存器的数值。

3. 测试系统结构

RN8209D 芯片测试系统结构示意图如图 6-14 所示。测试系统主要分为三部分，即测试激励、被测对象和测试响应。测试设备产生激励信号，激励信号施加到被测对象电压/电流检测端，测试设备选择不同寄存器，直接采集测试响应或者由软件通过相应协议（如 SPI）

采集测试信号，并通过测试软件分析结果。

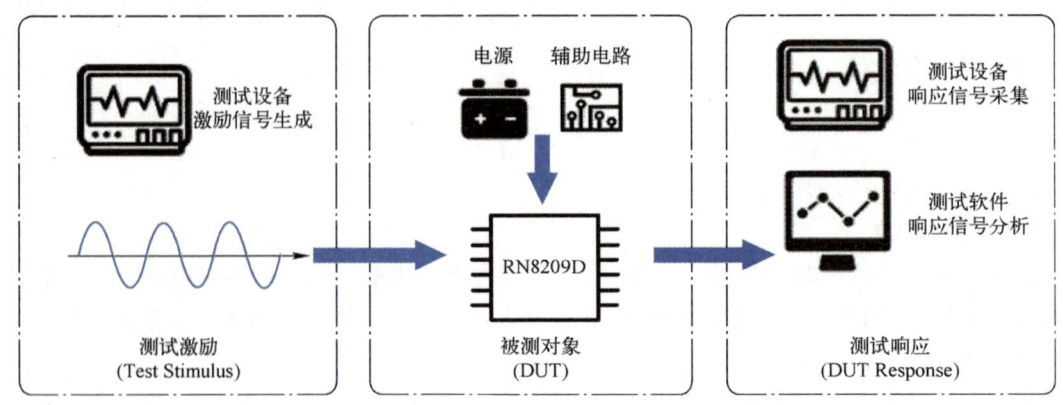

图 6-14　RN8209D 芯片测试系统结构示意图

4. 测试方案实施

（1）芯片引脚定义

测试接口板设计前需要掌握芯片引脚及相应功能，引脚定义如图 6-15 所示，芯片引脚功能、参数及芯片典型应用电路请阅读芯片手册。

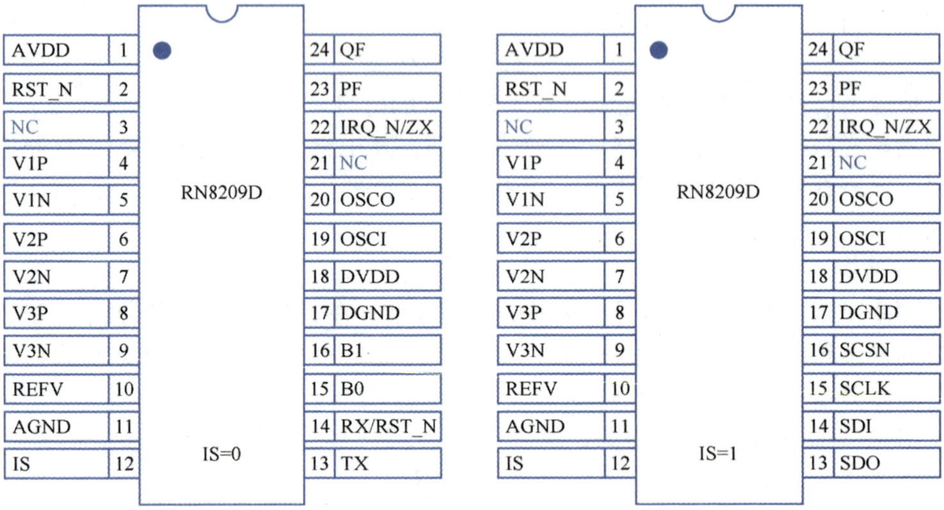

图 6-15　RN8209D 芯片引脚定义

引脚 IS 是通信方式选择引脚，IS=0 时，通信方式为 UART；IS=1 时，通信方式为 SPI。

（2）测试仪器选择以及接口板设计

测试平台选择 IECUBE-3839 集成电路测试实验平台，该平台是用于集成电路测试的 ATE 设备，平台内部集成了 Digital Pattern、信号源、示波器、可编程电源、DMM、逻辑分析仪等测试仪器，配套集成电路测试专用软件，并支持根据需要进行二次开发。在此实践 DIO 案例中，需要使用的仪器有可编程电源、信号源、数字 I/O、逻辑分析仪。

根据测试系统结构，测试接口板示意图如图 6-16 所示。该测试接口板主要包括测试芯片 RN8902D、电压采样、电流采样、供电电路、接口电路。可编程电源为 DUT 供电，信号源为测试激励信号,数字 I/O 提供功能选择信号(测试模式、电平控制以及寄存器选择),逻辑分析仪采集输出数据,数据采集分析软件计算有效值、有功功率、无功功率、能量、频率等参数。

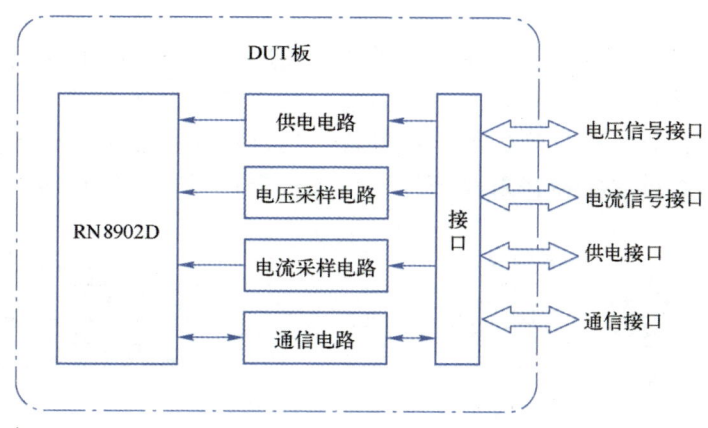

图 6-16 DUT 板连接示意图

（3）测试系统搭建

根据芯片功能及测试需求,RN8902D 专用芯片测试系统如图 6-17 所示。该系统包括 IECUBE-3839、DUT 板和数据采集分析软件。

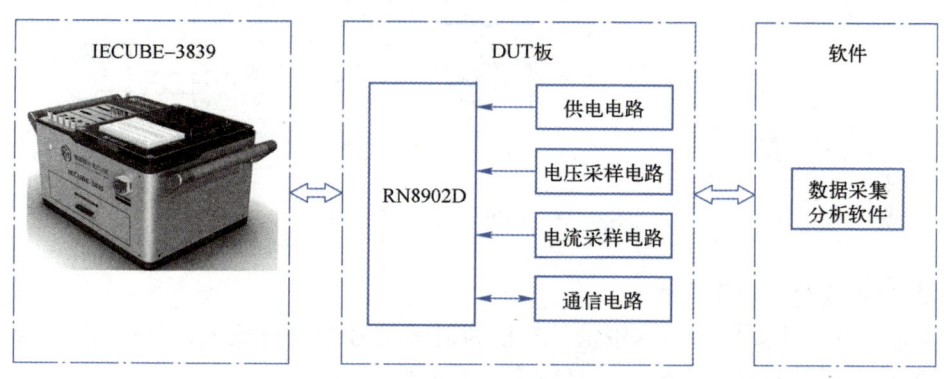

图 6-17 RN8902D 芯片测试系统搭建

6.4 RFIC 芯片测试技术概述及实践项目

6.4.1 RFIC 芯片测试技术概述

1. RFIC 芯片介绍

RFIC（Radio Frequency Integrated Circuit,即射频集成电路）是一种能够处理射频信号的集成电路。射频信号通常指频率在 300 kHz～300 GHz 范围内的电磁波信号,RFIC 芯片能够对这些信号进行发射、接收、调制、解调、放大等一系列处理,是无线通信系统中的核心部件。

随着无线通信技术的飞速发展,从早期的模拟通信到如今的 5G 甚至未来的 6G 通信,对 RFIC 芯片的性能和功能要求不断提高。早期的 RFIC 芯片主要采用分立元件设计，其体积大、成本高且性能有限。随着半导体工艺的不断进步，特别是 CMOS（互补金属氧化物半导体）工艺的成熟，RFIC 芯片逐渐实现了高度集成化，性能不断提升，成本大幅降低，推动了无线通信技术的快速普及。

RFIC 芯片的工作原理主要涉及射频信号的处理过程，如图 6-18 所示。在发射端，基带信号经过调制后被转换为射频信号，然后通过功率放大器进行放大，最后通过天线发射出去。在接收端，天线接收到的射频信号首先经过低噪声放大器进行放大，以提高信号的信噪比，然后经过混频器将射频信号转换为中频信号，再经过解调等处理后恢复为基带信号。

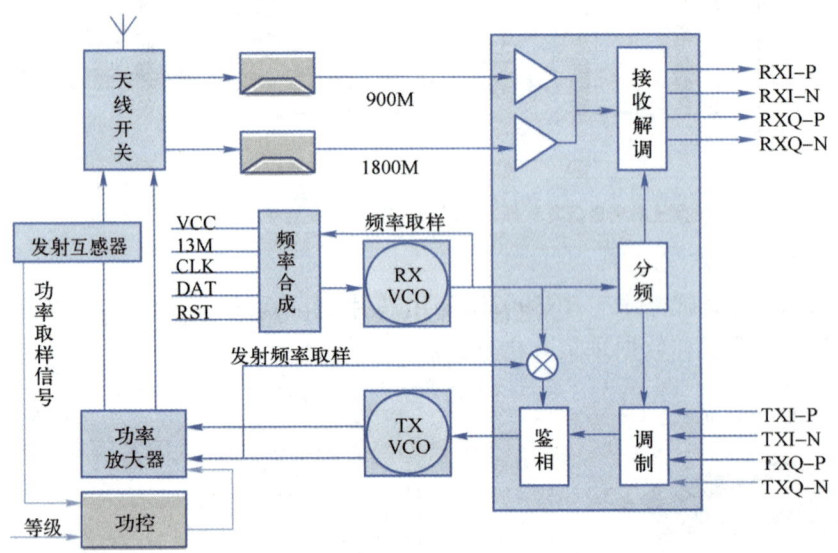

图 6-18　RFIC 芯片工作原理

射频芯片主要分为以下几种。

1）发射芯片：主要负责将基带信号转换为射频信号并进行放大，然后通过天线发射出去。发射芯片需要具备高功率输出、高效率、低失真等特点。

2）接收芯片：用于接收天线接收到的射频信号，并对其进行放大、滤波、解调等处理，恢复为基带信号。接收芯片要求具有低噪声系数、高灵敏度等性能。

3）收发一体芯片：集成了发射和接收功能，能够在同一芯片上实现射频信号的发射和接收，减少了系统的体积和成本，提高了系统的集成度。

2. RFIC 芯片特点

1）高度集成化：将多个射频功能模块集成在一个芯片上，减少了分立元件的使用，降低了系统的体积、重量和成本，提高了系统的可靠性和稳定性。

2）高性能：采用先进的半导体工艺和设计技术，能够实现高功率输出、低噪声系数、高灵敏度等高性能指标，满足各种无线通信应用的需求。

3）低功耗：随着工艺的不断进步，RFIC 芯片的功耗不断降低，延长了设备的电池使用寿命，适用于便携式设备等对功耗敏感的应用场景。

3. RFIC 测试方案设计

RFIC 测试具体包括验证芯片的发射、接收、调制、解调、放大等功能是否正常，测量芯片的各项性能指标，如功率输出、噪声系数、灵敏度、线性度等，检测芯片在不同工作条件下的稳定性和可靠性。通常 RFIC 测试用设备如下。

1）矢量网络分析仪：用于测量芯片的射频端口的反射系数、传输系数等参数，评估芯片的输入/输出匹配性能。

2）信号发生器：能够产生高精度、高稳定性的射频信号，用于模拟芯片的输入信号。

3）频谱分析仪：用于分析芯片输出信号的频谱特性，测量信号的功率、频率、谐波等参数。

4）功率计：精确测量芯片的输出功率，确保其满足设计要求。

5）示波器：观察芯片的信号波形，用于分析信号的时域特性，如幅度、相位等。

6）直流电源：为芯片提供稳定的直流电源，确保芯片正常工作。

6.4.2 RFIC 芯片测试

1. RFIC 芯片 SKY66293 介绍

SKY66293 由知名半导体厂商 Skyworks（思佳讯）制造，能够处理射频信号并与基带信号进行交互，是射频和基带电路的重要组成部分。

该芯片的工作频率处于 3400～3800 MHz，适用于特定频段的通信需求，如公民宽带无线服务（CBRS）应用，以及 FDD 和 TDD 2G/3G/4G LTE 系统中的部分频段，如 3GPP 频段 22、42、43 和 48 的小基站；具备 4 W 的功率输出能力；对于 50 Ω 系统，有着出色的输入和输出回波损耗，保障信号在传输过程中的稳定性和低损耗。

SKY66293 内部集成有源偏置电路，能够补偿功率放大器性能在温度、电压和工艺变化时的影响，使得芯片在不同工作条件下都能保持稳定的性能；集成使能开关功能，PAEN（使能引脚）工作电压为 1.7～2.5 V，通过该引脚可以方便地控制芯片的开启和关闭，实现灵活的电源管理；仅需 5.0 V 的单电源电压，简化了供电电路设计，降低了系统成本和复杂度。芯片内部结构如图 6-19 所示。

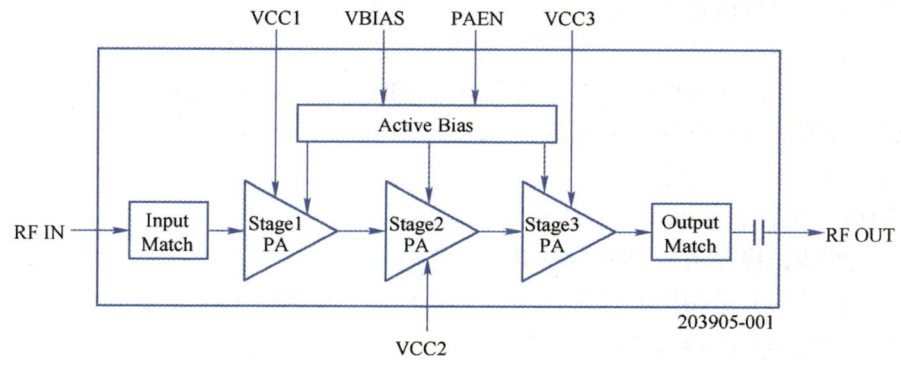

图 6-19 SKY66293 芯片内部结构

2. 主要测试参数以及测试方法

（1）功率相关参数

输出功率：指芯片输出信号的功率大小，是衡量芯片性能的重要指标之一。SKY66293-21 的最大输出功率可达 4 W，需在不同工作条件下进行测量，确保其满足设计要求。

功率附加效率（PAE）：反映了芯片将直流功率转换为射频输出功率的效率。在功率为 +28 dBm 时，其功率附加效率可达 29%，需精确测量不同功率输入下的 PAE 值，评估芯片的能量转换效率。

测试方法：将信号发生器的输出连接到 SKY66293-21 的输入端口，设置信号发生器的输出频率在 3400~3800 MHz 范围内，输出功率从低到高逐渐增加。使用功率计测量芯片的输出功率，记录不同输入功率下的输出功率值。同时，使用直流电源为芯片供电，测量芯片消耗的直流功率。

$$PAE = (射频输出功率/直流输入功率) \times 100\%$$

（2）增益

增益表示芯片对输入信号的放大能力，该芯片增益高达 35 dB。通过测量输入信号和输出信号的功率差，可得到芯片的增益值，以验证其是否符合设计规格。

测试方法：使用信号发生器产生一个特定频率和功率的射频信号，输入芯片的输入端。使用频谱分析仪测量芯片的输入信号功率和输出信号功率。计算输出信号功率与输入信号功率的差值，得到芯片的增益值。

（3）邻道泄漏比（ACLR）

ACLR 用于衡量芯片在放大信号过程中对邻道信号的干扰程度。在预失真情况下，当功率为 +28 dBm，且输入 2×20 MHz LTE，8.5 dB 峰均比信号时，ACLR 应小于 -50 dBc。精确测量 ACLR 值，可评估芯片的线性度性能。

测试方法：设置信号发生器输出 2×20 MHz LTE，8.5 dB 峰均比信号，功率为 +28 dBm，频率在 3400~3800 MHz 范围内。将信号输入芯片的输入端，使用频谱分析仪测量芯片输出信号的邻道泄漏比（ACLR），确保其小于 -50 dBc。

（4）工作频率范围

芯片的工作频率范围为 3400~3800 MHz，需在该频率范围内对芯片的各项性能参数进行测试，确保其在全频段内正常工作。

测试方法：在 3400~3800 MHz 的频率范围内，以一定的频率间隔（如 10 MHz）设置信号发生器的输出频率。对每个频率点，重复上述输出功率、功率附加效率、增益和 ACLR 等参数的测试，确保芯片在全频段内性能正常。

（5）输入/输出回波损耗

对于 50 Ω 系统，芯片具有出色的输入和输出回波损耗，需测量该参数以验证其在不同频率下的匹配性能，确保信号传输的稳定性和低损耗。

测试方法：使用矢量网络分析仪连接到芯片的输入和输出端口。在 3400~3800 MHz 的频率范围内，测量芯片的输入/输出回波损耗，评估其匹配性能。

（6）功能特性参数

PAEN 使能引脚工作电压范围：PAEN（使能引脚）工作电压范围为 1.7~2.5 V，需验证在该电压范围内，芯片的使能开关功能是否正常工作。

测试方法：将直流电源连接到 PAEN 使能引脚，设置电源输出电压从 1.7 V 逐渐增加到 2.5 V。在每个电压值下，观察芯片的工作状态，确保芯片能够正常开启和关闭，验证使能开关功能是否正常。

3. 测试系统结构

SKY66293 芯片测试系统结构示意图如图 6-20 所示。测试系统主要分为三部分，即测试激励、被测对象和测试响应。测试设备产生激励信号，激励信号施加到被测对象，测试设备直接采集测试响应。

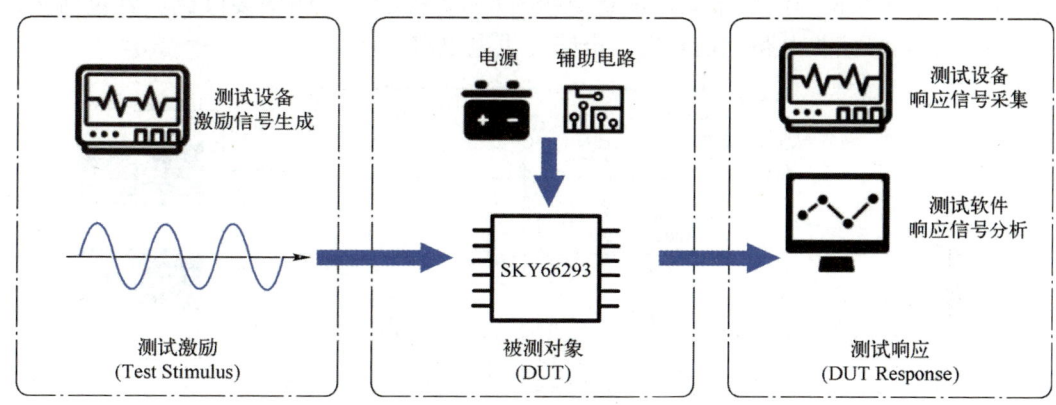

图 6-20　SKY66293 芯片测试系统结构示意图

4. 测试方案实施

（1）芯片引脚定义

测试接口板设计前需要掌握芯片引脚及相应功能，引脚定义如图 6-21 所示，芯片引脚功能、参数及芯片典型应用电路请阅读芯片手册。

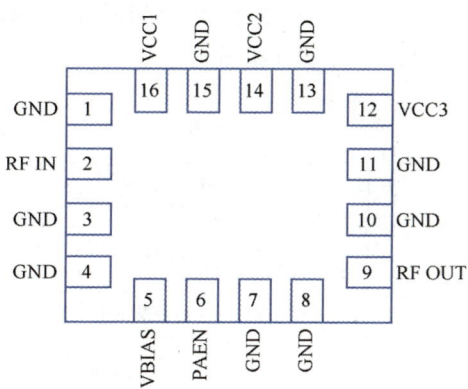

图 6-21　SKY66293 芯片引脚定义

（2）测试仪器选择以及接口板设计

IECUBE-3839 未配备射频信号发生以及接收分析单元，因此不具备单独测试 RFIC 的能力。可以选择 VST（射频信号收发仪），如 NI 的 PXIe-5841，该设备是具有 1 GHz 瞬时射频带宽的 PXI 矢量信号收发仪。该仪器结合了一个矢量信号发生器、矢量信号分析仪、高速串行接口以及基于 FPGA 的实时信号处理和控制。PXIe-5841 兼具了软件无线电架构的灵活性以及射频仪器的高性能,适用于测试 Wi-Fi 6 和 5G NR 等各种蜂窝和无线标准。

IECUBE-3839 集成电路测试实验平台结合 VST 可以完成 RFIC 的测试。IECUBE-3839 平台是用于集成电路测试的 ATE 设备,平台内部集成了 Digital Pattern、信号源、示波器、可编程电源、DMM、逻辑分析仪等测试仪器,配套集成电路测试专用软件,并支持根据需要进行二次开发。在此实践案例中,需要使用的仪器有 VST(信号发出、接收并测试分析,包括频谱分析,测量信号的频率、功率、带宽等参数)、可编程电源(芯片供电以及控制端供电)。

根据测试系统结构,测试接口板示意图如图 6-22 所示。该测试接口板主要包括测试芯片 SKY66293、信号接收电路、信号发出电路、供电电路。

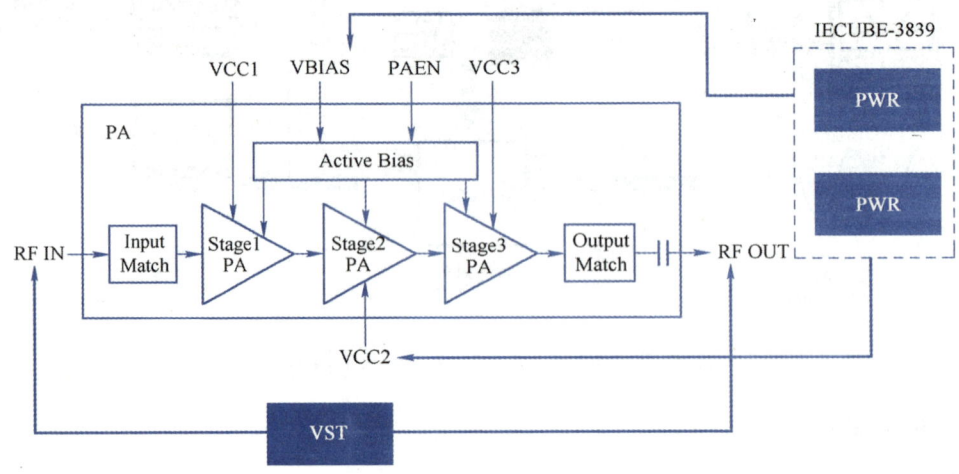

图 6-22 DUT 板连接示意图

(3)测试系统搭建

根据芯片功能及测试需求,SKY66293 射频芯片测试系统如图 6-23 所示。该系统包括 VST、IECUBE-3839、DUT 板和数据采集分析软件。

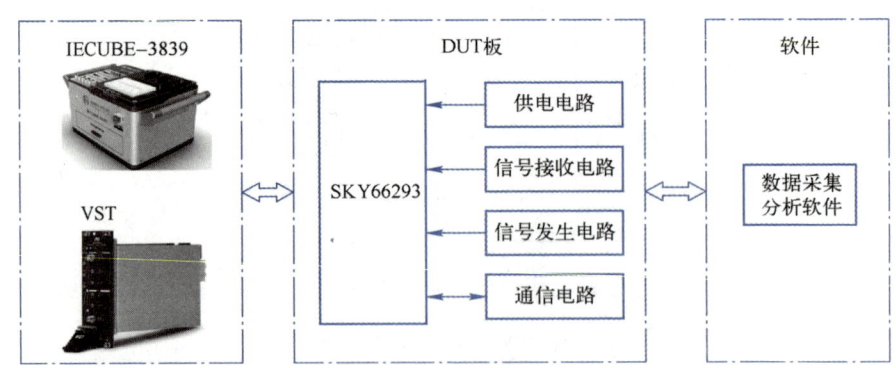

图 6-23 SKY66293 射频芯片测试系统搭建

附　　录

附录 A　实验报告及成绩考评要求

一、实验报告要求

1. 实验目的

清晰说明本次实验要掌握的集成电路测试相关知识、技能或概念。如：通过本实验，理解并掌握数字集成电路扫描测试技术的原理与操作方法，能够运用该技术对给定芯片进行功能测试，并分析测试结果。

2. 实验原理

详细阐述集成电路测试涉及的基本原理和理论知识，包括功能测试、性能测试的原理、手动测试原理及自动化测试原理，必要时可结合图表进行说明。

3. 实验步骤

清晰、详细地记录实验的操作过程，包括测试环境搭建、设备调试、测试参数设置、测试程序设计、数据保存等。

4. 实验结果

准确记录实验所得到的数据、图表（如测试波形图、数据统计图表等），并对结果进行初步的分析和解释，说明实验结果是否符合预期，若有偏差需分析可能的原因。

5. 讨论与分析

对实验结果进行深入探讨，分析实验过程中遇到的问题及解决方案，探讨实验结果与理论预期的符合程度，分析可能影响实验结果的因素，提出改进实验方法或优化测试流程的建议。

二、成绩考评要求

本实验课程最终成绩由平时成绩、实验报告成绩两部分构成，其中平时成绩将综合考虑学生课堂表现和实践操作完成情况，各部分所占比例如下。

1. 平时成绩：40%，主要考核实践操作的独立完成情况和到课情况。

（1）实验操作（20%）

实验过程中，严格依流程规范操作仪器、搭建测试电路，无违规操作可得 15~20 分；若出现轻微误操作但未损坏设备，扣 3~8 分；严重违规致设备故障则该项记 0 分。

（2）问题解决能力（10%）

面对实验中出现的问题，能够积极思考，尝试运用所学知识解决问题可得 8~10 分，无法解决问题或者测试结果不正确扣 5~8 分。

（3）团队协作（10%）

若实验为小组形式，能与小组成员有效沟通、协作、贡献突出者得 8~10 分，不参与团队互动、消极怠工扣 4~8 分。遵守实验室规章制度，保持环境整洁，违规一次扣 2~5 分。

2. 实验报告成绩：60%，综合评定实验报告书写、数据处理、思考题等完成情况，采用平均分的方式确定。

（1）报告完整性（20%）

涵盖上述报告各板块内容，完整无缺项得 16~20 分，缺少关键部分，如原理阐述不明、数据处理缺失，按缺失重要性扣 5~15 分。

（2）内容准确性（20%）

实验原理、数据处理、结果分析等内容科学准确，无概念、计算错误，满分；存在少量错误视情节扣 5~15 分，错误较多则该项不及格。

（3）书写规范性（10%）

格式统一、排版美观、字迹清晰、图表规范、语言通顺，可得 8~10 分，反之酌情扣分。

（4）创新性与深度（10%）

对实验有深入思考、提出独到见解、尝试创新方法或额外拓展探究，依据创新程度、深度打分，普通报告得 4~6 分，有显著亮点得 7~10 分。

附录 B　IECUBE-3839 测试接口板接口定义

母板接口示意图和接口定义分别见图 B-1 和表 B-1。

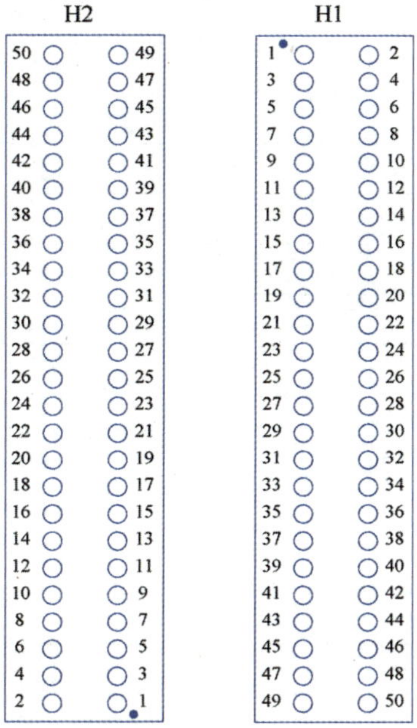

图 B-1　IECUBE-3839 母板接口示意图

表 B-1　IECUBE-3839 引脚定义

H2				H1			
引脚编号	信号名称	引脚编号	信号名称	引脚编号	信号名称	引脚编号	信号名称
1	DP_T1	2	DP_T2	1	D0	2	D16
3	DP_IO0	4	DP_IO8	3	D1	4	D17
5	DP_IO1	6	DP_IO9	5	D2	6	D18
7	DP_IO2	8	DP_IO10	7	D3	8	D19
9	DP_IO3	10	DP_IO11	9	D4	10	D20
11	DP_IO4	12	DP_IO12	11	D5	12	D21
13	DP_IO5	14	DP_IO13	13	D6	14	D22
15	DP_IO6	16	DP_IO14	15	D7	16	D23
17	DP_IO7	18	DP_IO15	17	GND	18	GND
19	GND	20	GND	19	D8	20	D24
21	DP_3.3V	22	GND	21	D9	22	D25
23	+5V	24	+12V	23	D10	24	D26
25	−5V	26	−12V	25	D11	26	D27
27	GND	28	GND	27	D12	28	D28
29	GND	30	GND	29	D13	30	D29
31	DP_W1	32	DP_W2	31	D14	32	D30
33	GND	34	GND	33	D15	34	D31
35	DP_1+	36	DP_1−	35	GND	36	GND
37	DP_1−	38	DP_2−	37	CLK0	38	CLK1
39	SCOPE1	40	SCOPE2	39	GND	40	GND
41	TRIG	42	FGEN	41	DP_V+	42	DP_V−
43	GND	44	GND	43	GND	44	GND
45	DMM_HI	46	DMM_LO	45	±25V GND	46	±25V GND
47	DMM_mA	48	DMM_LO	47	+25V	48	+6V
49	DMM_A	50	DMM_A	49	−25V	50	GND

附录 C　IECUBE-3839 外接分选机、探针台等外设扩展接口定义

表 C-1　IECUBE-3839 外设扩展接口定义

引 脚 编 号	引 脚 名 称
1	GND
2	3.3 V
3	DIO0
4	DIO1
5	GND
6	DIO2
7	DIO3
8	GND
9	DIO4
10	DIO5
11	GND
12	DIO6
13	DIO7
14	GND

参考文献

[1] BURNS M，ROBERT G W. 混合信号集成电路测试与测量［M］. 冯建华，肖钢，译. 北京：电子工业出版社，2009.

[2] 高成，张栋，王香芬. 最新集成电路测试技术［M］. 北京：国防工业出版社，2009.

[3] 时万春. 现代集成电路测试技术［M］. 北京：化学工业出版社，2006.

[4] 雷绍充，邵志标，梁峰. 超大规模集成电路测试［M］. 北京：电子工业出版社，2008.

[5] RAJSUMAN R. SoC 设计与测试［M］. 于敦山，译. 北京：北京航空航天大学出版社，2003.

[6] CARTER B，MANCINI R. 运算放大器权威指南［M］. 孙宗晓，北京：人民邮电出版社，2022.

[7] 潘中良. 系统芯片 SoC 的设计与测试［M］. 北京：科学出版社. 2009.

[8] IEEE. IEEE Standard for Terminology and Test Methods of Digital-to-Analog Converter Devices：IEEE Std 1658-2023［S］. New York：IEEE，2023.

[9] IEEE. IEEE Standard for Terminology and Test Methods for Analog-to-Digital Converters：IEEE Std 1241-2023［S］. New York：IEEE，2023.

[10] 尹航，宋璇，赵梦晗. 集成电路测试行业现状分析及建议［J］. 中国标准化，2024（13）：251-254.

[11] 张玲，李同瀚，梅军进. 小型数字集成电路测试仪的设计和实现［J］. 湖北理工学院学报，2015，31（1）：27-29.

[12] 叶敏军. 数字集成电路测试技术应用［J］. 电子技术与软件工程，2021（1）：93-94.

[13] 姜成，景克强. 数字集成电路系统基本构成与测试技术研究［J］. 电子技术与软件工程，2020（13）：83-84.

[14] 殷凤媛，李翔. 基于 74 系列芯片的集成电路测试仪的设计［J］. 电子技术与软件工程，2017（7）：88.

[15] 王展意. 基于 FPGA 的存储芯片测试系统设计［J］. 中国集成电路，2021，30（5）：64-68+73.

[16] 杜留根. SPI 接口存储芯片测试系统的设计与实现［D］. 成都：电子科技大学，2022.

[17] 梁永元. 基于 LabVIEW 的集成电路测试软件系统设计与实现［D］. 成都：电子科技大学，2018.

[18] 李伟博，高贺惟，张志明，等. 集成运放综合指标参数自动化测试实验［J］. 实验室研究与探索，2021，40（8）：114-118.

[19] 王忠鹏，栗明，杨勇立，等. 基于虚拟仪器的集成运算放大器综合参数测试平台［J］. 电子世界，2014（5）：28-29.

[20] 戴澜，张扬. 集成运算放大器参数测试研究［J］. 北方工业大学学报，2016，28（3）：20-24.

[21] 于蕾，张博，肖易寒. 运算放大器参数测量系统的设计与仿真［J］. 工业和信息化教育，2019（10）：74-78+84.

[22] 鲁昌华，刘大伟. 数模混合电路测试技术的研究［J］. 电测与仪表，2007（11）：52-54+25.

[23] 雷加，刘伟. 模数混合信号的可测性设计方法研究［C］//中国仪器仪表学会第九届青年学术会议论文集. 2007：932-935.

[24] PRONATH M，GLOECKEL V，GRAEB H. A parametric test method for analog components in integrated mixed-signal circuits［C］//Computer-aided design，2000：557-561.

[25] 王华. 高性能 ADC 芯片测试技术研究［J］. 中国集成电路，2018，27（6）：72-76.

[26] 董永新. ADC 测试技术研究［D］. 北京：北京交通大学，2013.

[27] 骆丽娜，杨万全. 高速 ADC 的性能参数与测试方法［J］. 实验科学与技术，2007（1）：145-147.

[28] IEEE. IEEE Standard Testability Method for Embedded Core-based Integrated Circuits：IEEE Std 1500-2022

[S]. New York: IEEE, 2022.

[29] 魏淑华,侯明金. SoC 中混合信号测试与可测性设计研究[J]. 计算机研究与发展, 2010, 47 (S1): 190-194.

[30] 陈翎,潘中良. 系统芯片的可测性设计[J]. 数字技术与应用, 2010 (4): 9-11.

[31] 刘陆燕,陈君. 基于不同量程的 MEMS 加速度传感器综合测试系统研究[J]. 物联网技术, 2017, 7 (10): 25-27.

[32] 张纯,葛召炎,卢功平,等. 基于 LabVIEW 的加速度传感器静态标定系统的设计[J]. 世界科技研究与发展, 2011, 33 (6): 1019-1022.

[33] 王嫘,董景新,赵长德,等. 基于虚拟仪器的微机电系统动态特性测试仪设计[J]. 中国惯性技术学报, 2009, 17 (1): 81-84.

[34] 方清华,苏锦海,孙万忠,等. 专用芯片功能测试任务流建模[J]. 计算机应用与软件, 2015, 32 (11): 7-10+26.

[35] 刘路扬,张虹,张碚,等. DDS 专用芯片静态参数测试方法研究[J]. 计算机与数字工程, 2015, 43 (1): 70-74.

[36] 蔡田田,杨祎巍. 基于开源架构的电力专用 SoC 芯片设计[J]. 自动化技术与应用, 2023, 42 (11): 129-132+173.

[37] 汪天伟. 混合集成电路测试硬件电路测试板的设计[D]. 成都:电子科技大学, 2014.

[38] 许伟达. IC 测试原理[J]. 半导体技术, 2006 (4): 284-286.

[39] 许伟达. IC 测试原理-芯片测试原理[J]. 半导体技术, 2006 (7): 512-514+519.

[40] 许伟达. IC 测试原理-存储器和逻辑芯片的测试[J]. 半导体技术, 2006 (5): 350-352+349.

[41] 许伟达. IC 测试原理-射频/无线芯片测试基础[J]. 半导体技术, 2006 (8): 588-590+602.

[42] 黄俊. 集成电路测试系统 DUT 电源设计与实现[D]. 成都:电子科技大学, 2020.

[43] 杨富征. 大容量存储器集成电路的测试[J]. 电子工业专用设备, 2005 (5): 49-52.

[44] 余琨. RF 芯片测试技术研究[J]. 中国集成电路, 2015, 24 (3): 41-46+55.

[45] 罗庆. 基于 ATE 的射频芯片测试技术研究[D]. 广州:华南理工大学, 2013.

[46] 陈勇帆. 集成电路自动测试设备接口板网表生成方法研究[D]. 广州:华南理工大学, 2013.

[47] 冯建呈,闫丽琴,王占选,等. 集成电路综合自动测试系统软硬件接口设计[J]. 计算机测量与控制, 2023, 31 (7): 1-7+41.

[48] 孙莉莉,李楠. 基于 ATE 的集成电路交流参数测试方法电子与封装[J]. 2017, 17 (3): 10-12+18.

[49] 王兵,王美娟,汪芳. 基于 LabVIEW 的集成电路测试数据上传和保存[J]. 电子制作, 2023, 31 (24), 99-101+42.

[50] 牛恩涛. 模拟集成电路的测试技术研究[D]. 保定:华北电力大学, 2016.

[51] 张昆. 数字集成电路的测试技术应用[J]. 电子技术, 2021, 50 (8): 212-213.

[52] 苏波. 混合信号电路可测性结构研究[J]. 计算机测量与控制, 2012, 20 (11): 2870-2872.